Deleuze, a arte e a filosofia

Coleção ESTÉTICAS
direção: Roberto Machado

Sacher-Masoch: o frio e o cruel
Sobre o teatro
Gilles Deleuze

Estio do tempo:
Romantismo e estética moderna
Pedro Duarte

Deleuze, a arte e a filosofia
O Nascimento do Trágico
Roberto Machado

Nietzsche e a polêmica sobre
"O Nascimento da Tragédia"
Roberto Machado (org.)

Introdução à tragédia de Sófocles
Friedrich Nietzsche

Shakespeare, o gênio original
Pedro Süssekind

ROBERTO MACHADO

Deleuze, a arte e a filosofia

2ª reimpressão

ZAHAR

Jorge Zahar Editor Ltda.
rua Marquês de S. Vicente 99 – 1º | 22451-041 Rio de Janeiro, RJ
tel (21) 2529-4750 | fax (21) 2529-4787
editora@zahar.com.br | www.zahar.com.br

Alguns capítulos deste livro foram reescritos
a partir da obra *Deleuze e a filosofia* (Graal, 1990).

Grafia atualizada respeitando o novo
Acordo Ortográfico da Língua Portuguesa.

2ª reimpressão: 2013

Projeto gráfico: Carolina Falcão
Composição: Letra e Imagem
Capa: Rita da Costa Aguiar
Foto da capa: © Helene Bamberger/Gamma

CIP-Brasil. Catalogação na fonte
Sindicato Nacional dos Editores de Livros, RJ

Machado, Roberto, 1942-
M133d Deleuze, a arte e a filosofia / Roberto Machado. — Rio de Janeiro: Zahar, 2009.

Contém dados bibliográficos de Gilles Deleuze
ISBN 978-85-378-0165-9

1. Deleuze, Gilles, 1925-1995. 2. Representação (Filosofia). 3. Filosofia. 4. Filósofos. 5. Arte – Filosofia. I. Título. II. Série.

CDD: 194
10-0288 CDU: 1(44)

SUMÁRIO

Abreviaturas de alguns livros de Deleuze 9

A GEOGRAFIA DO PENSAMENTO 11
- Filosofia e criação de conceitos 11
- Deleuze e a criação dos conceitos 18
- Os espaços do pensamento 21
- O procedimento de colagem 29
- Nietzsche e Platão 33

PARTE 1 | O NASCIMENTO DA REPRESENTAÇÃO 39

1. Platão e o método de divisão 41
   - A distinção manifesta 41
   - A distinção latente 44
   - O método de divisão 45
   - Simulacro e diferença 47

2. Aristóteles e a mediação da diferença 50
   - Aristóteles e Platão 50
   - A diferença específica 51
   - A diferença categorial 52

PARTE 2 | O ÁPICE DA DIFERENÇA 57

1. Espinosa, o ser e a alegria 59
   - Uma filosofia genética 59
   - A univocidade do atributo 60

A essência e a potência de Deus 66
A essência e a potência dos modos 69
A ética da potência 72
Paixões e ideias inadequadas 74
Ações e ideias adequadas 78
Beatitude e conhecimento das essências 83
Espinosa e Nietzsche 85

2. Nietzsche e a repetição da diferença 87

O eterno retorno cosmológico 87
Força e vontade de potência 92
O eterno retorno ético e ontológico 96
Nietzsche, diferença e repetição 100

PARTE 3 | KANT, DIFERENÇA E REPRESENTAÇÃO 103

1. Os paradoxos kantianos 105

A heterogeneidade das faculdades 105
Um novo conceito de tempo 109

2. Gênese e intensidade 114

O acordo das faculdades 114
Gênese e condição de possibilidade 117
A dramatização do conceito 121
A intensidade 124

PARTE 4 | A DOUTRINA DAS FACULDADES 129

1. Os pressupostos da representação 131

O pressuposto principal 131
A harmonia das faculdades 134

2. O empirismo transcendental 138

Empirismo e filosofia transcendental 138
O uso paradoxal das faculdades 141
A relação desregrada das faculdades 147
A ideia diferencial e a intensidade 151

PARTE 5 | DELEUZE E FOUCAULT 159

1. As três dimensões do pensamento 161

Uma possível objeção 161
A arqueologia do saber 163
A estratégia do poder 169
A genealogia do sujeito 177

2. Foucault e as torções deleuzianas 181

A criação do duplo sem semelhança 181
Saber, ver e dizer 182
Poder, saber, instituição 186
O personagem de uma encenação 189

PARTE 6 | DELEUZE E A LITERATURA 191

1. Proust e o exercício do pensamento 193

A filosofia e sua exterioridade 193
O sistema dos signos 194
Os signos e o pensamento 197
Signo e essência 199
Signos e tempo 204

2. A linguagem literária e o de-fora 206

Os procedimentos de linguagem 206
O de-fora da linguagem 210
Literatura e devir 213
Literatura e clínica 217

PARTE 7 | DELEUZE E A PINTURA 223

Os elementos constituintes 225
A figura desfigurada 226
A área redonda e a grande superfície plana 234
O movimento da pintura 235
A sensação e as forças 237
A análise genética 239
O diagrama 241
A cor 243

PARTE 8 | DELEUZE E O CINEMA 245

1. A imagem-movimento 247

Cinema e pensamento 247
As teses de Bergson sobre o movimento 248
Bergson e a imagem-movimento 253
Os tipos de imagem-movimento 255
A imagem-percepção 259
A imagem-afecção 261
A imagem-ação 265
A imagem mental 268
A crise da imagem-ação 269

2. A imagem-tempo 273

Situações ótico-sonoras puras 273
Bergson e a imagem-cristal 276
Descrição, narração, narrativa 281
Ética e política no cinema moderno 287
Os componentes da imagem 291
Cinema e diferença 294

O TEATRO FILOSÓFICO DELEUZIANO 297

Foucault e Kant 297
A relação diferencial 300
Os filósofos aliados 302
A doutrina do pensamento 312
Os aliados externos 318
Invariante e variações 322

Notas 325

Bibliografia de Gilles Deleuze 339

Abreviaturas de alguns livros de Deleuze

A-Œ	*L'Anti-Oedipe*
B	*Le bergsonisme*
CC	*Critique et clinique*
D	*Dialogues*
DR	*Différence et repetition*
DRF	*Deux régimes de fous*
E	*L'Epuisé*
ES	*Empirisme et subjectivité*
F	*Foucault*
FB	*Francis Bacon, logique de la sensation*
ID	*L' île deserte et autres textes*
I-M	*Cinéma 1, l'image-mouvement*
I-T	*Cinéma 2, l'image-temps*
K	*Kafka, pour une littérature mineure*
LS	*Logique du sens*
MP	*Mille plateaux*
N	*Nietzsche*
NPh	*Nietzsche et la philosophie*
P	*Pourparlers*
PhCK	*La philosophie critique de Kant*
SPP	*Spinoza, philosophie pratique*
PLB	*Le pli, Leibniz et le baroque*
PS	*Proust et les signes*
QPh?	*Qu'est-ce que la philosophie?*
SPE	*Spinoza et le problème de l'expression*

A GEOGRAFIA DO PENSAMENTO

Filosofia e criação de conceitos

Gilles Deleuze sempre exerceu seu pensamento em relação a domínios ou objetos heterogêneos levando em consideração não apenas a filosofia de diferentes épocas, mas também as ciências, as artes, a literatura. Alguns de seus estudos são monografias sobre filósofos: Lucrécio, Leibniz, Espinosa, Hume, Kant, Nietzsche, Bergson, Foucault... Outros dizem respeito a pensamentos não filosóficos: Proust, Sacher-Masoch, Zola, Kafka, Melville, Whitman, Tournier, Carmelo Bene, Beckett, Francis Bacon e o cinema. Finalmente, um terceiro tipo aborda um tema — a diferença, o sentido, o desejo, a multiplicidade, os diferentes modos de exercício do pensamento — a partir da produção filosófica, literária, artística e até mesmo científica: matemática, física, biologia, linguística, psicanálise, antropologia... É o caso de *Diferença e repetição, Lógica do sentido, O anti-Édipo, Mil platôs, O que é a filosofia?*.

Ora, a heterogeneidade desses domínios ou objetos não deve obscurecer a espantosa homogeneidade do procedimento que possibilita definir seu modo de pensar como filosófico. É só aparentemente, portanto, que a obra de Deleuze é composta de livros de história da filosofia, de crítica de arte ou literária e finalmente de reflexão filosófica. Vejamos por quê.

Não se pode desprezar a quantidade e a qualidade dos textos de Deleuze sobre arte e literatura. Não se pode esquecer a utilização que alguns de seus escritos fazem de teorias científicas. Seu pensamento não se restringe à consideração do texto filosófico: fazer filosofia é muito mais do que repetir ou repensar os filósofos. Quando, porém, ele estuda o discurso científico ou as expressões artísticas e literárias, jamais tem por objetivo fazer filosofia das ciências, das artes ou da literatura. Pois, para ele, a filosofia não é uma reflexão sobre a exterioridade da filosofia, uma reflexão sobre domínios ou áreas extrínsecas ao discurso filosófico; ela é um processo de criação. "Não creio que a filosofia seja uma reflexão sobre outra coisa, como a pintura ou o cinema ... Não se trata de refletir sobre o cinema ... O cinema não é para mim um pretexto ou um domínio de aplicação. A filosofia não está em estado de reflexão externa sobre os outros domínios, mas em estado de aliança ativa e interna entre eles, e ela não é nem mais abstrata, nem mais difícil", afirma Deleuze no momento da publicação de seu primeiro livro sobre o cinema, *A imagem-movimento*.[1] E volta a insistir na mesma ideia quando do lançamento de *A imagem-tempo*: "Quando se vive em uma época pobre, a filosofia se refugia em uma reflexão 'sobre' ... Se ela nada cria, que mais pode fazer senão refletir sobre? ... De fato, o que interessa é retirar do filósofo o direito à reflexão sobre. O filósofo é criador e não reflexivo."[2]

Quando Deleuze diz que o filósofo é criador e não reflexivo, o que pretende é se insurgir contra a caracterização da filosofia como metadiscurso, metalinguagem, uma tendência da filosofia moderna que, desde Kant, tem por objetivo formular ou explicitar critérios de legitimidade ou de justificação. Insurgindo-se contra essa tendência, ele reivindica para a filosofia a produção de conhecimento ou, mais propriamente, a criação de pensamento, como acontece com as outras formas de saber, sejam elas científicas ou não. Daí ele denunciar a epistemologia como um agente de poder na filosofia que desempenha — como a história da filosofia — um papel de repressor do pensamento ou se constitui como um aparelho de poder no próprio pensamento; daí também ele acusar Wittgenstein de ter sufocado e até mesmo matado o que havia de vivo no pensamento anglo-saxão, criando uma estúpida escola estéril.[3]

Essas críticas, que só aparecem incidentalmente em sua obra — sobretudo em entrevistas —, sem terem sido rigorosamente formuladas e explicitadas, são, no entanto, um bom indicador de como sua filosofia se distingue dessas filosofias contemporâneas; além disso, elas permitem compreender como a novidade de seu projeto não impede que Deleuze seja considerado um filósofo clássico ou tradicional. Assim, quando sua filosofia se põe em relação intrínseca com saberes de outros domínios — com outros modos de expressão —, o objetivo não é fundá-los, justificá-los ou legitimá-los, mas estabelecer conexões ou ressonâncias de um domínio a outro a partir da questão central que orienta suas investigações: "o que significa pensar?", "o que é ter uma ideia?" na filosofia, nas ciências, nas artes, na literatura.

Para a epistemologia, por exemplo, o conhecimento é uma exclusividade da ciência, e a filosofia não produz propriamente conhecimento. O objetivo da epistemologia é refletir sobre como a ciência funciona para fazer uma teoria do conhecimento científico. Por isso, sem se colocar em uma perspectiva de reflexão sobre a ciência, ou seja, em uma perspectiva de elucidação das operações características da racionalidade científica, "uma teoria do conhecimento seria uma meditação sobre o vazio", para utilizar a expressão de Canguilhem.* Ora, para Deleuze, o objeto principal da filosofia é o exercício do pensamento presente na filosofia, mas também nas ciências, nas artes, na literatura. O pensamento não é um privilégio da filosofia: filósofos, cientistas, artistas são antes de tudo pensadores. E é porque a questão do pensamento se encontra no âmago da consideração, por Deleuze, de qualquer domínio de saber que seu pensamento jamais sai da filosofia, nunca deixa de ser filosofia; mas também que seus estudos, sejam eles sobre filósofos, artistas, literatos, nunca se detêm numa questão de detalhe, investigando, ao contrário, o procedimento de criação desses pensadores, o próprio modo de funcionamento de seus pensamentos, a "engrenagem", a "lógica de um pensamento".[4]

Se quisermos relacionar seu procedimento filosófico com o de dois filósofos franceses que tiveram como projeto dar às ciências a filosofia que merecem, que pretenderam renovar a filosofia colocando-a à altura das revoluções científicas modernas, poderemos dizer que, em vez de Bachelard e sua epistemologia, é a metafísica de Bergson que serve de modelo para a filosofia de Deleuze. Em *A imagem-movimento* ele se refere explicitamente ao "desejo profundo de Bergson: fazer uma filosofia que seja a da ciência moderna (não no sentido de uma reflexão sobre a ciência, isto é, de uma epistemologia, mas, ao contrário, no sentido de uma invenção de conceitos autônomos, capazes de corresponder aos novos símbolos da ciência) ...".[5] E, no mesmo livro, amplia o projeto de Bergson situando-o na direção de seu próprio projeto: "... deve se tornar capaz de pensar a produção do novo ...

* "L'objet de l'histoire de la science", *Études d'histoire et de philosophie des sciences*, Paris, Vrin, 1968, p.11. Não nos enganemos. Deleuze pode até recolher uma ou outra ideia nos escritos de Canguilhem, como faz com quase todos os pensadores; há, no entanto, incompatibilidade total entre os projetos filosóficos dos dois. Sobre a epistemologia de Canguilhem, cf. a primeira parte de meu livro *Foucault, a ciência e o saber* (Zahar, 2006).

trata-se de uma conversão total da filosofia, e é o que Bergson se propõe a fazer: dar à ciência moderna a metafísica que lhe corresponde, que lhe falta, como uma metade faz falta à outra metade. Mas pode-se parar nesse caminho? Pode-se negar que as artes também tenham que fazer essa conversão? Que o cinema seja um fator essencial a esse respeito, e até mesmo tenha um papel a desempenhar no nascimento e na formação desse novo pensamento, desse novo modo de pensar?"[6]

A filosofia — como a ciência, a arte, a literatura — define-se, portanto, por seu poder criador ou, mais precisamente, pela exigência de criação de um novo pensamento. Mas isso não significaria assimilar os diferentes domínios do saber? Não, na medida em que o poder criador da filosofia reivindicado por ele é específico. Qual é, então, a diferença? Deleuze explicitou a distinção das formas de criação que caracterizam os vários saberes, assinalando o fundamental da diferença constitutiva da filosofia: a criação ou a produção de conceitos — "A filosofia se ocupa de conceitos; ela os produz, os cria. A pintura cria um determinado tipo de imagens, linhas e cores. O cinema cria outro tipo de imagens, imagens-movimento e imagens-tempo"[7]; "O que me interessa são as relações entre arte, ciência e filosofia. Não existe privilégio de uma dessas disciplinas sobre as outras. Cada uma delas é criadora. O verdadeiro objeto da ciência é criar funções, o verdadeiro objeto da arte é criar agregados sensíveis e o objeto da filosofia é criar conceitos."[8]

Desde o seu aparecimento, de forma esporádica na época dos livros sobre o cinema, essa explicitação da relação entre os domínios de pensamento tem dois aspectos. Por um lado, há interferência, repercussão, ressonâncias entre atividades criadoras sem que haja prioridade de umas sobre as outras, e, especialmente, sem que a filosofia tenha qualquer primado de reflexão e inferioridade de criação. Os conceitos são exatamente como sons, cores ou imagens, e isso faz com que a filosofia esteja em estado de aliança com os outros domínios. Um agregado sensível, uma função pode estimular a criação de conceitos na filosofia e, inversamente, um conceito pode estimular a criação nas outras disciplinas. Criar, em todos esses domínios, é sempre ter uma ideia. Pensar é ter uma nova ideia. Por outro lado, há especificidade dos saberes, no sentido em que cada um responde a suas próprias questões ou procura resolver por conta própria e com seus próprios meios problemas semelhantes aos colocados pelos outros saberes. Por isso, uma ideia filosófica é diferente de uma ideia científica ou artística.

Mas o lugar onde Deleuze melhor explicita essa distinção entre funções, agregados sensíveis e conceitos — ao formular uma teoria diferencial do exercício do pensamento a partir de suas atividades específicas de criação — é em *O que é a filosofia?*. Deixemos de lado a comparação entre as formas de criação, elaborada a partir de uma concepção do pensamento como criador, para enfocar mais detidamente a teoria do conceito que esse livro apresenta.

O que é a filosofia? inicia com a afirmação de seus autores de que a resposta à questão enunciada no título do livro sempre foi clara para eles: "A filosofia é a arte de formar, de inventar, de fabricar conceitos."* Resposta que os leva a acrescentar, logo a seguir, que ao criar a filosofia, os gregos substituíram o sábio oriental, que pensa por figura, pelo filósofo amigo da sabedoria, que pensa o conceito. Ser amigo da sabedoria significa criar conceitos, criar novos conceitos. Há mais uma vez dois aspectos nessa ideia. Por um lado, a filosofia é criação, isto é, tem a função de criação, assim como a ciência, a arte, a literatura. O elemento da filosofia, portanto, não é dado, não existe implicitamente, velado, sendo revelado pelo filósofo; é criado e se conserva como uma criação. O pensamento filosófico é criador porque faz nascer alguma coisa que ainda não existia, alguma coisa nova. A esse respeito Deleuze está seguindo não só Bergson, mas principalmente Nietzsche, quando este diz que o filósofo não descobre: inventa. Por outro lado, a filosofia é criação específica, criação de conceitos, sem que haja nenhuma preeminência, nenhuma superioridade, nenhum privilégio da filosofia em relação às outras formas de criação, científica, artística ou literária. Mas também sem que essa função conceitual possa ser usurpada por outros saberes como a sociologia, a linguística, a psicanálise, a epistemologia, a análise lógica e até mesmo técnicas como a informática, o marketing, o *design*, a publicidade, a comunicação.

Se Deleuze defende que a filosofia não é contemplação, reflexão, comunicação, é porque a considera criação, e criação singular, ou melhor, criação de conceitos singulares: "Toda criação é singular, e o conceito como criação propriamente filosófica é uma singularidade."[9] Ideia, também de inspiração nietzschiana, que já afasta Deleuze de muitos outros filósofos e o leva a sugerir que todos criaram conceitos singulares, mesmo se disseram o contrário. Uma das implicações importantes dessa ideia, por favorecer a com-

* Efetivamente essa ideia é antiga em Deleuze, como se vê pelo artigo "Bergson", de 1956, que inicia justamente dizendo: "Um grande filósofo é aquele que cria novos conceitos" (ID, p.28). Cf. também a entrevista de 1980 "Huit ans après: entretien", DRF, p.163.

preensão de como Deleuze pensa, é que os conceitos são assinados, têm o nome de seu criador, pois o nome próprio, segundo ele, é uma individuação sem sujeito, definida por afetos, potências, intensidades: uma "hecceidade", para usar a palavra de Duns Scot que lhe é tão cara.[10] Assim, ideia remete a Platão, substância a Aristóteles, *cogito* a Descartes, mônada a Leibniz, condição de possibilidade a Kant, vontade de potência a Nietzsche, duração a Bergson…

Em *O que é a filosofia?* encontramos várias características do conceito. Chamo a atenção para a mais básica: um conceito é um todo fragmentado, uma totalidade fragmentária. Isto significa que, em vez de ser algo simples, o conceito é uma multiplicidade, uma articulação de elementos, de componentes, eles mesmos conceituais, distintos, heterogêneos, mas inseparáveis, intrinsecamente relacionados, agrupados em zonas de vizinhança ou de indiscernibilidade.

Um exemplo esclarecedor, retomado de *Diferença e repetição* em *O que é a filosofia?*, é o conceito cartesiano de eu ou de *cogito*: "penso, logo sou". Deleuze explicita esse conceito como enunciando: "Eu que duvido, eu penso, eu sou, eu sou uma coisa que pensa", apontando que ele tem três componentes: duvidar, pensar e ser. Além disso, ele defende que esses componentes estão organizados em duas "zonas de vizinhança" que permitem passar de uma a outra: uma primeira zona relaciona duvidar e pensar: eu que duvido não posso duvidar que eu penso; uma segunda zona relaciona pensar e ser: para pensar é preciso ser.[11] Esses três elementos constituem um conceito. E evidentemente esse conceito não existe de modo isolado, pois uma filosofia é formada por conceitos inter-relacionados. Assim, o conceito de *cogito* se conecta com o de Deus, que por sua vez se conecta com o de extensão. A grande novidade do conceito cartesiano de *cogito* é sua recusa de pressuposto objetivo onde definir um conceito remeteria a outros conceitos ainda não definidos, como na definição aristotélica do homem como animal racional, na qual para saber o que é o homem é preciso saber o que é animal e racional. Com o *cogito*, Descartes cria um conceito que não pressupõe nada de objetivo, um primeiro conceito que determina a verdade como certeza subjetiva absolutamente pura e a partir do qual os outros conceitos adquirem objetividade pela ligação com ele.

O que Deleuze chama de devir do conceito é essa conexão tanto dos elementos de um conceito quanto dos diferentes conceitos em um mesmo sistema conceitual; é o fato de que os conceitos se coordenam, se conectam, se compõem, se aliam numa determinada filosofia, mesmo que tenham histórias diferentes. Assim, ele distingue devir e história de um conceito. Dizer que um conceito tem uma história significa que ele não é criado do nada; foi preparado por conceitos anteriores ou alguns componentes desse conceito vêm de conceitos de outros filósofos, embora ele permaneça original.

A esse respeito, Deleuze chama a atenção para a originalidade do conceito kantiano de *cogito* com relação ao cartesiano. Pois, para Kant, se o "eu penso" é uma determinação que implica uma existência indeterminada "eu sou", ainda não se sabe como esse indeterminado é determinável, nem sob que forma ele aparece como determinado. Portanto, não se pode dizer, como Descartes, "eu sou uma coisa pensante". Por que Kant pode dizer isso? Porque introduz um novo componente no *cogito*, o tempo como forma da interioridade, defendendo que só no tempo minha existência indeterminada é determinável.

O *cogito* cartesiano significa: eu penso, logo sou (pois para pensar é preciso ser), eu sou uma coisa que pensa. "Eu penso" é um ato, um princípio de determinação, "eu sou" é algo a determinar, é a existência indeterminada. E a relação entre os dois termos se dá no sentido em que a determinação "eu penso" determina a existência indeterminada "eu sou" como sendo a existência de um ser pensante. Temos então: "eu penso, logo sou, eu sou uma coisa que pensa." A crítica kantiana consiste em negar um encadeamento entre os dois termos e propor um terceiro. Esse terceiro termo é a forma sob a qual o indeterminado é determinável pela determinação: a forma do tempo. O que muda, então, com a introdução do tempo no *cogito*? Que a existência do "eu penso" só é determinável no tempo, portanto como um eu fenomenal, receptivo e mutante, porque o tempo é uma forma da intuição, que é sensível, e não intelectual, como o "eu penso", que Kant chama de forma da apercepção: o tempo é a forma sob a qual a intuição de nosso estado interno torna-se possível. O tempo "só nos representa à consciência como nos aparecemos e não como somos em nós mesmos porque só nos intuímos como somos internamente afetados ...".[12] Assim, o eu transcendental é distinto do eu fenomenal, porque o tempo os distingue no interior do sujeito. O único conhecimento que podemos ter de nós mesmos é o do eu fenomenal. Portanto, é no sentido em que um conceito é preparado por outros — como o conceito kantiano de *cogito* é elaborado a partir do cartesiano — que um conceito tem uma história. O que é diferente de seu devir, isto é, da inter-relação conceitual em determinado sistema filosófico, seja o cartesiano, seja o kantiano.

Deleuze e a criação dos conceitos

Fazer filosofia, portanto, é criar conceitos. Aceitemos essa posição clara do pensamento de Deleuze. Mas para imediatamente levantar a questão que permite definir seu projeto filosófico, sua maneira de pensar: como são criados os conceitos de sua filosofia?

A filosofia de Deleuze é, em última análise, um sistema de relações entre elementos heterogêneos. Em primeiro lugar, há conceitos oriundos ou extraídos da própria filosofia, mais precisamente de alguns filósofos por ele privilegiados. Os principais desses conceitos são: vontade de potência, niilismo, eterno retorno de Nietzsche; multiplicidade, tempo puro, diferença de natureza, gênese, virtual, atual, atualização de Bergson; univocidade, imanência, intensidade de Espinosa. Em segundo lugar, há conceitos suscitados ou sugeridos pela relação entre conceitos filosóficos e elementos não conceituais provenientes de domínios exteriores à filosofia: por exemplo, o que faz Proust com meios propriamente literários, Bacon com meios picturais, Godard com meios cinematográficos, mas também a linguística de Hjelmslev ou o cálculo diferencial serão importantes para a criação dos conceitos da filosofia deleuziana.

Assim, se não há reflexão *sobre* e sim pensamento *a partir*, ou melhor, *com*, e se a filosofia é especificamente o domínio dos conceitos, pensar a exterioridade da filosofia é estabelecer encontros, intercessões, ecos, ressonâncias, conexões, articulações, agenciamentos, convergências entre elementos não conceituais dos outros domínios — funções, imagens, sons, linhas, cores — que, integrados ao pensamento filosófico, são transformados em conceitos. É o que diz, por exemplo, o final de *Imagem-tempo*: "A teoria filosófica é uma prática, tanto quanto seu objeto. É uma prática dos conceitos, e é preciso julgá-la em função das outras práticas com as quais ela interfere. Uma teoria do cinema não é 'sobre' o cinema, mas sobre os conceitos que o cinema suscita, e que estão também em relação com outros conceitos correspondentes a outras práticas, a prática dos conceitos em geral não tendo nenhum privilégio sobre as outras, do mesmo modo que um objeto também não tem sobre os outros. É no nível da interferência de muitas práticas que as coisas se fazem, os seres, as imagens, os conceitos, todos os tipos de acontecimentos."[13]

Mas a relação com a exterioridade ou com os outros saberes, embora constitutiva, não é o aspecto determinante desta inter-relação conceitual.

Mesmo que um conceito seja como um som, uma imagem ou uma cor, e não haja superioridade ou preeminência de um sobre os outros, do ponto de vista da elaboração dos conceitos e dos problemas filosóficos, ou do exercício de pensamento de Deleuze, há prioridade da filosofia sobre os outros domínios. A razão é que, sendo a questão de sua filosofia "o que significa pensar?", "o que é ter uma ideia?" — e essa não me parece ser a questão da ciência, da arte ou da literatura —, isto é, sendo seu objetivo principal criar um conceito de exercício do pensamento, ou investigar conceitualmente o próprio processo de criação do pensamento, o apelo aos saberes não filosóficos funciona fundamentalmente como extensão ou prolongamento de uma problemática definida conceitualmente pela filosofia. O não filosófico entra como elemento que vem alimentar um pensamento eminentemente voltado para a filosofia e até mesmo para os conceitos tradicionais da filosofia. Se há, neste caso, prioridade da filosofia, é porque ela é o regime dos conceitos, e, mesmo que os conceitos venham de fora, os conceitos suscitados pela exterioridade não conceitual estão, no pensamento de Deleuze, subordinados aos conceitos oriundos da tradição filosófica. Não nego, portanto, a importância do extrafilosófico para compreender como procede seu pensamento filosófico. A linguística de Hjelmslev, Labov e Guillaume, a antropologia de Lévi-Strauss e Dumézil, a psicanálise de Lacan são, nesse sentido, fundamentais. A pintura de Cézanne e Bacon, o cinema de Resnais, Godard, Straub, Marguerite Duras, a literatura de Melville, Kafka, Proust, Fitzgerald, Artaud, Beckett também. Desejo salientar, no entanto, não só que suas questões vêm prioritariamente da filosofia, da tradição filosófica — Espinosa, Kant, Nietzsche, Bergson —, como também que na trajetória de Deleuze elas se colocaram a partir da filosofia. Mais do que um teórico das ciências, das artes ou da literatura, Deleuze é um historiador da filosofia que ousou pensar filosoficamente. O que implicou levar em consideração o que é exterior ao discurso tecnicamente filosófico. O que faz de Deleuze um filósofo — e não simples historiador da filosofia ou do pensamento — é o fato de ele deixar a marca de seu próprio pensamento filosófico em todos os seus estudos sobre filósofos ou não filósofos.

Um exemplo bastante esclarecedor — que mais adiante analisarei demoradamente — de como Deleuze pensa o extrafilosófico a partir da filosofia, mesmo se não há preeminência de um sobre o outro, está na maneira como estuda o cinema a partir dos conceitos bergsonianos de imagem, movimento e tempo. Não que os livros sobre o cinema sejam uma simples aplicação de conceitos preexistentes. Os conceitos deleuzianos nesse momento são efetivamente criados com o cinema. Mas essa criação conceitual tem como condição conceitos já definidos pela filosofia, fundamentalmente a de Bergson. É o caso da "dedução" dos tipos de imagem-movimento — percepção, afecção, ação — a partir do conceito bergsoniano de imagem tal como é definido no primeiro capítulo de *Matéria e memória;* mas também da formulação do conceito de imagem-cristal, que é o âmago da imagem-tempo do cinema moderno, a partir do conceito bergsoniano de duração ou tempo puro. O que não implica evidentemente nenhuma superioridade da filosofia como forma de pensar.

Outro bom exemplo dessa prioridade é *O anti-Édipo*, livro que pretende "denunciar os estragos de Édipo, do papai-mamãe, na psicanálise, na psiquiatria e até mesmo na antipsiquiatria, na crítica literária e na imagem geral que se faz do pensamento".[14] Tomemos o tema central da psicanálise e a concepção do desejo. *O anti-Édipo* critica a psicanálise por ela reduzir e até mesmo abolir ou destruir o desejo ao ligá-lo intrinsecamente à representação, à lei, à falta, à privação. Para Deleuze e Guattari, o desejo não se liga à lei nem se define por uma falta essencial; em vez de representação ele é parte da infraestrutura, é máquina, processo de produção — máquina desejante, produção desejante, processo de autoprodução do inconsciente — que não é interior a um sujeito, nem tende para um objeto. O inconsciente produz, é uma fábrica, e não uma cena de teatro onde se representa um drama. Édipo é o efeito da repressão social sobre a produção desejante.

Isso não significa que o livro seja uma rejeição ou uma crítica radical da psicanálise, pois grande parte do aparelho conceitual a partir do qual a análise é feita vem justamente da psicanálise: libido, inconsciente, desejo, esquizofrenia, objeto parcial... O mais importante, porém — e daí minha hipótese sobre o privilégio da filosofia no pensamento deleuziano —, é que a relação de Deleuze com a psicanálise só pode ser totalmente esclarecida a partir da relação que sua atividade filosófica estabelece com a própria filosofia ou, mais especificamente, com a história da filosofia. Neste sentido, a hipótese que poderia ser confirmada é que sua concepção do desejo como processo de produção — que lhe permite criticar não apenas a posição psicanalítica, mas até mesmo as concepções filosóficas do desejo como falta, como as de Platão e Hegel — tem como condição de possibilidade as filosofias de Espinosa e, sobretudo, de Nietzsche, interpretadas de uma perspectiva que os aproxima bastante, basicamente os conceitos espinosistas de afecção e afeto e o conceito nietzschiano de vontade de potência. Assim, se a esquizofrenia, descrita positivamente, isto é, apreendida como processo, é interpretada em termos de experiência intensiva, grau de intensidade, limiar de intensidade, é a potência de Nietzsche e Espinosa que — não exclusivamente mas em última análise — torna isso possível.

Os espaços do pensamento

Se o procedimento de Deleuze privilegia os elementos oriundos da própria filosofia, a questão decisiva é a da relação entre sua criação de conceitos e os conceitos filosóficos produzidos por outros. Suas críticas aos historiadores da filosofia são algumas vezes severas. *Diálogos*, por exemplo, diz que "a história da filosofia sempre foi um agente de poder na filosofia e até mesmo no pensamento. Ela desempenhou um papel repressor: como se pode pensar sem ter lido Platão, Kant e Heidegger, e o livro deste ou daquele sobre eles? Uma formidável escola de intimidação que fabrica especialistas do pensamento ..."* Por outro lado, vários de seus livros são, como vimos, monografias de filósofos. Haverá contradição? Não, quando se compreende que, para ele, ler e pensar os filósofos não se reduz a fazer trabalho de historiador. Se sua atividade criadora liga-se essencialmente à história da filosofia, é no sentido de instituir a leitura do filósofo como parte essencial de seu modo próprio de filosofar, ou de subordinar o conhecimento das questões e problemas filosóficos à constituição de um pensamento: o seu.

Em que sentido suas monografias de filósofos não seriam propriamente estudos de historiador? *Diálogos* dá uma indicação importante: "Comecei pela história da filosofia quando ela ainda se impunha. Não havia meio de escapar. Eu não suportava Descartes, os dualismos e o *cogito*, nem Hegel, as tríades e o trabalho do negativo. Gostava dos autores que davam a impressão de fazer parte da história da filosofia mas dela escapavam parcial ou totalmente: Lucrécio, Espinosa, Hume, Nietzsche, Bergson... Salvo Nietzsche e Espinosa, a relação entre esses autores é pequena, e no entanto ela existe. Dir-se-ia que algo se passa entre eles, com velocidades e intensidades diferentes, que não está nem em uns nem em outros, mas em um espaço ideal

* D, p.19-20. No *Abecedário*, Deleuze é menos severo com os historiadores da filosofia, defendendo que só se pode compreender o que é a filosofia como criação de conceitos por sua história (cf. letra H).

que não faz mais parte da história ..."[15] Esse conceito de "espaço ideal" é importante para compreender a leitura da filosofia realizada por Deleuze e seus dois princípios. Sua característica mais elementar é o fato de ela se propor mais como uma geografia do que propriamente como uma história. Se o pensamento pressupõe eixos e orientações pelos quais se desenvolve,[16] isso põe a exigência de considerá-lo não como tendo uma história linear e progressiva, mas privilegiando a constituição de espaços, de tipos. Daí um segundo princípio que norteia essa leitura geográfica da filosofia: a existência não de um, mas de dois espaços em que o pensamento filosófico se situa. Considerando a história da filosofia de um ponto de vista filosófico, como uma disciplina filosófica, a geografia deleuziana estabelece dois tipos, dois estilos de filosofia, não apenas heterogêneos, mas sobretudo antagônicos. No que diz respeito à constituição de uma geografia do pensamento, a filosofia de Deleuze é marcadamente dualista.

Esse dualismo ou a posição de dois espaços antagônicos não se reduz evidentemente ao pensamento filosófico; é uma propriedade do pensamento em geral, ou dos mais variados saberes. Na literatura, isso faz Deleuze privilegiar em suas análises Artaud, Blanchot, Beckett, Michaux, Proust, Büchner, Hölderlin, Lenz, Kleist, Kafka, Melville, Fitzgerald, Thomas Wolfe, Virginia Woolf... "Haverá sempre um Breton contra Artaud, um Goethe contra Lenz, um Schiller contra Hölderlin", diz *O anti-Édipo*.[17] E, segundo *Mil platôs*, os textos de Kleist "se opõem, sob todos os aspectos, ao livro clássico e romântico, constituído pela interioridade de uma substância ou de um sujeito. O livro máquina de guerra contra o livro aparelho de Estado."[18]

Mas o antagonismo também existe nas ciências. Assim, *O anti-Édipo* opõe uma linguística do significante e uma linguística dos fluxos. A linguística de Saussure e pós-saussuriana supõe a transcendência do significante e uma identidade mínima resultante das relações de oposição entre os elementos, que permanece através das variações. A esse modelo, Deleuze e Guattari opõem a linguística de Hjelmslev, que faz uma teoria puramente imanente da linguagem, descreve um campo puro de imanência algébrica com seus fluxos de forma e de substância, de conteúdo e de expressão, sem as condições de identidade mínima que definiam os elementos do significante.* Assim também, numa terminologia bem característica desse livro,

* Cf. A-Œ, p.287-8. *Mil platôs* considera Hjelmslev o único linguista que rompe com o significante e o significado, embora ainda conceba a distinção da expressão e do conteúdo a partir deles (MP, p.85, nota, p.116, nota 18).

O anti-Édipo assinala um conflito "libidinal" entre "um polo de investimento reacionário, uma sombria organização paranoica-edipiana-narcísica", e um polo esquizorrevolucionário, com seus fluxos decodificados e desterritorializados próprios da arte e da ciência consideradas como experimentação.[19] Assim ainda, *Mil platôs*, generalizando uma ideia de *La naissance de la physique dans le texte de Lucrèce*, de Michel Serres — que valoriza a geometria de Arquimedes e a física atômica de Demócrito a Lucrécio, com seus modelos hidráulico e turbilhonar —, opõe dois tipos de ciências rivais que interagem: por um lado, as ciências legais, reais, imperiais, centradas, ligadas ao aparelho de Estado, ciências de reprodução (dedução ou indução), iteração e reiteração, ciências teoremáticas ou axiomáticas que separam suas operações da intuição para fazer delas verdadeiras categorias e realizar uma reterritorialização no aparelho dos conceitos; por outro lado, as ciências menores, excêntricas, nômades, ambulantes, itinerantes, desterritorializantes, ligadas à máquina de guerra — como é o caso da geometria descritiva e projetiva e do cálculo diferencial —, que seguem um fluxo de matéria em um campo de vetores em que singularidades se repartem como problemas e subordinam suas operações às condições sensíveis da intuição e da construção.[20] "No campo de interação das duas ciências, as ciências ambulantes se contentam em *inventar problemas*, cuja solução remeteria a todo um conjunto de atividades coletivas e não científicas, mas cuja *solução científica* depende, ao contrário, da ciência real e do modo como a ciência real transforma o problema integrando-o em seu aparelho teoremático e em sua organização do trabalho."[21] É assim, finalmente, que *Mil platôs* chega até mesmo a utilizar a expressão "dualidade primordial" para situar a relação entre dois tipos de espaço: o espaço liso (vetorial, projetivo, topológico) e o espaço estriado (métrico).[22]

O próprio Deleuze se dá conta de uma incompatibilidade, para não dizer uma contradição, entre seu constante elogio da multiplicidade, ou até mesmo seu projeto de "fazer o múltiplo",[23] e a afirmação do dualismo ou da dicotomia entre esses dois espaços do pensamento. Neste sentido, *Rizoma*, que figura depois como introdução de *Mil platôs*, assinala que não existe dualismo ontológico nem axiológico entre a raiz e o rizoma, considerados como modelos do pensamento. Mas, de fato, o que a argumentação elucida nesse momento é apenas que a oposição não se dá propriamente entre dois modelos, mas entre um modelo transcendente e um processo imanente; o que significa reconhecer que o dualismo continua a existir. Eis o que diz a passagem: "O que conta é que a árvore-raiz e o rizoma-canal não se opõem como dois modelos: um age como modelo e decalque transcendentes, mesmo que engendre suas próprias fugas; o outro age como processo imanente que subverte o modelo e esboça um mapa, mesmo que ele constitua suas próprias hierarquias, mesmo que ele suscite um canal despótico."[24]

Deleuze novamente se dá conta da dificuldade. E, para resolvê-la ou pelo menos explicitá-la, formula uma hipótese bastante semelhante à posição de Nietzsche, que, reconhecendo toda oposição de valores como sendo metafísica e interessado em ultrapassar as dicotomias, considera, no entanto, que às vezes a natureza grosseira da linguagem condena a falar em termos de oposição quando na verdade só existem graus e sutis transições.[25] Eis o que dizem os autores de *Rizoma*: "Outro ou novo dualismo, não. Problema de escrita: é preciso absolutamente expressões 'anexatas' para designar alguma coisa exatamente. E de modo algum porque seria preciso passar por isso, nem porque só se poderia proceder por aproximações: a 'anexatidão' não é uma aproximação, é, ao contrário, a passagem exata daquilo que se faz. Só invocamos um dualismo para recusar outro. Só nos servimos de um dualismo de modelos para atingir um processo que recusaria qualquer modelo. São necessários, a cada vez, corretores cerebrais que desfaçam os dualismos que não quisemos fazer, pelos quais passamos. Chegar à fórmula mágica que todos procuramos — PLURALISMO = MONISMO — passando por todos os dualismos que são o inimigo, mas o inimigo totalmente necessário, o móvel que não cessamos de deslocar."[26]

Mas talvez essa crítica do dualismo, realizada em nome do pluralismo mas obrigada a criar novas dualidades, não se reduza apenas a uma questão terminológica, um problema de escrita. Talvez ela seja uma dificuldade conceitual constitutiva da filosofia de Deleuze proveniente da inadequação entre sua proposta de ultrapassar os dualismos, por um pensamento que pretende conectar multiplicidades para formar uma totalidade fragmentária, e seu exercício ou funcionamento, que postula e defende a existência de dois espaços antagônicos do pensamento. Não há dúvida de que a grande ambição de Deleuze é realizar, inspirado sobretudo em Bergson, uma filosofia da multiplicidade, como veremos depois. Isso não impede, contudo, como estamos vendo, que sua filosofia seja dualista no sentido preciso de situar o pensamento em dois espaços não apenas diferentes, mas antagônicos. Assinalei como a geografia do pensamento estabelece esses dois espaços na literatura e na ciência e mostrarei posteriormente como eles aparecem na pintura e no cinema. Analisarei agora como ela opera em relação à filosofia.

A relação entre criação de conceitos e tradição filosófica, como a faz Deleuze, consiste em erigir o modelo — ou melhor, o processo — de pensamento de determinados filósofos como condição de seu modo singular de filosofar. Assim, o privilégio de alguns filósofos em seus estudos monográficos é a tentativa de construir um "espaço ideal" — diferente do representado por Platão, Aristóteles, Descartes, Hegel... — que se organiza segundo outros princípios e pretende escapar dos pressupostos em que se acredita estar fundada a filosofia; é o projeto de criar, a partir de filósofos passíveis de entrar em relação, em comunicação, em ressonância num mesmo espaço, conceitos que expressem ou tornem possível um novo pensamento, ou que tornem o pensamento de novo possível, como diz Foucault no belo artigo, de 1970, sobre *Diferença e repetição* e *Lógica do sentido*.* Ora, a ideia de criação de um outro espaço do pensamento filosófico, que já aparece nos livros monográficos, é bem mais perceptível nos livros temáticos que, centrados nas questões da diferença, do sentido, do desejo, da multiplicidade, da relação entre os tipos de pensamento, estendem as ressonâncias aos saberes científicos, literários e artísticos, sempre com o objetivo de opor, à imagem do pensamento — "à imagem tradicional que a filosofia projetou, construiu no pensamento para submetê-lo e impedir o seu funcionamento"[27] —, um pensamento sem imagem, "extemporâneo".

Essa referência ao extemporâneo nietzschiano — "do tempo, contra o tempo, em favor, espero, de um tempo por vir"[28] — é comum em Deleuze. *Nietzsche e a filosofia* defende que o filósofo forma conceitos que não são eternos nem históricos, mas extemporâneos e inatuais. *Diferença e repetição* desclassifica a alternativa temporal-intemporal, histórico-eterno, particular-universal, considerando o extemporâneo mais profundo que o tempo e a eternidade. *Mil platôs* identifica o geográfico ao extemporâneo, procurando dar, a partir desse termo, um sentido à oposição da geografia à história.[29]

A ideia de uma oposição entre dois espaços do pensamento aparece praticamente em todos os livros de Deleuze. *Diferença e repetição* afirma, por exemplo, que "a imagem do pensamento é destronada em prol de uma outra imagem, ou talvez de um pensamento sem imagem, puramente diferencial e repetitivo".[30] E *Mil platôs*, para ficar apenas nesse outro livro — que

* Cf. Foucault, "Theatrum philosophicum", in *Dits et Écrits*, II, p.98. Foucault qualifica esse pensamento de genital, intensivo, afirmativo, acategórico.

denomina "noologia" o estudo das imagens do pensamento e de sua historicidade[31] —, enuncia esse antagonismo com uma terminologia abundante e variada: "No curso de uma longa história, o Estado foi o modelo do livro e do pensamento: o *logos*, o filósofo-rei, a transcendência da Ideia, a interioridade do conceito, a república dos espíritos, o tribunal da razão, os funcionários do pensamento, o homem legislador e sujeito"; "É todo o pensamento que é devir, um duplo devir, em vez de ser o atributo de um sujeito e a representação de um todo"; "Um pensamento em luta com as forças externas em vez de recolhido em uma forma interior, operando por revezamento em vez de formar uma imagem, um pensamento-acontecimento, 'hecceidade', em vez de um pensamento-sujeito, um pensamento-problema em vez de um pensamento-essência ou teorema, um pensamento que apela para um povo em vez de se pensar como um ministério"; um "pensamento nômade", um "contrapensamento", um "pensamento de fora", "a forma de exterioridade do pensamento — a força sempre exterior a si mesma ou a última força, a enésima potência — não é, de modo algum, uma outra imagem que se oporia à imagem inspirada no aparelho de Estado. É, ao contrário, a força que destrói a imagem e as cópias, o modelo e suas reproduções, toda possibilidade de subordinar o pensamento a um modelo do Verdadeiro, do Justo ou do Direito (o verdadeiro cartesiano, o justo kantiano, o direito hegeliano etc.)".[32] Portanto, de modo geral, a geografia deleuziana estabelece duas dimensões, ou melhor, dois espaços: o espaço da imagem do pensamento, que é dogmático, ortodoxo, metafísico, moral, racional, transcendente...; e o espaço do pensamento sem imagem, que é pluralista,[33] heterodoxo, ontológico, ético, trágico, imanente...

Explicitarei depois o conteúdo desses dois espaços. Mesmo assim, pode ser útil indicar, desde já, o sentido dessa contraposição pela distinção da ética e da moral, formulada várias vezes de maneira praticamente invariável desde *Nietzsche e a filosofia*. A ideia geral é que a ética avalia sentimentos, condutas e intenções, referindo-os a modos de existência imanentes que eles supõem ou implicam; a ética leva em consideração os modos de ser das forças vitais que definem o homem por sua potência, pelo que ele pode, pela intensidade. Já a moral julga a vida a partir de valores transcendentes; é um sistema de juízos sobre o que se diz e o que se faz em termos de bem e de mal considerados como valores metafísicos. Eis dois exemplos, dentre vários, de formulações que vão neste sentido: "Não há razão de pensar que os modos de existência tenham necessidade de valores transcendentes que os comparariam, os selecionariam e decidiriam que um é 'melhor' do que outro. Ao contrário, só há critérios imanentes, e uma possibilidade de vida se avalia em si mesma pelos movimentos que ela traça e pelas intensidades que ela cria. Um modo de existência é bom ou mau, nobre ou vulgar, pleno ou vazio, independentemente do Bem e do Mal e de qualquer valor transcendente: o único critério é o teor da existência, a intensificação da vida"; "A diferença é esta: a moral se apresenta como um conjunto de regras coercitivas de um tipo especial, que consiste em julgar ações e intenções referindo-as a valores transcendentes (é certo, é errado...); a ética é um conjunto de regras facultativas que avaliam o que fazemos, o que dizemos, em função do modo de existência que isso implica."[34]

O que é a filosofia? apresenta uma posição singular a respeito da criação desses dois espaços do pensamento. Tendo como objetivo aprofundar a distinção entre filosofia, arte e ciência a partir do conceito, da sensação e da função, esse livro não agrupa os pensadores a partir dos critérios da identidade e da diferença. Assim, por exemplo, enquanto *Lógica da sensação*, como veremos, faz de Bacon um pintor da sensação e das forças, mas define o abstracionismo de Mondrian e Kandinski por um código visual espiritual ao qual falta justamente a sensação, *O que é a filosofia?* tem uma posição diferente: defende que a pintura abstrata, como toda pintura, é sensação, dando Mondrian e Kandinski como exemplos de pintores que tornaram sensíveis as forças insensíveis que povoam o mundo. Além disso, afirma que nenhuma arte é representativa, e que a figura tem uma origem religiosa, "mas, quando se torna estética, sua transcendência sensitiva entra em oposição discreta ou aberta com a transcendência suprassensível das religiões".[35] Do mesmo modo, ao esclarecer a teoria de que a filosofia é a arte ou a disciplina que tem por finalidade criar conceitos, Deleuze pretende defini-la para todo filósofo, independentemente de situá-lo num espaço. Neste sentido, ele defende que a verdade de um conceito existe em função das condições de sua criação. Como o conceito cartesiano de *cogito*, que só pode ser avaliado pelo problema ao qual ele responde; ou a crítica kantiana a Descartes, que, ao introduzir o tempo no *cogito*, muda de problema.

Acontece que, ao estudar o plano de imanência — que corresponde nesse livro à imagem do pensamento —, a posição de Deleuze assemelha-se bastante à teoria dos dois espaços que ele havia formulado na década de 1960 em livros como *Nietzsche e a filosofia*, *Proust e os signos* e, principalmente, *Diferença e repetição*. Decerto isso não é evidente quando, ao pensar o nascimento da filosofia na Grécia, ele contrapõe os filósofos aos antigos sábios, que instauravam uma ordem transcendente imposta por um deus, e estabelece que há religião sempre que há transcendência e filosofia sempre que há imanência. A filosofia, segundo Deleuze, nasce quando os gregos distinguem essa nova disciplina, que pensa por conceitos, da sabedoria, que pensa por figuras, colocando a primeira a serviço da imanência.[36] No entanto, ao estudar, capítulos depois, a relação da filosofia com a opinião, ele volta aos gregos, mas para defender que a filosofia grega, de modo geral, ainda permanece ligada à antiga sabedoria, ao retomar sua transcendência ou tornar "a imanência imanente a alguma coisa de transcendente, a idealidade".[37]

Além disso, quando elabora — sem dúvida inspirado no capítulo do *Crepúsculo dos ídolos*, de Nietzsche, "Como o mundo verdadeiro acabou convertendo-se numa fábula" — uma pequena história da filosofia do ponto de vista da instauração de um plano de imanência, Deleuze é levado a postular a existência de filósofos (ou de um tipo de filósofos) que escapam da imanência. Assim, com Platão, o plano de imanência relança o transcendente: "é um simples campo de fenômenos que só possuem como segundo o que se atribui antes de tudo à unidade transcendente"; com o cristianismo, a imanência serve às exigências da transcendência de um Deus e sua causalidade emanativa ou criadora; com Descartes, Kant, Husserl, o *cogito* torna possível tratar o plano de imanência como campo de consciência, como um sujeito, que Kant, por exemplo, chama de transcendental, mas é o que permite, no mundo moderno, salvar a transcendência.

Por outro lado, ou em outro espaço de uma geografia do pensamento, está Espinosa, o príncipe ou o Cristo dos filósofos, o mais filósofo dos filósofos, em quem a imanência não tem nenhum compromisso com a transcendência, para quem a substância e os modos têm como pressuposto o plano de imanência; Espinosa, aquele que "mostrou, traçou, pensou o 'melhor' plano de imanência, isto é, o mais puro, aquele que não se dá ao transcendente nem propicia o transcendente, aquele que inspira menos ilusões, maus sentimentos e percepções errôneas..."[38] Essa contraposição entre dois tipos de filosofia, aliás, ainda reaparece pouco depois de *O que é a filosofia?* em "Platão, os gregos". Nesse pequeno artigo, Deleuze volta a defender que a filosofia grega se constitui com a instauração da imanência, mas que, ao restaurar os critérios de seleção entre rivais para julgar o bem-fundado ou a legitimidade das pretensões, Platão erige um novo tipo de transcendência, isto é, inventa — com a teoria das ideias — uma transcendência que funciona no próprio campo de imanência. Mas indicando, ao mesmo tempo, que a modernidade seguiu os passos de Platão, e que reagir ao platonismo significa reestabelecer a imanência, ele sugere — em continuidade com suas posições filosóficas anteriores — que Espinosa e Nietzsche, filósofos da "pura imanência", instauraram métodos de seleção totalmente diferentes, pois dizem respeito não à pretensão, mas à potência.[39]

O procedimento de colagem

Como se dá a relação entre os filósofos que Deleuze privilegia por expressarem um estilo extemporâneo de pensamento, permitindo-lhe a criação do espaço ideal alternativo do pensamento sem imagem? Estabelecendo uma analogia com a técnica da colagem na pintura — composição feita de elementos diversos ou materiais variados colados em uma tela — e em alusão a um dos domínios de expressão do movimento dadaísta (1915-23) de Arp, Picabia, Duchamp, Man Ray, Max Ernst..., Deleuze dirá que essa relação é do tipo de uma colagem. Eis o texto mais explícito sobre o assunto: "A pesquisa de novos meios de expressão filosóficos foi inaugurada por Nietzsche e deve ser continuada em relação com a renovação de algumas outras artes, como por exemplo o teatro e o cinema. A esse respeito, podemos desde já pôr a questão da utilização da história da filosofia. Parece-nos que a história da filosofia deve desempenhar um papel bastante análogo ao de uma *colagem* em uma pintura. A história da filosofia é a reprodução da própria filosofia. Seria preciso que a resenha em história da filosofia agisse como um verdadeiro duplo e comportasse o máximo de modificação própria ao duplo. (Imagina-se um Hegel *filosoficamente* barbudo, um Marx *filosoficamente* glabro, do mesmo modo que uma Gioconda bigoduda.) Seria preciso descrever um livro real da filosofia passada como se fosse um livro imaginário e fingido."[40]

Se Deleuze não pode ser considerado propriamente um historiador da filosofia é porque, para ele, repetir um texto não é buscar sua identidade, mas afirmar sua diferença. Pensando no procedimento literário do discurso indireto livre, tantas vezes utilizado por ele como exemplo de pensamento diferencial, é possível dizer que, em seus estudos, ele fala em seu próprio nome usando o nome de outro. A leitura que faz dos filósofos — e também dos não filósofos — age, atua, interfere com o objetivo de produzir um duplo. Deslocamento, disfarce, dissimulação, recriação são sentidos correlatos de sua ideia do livro de filosofia como "ficção científica", que aparece no prólogo de *Diferença e repetição*.[41] A leitura deleuziana é claramente organizada a partir de um ponto de vista, de um interesse, de uma perspectiva que faz o texto estudado sofrer pequenas ou grandes torções a fim de ser integrado a suas próprias questões; é uma leitura interessada em captar os conceitos que podem ser postos a serviço de seu próprio projeto.*

Daí a relevância da ideia de colagem. Falar de colagem a respeito do pensamento filosófico significa dizer que o texto considerado é muitas vezes extraído de seu contexto, ou melhor, que os conceitos — considerados como objetos de um encontro, como um aqui e agora, como coisas em estado livre e selvagem — são utilizados como instrumentos, como técnicas, como operadores, independentemente das inter-relações conceituais próprias do sistema a que pertencem. Citando um poema de Bob Dylan que proclama "Sim, sou um ladrão de pensamentos", *Diálogos* faz uma apologia do "roubo", da "captura", e explicita esse procedimento de leitura defendendo que "não se deve procurar saber se uma ideia é justa ou verdadeira. Deve-se procurar uma ideia totalmente diferente, em outra parte, em outro domínio, de modo que alguma coisa passe entre as duas."[42] Ideia que já aparece em *Diferença e repetição* quando Deleuze afirma que "o que é primeiro no pensamento é o roubo".[43]

Toda leitura realizada por Deleuze tem um caráter instrumental. É assim que muitas vezes nos surpreendemos ao vê-lo roubar uma ideia, um conceito de uma filosofia que, pensada em seu conjunto, encontra-se nos antípodas das posições de sua própria filosofia. Mas realizar uma colagem ou produzir um duplo não significa se insurgir contra o sistema. Significa desembaraçar, desemaranhar os conceitos de seus sistemas de origem para criar um novo sistema. Mesmo que o pensamento tenha uma relação imediata com o de-fora, seja atravessado por um movimento que vem de fora, ou mesmo que a multiplicidade seja um princípio fundamental no sentido em que os fragmentos de uma obra devem manter entre si uma relação de diferença sem fazer referência a uma unidade ou uma totalidade,** isso não

---

* Evidentemente a torção deleuziana só é notada quando se compara o que ele diz com o próprio texto que está sendo interpretado. Farei isso sobretudo em duas ocasiões: no caso de Nietzsche, para mostrar como a interpretação deleuziana se funda em torções a respeito da vontade de potência e do eterno retorno; no caso de Foucault, explicitando sistematicamente como ela está presente nas análises do saber e do poder.

** Cf., por exemplo, A-Œ, p.50-2. A esse respeito, é curioso ver Deleuze elogiar Sartre, em 1964, justamente por realizar uma totalização (cf. "Il a été mon maître", in ID, p.111-2).

significa que a filosofia de Deleuze não forme um sistema: "Creio na filosofia como sistema. A noção de sistema me desagrada quando é relacionada às coordenadas do Idêntico, do Semelhante, do Análogo. Foi Leibniz, creio, quem primeiro identificou sistema e filosofia. No sentido em que ele o faz, eu me associo a ele... Sinto-me um filósofo bastante clássico."* Assim, por exemplo, todas as suas leituras de filósofos são sistemáticas. Não só as de Kant e Espinosa, mas até mesmo a de Nietzsche, certamente um dos filósofos menos sistemáticos que existem. Além disso, no plano mais geral, a inter-relação conceitual que essas leituras estabelecem resulta de uma concepção do exercício do pensamento que também se formula de um modo sistemático, mesmo que se trate, como mostrarei, de um sistema aberto. Ao estabelecer ressonâncias, a colagem produz uma inflexão de leitura que se deve à ação de um pensamento sistemático que busca definir um espaço da diferença.

Foucault, no artigo sobre Deleuze citado, retomando uma ideia de *Diferença e repetição*, diz que sua filosofia é um teatro filosófico que faz os filósofos voltarem à cena como máscaras de suas próprias máscaras, pois no fundo — como Nietzsche sabia — tudo é máscara, teatro onde, por exemplo, sob a máscara de Sócrates explode o riso do sofista, ou onde Duns Scot aparece com o bigode de Nietzsche, fantasiado de Klossowski.** Esta é, sem dúvida, uma boa maneira de ilustrar o procedimento de colagem que modifica o texto produzindo seu duplo, transformando o real em imaginário, fingido, inventado ou criando um filho monstruoso com outro criador. E é justamente a compreensão da amplitude e do modo de funcionar desse procedimento que possibilita explicitar o diferencial próprio do pensamento de Deleuze, o que constitui sua singularidade.

Um exemplo impressionante desse teatro filosófico é a síntese final que Deleuze faz, como organizador do Colóquio de Royaumont sobre Nietzsche, em 1964, das conferências anteriores. É impossível perceber isso quando não se conhece o conteúdo de sua leitura de Nietzsche, que apresentarei neste livro. No entanto, vale a pena notar, para compreender esse teatro filosófico, que Deleuze foi capaz, nessas "Conclusões sobre a vontade de potên-

* Carta-prefácio a *Variations, la philosophie de Gilles Deleuze*, de Jean-Clet Martin. No início de um artigo sobre Rousseau, de 1962, Deleuze diz que uma das maneiras de ignorar um grande autor é "desconhecer sua lógica profunda ou o caráter sistemático de sua obra" (ID, p.73).
** Cf. Foucault, "Teatrum philosophicum", op.cit., p.98-9. Cf. DR, p.16-20. No final das "Conclusões sobre a vontade de potência e o eterno retorno", Deleuze chama a filosofia de Nietzsche de "teatro filosófico", "teatro da vontade de potência e do eterno retorno" (ID, p.177).

cia e o eterno retorno", de encontrar no que havia sido dito por Klossowski, Jean Wahl, Foucault, Beaufret, Birault, Löwith, Gueroult etc. justamente o que ele havia escrito sobre Nietzsche e pensava na época:

1) Os princípios imanentes das interpretações e avaliações são o nobre e o vil, o alto e o baixo.

2) A vontade de potência, a instância mais profunda, a profundidade original, ontológica — base de toda avaliação —, só em seu grau mais baixo é uma vontade que quer a potência, ou deseja dominar, mas em seu grau mais elevado, em sua forma intensa ou como princípio intensivo, é a afirmação da diferença, a criação da distância.

3) Há uma diferença essencial entre o sim niilista do Asno e o sim dionisíaco de Zaratustra, pois, quando o Asno diz sim não faz nada mais do que carregar: o peso dos valores cristãos, dos valores humanistas, do real sem valor — os três estágios do niilismo —, mas quando Zaratustra diz sim, trata-se de aliviar, tirar a carga do que vive, dançar, criar.

4) Quando existiu entre os antigos, o eterno retorno era "qualitativo" ou "extensivo", enquanto a ideia absolutamente nova de Nietzsche introduz um domínio de intensidades puras, como diferença de intensidade no ser e do ser, como o que possibilita elevar o que se quer à última potência, à enésima potência.

5) O eterno retorno — mais ocultado do que revelado nas obras publicadas, que o apresentam como um retorno do mesmo, ou um retorno ao mesmo — se diz do devir, do múltiplo, ou melhor ainda, é a identidade do que difere, o ser do devir, e, neste sentido, é duplamente seletivo: pensamento seletivo, porque elimina os semiquereres, separa as formas superiores das formas médias, eleva cada coisa à sua forma superior, à sua máxima potência; mas também ser seletivo, no sentido de que elimina as semipotências do ser, o homem pequeno — fraco demais para poder suportar sua prova —, exigindo que o homem se torne super-homem.[44]

Outro exemplo, talvez ainda mais impressionante, desse teatro filosófico está no artigo "Em que se pode reconhecer o estruturalismo?", escrito em 1967 e só publicado em 1972. Agrupar pensadores pertencentes a domínios diversos e tão diferentes como Jakobson, Lévi-Strauss, Lacan, Foucault, Althusser, Barthes, Sollers, encontrando ressonâncias entre seus estudos, não tem necessariamente nada de extraordinário, nem constituiria um teatro filosófico. O que é interessante e profundamente eloquente quanto a seu procedimento é o fato de Deleuze, além do que teria assimilado deles, "descobrir" nesses autores conectados sob a rubrica "estruturalismo" ressonâncias de seu próprio modo de pensar ou, até mais precisamente, dos termos através dos quais apresentava os conceitos de sua filosofia na época em que escrevia *Diferença e repetição* e *Lógica do sentido*. Eis alguns exemplos: o sentido como efeito ou resultado de lugares de um espaço estrutural, topológico; as determinações de relações diferenciais e repartições de pontos singulares que lhes correspondem; a estrutura como multiplicidade de coexistência virtual; a gênese pela qual a estrutura diferenciada (*différentiée*), mas indiferençada (*indifférenciée*), se atualiza, tornando-se diferençada no espaço e no tempo; a homologia estrutural de duas séries de termos; o diferenciador da diferença; as individuações não pessoais e as singularidades pré-individuais.[45]

Desse modo, a relação entre a filosofia de Deleuze e o pensamento dos outros tem basicamente dois aspectos: sua leitura dos filósofos ou não filósofos e a constituição de seu próprio pensamento filosófico. Mas não se trata de dois aspectos fundamentalmente heterogêneos, pois os estudos monográficos que realiza são guiados por sua problemática filosófica e, inversamente, a filosofia que produz é o resultado de inter-relações conceituais feitas a partir de suas leituras filosóficas. Neste sentido, analisar a filosofia de Deleuze é responder a uma dupla questão, ou a uma questão circular: como o âmago de seu pensamento filosófico singular serve de princípio de leitura dos pensadores, sejam eles filósofos ou não? Como os pensadores agenciados pela colagem explicam a formação de seu sistema filosófico?

Nietzsche e Platão

O que possibilita a Deleuze estabelecer uma dicotomia entre duas orientações básicas do pensamento e apresentar uma delas como uma resistência, uma alternativa radical? Ou melhor, qual o critério que lhe permite isolar duas vertentes na história do pensamento, considerá-las antagônicas e escolher uma das orientações como inspiradora de seu próprio pensamento filosófico? A resposta pode ser dada imediatamente: a filosofia de Nietzsche.

A filosofia de Nietzsche é, em sua inspiração fundamental, uma tomada de posição a respeito da própria filosofia. No *Crepúsculo dos ídolos*, por exemplo, ele assinala, de modo lapidar, as grandes etapas de sua história — Platão, a filosofia cristã, Kant, o positivismo —, define-as como o platonismo da filosofia e se insurge contra toda a orientação do pensamento filosófico desde Platão, inaugurando uma nova etapa.[46] A filosofia de Nietzsche é, como ele próprio a denominou, um "platonismo invertido" (*umgedrehter Platonismus*).[47] Pois é justamente esse projeto, interpretado como subversão da filosofia da representação e denominado às vezes "perversão do platonismo", que constitui o centro a partir do qual gravitam as análises histórico-filosóficas de Deleuze e inspira toda a elaboração de seu pensamento filosófico.

A dualidade entre dois tipos de filosofia tem, por conseguinte, Nietzsche e Platão como polos opostos. É o que transparece, por exemplo, quando *Lógica do sentido* formula a ideia de uma dupla orientação — pelo alto e pela profundidade — que caracteriza as duas imagens antagônicas da filosofia. Num extremo, Platão, com quem nasce a imagem do filósofo como ser das ascensões, como aquele que sai da caverna, se eleva e se purifica na medida em que se eleva. Segundo essa orientação, a operação filosófica é ascensão, conversão, movimento de volta ao princípio do alto, que é princípio do Bem e da Verdade, princípio metafísico e epistemológico. "A altura é o oriente propriamente platônico."[48] No outro extremo, Nietzsche, aquele que levou mais longe a crítica da identidade;[49] Nietzsche, o anti-Platão, o que mais radicalmente duvidou dessa orientação pelo alto e questionou se, em vez de significar a realização da filosofia, ela não seria, ao contrário, sua degeneração; Nietzsche, para quem defender o privilégio da profundidade contra a altura significa afirmar a impossibilidade de um ponto de partida, de um fundamento. Não foi efetivamente ele quem afirmou que "atrás de toda caverna há outra mais profunda, um mundo mais vasto, mais estranho, mais rico sob a superfície, um abismo abaixo de todo fundo, além de toda fundação"?[50]

Não devemos pensar, no entanto, que esse privilégio da profundidade com relação à altura significa uma oposição à superfície, pois a grande ambição de Nietzsche é justamente abolir a oposição tradicional entre superfície e profundidade. Não foi ele quem disse dos artistas da Grécia arcaica que: "os gregos eram superficiais ... por profundidade"?* Segundo Deleuze, o encontro de Nietzsche com a profundidade só foi realizado por uma conquista da superfície. E nesse sentido ele retoma uma ideia que Foucault havia exposto em "Nietzsche, Freud, Marx", segundo a qual a filosofia de Nietzsche é uma crítica da profundidade sim, mas da profundidade pura, ideal, da profundidade da consciência, crítica essa que pretende restituir a ideia de profun-

* Nietzsche, *Nietzsche contra Wagner*, "Epílogo", §2. Deleuze sugere que essa afirmação de Nietzsche aplica-se particularmente aos estoicos. O que não significa que ela se refira a eles (cf. LS, 18ª série, p.175-6).

didade como segredo absolutamente superficial ou descobrir a profundidade como sendo apenas uma dobra da superfície. E como o procedimento de colagem estabelece ressonâncias entre ideias de domínios diferentes, ele também se apropria, a esse respeito, da crítica que Michel Tournier faz, em *Sexta-feira ou Os limbos do Pacífico*, à posição que valoriza a profundidade em detrimento da superfície, isto é, à concepção segundo a qual "superficial" significaria de pouca profundidade e não de vastas dimensões e "profundo", de grande profundidade e não de pouca superfície.[51] O mais profundo é a pele, diz a bela expressão de Valéry de que Deleuze tanto gosta.

A referência a Nietzsche é essencial para se compreender o procedimento deleuziano de crítica da filosofia e busca de um espaço alternativo, ou melhor, de crítica do pensamento da representação e constituição de um pensamento da diferença. Há, porém, uma importante distinção a ser feita quanto ao modo como os dois leem a filosofia. Pois Nietzsche praticamente não reconhece aliados. Ele pensa sua problemática como radicalmente diferente da problemática de qualquer outro pensador e sempre procurou, em sua trajetória filosófica, intensificar essa diferença para não ser contaminado pelo niilismo do pensamento. Neste sentido, não me parece convincente afirmar, como faz Deleuze, que Nietzsche se interessa pouco pelo que aconteceu depois de Platão.[52] Não foi justamente ele quem estabeleceu as etapas da história da filosofia como história do platonismo no capítulo de *Crepúsculo dos ídolos* "Como o 'mundo verdadeiro' acabou convertendo-se numa fábula" — texto que atesta para Heidegger, por exemplo, como Nietzsche, a despeito de sua vontade de subversão, guardava uma consciência lúcida de tudo o que o tinha precedido, e que certamente deve ter levado Deleuze a afirmar que "a história do longo erro é a história da representação"?[53] Além disso, o próprio Deleuze não diz, em *Nietzsche e a filosofia*, que Nietzsche tinha um conhecimento profundo do movimento hegeliano e até mesmo que se compreende mal o conjunto de sua obra se não se considera contra quem são elaborados seus principais conceitos?[54] Acontece que, para Nietzsche, mais do que para qualquer outro pensador, e daí sua situação singular na história da filosofia, pensar afirmativamente acarreta necessariamente pensar contra todos, ou melhor, contra tudo o que foi pensado desde Platão, por estar impregnado de negação da vida.

Para Deleuze, não. Deleuze é um filósofo da aliança. Sua geografia do pensamento agrupa os filósofos em espaços antagônicos tomando como critério geral a problemática da representação e da diferença. Para ele, existem filósofos que de modo geral estão excluídos do espaço em que pretende situar seu pensamento. É o caso sobretudo de Platão, Aristóteles, Descartes, Hegel, os grandes representantes da imagem tradicional da filosofia como filosofia da representação. E existem filósofos ao lado de quem ele pensa — fundamentalmente Espinosa, Nietzsche, Bergson.

Mas isso não é suficiente para compreender como ele lê e incorpora os outros pensadores. Pois, se na dimensão dos sistemas filosóficos ou da orientação geral de um pensamento a delimitação é nítida, no âmbito dos elementos ou dos conceitos componentes a comunicação entre esses espaços é frequente. Assim, até mesmo conceitos de filósofos situados no espaço da representação são objeto de um roubo que desfaz a teia conceitual em que estão inseridos, ou desconsidera algumas das consequências que acarretam nas teorias filosóficas em que foram produzidos, para torná-los elementos da filosofia deleuziana da diferença. Livros como *Diferença e repetição, Lógica do sentido, O anti-Édipo, Mil platôs, O que é a filosofia?* fazem isso o tempo todo.*

O filósofo que mais serve a Deleuze neste sentido, e que portanto ocupa uma posição bastante singular em seu pensamento, é Kant. Perante ele, sua posição é quase sempre a de um sim... mas bastante característico do procedimento de colagem. Por um lado, seus livros estão cheios de virulentas críticas a Kant, que consistem fundamentalmente em explicitar por que ele é expoente da filosofia da representação; por outro lado, ideias importantes de sua filosofia se esclarecem pelo que rouba de Kant para formular uma teoria da diferença, mesmo sendo necessário fazer pequenas ou grandes torções que minimizam ou desconsideram implicações que os conceitos têm no sistema de origem ou os corrigem a partir de outros conceitos. Outro filósofo que deve ser considerado com muita atenção quanto a sua apropriação por Deleuze é Leibniz. Com relação a Leibniz, como analisarei na última parte deste livro, a postura de Deleuze é marcadamente crítica em livros como *Diferença e repetição, Lógica do sentido, Espinosa e o problema da expressão*; no entanto, em *A dobra*, mudando de perspectiva, ele o apresenta como um filósofo da diferença, com o qual seu acordo seria total se não fosse o último parágrafo do livro, em que, apesar de se considerar leibniziano por causa da teoria da dobra, ele se torna reticente ao apontar as mudanças que o leibnizianismo teria sofrido. Mas, na verdade, em maior ou menor grau,

* Assim, quando Deleuze diz, numa aula de 1976, que se deve trabalhar com um saco e, ao encontrar alguma coisa que sirva, botar no saco, é evidente que há um critério para que alguma coisa sirva: a diferença.

essa posição que se expressa por um "sim... mas" se generaliza a todos os filósofos, até mesmo Espinosa, com uma única exceção: Nietzsche.

Essa é a razão pela qual considero ser possível dizer que, partindo de Nietzsche como critério de avaliação, o estilo filosófico deleuziano consiste em lhe encontrar aliados em graus diferentes, estabelecendo conexões entre conceitos de filósofos que merecem figurar, com mais ou menos pertinência, no espaço de uma filosofia da diferença. Assim, não só o dualismo proposto por Deleuze para distinguir representação e diferença não é total, mas também Nietzsche é o momento de maior radicalidade da crítica da imagem ou da representação. Mas não se deve esquecer que a leitura de Nietzsche feita por Deleuze é a criação de mais uma máscara. E, neste sentido, a leitura dos outros filósofos incide sobre o seu Nietzsche tanto quanto a dos comentadores, que de um modo geral têm uma importância muito grande nas interpretações deleuzianas. De todo modo, é, em última análise, a problemática nietzschiana da "inversão do platonismo" que esclarece a situação, no texto deleuziano, de conceitos criados por alguns filósofos ou recriados, a partir deles, por Deleuze, e que apontam na direção de uma atividade filosófica diferente do estilo de filosofia "majoritário" desde Platão. Deleuze tem o sentimento nietzschiano de um niilismo do pensamento que domina, entre outros setores, a filosofia. Mas, diferentemente do que acontece com Nietzsche, esse sentimento não é total ou radical. Assim, ao afirmar que Nietzsche se interessou pouco pela história da filosofia — como se sua avaliação dos filósofos não fosse inteiramente justa ou correta —, ele está justificando seu projeto de uma geografia do pensamento que busca contraexemplos ou tentativas de escapar do niilismo da história do pensamento encontrando aliados para Nietzsche, principalmente Espinosa e Bergson.

Elaborar ou reelaborar uma filosofia da diferença significa, assim, estabelecer uma ponte, um canal, uma ligação entre Nietzsche e os que podem, de um modo ou de outro, menos ou mais, ser aproximados do filósofo da vontade de potência e do eterno retorno. Desse modo, a filosofia de Deleuze recria e relaciona, pelo procedimento de colagem, "novos" pensamentos já existentes, dentro e fora da filosofia, sempre com o objetivo de construir um pensamento que afirma o primado da diferença sobre a identidade. Pretendo mostrar que aí se encontra sua singularidade.

PARTE 1 O nascimento da representação

1 | PLATÃO E O MÉTODO DE DIVISÃO

A distinção manifesta

A interpretação deleuziana da filosofia de Platão tem como objetivo explicitar sua motivação fundamental, privilegiando seu método de distinção ou de divisão. "O projeto platônico só aparece verdadeiramente quando nos reportamos ao método de divisão."[1] Para isso, Deleuze define duas dualidades constitutivas do platonismo — a manifesta e a latente —, esclarecendo a prioridade que vigora entre elas.

Em uma primeira determinação, o platonismo consiste em distinguir essência e aparência, inteligível e sensível, original e cópia, ideia e imagem. Essa "dualidade manifesta" marcou a história da filosofia. Segundo Nietzsche, por exemplo, toda a filosofia a partir de Platão se desenvolve retomando a oposição entre aparência sensível e essência inteligível. Uma boa maneira de compreender em que consiste a dualidade manifesta da filosofia de Platão é o célebre texto da *República* 510a-511a, conhecido como a "passagem da linha". O que esse texto evidencia é que, para Platão, não pode haver verdadeiro conhecimento do sensível. O que corresponde ao domínio do sensível é apenas opinião — conjectura e crença —, e não saber, conhecimento, ciência. Só é possível um verdadeiro conhecimento do inteligível, das essências, das ideias. Mas, do mesmo modo que há hierarquia do inteligível com relação ao visível, o domínio do inteligível não é homogêneo, também é hierárquico, marcado pela superioridade da filosofia. E por que a filosofia — a dialética, a *noesis* — é um saber superior a todos os outros, como por exemplo a matemática? A "passagem da linha" aponta dois limites da matemática: embora ela pense essências, seres não-sensíveis, ela faz uso de figuras visíveis com o objetivo de tornar possível a demonstração por uma série de etapas sucessivas; além disso, ela parte de hipóteses não para se elevar a um princípio, mas para chegar a um término, a uma conclusão.

Isso acarreta uma dupla superioridade da filosofia. Em primeiro lugar, ela não recorre a nada que seja sensível: não se serve absolutamente de imagens. Em vez de ser um estímulo, o sensível é um obstáculo ao pensamento. A inteligibilidade de uma coisa, em vez de ser um resultado da violência da sensibilidade, que faz pensar, que força o pensamento, é dada pelo afastamento do sensível. Em segundo lugar, o filósofo utiliza as hipóteses não como princípios, mas como pontos de apoio para se elevar até os princípios últimos ou primeiros, até o princípio incondicionado, absoluto ou, para empregar a linguagem de Platão na *República*, o princípio não hipotético, princípio universal do Bem, que é objeto de uma intuição intelectual. "Pois, de Platão aos pós-kantianos, a filosofia definiu o movimento do pensamento como uma passagem do hipotético ao apodítico ... em Platão a dialética se definia assim: partir de hipóteses, servir-se de hipóteses como trampolins, isto é, como 'problemas', para se elevar até o princípio não hipotético que deve determinar a solução dos problemas e a verdade das hipóteses..."[2] Assim, a dialética é ascendente: vai das hipóteses à *arché*; eleva-se cada vez mais alto até o princípio absoluto de inteligibilidade, princípio de tal modo claro que não tem necessidade de explicação. Mas é também descendente: atingindo o princípio não hipotético do Bem, a filosofia pode descer e iluminar o que está abaixo, levar a clareza aos outros níveis. Em suma, a respeito da distinção entre essência e aparência, o que caracteriza o procedimento de Platão é a busca de um princípio absoluto de inteligibilidade, um princípio transcendente, um inteligível superior, que é o que se pensa melhor e o que torna possível conhecer o inferior, por conseguinte, o sensível. Ascensão para o Bem e retorno ao mundo das imagens, portanto.

Deleuze não nega que o platonismo seja uma doutrina dos dois mundos: mundo sensível e mutante das cópias e aparências; mundo suprassensível e imutável, que é o mundo verdadeiro das essências, o modelo. Ainda em *Mil platôs* ele faz referência a essa problemática: "No texto do *Timeu* (28-29), Platão considera por um curto instante que o Devir não seja apenas o caráter inevitável das cópias ou das reproduções, mas seja ele próprio um modelo que rivalizaria com o Idêntico e o Uniforme. Ele só evoca essa hipótese para a excluir; e é verdade que, se o devir é um modelo, não apenas a dualidade do modelo e da cópia, do modelo e da reprodução, deve desaparecer, mas as próprias noções de modelo e de reprodução tendem a perder todo sentido."[3] No entanto, isso não é o mais importante de sua interpretação. Sua grande ideia consiste em defender que a dualidade entre mundo aparente e mundo das essências não é a distinção principal estabelecida por Platão; e, mais ainda, consiste em explicitar como essa distinção manifesta existe em função de uma distinção mais fundamental, que ele chama de "latente": a distinção entre as boas cópias e os simulacros.

Se ele formula essa hipótese é porque pretende afrontar as dificuldades e cumprir as exigências colocadas por uma "subversão" radical do platonismo ou por uma crítica, de inspiração nietzschiana, da filosofia da representação. "O que significa 'subversão do platonismo'? Nietzsche definiu assim a tarefa de sua filosofia, ou, mais geralmente, a tarefa da filosofia do futuro. Parece que a fórmula queria dizer: abolição do mundo das essências e do mundo das aparências. Entretanto esse projeto não seria próprio de Nietzsche. A dupla recusa das essências e das aparências remonta a Hegel e, mais ainda, a Kant. É duvidoso que Nietzsche queira dizer a mesma coisa."[4] Essa identificação pré-kantiana entre fenômeno e aparência é salientada pelo próprio Kant: "Desde os tempos mais antigos da filosofia, os que estudavam a razão pura conceberam, além dos seres sensíveis ou fenômenos que compõem o mundo dos sentidos, seres inteligíveis particulares que constituiriam um mundo inteligível, e como eles confundiam fenômeno e aparência, o que é desculpável em uma época ainda inculta, só atribuíram realidade aos seres inteligíveis."[5] Não privilegiar a distinção manifesta significa, portanto, considerar que a abolição do mundo das essências e do mundo das aparências, que é um objetivo realizado há muito, que é a novidade, a originalidade ou singularidade da filosofia moderna desde Kant, ainda mantém o pensamento no espaço da representação.

Com efeito, se até Kant os filósofos, opondo a aparência sensível à essência inteligível, identificam o fenômeno à aparência, a nova compreensão de fenômeno que surge a partir de Kant identifica-o não mais à aparência, mas à aparição, ao aparecimento. Aparecimento não se opõe à essência: é o que aparece enquanto aparece, sem que haja sentido em se perguntar se existe algo por trás. É verdade que Kant ainda separa essência e aparência, ao distinguir o fenômeno da coisa em si, do puro *noumenon*. Mas o fundamental para Deleuze é que, ao dizer que o *noumenon* só pode ser pensado, e não conhecido, Kant desloca a questão do conhecimento para a correlação aparecimento-condições do aparecimento, substitui a disjunção essência-aparência pela conjunção aparecimento-condições do aparecimento.

Esse novo modo de definir o fenômeno implica um novo estatuto do sujeito. Na metafísica clássica, a noção de aparência sensível remete a uma insuficiência, a uma deficiência do sujeito, a uma constituição do sujeito que, em virtude das ilusões dos sentidos, deforma o conhecimento da essência inteligível e torna necessário que ele ultrapasse essa insuficiência para atingir a essência, como vimos em Platão. Para a filosofia transcendental kantiana, ao contrário, o sujeito é condição de possibilidade do aparecimento; é constituinte das condições segundo as quais é possível que algo apareça, em vez de ser responsável pelas limitações ou ilusões da aparência.

Ora, se para Deleuze a filosofia do sujeito transcendental não é uma alternativa à metafísica, é porque não critica os pressupostos subjetivos da recognição e do senso comum que postulam a dupla identidade do eu puro e da forma do objeto qualquer. A unidade sintética originária da apercepção, que segundo Kant é o fundamento do acordo entre as faculdades de conhecimento, é considerada por ele justamente como o princípio mais geral da representação. Analisarei posteriormente essa problemática. No momento, pretendo apenas assinalar que, em última análise, é por situar-se na perspectiva de uma filosofia da diferença que Deleuze julga insuficiente definir o platonismo pela distinção entre a essência e a aparência.

A distinção latente

Realizar uma crítica radical da filosofia da representação que Platão inaugura com sua teoria das ideias exige privilegiar, na própria interpretação do platonismo, uma distinção ainda mais fundamental do que a primeira. "É exato definir a metafísica pelo platonismo, mas insuficiente definir o platonismo pela distinção da essência e da aparência. A primeira distinção rigorosa estabelecida por Platão é a do modelo e da cópia; ora, a cópia não é de modo algum uma simples aparência, pois ela mantém, com a Ideia considerada como modelo, uma relação interior espiritual, noológica e ontológica. A segunda distinção, ainda mais profunda, é entre a própria cópia e o fantasma. É claro que Platão só distingue e até mesmo opõe o modelo e a cópia para obter um critério seletivo entre as cópias e os simulacros, umas sendo fundadas por suas relações com o modelo, os outros, desqualificados porque não suportam nem a prova da cópia, nem a exigência do modelo. Se, portanto, existe aparência, trata-se de distinguir as esplêndidas aparências apolíneas bem fundadas de outras aparências, malignas e maléficas, insinuantes, que não respeitam nem o fundamento, nem o fundado. É essa vontade platônica de exorcizar o simulacro que acarreta a submissão da diferença."[6] Esse texto nos introduz de forma perfeita à posição de Deleuze com relação ao platonismo, expondo os principais elementos de sua interpretação, como veremos a seguir.

A principal distinção, a "verdadeira" distinção, estabelecida por Platão é entre dois tipos de imagens, dois tipos de cópia: a boa cópia, a cópia bem fundada, o "ícone", que é uma imagem dotada de semelhança, e a má cópia, a cópia que implica uma perversão, o "simulacro-fantasma", que é uma imagem sem semelhança. "Todo o platonismo é dominado pela ideia de uma distinção a ser feita entre 'a coisa mesma' e os simulacros."[7] A dualidade platônica mais profunda se dá, portanto, no nível dos próprios corpos sensíveis, entre as coisas medidas e limitadas e um puro devir sem medida, a distinção entre o modelo e a cópia só adquirindo sentido em função dessa dualidade, pois seu principal objetivo é produzir um critério de seleção entre as cópias e os simulacros, entre o que recebe a ação da ideia e o que escapa de sua ação. Se é insuficiente definir o platonismo pela distinção essência-aparência, isto é, se a cópia-ícone não é uma simples aparência, é porque mantém com a ideia considerada como modelo uma relação de semelhança que é justamente o que a funda como cópia bem fundada. E essa relação de semelhança, como insiste Deleuze, não é externa, mas interna, espiritual, no sentido em que a ideia encerra o que é constitutivo da essência interna da coisa. A cópia só se assemelha verdadeiramente a alguma coisa na medida em que se assemelha à ideia como modelo. A cópia é fundada pela semelhança interna com a identidade superior da ideia. "Julga-se que o modelo goza de uma identidade originária superior (só a Ideia não é outra coisa a não ser o que ela é, só a Coragem é corajosa e a Piedade, piedosa), ao passo que a cópia é julgada segundo uma semelhança interior derivada." Dois tipos de similitude definem, assim, a relação entre os dois mundos: "a similitude exemplar de um original idêntico e a similitude imitativa de uma cópia mais ou menos semelhante".[8]

O método de divisão

Que intenção, que motivação se encontra na base desse processo platônico de fundação da representação? A exclusão, a repressão das cópias sem semelhança, os simulacros — resposta que leva Deleuze a explicitar a singularidade do método de divisão platônico situando sua diferença com relação ao aristotélico.* Para Aristóteles, a divisão platônica por dicotomias consiste em dividir os gêneros em espécies por suas diferenças opostas, de modo a explicar as relações entre as ideias e legitimar a predicação. Platão parte de uma ideia composta e, por uma divisão metódica e exaustiva, reconstitui racionalmente o real. Trata-se assim de um método sintético que opera por dicotomias sucessivas e eliminações consecutivas, produzindo uma classificação. Considerando a divisão platônica um "silogismo impotente", Aristóteles critica-a por não estabelecer uma ligação analítica entre as noções e proceder sem mediação, isto é, sem termo médio, de modo que a conclusão não apresenta nenhum caráter de necessidade lógica. O método platônico de divisão é um método sintético que pede que se lhe conceda justamente o que ele deve demonstrar, pois é preciso conhecer previamente a natureza da coisa a ser definida para escolher as diferenças que vão servir para demonstrá-la. Assim, o método de divisão é incapaz, segundo Aristóteles, tanto de provar quanto de refutar.[9]

Ora, para Deleuze, a crítica de Aristóteles seria correta se o objetivo de Platão fosse realmente dividir um gênero em espécies opostas. Sua intenção, no entanto, era outra, como já tinham visto os neoplatônicos.[10] "Nosso erro é procurar compreender a divisão platônica a partir das exigências de Aristóteles. Segundo Aristóteles, trata-se de dividir um gênero em espécies opostas; ora, falta a esse procedimento não apenas 'razão', mas uma razão pela qual se decida que alguma coisa é de determinada espécie mais do que de outra. Por exemplo, divide-se a arte em arte de produção e de aquisição; mas por que a pesca com linha está do lado da aquisição? O que faz falta aqui é a mediação, a identidade de um conceito capaz de servir de termo médio. Mas é evidente que a objeção cai se a divisão platônica não se propõe a determinar as espécies de um gênero."[11]

Deleuze nem interpreta Platão como Aristóteles, nem, sobretudo, critica-o na mesma perspectiva. Pois a crítica aristotélica denota, ainda mais do que a posição de Platão, as exigências da representação. Isto significa que, enquanto é Aristóteles quem funda e delimita a representação pela divisão em gênero e espécie — método que subordina a diferença à identidade, pela diferença específica —, com Platão os resultados da operação de fundar a

---

* Sobre a aplicação do método de divisão, cf. *Les dialogues de Platon*, de Victor Goldschmidt, livro que, apesar das profundas diferenças de posição a respeito da filosofia de Platão, me parece ser o grande inspirador da leitura deleuziana.

representação ainda são duvidosos. Por quê? Justamente pelas razões que Aristóteles aponta: porque o método de divisão opera sem mediação, age no imediato, vai de uma singularidade a outra. E isso de modo algum desagrada Deleuze. A ponto de ele afirmar que a subversão do platonismo conserva muitas características platônicas e se questionar se não seria a divisão "que reúne toda a potência dialética em proveito de uma verdadeira filosofia da diferença e mede, ao mesmo tempo, o platonismo e a possibilidade de subverter o platonismo".[12]

A divisão platônica, diferentemente da aristotélica, não busca propriamente a identificação ou a especificação do conceito, mas a autenticação da ideia; não busca a determinação da espécie, mas a seleção da linhagem. Seu real objetivo é selecionar uma linhagem pura a partir de um material impuro, indiferenciado, indefinido, que justamente deve ser excluído para que seja possível o aparecimento da ideia. O platonismo é uma dialética dos rivais e dos pretendentes. Daí ao método seletivo corresponder uma participação eletiva.[13] A divisão é a medição dos rivais, a avaliação dos pretendentes a partir de um fundamento seletivo que tem como objetivo possibilitar uma participação eletiva. O fundamento, idêntico e imparticipável, é a ideia: só a justiça é justa, só a coragem é corajosa... Mas o fundamento possibilita aos pretendentes que passarem por sua prova, por sua seleção, participar da qualidade que só ele possui inteiramente e lhe serem semelhantes. "Deve-se, portanto, distinguir: a Justiça, como fundamento; a qualidade "justo", como objeto da pretensão possuído pelo que funda; os justos como pretendentes que participam desigualmente do objeto. É por isso que os neoplatônicos nos dão uma compreensão tão profunda do platonismo quando expõem sua tríade sagrada: o Imparticipável, o Participável, os Participantes."*

Simulacro e diferença

Vejamos o que diz Foucault sobre esse ponto central da interpretação deleuziana: "Platão não divide imperfeitamente — como dizem os aristotélicos — o gênero 'caçador', 'cozinheiro' ou 'político', ele não quer saber o que caracteriza propriamente a espécie 'pescador' ou 'caçador com laço'; quer

* DR, p.87. Para Deleuze, o papel do mito platônico no método de divisão é instituir o fundamento que permite avaliar os pretendentes. Cf. DR, p.85-6; "Simulacre et philosophie antique", in LS, p.348-50. Sobre a teoria neoplatônica da participação, cf. SPE, cap. XI, p.153-63.

saber quem é o verdadeiro caçador. *Quem é?* e não *o que é?*. Procurar o autêntico, o ouro puro. Em vez de subdividir, selecionar e seguir o bom filão... Ora, como distinguir entre todos os falsos (esses simulacros, esses supostos) e o verdadeiro (o sem mistura, o puro)? Não descobrindo uma lei do verdadeiro e do falso (a verdade aqui não se opõe ao erro, mas à falsa aparência), mas olhando acima de todos eles o modelo de tal modo puro que a pureza do puro se assemelha a ele, se aproxima dele e pode ser medida por ele, modelo que existe com tanta força que a vaidade simuladora do falso será imediatamente desclassificada como não-ser ... Diz-se que Platão teria oposto essência e aparência, mundo do alto e mundo aqui de baixo, sol da verdade e sombras da caverna ... Mas para Deleuze a singularidade de Platão está na triagem rigorosa, na sutil operação — anterior à descoberta da essência, pois a exige — que pretende separar os maus simulacros do conjunto da aparência. Para subverter o platonismo é inútil, portanto, restituir os direitos da aparência, lhe dar solidez e sentido, aproximá-la das formas essenciais, dando-lhe como vértebra o conceito ... deixemos entrar todos esses astuciosos que simulam e gritam à porta."[14]

Essa proposta nos remete mais explicitamente ao aspecto positivo e principal objetivo da leitura deleuziana de Platão: subverter a filosofia da representação significa afirmar os direitos dos simulacros reconhecendo neles uma potência positiva, dionisíaca, capaz de destruir as categorias de original e de cópia. Há em Platão uma relação de força entre modelo e simulacro, no sentido de que a ideia é pensada como uma potência capaz de excluir, barrar, rejeitar as cópias sem fundamento. "A noção de modelo não intervém para se opor ao mundo das imagens em seu conjunto, mas para selecionar as boas imagens, as que se lhe assemelham do interior, os ícones, e eliminar as más, os simulacros. Todo o platonismo é construído sobre essa vontade de expulsar os fantasmas ou simulacros ..."[15] A glorificação deleuziana dos simulacros, que define seu antiplatonismo, consiste em considerá-los não como simples imitações, como uma cópia de cópia, uma semelhança infinitamente diminuída, um ícone degradado, mas como uma maquinaria, uma máquina dionisíaca, uma potência positiva, "potência primeira" que, quando não é mais recalcada pela ideia, é a própria coisa; pois, se no platonismo a ideia é a coisa, na subversão do platonismo cada coisa é elevada ao estado de simulacro. Não se pode dizer que a subversão do platonismo segundo Deleuze consista apenas em virar a pretensão do pretendente contra a fonte da pretensão, o simulacro contra o modelo; o fundamental de sua estratégia antiplatônica de glorificação dos simulacros é abolir as noções de original e derivado, de modelo e cópia, e a relação de semelhança estabelecida entre esses termos na medida em que tal tipo de pensamento reduz necessariamente a diferença à identidade. "O simulacro não é uma cópia degradada, ele encerra uma potência positiva que nega tanto o original quanto a cópia, tanto o modelo quanto a reprodução. Das duas séries divergentes, ao menos, interiorizadas no simulacro, nenhuma pode ser designada como o original, nenhuma como a cópia."[16]

Estamos no âmago da filosofia de Deleuze. O simulacro, a imagem demoníaca, a imagem sem semelhança, ou que coloca a semelhança no exterior, é a diferença. Mais de vinte anos depois dessas análises, em carta de 1990, Deleuze dirá que abandonou totalmente "a noção de simulacro, que não vale grande coisa", talvez pela banalização de que foi vítima esse conceito.[17] Pouco importa, pois na verdade isso não muda muita coisa; é mais uma mudança terminológica do que propriamente conceitual em sua filosofia. O importante é que valorizar o simulacro ao interpretar Platão é, para ele, uma das maneiras de formular o projeto geral de pensar a diferença nela mesma, sem permanecer no elemento de uma diferença já mediatizada pela representação, isto é, submetida à identidade, à oposição, à analogia, à semelhança. "O simulacro é o sistema em que o diferente se relaciona com o diferente pela própria diferença."[18] É porque o simulacro é uma instância que compreende uma diferença em si, como semelhança abolida, que é possível, quando se afirma sua potência positiva, contestar as noções de identidade e semelhança. Isso integra perfeitamente sua leitura de Platão na perspectiva de seu projeto filosófico e torna claro por que sua crítica não se dirige basicamente à tese da existência de uma diferença entre inteligível e sensível. Veremos inclusive como ele estabelece essa relação entre sensível e inteligível como uma diferença que reúne imediatamente o que ela distingue, através da interpretação dos pensadores que ele agencia pela colagem e até mesmo através da elaboração de uma doutrina das faculdades. Sua crítica a Platão incide sobre a subordinação dessa diferença à problemática da representação, isto é, sobre o privilégio da identidade.

2 | ARISTÓTELES E A MEDIAÇÃO DA DIFERENÇA

Aristóteles e Platão

Se Platão é a origem da representação, no sentido em que, com ele, a diferença é considerada em si mesma impensável e subordinada às potências do mesmo e do semelhante, também com ele o resultado do projeto de uma filosofia da representação é duvidoso, na medida em que Platão ainda não elabora as "categorias que permitem desenvolver sua potência". Segundo uma bela imagem que aparece algumas vezes no texto deleuziano, é como se o mundo heraclítico e sofístico da diferença, qual um animal no momento em que é domado, ainda rosnasse no platonismo, resistindo a seu jugo. Com a teoria das ideias, Platão baliza seu domínio: funda-o, seleciona-o, exclui o que o ameaça. Mas, inspirado em Nietzsche, Deleuze se empenha em mostrar que a motivação ou a razão que preside sua decisão de exorcizar o simulacro é eminentemente moral. Não que essa visão moral do mundo característica desse primeiro momento desapareça da filosofia da representação, mas que Aristóteles é quem, rigorosamente falando, funda ou estabelece a "lógica da representação", criando seus conceitos básicos, através de uma operação que pretende tirar a diferença de seu "estado de maldição", estado em que ela aparece como monstruosa, como "figura do mal destinada à expiação".[19]

Assim, o que está no âmago da argumentação de Deleuze é, como sempre, a relação da identidade e da diferença. Neste caso preciso, a questão é saber como se dá, na divisão aristotélica, o "desdobramento da representação" pela subordinação da diferença à identidade ou pelo estabelecimento da relação da diferença com o conceito através da mediação, justamente o que faltava em Platão. Por isso, ao estudar Aristóteles, Deleuze se interessa pela determinação de quais diferenças podem ser inscritas no conceito como condição para que sejam pensáveis.

A tese exposta em *Diferença e repetição*, de modo bastante elíptico e que não será explicitada em nenhum dos outros livros, é que a fundação da representação se dá em Aristóteles por dois conceitos fundamentais: a diferença específica e a diferença categorial; a diferença específica inscreve a diferença na identidade do conceito indeterminado em geral; a diferença genérica ou categorial inscreve a diferença na "quase-identidade" dos conceitos determináveis mais gerais: as categorias. Com o objetivo de situar com mais rigor a definição deleuziana da representação como subordinação da diferença à identidade, apresentarei essa dupla inscrição complementar da diferença fundada no mesmo postulado da representação, que é o modo propriamente aristotélico de dar continuidade ao problema platônico do método de divisão.[20]

A diferença específica

Vejamos, em primeiro lugar, como a diferença específica subordina a diferença à identidade do conceito indeterminado de gênero.

O fio condutor da exposição de Deleuze é que em Aristóteles o conceito de diferença é construído a partir do conceito de oposição ou, mais precisamente, do conceito de contrariedade, que é um dos quatro tipos de oposição, ao lado da relação, da privação e da contradição. De modo geral, segundo Aristóteles, dois termos diferem quando convêm em alguma coisa. Neste sentido, se a maior e mais perfeita forma de oposição, isto é, a que melhor convém, é a contrariedade, é porque nesse caso, ao receber opostos, o sujeito permanece substancialmente o mesmo. Mas nem toda contrariedade é do mesmo tipo. Há uma contrariedade acidental e material e uma contrariedade essencial e formal; a primeira dá o conceito de uma diferença comum ou própria, a segunda, o de uma diferença essencial ou "propriíssima".

É material e acidental estar em movimento ou em repouso, ser branco ou preto, contrariedades que podem ser separadas do sujeito e são diferenças comuns, ou ser macho ou fêmea, ter o nariz achatado ou aquilino, que são inseparáveis do sujeito e constituem, portanto, diferenças próprias. A diferença propriíssima, por outro lado, é a forma pela qual um ser difere essencialmente de outro, como, por exemplo, ser racional diferencia o homem dos outros animais. A diferença propriíssima, a contrariedade formal e essencial no gênero, é a diferença específica. Vejamos o que diz Aristóteles: "As contrariedades que residem na forma criam diferenças específicas, enquanto as que só existem no ser considerado como associado à matéria não as criam"; "Chamo gênero o que constitui a unidade e a identidade de dois seres e que é diferenciado nesses seres de um modo que não é apenas acidental."[21]

Deleuze considera esse pensamento um modo de subordinar a diferença à identidade: "É somente em relação à suposta identidade de um conceito [o gênero] que a diferença específica é tida como a maior. Bem mais, é em relação à forma de identidade no conceito genérico que a diferença chega à oposição, é impelida até a contrariedade."[22] Aí está um dos elementos que o levam a considerar a obra de Aristóteles como uma filosofia da representação: o privilégio da identidade sobre a diferença está na concepção do gênero como o que permanece o mesmo ou idêntico para si, tornando-se outro ou diferente nas diferenças que o dividem. O método de divisão tornou-se um procedimento de especificação. E Deleuze conclui criticamente a exposição desse primeiro ponto: "Eis o princípio de uma confusão danosa para toda a filosofia da diferença: confunde-se o estabelecimento de um conceito próprio de diferença com a inscrição da diferença no conceito em geral, confunde-se a determinação do conceito de diferença com a inscrição da diferença na identidade de um conceito indeterminado."[23] Reconciliação da diferença com o conceito, inscrição da diferença no conceito, redução da diferença a um predicado na compreensão de um conceito que significa mediatizá-la e, assim, representá-la.

A diferença categorial

Mas isso não é tudo, nem mesmo o mais fundamental. Como vimos, a diferença específica é a maior e a mais perfeita com relação a um gênero; mas ela é ainda pequena com relação à diferença entre os gêneros supremos ou categorias, que não estão submetidos a nenhum gênero comum. Explicitei o princípio aristotélico segundo o qual dois termos diferem quando convêm em alguma coisa, mostrando em que sentido as diferenças de espécie convêm em gênero. Indicarei agora em que sentido as diferenças de gênero convêm em ser. Esses dois tipos de relação, no entanto, não são semelhantes, mas complementares. E isso porque o conceito de ser não é um gênero. Um gênero é um conceito abstrato determinável por uma diferença extrínseca, isto é, por uma diferença que não deve conter em seu conceito o gênero do qual ela é a diferença, enquanto toda classificação de conceitos se faz no interior do conceito de ser, isto é, de cada diferença de ser pode-se dizer que ela é. Como lembra algumas vezes *Diferença e repetição*: é porque as diferenças *são* que o ser não é um gênero. Deleuze diz, por exemplo: "Se o ser fosse um gênero, suas diferenças seriam assimiláveis a diferenças específicas, mas não se poderia dizer que elas 'são', pois o gênero não se atribui a suas diferenças em si."[24] Assim, as diferenças genéricas ou os gêneros, considerados como conceitos últimos determináveis ou categorias, não se relacionam ao ser como se este fosse um gênero comum. Mas será que esse novo tipo de relação escapa da subordinação da diferença à identidade? A resposta de Deleuze é que não, porque também nesse caso — ainda que de modo bastante especial — um conceito idêntico subsiste. Analisemos esse problema.

Perguntar-se "o que é o ser?" — a grande questão da metafísica de Aristóteles — significa procurar saber em que sentido o ser se diz, ou, mais precisamente, se o ser se diz em um ou em vários sentidos. E, se o ser se diz em vários sentidos, que relação existe entre esses sentidos diferentes?

A escolástica, pretendendo fixar uma terminologia rigorosa, propõe três nomes que assinalam três possibilidades de resposta a essa questão. Se o ser se diz em um único sentido, se a palavra "ser" tem apenas um sentido, dir-se-á que o ser é unívoco. Um conceito unívoco é aquele que tem uma significação determinada, una e idêntica para todos os sujeitos dos quais ele é predicado. Univocidade quer dizer que um mesmo nome é atribuído a diversos sujeitos em um sentido absolutamente semelhante. Por exemplo, animal se diz no mesmo sentido tanto do homem quanto do boi, pois um animal em nada se distingue de um outro animal enquanto pertencentes ao gênero animal. Se o ser se diz em vários sentidos, mas completamente distintos, sem nenhuma relação, dir-se-á que o ser é equívoco. Equivocidade quer dizer que um mesmo nome é atribuído a diversos sujeitos em sentidos totalmente diferentes, como se houvesse apenas comunidade verbal entre as coisas diferentes que a palavra designa. Por exemplo, entre o cão animal e o cão constelação. Finalmente, se o ser se diz em vários sentidos, mas que guardam uma relação entre eles, dir-se-á que o ser é análogo. Analogia quer dizer que um mesmo nome é atribuído a diversos sujeitos em um sentido parcialmente o mesmo e parcialmente diferente: diferente pelos diversos modos da relação, o mesmo por aquilo a que a relação se refere. O termo "analogia" significa relação, proporção, comparabilidade, semelhança imperfeita.

A posição de santo Tomás é a de que nem existe univocidade, nem pura equivocidade, mas analogia do ser. Definindo esse termo, ele dirá que se trata de um conceito aristotélico. Ora, hoje se pensa sobretudo que, a rigor, Aristóteles não fala de analogia com relação ao ser. Qual é a posição de Deleuze a respeito da existência ou não de analogia na maneira aristotélica de dizer o ser? A meu ver, a posição de Deleuze não pode ser assimilada a nenhuma das duas interpretações, embora esteja mais próxima da de santo Tomás. Isto é, por um lado, ele aceita a tese de que analogia é um conceito especificamente tomista, explicitamente formulado na Idade Média; por outro, ele não estabelece nenhuma diferença essencial, sob esse aspecto, entre os dois filósofos, estando interessado principalmente na continuidade entre eles, a ponto de, não fazendo propriamente obra de historiador, pretender acima de tudo caracterizar uma posição aristotélico-tomista, segundo a qual a teoria dos vários sentidos do ser que desponta em Aristóteles será retomada e sistematizada na Idade Média por santo Tomás.

No que diz respeito especificamente a Aristóteles, que é o que nos interessa no momento, a posição de Deleuze é clara. Ela consiste em salientar, para mostrar como se dá em Aristóteles a fundação da representação, que o conceito de ser não é coletivo, isto é, explícito e distinto, como um gênero em relação a suas espécies, mas distributivo e hierárquico, tem um sentido comum e um sentido primeiro; um sentido comum distributivo e um sentido primeiro hierárquico.

O conceito de ser é distributivo no sentido em que "não tem um conteúdo em si, mas apenas um conteúdo proporcionado aos termos formalmente diferentes dos quais ele é predicado".[25] Para Aristóteles, o sentido do ser não pode ser separado dos sentidos irredutíveis que as categorias determinam; a unidade do ser enquanto ser não existe fora das categorias — substância, qualidade, quantidade, relação, lugar, tempo, posição, ação, paixão[26] —, que são os sentidos irredutíveis do ser, os sentidos primitivos dos quais o ser se diz, e que nem podem ser reduzidos à unidade nem são radicalmente heterogêneos. A relação de cada categoria com o ser é interior a cada uma delas, isto é, cada uma se define pela interioridade da relação. Existem, portanto, vários sentidos e, ao mesmo tempo, uma unidade entre eles; o que só é possível porque a unidade do conceito de ser não é explícita, não é separável dos sentidos irredutíveis que as categorias determinam; caso contrário, o ser seria unívoco. Os múltiplos sentidos da palavra "ser" também não são propriamente equívocos, mas equívocos *pros en*, isto é, relativamente a um sentido comum. Trata-se de uma unidade distributiva, implícita e confusa, imperfeitamente determinada, em que cada sentido implica o ser e este não se confunde com nenhum deles. O ser é a unidade implícita de todos os sentidos, ele permanece presente em cada categoria, mas de modo obscuro.

Além disso, o conceito de ser é hierárquico. Os termos, as categorias, não têm uma relação igual com o ser. A sucessão das diversas categorias — substância, qualidade, quantidade... — é uma sucessão em que há um primeiro sentido primordial. O ser é a unidade de uma série de acepções que se regulam por um sentido primeiro tomado como referência, um fundamento que é imanente à série. A lista das categorias constitui uma série em que existe anterior e posterior, antes e depois. Na *Metafísica*, Aristóteles diz: "O ser se toma em várias acepções, mas é sempre relativamente a um termo único, a uma mesma natureza determinada." Substância, qualidade, quantidade ... são sentidos do ser, mas o ser se diz, antes de tudo, da substância. A natureza determinada que se manifesta em todas as acepções e relativamente à qual elas são o que são, é a *ousia*, a substância. Daí Aristóteles afirmar logo em seguida à citação anterior que "o ser se toma em múltiplas acepções, mas, em cada acepção, toda denominação se faz com relação a um princípio único. Tais coisas, com efeito, são ditas seres porque são substâncias, tais outras porque são determinações da substância, tais outras porque são um caminho para a substância, ou ao contrário, corrupções da substância, ou porque elas são privações, ou qualidades da substância, ou porque elas são causas eficientes ou geradoras de uma substância ou daquilo que é nomeado relativamente a uma substância, ou enfim porque elas são negações de qualquer uma das qualidades de uma substância ou negações da própria substância".[27]

Dizer que o conceito de ser é hierárquico significa, portanto, que a substância é o primeiro termo de uma série, isto é, de um conjunto onde há anterior e posterior, e do qual ela é o fundamento. "Em Aristóteles todas as categorias se dizem em função do Ser; e a diferença passa no ser entre a substância como sentido primeiro e as outras categorias que lhe são relacionadas como acidentes."[28] E se, entre os vários sentidos do ser, um deles — a substância — é fundamental, e os outros acidentais, a questão do ser é fundamentalmente a questão da substância.

Desse modo, a concepção aristotélica do ser, segundo Deleuze, considera-o não apenas um conceito distributivo, que se relaciona com termos diferentes, mas também um conceito serial, que se relaciona eminentemente com um termo principal.

Essa exposição deleuziana é importante menos pela originalidade* do que pela posição contra a teoria de um sentido comum e um sentido primeiro do ser, por ela deixar subsistir, como acontecia no caso da diferença específica, mesmo que de outro modo, a identidade de um conceito. Mas essa crítica de Aristóteles só adquire toda sua significação quando se considera *Espinosa e o problema da expressão*, livro que tem como um dos *leitmotiven* confrontar Espinosa a Descartes e a Leibniz justamente a partir dos conceitos de univocidade e de analogia do ser. A filosofia de Deleuze é uma ontologia. E, neste sentido, é por uma teoria da univocidade do ser que, repetindo os filósofos, ele formula um conceito próprio de diferença, como veremos a seguir, não só por uma interpretação de Espinosa, mas até mesmo, e principalmente, de Nietzsche.

---

* Ela me parece seguir a linha dos comentadores clássicos de Aristóteles e, em grande parte, se basear na crítica de J. Brunschwig ("Dialectique et ontologie chez Aristote", *Revue philosophique*, 1964) ao livro de Aubenque *Le problème de l'être*.

PARTE 2 O ápice da diferença

1 | ESPINOSA, O SER E A ALEGRIA

Uma filosofia genética

A leitura deleuziana de Espinosa está centrada na distribuição ou na "repartição" dos conceitos de substância, atributos e modos. Para Espinosa, substância é o que existe em si e por si, isto é, aquilo que não necessita do conceito de outra coisa para ser formado; atributo é o que o intelecto percebe da substância como constituindo sua essência; modos são as afecções da substância, isto é, o que existe em outra coisa pela qual também é concebido.[1] Estudando a relação entre esses elementos, o principal objetivo de Deleuze é situar a filosofia de Espinosa como um dos projetos mais radicais, se não o mais radical, de dar um estatuto à teoria da univocidade do ser. Assim, a tese fundamental da ontologia de Espinosa pode ser formulada da seguinte maneira: o ser unívoco é a substância absolutamente infinita, isto é, constituída por uma infinidade de atributos iguais realmente distintos, cujos produtos são modos, maneiras de ser que existem nos atributos.

Como já podemos ver pelas ideias de constituição e produção presentes nesse enunciado, a problemática da ontologia ou da univocidade do ser é estudada por Deleuze pela caracterização do espinosismo como uma filosofia genética responsável por uma dupla gênese ou, mais precisamente, por uma "genealogia" da substância e uma "gênese" dos modos — dois aspectos que, mesmo diferentes, formam uma unidade, ou estão em relação de fundação, devido à concepção do atributo. A genealogia é a constituição lógica da substância; a gênese, a produção física dos modos; e ambas se realizam a partir dos atributos considerados como elementos dinâmicos genealógicos da substância e princípios genéticos dos modos.[2]

Analisarei, portanto, inicialmente a concepção da univocidade do atributo segundo a qual ele constitui a essência da substância e contém a essência dos modos, que é o princípio condutor dessa dupla gênese.

A univocidade do atributo

No âmago da concepção deleuziana do atributo está sua caracterização como forma. É assim que encontramos várias vezes em seus escritos as expressões "formas de ser", "formas comuns", "formas substanciais", "razões formais", "elementos formais", "multiplicidades formais"...[3] Os atributos são formas de ser unívocas no sentido de que não mudam de natureza quando são afirmados do ser absolutamente infinito e dos seres finitos; ou, mais precisamente, considerado como ser unívoco, o atributo se diz formalmente em um mesmo sentido da substância, que é em si, e dos modos, que são em outra coisa.

O termo "formal" é mais utilizado do que definido por Deleuze. De um modo geral, ele se opõe a objetivo e serve para distinguir o atributo da ideia, no sentido, por exemplo, em que a essência de Deus se expressa nos atributos como essência formal e numa ideia como essência objetiva. Ele também se opõe a objetivo no âmbito da própria ideia, servindo para distinguir sua realidade objetiva de sua realidade formal. Veremos isso posteriormente. Pois o que importa assinalar neste momento é a relevância do conceito de forma para a interpretação deleuziana da univocidade do atributo. "Entre os numerosos sentidos de 'formal', devemos levar em consideração aquele pelo qual ele se opõe a eminente ou a análogo."[4] Formal significa, portanto, imanente e unívoco, e serve a Deleuze para formular a oposição de Espinosa a Aristóteles, santo Tomás, Descartes e até mesmo Leibniz, filósofos que ele situa *grosso modo* como representantes de uma concepção analógica do ser.

Considerando Espinosa o expoente máximo, entre os filósofos clássicos, da reação anticartesiana, *Espinosa e o problema da expressão* tem em Descartes o alvo de suas principais críticas e no método de analogia a mais importante delas. Categoria quase espontânea do pensamento cartesiano, herança escolástica e tomista do pensamento de Descartes, o método de analogia significa para Deleuze a negação da existência de formas comuns a Deus e às criaturas. "Segundo santo Tomás, as qualidades atribuídas a Deus não implicam uma comunidade de forma entre a substância divina e as criaturas, mas apenas uma analogia, uma 'conveniência' de proporção ou de proporcionalidade. Às vezes Deus possui formalmente uma perfeição que permanece extrínseca às criaturas, às vezes ele possui eminentemente uma perfeição que convém formalmente às criaturas."[5] Analogia, equivocidade e eminência são conceitos interligados.

Opondo-se a essa concepção, o método de univocidade de Espinosa afirma a identidade de forma entre Deus, ou a substância absolutamente infinita, e os modos. Mas para entender o alcance de sua proposição especulativa fundamental é indispensável levar em consideração a distinção, essencial na interpretação deleuziana, entre atributo e essência, formulada em continuidade com a teoria do sentido, tema central de *Lógica do sentido*.

Distinguindo numa expressão o que ela expressa e o que ela designa — ideia básica de uma lógica da expressão que existe desde os estoicos, passa por Ockham e seus discípulos e tem na modernidade Meinong, Frege e Husserl como grandes representantes —, Deleuze estabelece uma correlação entre atributo e nome, essência e sentido, substância e objeto designado. "Cada atributo é um nome ou uma expressão distinta; o que ele expressa é como que seu sentido; mas, se é verdade que o expresso não existe fora do atributo, também é verdade que ele se refere à substância como ao objeto designado por todos os atributos; assim, todos os sentidos expressos formam o 'exprimível' ou a essência da substância e dir-se-á, por sua vez, que esta se expressa nos atributos."[6] O atributo é um nome, ou melhor, um verbo, no sentido em que ele é dinâmico, atribuidor, e expressa a essência como essência da substância.

A expressão tem uma estrutura triádica: atributo, essência, substância. E se essa primeira tríade da expressão desempenha um papel importante na interpretação deleuziana de Espinosa é porque permite formular a univocidade do ser pela afirmação da existência de uma comunidade de forma entre a substância e os modos sem que haja, entre eles, identidade de essência.

Por que os modos não têm a mesma essência que a substância? A razão é a definição da essência como "aquilo sem o que a coisa não pode existir nem ser concebida e, reciprocamente, aquilo que, sem a coisa, não pode existir nem ser concebido".[7] Se a essência não pode ser nem ser concebida sem a coisa, os atributos, que por definição podem ser concebidos sem os modos, não podem constituir a essência dos modos. Isto é, a reciprocidade entre essência e coisa, estabelecida pela definição 2 do livro II da *Ética* — uma das originalidades do pensamento de Espinosa —, explica por que o atributo constitui a essência da substância, mas não a essência dos modos.

Assim, quando Espinosa se refere a uma comunidade de forma sem identidade de essência entre a substância e os modos, está afirmando que os atributos são formas comuns à substância, que se reciproca com eles, no sentido em que eles constituem sua essência, e aos modos, que não se reciprocam com eles, mas apenas os implicam, os envolvem, os contêm. Há, ao mesmo tempo, diferença de essência e identidade quanto à forma de ser. Este ser comum é o atributo, o ser qualificado da substância, a qualidade substancial, no qual a substância permanece em si, mas no qual os modos permanecem como em outra coisa. A univocidade dos atributos não significa, portanto, que a substância e os modos tenham o mesmo ser; a substância é em si, os modos são na substância como em outra coisa e dessa maneira não se dizem no mesmo sentido que ela; no entanto, o ser se diz formalmente no mesmo sentido do que é em si e do que é em outra coisa. Em suma, os atributos são formas de ser unívocas que não mudam de natureza ou de sentido quando são predicados da substância e dos modos.

Ora, essa concepção da univocidade — segundo a qual a substância é constituída pelos atributos que expressam sua essência, e os modos implicam os mesmos atributos que constituem a essência da substância — faz da filosofia de Espinosa uma filosofia genética, tornando possível a genealogia da substância e a gênese dos modos. A genealogia da substância diz respeito às diversas realidades formais de um mesmo ser, à infinidade de qualidades da substância única; a gênese dos modos, às determinações ou partes quantitativas intensiva e extensiva. E, como veremos, os atributos são, ao mesmo tempo, elementos genealógicos e princípios genéticos.

Analisarei essa problemática ontológica da genealogia da substância e da gênese dos modos para mostrar como, para Deleuze, Espinosa formula uma lógica da diferença puramente afirmativa, através de uma lógica da distinção que relaciona o ser com a diferença. Em outros termos, procurarei mostrar como, de acordo com Deleuze, a ontologia de Espinosa se elabora através de uma teoria da distinção formal e da distinção modal, que são os dois tipos pelos quais o ser unívoco se relaciona com a diferença.

Segundo *Espinosa e o problema da expressão*, o primeiro problema colocado pela ideia de expressão — problema que domina o livro I da *Ética* — é o tipo de distinção que pode existir no absoluto. Estabelecendo uma filiação de Espinosa a Duns Scot — apontado por Deleuze como uma das principais fontes do anticartesianismo de Espinosa —, uma das principais teses de *Espinosa e o problema da expressão* é que a única distinção capaz de existir no absoluto é a distinção real ou formal considerada como uma distinção não numérica.[8]

Deleuze apresenta a concepção espinosista por uma contraposição à concepção cartesiana. Para Descartes, há substâncias de mesmo atributo, isto é, há distinções numéricas que são, ao mesmo tempo, reais ou substanciais. Os atributos distinguem substâncias que eles qualificam, e os modos distinguem substâncias de mesmo atributo. Por outro lado, à distinção real entre substâncias de atributos diferentes, ou entre substâncias de mesmo atributo, corresponde uma distinção numérica ou uma divisão das coisas. "Descartes só concebe uma distinção real entre coisas que estão em sujeitos diferentes, isto é, que são acompanhadas de uma divisão no ser ou de uma distinção numérica."[9] Para Espinosa, não há várias substâncias de mesmo atributo, isto é, a distinção numérica, ou uma divisão de partes, não é uma distinção real. Duas substâncias "não se podem distinguir pelo modo, mas apenas pelo atributo. Logo, é impossível que haja duas ou várias substâncias de mesmo atributo", afirma Deleuze, e algumas páginas adiante refere-se à proposição 5 do livro I da *Ética*, segundo a qual, se houvesse várias substâncias de mesmo atributo, elas deveriam distinguir-se pelos modos — o que é absurdo, pois, por natureza, a substância é anterior a seus modos.[10] Por outro lado, não há várias substâncias correspondentes aos atributos, isto é, a distinção real não é numérica: é uma distinção puramente qualitativa, "quiditativa" ou formal que exclui qualquer divisão.

Armado dessa concepção da distinção real ou formal, Deleuze enfrenta a importante questão de uma possível contradição entre duas séries de proposições que abrem a *Ética* e conduzem às provas da existência de Deus na proposição 11. Segundo sua interpretação, é a distinção real, considerada como uma distinção formal não numérica, que explica a passagem das oito primeiras proposições — que demonstram que há apenas uma substância por atributo ou que as substâncias são qualificadas cada uma por um atributo eterno e infinito — às proposições 9, 10 e 11 — segundo as quais há apenas uma substância para todos os atributos, que é causa de si e da qual todas as propriedades decorrem. Não há contradição entre as duas séries, nem as oito primeiras proposições são hipóteses provisórias logo depois abandonadas. Elas são categóricas e, melhor ainda, genéticas.[11] "As oito primeiras proposições representam uma série pela qual nos elevamos até os elementos diferenciais constituintes; depois, as proposições 9, 10, 11 representam uma outra série pela qual a ideia de Deus integra esses elementos e mostra que ele só pode ser constituído por todos eles."[12] Ora, se as duas séries de proposições são genéticas ou constituintes, é porque os atributos são realmente distintos, e a distinção entre eles constitui a possibilidade de Deus como substância única tendo todos os atributos. Mais precisamente, as dez proposições iniciais da *Ética* são a condição da prova da existência de Deus.

Essa questão, que também levará Espinosa a uma crítica a Descartes, diz respeito à relação entre os conceitos de infinitamente perfeito e absolutamente infinito. Espinosa critica as provas cartesianas da existência de Deus que procedem pelo infinitamente perfeito porque, para ele, o infinitamente perfeito é apenas um "próprio", uma propriedade da natureza ou da essência de Deus que nem se identifica com essa natureza, nem nos ensina sobre ela. O infinitamente perfeito não basta, portanto, para demonstrar que Deus, substância absolutamente infinita, não envolve contradição, deixando assim em aberto a questão de sua possibilidade.

Considerando o absolutamente infinito razão suficiente do infinitamente perfeito, Espinosa vai fazer a prova da existência de Deus incidir sobre a substância constituída por uma infinidade de atributos. E mesmo se, como constata Deleuze, as duas primeiras demonstrações da proposição 11 — que expõem duas provas ontológicas ou *a priori* da existência de Deus — ainda argumentam privilegiando o conceito de infinitamente perfeito, isso não tem importância, não é uma contradição, pois as dez primeiras proposições da *Ética* já haviam demonstrado que "uma substância que existe necessariamente tem por natureza consistir em uma infinidade de atributos ou, o que significa a mesma coisa, o infinitamente perfeito tem por razão o absolutamente infinito".[13]

Ora, a especificidade da interpretação de Deleuze está em mostrar que essa demonstração da possibilidade da substância absolutamente infinita se constrói a partir da teoria das distinções numérica e real. É o que se pode ver pela sequência da argumentação. As proposições 1 a 8, primeira etapa da demonstração, enunciam que, a distinção numérica não sendo real, cada atributo ou substância qualificada realmente distinta é infinitamente perfeita; em seguida, as proposições 9 e 10 enunciam que, a distinção real não sendo numérica, todos os atributos realmente distintos ou substâncias qualificadas infinitamente perfeitas formam uma substância absolutamente infinita que tem todas as qualificações ou todos os atributos; finalmente, a proposição 11 enuncia que Deus, substância constituída por uma infinidade de atributos ou absolutamente infinita, existe necessariamente, senão não poderia ser substância, não poderia ter como propriedade o infinitamente perfeito.[14]

Por conseguinte, as duas séries de proposições não se opõem; elas constituem dois pontos de vista diferentes sobre a substância: do ponto de vista da qualidade, há uma substância por atributo, mas do ponto de vista da quantidade há apenas uma substância para todos os atributos. Retomando os termos iniciais em que coloquei a questão, isso significa que, se do ponto de vista da qualidade há identidade do atributo com a substância infinitamente perfeita, do ponto de vista da quantidade todas as substâncias infinitamente perfeitas são idênticas a uma substância absolutamente infinita. O fundamental da posição de Espinosa, segundo Deleuze, é que os atributos, as substâncias qualificadas, se distinguem qualitativa, formal ou quiditativamente, mas não quantitativa ou ontologicamente. Dizer que há uma substância por atributo significa dizer que os atributos são realmente distintos; dizer que há uma substância para todos os atributos significa dizer que os atributos são elementos diferenciais de uma substância que os integra como suas formas ou qualidades.

Estamos no âmago do problema do um e do múltiplo, ou da multiplicidade, importante no pensamento de Deleuze a ponto de reaparecer em todos os seus estudos. Em *Espinosa e o problema da expressão*, ele se manifesta na exposição dessa segunda tríade da expressão, que diz respeito à relação perfeito-infinito-absoluto, pela ideia de que há igualdade entre a multiplicidade puramente qualitativa dos atributos e a unidade da substância, ou que os atributos são formalmente o que a substância é ontologicamente. E justo o que permite a Espinosa estabelecer essa igualdade característica da teoria da univocidade do ser é a lógica da distinção real. É a distinção real ou formal que permite conciliar imediatamente a unidade ontológica da substância com a pluralidade qualitativa dos atributos no sentido em que atributos real ou formalmente distintos constituem a essência da substância absolutamente una. Por isso a distinção real é a única capaz de ser possuída no absoluto ou de expressar a diferença no ser. "Há na substância uma unidade do diverso, nos atributos uma diversidade atual do Um: a distinção real se aplica ao absoluto porque ela reúne esses dois momentos e os relaciona."[15]

A essência e a potência de Deus

Mas a definição do absoluto através de uma lógica da distinção real ou formal — que prova que o absolutamente infinito consiste em uma infinidade de atributos formal ou realmente distintos que juntos expressam uma essência absoluta da substância — não esgota a investigação deleuziana das tríades da substância em Espinosa. Esta se completa pela caracterização da essência absoluta ou da natureza de Deus pela potência, o que permite, inclusive, compreender como a univocidade dos atributos se prolonga na univocidade da causa, na medida em que, pela potência, idêntica à sua essência, Deus, substância absolutamente infinita, é igualmente causa de si e causa de todas as coisas.

Vimos que as provas espinosistas da existência de Deus, fundadas no absolutamente infinito, substituíam o argumento cartesiano fundado no infinitamente perfeito. Estudando a questão da potência no nível da substância, Deleuze também parte da oposição de Espinosa a Descartes. Mas dessa vez seu objetivo é mostrar como Espinosa substitui as provas baseadas na quantidade de realidade por um argumento fundado na potência ou, mais precisamente, como, na demonstração espinosista, a potência é razão suficiente da quantidade de realidade.

O capítulo V de *Espinosa e o problema da expressão* analisa como as provas pela potência variam do *Curto tratado* à *Ética* e como neste último livro elas são formuladas de maneira *a priori* e *a posteriori*. É quando Deleuze enuncia uma das teses importantes de sua interpretação: a identificação, na *Ética*, da potência, ativa e em ato, à essência. Eis como ele apresenta os argumentos das provas espinosistas da existência de Deus pela potência: "A prova *a posteriori* parte da potência própria aos seres finitos: procura-se a condição sob a qual um ser finito tem uma potência, eleva-se até a potência incondicionada de uma substância absolutamente infinita. Com efeito, uma essência de ser finito só é potência com relação a uma substância da qual esse ser é o modo ... Mas este procedimento *a posteriori* é, para nós, apenas uma maneira de chegar a um procedimento *a priori* mais profundo. A essência da substância absolutamente infinita é onipotente porque a substância possui *a priori* todas as condições sob as quais se atribui a potência a alguma coisa."[16]

Não analisarei esses dois argumentos. Partirei da problemática da potência que está no seu âmago para aprofundar a interpretação deleuziana da ontologia de Espinosa situando a relação entre potência e atributo e, em seguida, a relação entre substância e modo do ponto de vista da potência, o que tornará possível, finalmente, expor a teoria da distinção modal.

A relação entre potência e atributo pode ser compreendida através de dois pontos básicos. Em primeiro lugar, enquanto a substância possui uma infinidade de atributos, sua potência absolutamente infinita é dupla: potência de existir e potência de pensar. O que estabelece uma dupla identificação entre a potência e a essência: da potência de existir à essência formal expressa nos atributos que constituem a natureza da substância absolutamente infinita, e da potência de pensar à essência objetiva existente na ideia que representa a natureza dessa substância. Utilizando a linguagem de um texto de *Espinosa e o problema da expressão* que sintetiza como nenhum outro a tese deleuziana a respeito da teoria da expressão da substância em Espinosa, isto significa, por um lado, a expressão da substância em si mesma ou nos atributos formalmente distintos que são constituintes da própria substância e, por outro lado, a expressão da substância para si mesma ou na ideia de Deus, que compreende seus atributos e é, portanto, sua expressão objetiva.[17] Em segundo lugar, o atributo é condição da potência. A potência absolutamente infinita de existir tem como condição formal a infinidade de atributos real ou formalmente distintos que constituem a natureza da substância; a potência absolutamente infinita de pensar tem como condição objetiva apenas o atributo pensamento. Nenhum atributo isoladamente é suficiente para preencher a potência de existir, mas basta o atributo pensamento para preencher a potência de pensar.[18]

A ideia de preenchimento da potência é um elemento importante da argumentação de Deleuze no que diz respeito tanto à substância quanto aos modos. Analisarei posteriormente essa questão no âmbito dos modos. O que importa agora salientar é que, segundo a interpretação deleuziana da teoria da substância, a potência absolutamente infinita de existir acarreta um poder ou capacidade de ser afetado de uma infinidade de maneiras que está sempre preenchido por afecções ativas, ou que a substância é capaz de uma infinidade de afecções e é causa de todas as afecções de que é capaz. "Deus se define pela identidade de sua essência e de uma potência absolutamente infinita (*potentia*); como tal, ele tem uma *potestas*, isto é, um poder de ser afetado de uma infinidade de maneiras; esse poder é eterna e necessariamente preenchido, pois Deus é causa de todas as coisas no mesmo sentido que é causa de si."[19]

Deus, ou a substância absolutamente infinita, ao mesmo tempo que existe e se pensa, produz e conhece todas as coisas. A grande ideia de Espinosa com relação à causalidade é que Deus produz como ele existe formalmente e se compreende objetivamente. Daí o tema de uma "re-expressão" da substância, que completa os dois primeiros temas que assinalei, ou de uma expressão dos atributos nos modos, que é o tema da própria causalidade ou produção dos modos.

Mostrei anteriormente como um dos aspectos centrais da leitura deleuziana de Espinosa é o privilégio que ele concede à tese da univocidade do ser através da concepção do atributo como forma comum à substância e aos modos apesar da diferença de essência entre eles. Ela vai mais longe, porém, ao mostrar que a univocidade do atributo acarreta a univocidade da causa.

Situando a relação entre causa de si e causa eficiente, a argumentação de Deleuze novamente se faz pela oposição de Espinosa a Descartes. Enquanto para o tomismo Deus é incausado, a posição comum de Descartes e Espinosa é que ele é causa de si. Isso é verdade; mas não identifica as duas concepções. "Descartes precisa sua tese nos seguintes termos: Deus é causa de si, mas em *sentido diferente* do que uma causa eficiente é causa de seu efeito; ele é causa de si no sentido de que sua essência é causa formal; e sua essência é dita causa formal não diretamente, mas por analogia, na medida em que ela desempenha com relação à existência um papel análogo ao de uma causa eficiente com relação a seu efeito."[20] Já para Espinosa Deus é causa eficiente de todas as coisas no mesmo sentido em que ele é causa de si. Concepção unívoca da causa que não quer dizer que causa de si e causa eficiente tenham o mesmo sentido, mas que elas se dizem no mesmo sentido daquilo que é causa: a substância absolutamente infinita.

A grande originalidade de Espinosa, segundo Deleuze, é considerar Deus não como causa transcendente nem como causa emanativa, mas como causa imanente. Não que Espinosa tenha sido o primeiro a formular o conceito de causa imanente, mas que é seu o mérito de ter libertado a causa imanente desses outros procedimentos de causalidade aos quais ela estava intrinsecamente ligada na história da filosofia. E Deleuze assinala a diferença fundamental da causa imanente com relação a cada uma das outras. Por um lado, diferentemente da concepção transcendente, a causa imanente permanece em si para produzir. É isso que a causa imanente tem em comum com a causa emanativa dos neoplatônicos. Por outro lado, diferentemente da concepção emanativa, para a qual o efeito sai da causa, na imanência o efeito, mesmo sendo outra coisa, permanece na causa como em outra coisa. Isto é, no caso da causa imanente, a distinção de essência entre causa e efeito, entre produtor e produzido, implica uma igualdade de ser: "É o mesmo ser que permanece em si na causa e no qual o efeito permanece como em outra coisa."[21] Por isso a concepção da causa imanente implica uma ontologia.

A essência e a potência dos modos

A problemática da potência, em que a substância absolutamente infinita aparece com duas potências iguais, permite compreender a distinção modal. Mas para isso é necessário partir da relação entre essência e existência. O motivo é que, se a substância e os modos possuem uma essência e uma existência, há, nos dois casos, uma grande diferença na relação entre elas. Pelo fato de ser causa de si, a essência da substância envolve a existência; nesse caso, os atributos só expressam a essência expressando, ao mesmo tempo, a existência que ela necessariamente envolve. No caso dos modos, a situação é diferente: a essência não envolve a existência. Uma essência de modo, por conseguinte, tem uma existência ou realidade física que não se confunde com a existência do modo; uma essência de modo existe, é real e atual, mesmo se o modo de que ela é essência não existe atualmente.

Correlata a essa distinção entre a essência e a existência, há, no caso dos modos, dois tipos de "posição" ou de "distinção modal": uma distinção intrínseca e uma distinção extrínseca.

A primeira coisa que deve ser salientada com relação às essências de modo é sua conveniência total. A ordem das essências é uma ordem de "conveniência singular e absoluta de cada essência com todas as outras".[22] As essências de modo convêm entre elas, são inseparáveis umas das outras, formam um sistema total, um conjunto atualmente infinito. Mas por que elas convêm? A razão é que elas não são causa umas das outras, não estão em relação de causa e efeito, mas têm Deus, ou a substância absolutamente infinita, como causa. Deus é a causa eficiente das essências dos modos, e daí inclusive elas possuírem uma realidade ou uma existência eterna. Deleuze afirma várias vezes que todas as essências estão compreendidas ou contidas na produção de cada uma delas.[23]

Mas, então, ele se pergunta: se elas convêm, se são inseparáveis umas das outras, como podem se distinguir, singularizar, individuar? Estando contidas nos atributos, as essências de modo implicam as mesmas formas qualitativas que constituem a essência da substância e, neste sentido, não se distinguem extrinsecamente nem do atributo a que pertencem, nem entre si. Espinosa deixa isso bastante claro desde o *Curto tratado*. Mas elas possuem um tipo próprio de distinção: elas se distinguem intrinsecamente. Singulares, simples e eternas, elas têm com o atributo e umas com as outras uma distinção puramente intrínseca e nenhuma distinção extrínseca.

As noções de distinção intrínseca e distinção extrínseca só podem ser compreendidas por uma reflexão sobre a quantidade. Um modo — tanto em sua essência quanto em sua existência — é fundamentalmente uma quantidade. Os atributos são qualidades eternas e infinitas indivisíveis. No entanto, cada atributo contém, ao mesmo tempo, uma quantidade infinita, divisível, que forma uma matéria modal, composta de partes modais que, por conseguinte, não são propriamente reais ou substanciais. A produção dos modos se faz por diferenciação quantitativa, e os modos se distinguem quantitativamente. Aproximando Espinosa dos neoplatônicos, Deleuze dirá que há uma participação dos modos à substância, mas que em seu caso essa participação é material e quantitativa. Participar é ser parte, é ter uma parte. Vejamos, então, como a consideração sobre a quantidade ou sobre as partes leva à teoria da distinção modal e à diferença entre seus dois tipos.

Já assinalei que a essência da substância é potência. A essência do modo também é potência. Mas a relação entre elas é entre parte e todo. A essência ou a potência de um modo é parte de um todo, parte de um ser que existe por si, parte da potência infinita de Deus. Uma essência de modo, que tem ela própria uma existência, uma realidade física, é uma quantidade intensiva, uma parte intensiva eterna da essência de Deus.[24] Vemos que a palavra "parte", quando diz respeito à essência dos modos, tem o mesmo sentido que grau: grau de potência ou de intensidade física que é uma parte intrínseca. Assim, a distinção intrínseca, característica das essências de modo, é uma distinção quantitativa, mas interna, uma diferença interna; em outros termos, uma diferença de intensidade.

As essências de modo, que convêm entre si como partes intensivas da potência divina, se distinguem do atributo como a intensidade da qualidade, e se distinguem entre si como os diversos graus de intensidade. Cada atributo, cada qualidade substancial, contém uma quantidade intensiva modal infinita — é o primeiro infinito modal de que fala a carta a Meyer — que se divide em uma infinidade de modos intrínsecos que são partes do atributo. Assim, a individuação do modo finito vai da qualidade infinita — o atributo — à quantidade que lhe corresponde e que se divide em partes irredutíveis, intrínsecas ou intensivas. No nível da essência do modo, a individuação nem é qualitativa, nem extensiva, mas quantitativa, intensiva, intrínseca.

E o modo existente? Do ponto de vista da causalidade, é importante marcar uma diferença com relação às essências de modo. Quer dizer, não há dúvida de que os modos existentes têm Deus como causa direta: para cada modo, Deus é a potência que determina a causa a ter um efeito. Mas, com o objetivo de evitar que se interprete a passagem da essência à existência como uma passagem do possível ao real, o que interessa a Deleuze é salientar que a essência do modo não é causa da existência do modo. A existência do modo tem como causa um outro modo existente. Os modos passam a existir e continuam a existir em virtude de causas externas que levam uma infinidade de partes extensivas a entrar em determinada relação.

Aí estão os dois elementos importantes da teoria da existência dos modos. Em primeiro lugar, a natureza das partes. Um modo existente possui uma infinidade de partes, não mais intensivas, mas extensivas, que agem de fora umas sobre as outras. Infinito agora é o segundo infinito modal a que se refere a carta a Meyer, "um número muito grande", como diz Espinosa, ou "um número inassinalável", "uma multidão que ultrapassa qualquer número", como interpreta Deleuze.[25] Assim, existir é ter atualmente uma infinidade de partes exteriores umas às outras e exteriores à essência do modo, mas que lhe correspondem. Vimos que a essência do modo, considerada como quantidade intensiva, se caracteriza por sua posição no atributo. O mesmo acontece com a existência dos modos como quantidade extensiva, que pertence tanto ao atributo quanto à essência; só que os modos existentes são exteriores ao atributo e exteriores uns aos outros.*

O outro elemento importante é a relação entre as partes. A ideia central é que uma infinidade de partes extensivas compõe a existência de um modo em virtude de leis mecânicas de composição e decomposição de relações que são externas à essência do modo considerado. As relações se compõem

* Cf. SPE, p.196. Utilizando a teoria kantiana do espaço para esclarecer a posição da existência do modo com relação ao atributo, Deleuze dirá que a quantidade extensiva "é como uma forma de exterioridade propriamente modal".

e decompõem segundo suas próprias leis, e são essas leis que determinam a passagem à existência e o término da existência dos modos. As partes componentes de um modo existente estão sempre se renovando. Pouco importa. Um modo existe enquanto suas partes extensivas estão submetidas a uma determinada relação característica pela qual elas pertencem ou correspondem a uma essência de modo. É assim, por exemplo, que corpos simples pertencem ou correspondem à extensão sob determinada relação de movimento e repouso.[26] Um corpo, uma individualidade, é uma composição de uma infinidade de partes extensivas, a permanência de uma relação de movimento e repouso através das mudanças que afetam suas partes. "Cada corpo tem partes, 'um número muito grande de partes'; mas essas partes só lhe pertencem sob uma determinada relação (de movimento e repouso) que o caracteriza. A situação é bastante complexa, pois os corpos compostos têm partes de diferentes ordens que entram em relações variadas. Essas relações variadas se compõem entre si para constituir a relação característica ou dominante do indivíduo considerado, em determinado nível."[27] Exemplo de Espinosa: o sangue é composto por uma relação entre dois corpos mais elementares — dois líquidos, o quilo e a linfa —, eles próprios já compostos de relações. É a relação característica que dá uma forma individual à existência do modo, fazendo com que uma infinidade de partes extensivas se refira à essência. A essência do modo é eterna, mas a duração diz respeito à existência do modo no sentido em que as partes extensivas pertencem à essência durante o tempo em que estão subsumidas a uma determinada relação característica. Um modo dura e tem uma grandeza enquanto suas partes permanecem sob a relação que o caracteriza. Pela duração e pela espacialização, portanto, os modos existentes têm uma individuação propriamente extrínseca.

A ética da potência

Considerada como distinção intrínseca e extrínseca, ou como diferenciação intensiva, na essência dos modos, e extensiva, quando os modos passam à existência, a distinção modal é o último aspecto de uma problemática ontológica segundo a qual a univocidade do atributo é a condição da distinção da substância e dos modos, do ponto de vista tanto da essência quanto da existência, ao mesmo tempo que conserva a unidade do ser.

Mas ela também permite introduzir o segundo ponto importante da interpretação deleuziana de Espinosa e que se encontra em estreita relação com a ontologia: sua concepção ética do homem.

Retomando uma tese nietzschiana que relaciona metafísica e moral, e pretende ultrapassá-las por se fundarem em valores transcendentes, Deleuze encontra na ética de Espinosa, fundada em sua teoria do ser, uma alternativa para a moral, do mesmo modo que a ontologia espinosista é uma alternativa para a metafísica. Há, assim, no pensamento de Deleuze, como observei na introdução deste livro, uma nítida diferença entre ética e moral, que lhe serve inclusive para aproximar Espinosa e Nietzsche. É bem verdade que ele não se preocupa em definir de maneira rigorosa o que seja moral. Criticando as noções de bem e mal, recompensa e castigo, dever, proibição etc. como ideias inadequadas, o que lhe interessa é marcar a profunda diferença entre uma moral fundada em valores transcendentes ou superiores à vida, ou à existência, e uma ética ou um "amoralismo racionalista" que avalia as condutas tomando como referência "normas de vida" ou "modos de existência" imanentes.[28]

A meu ver, a articulação das questões ontológicas e éticas se encontra precisamente na "correspondência" estabelecida por Deleuze entre os elementos que constituem essa primeira "tríade expressiva do modo finito" que acabo de expor — essência, relação característica, partes extensivas — e uma segunda tríade constituída pela essência — sempre considerada como grau de potência —, por um poder de ser afetado e pelas afecções que preenchem esse poder. "*A tríade completa do modo se apresenta assim*: uma essência de modo se expressa em uma relação característica; essa relação expressa um poder de ser afetado; esse poder é preenchido por afecções variáveis, assim como essa relação é efetuada por partes que se renovam."[29] O que, no fundo, significa acrescentar ao aspecto "cinético", que apresentei, um aspecto "dinâmico", e afirmar que as partes extensivas de um modo existente se afetam infinitamente ou de um número muito grande de maneiras, e que a relação característica é inseparável de um poder de ser afetado. "De tal modo que Espinosa pode considerar como equivalentes duas questões fundamentais: *Qual é a estrutura* (fabrica) *de um corpo? O que pode um corpo?* A estrutura de um corpo é sua relação. O que pode um corpo é a natureza e os limites de seu poder de ser afetado."[30] A ética de Espinosa diz respeito, portanto, à potência e ao poder.

É essa concepção que pretendo esclarecer a seguir, apresentando a interpretação deleuziana da teoria espinosista das afecções e dos afetos ou sentimentos. Mas esse objetivo principal exige relacionar a questão ética com a questão epistemológica dos "gêneros de conhecimento" e com os diversos aspectos da "ordem da natureza" que correspondem aos elementos da tríade expressiva do modo finito.[31]

Paixões e ideias inadequadas

O primeiro gênero de conhecimento diz respeito a um primeiro tipo de ideia: a ideia afecção. A definição nominal da ideia, que enuncia sua realidade objetiva, por oposição à definição real, que enuncia sua realidade formal, é que a ideia é um pensamento representativo. Neste sentido, as ideias afecção representam afecções ou o que acontece ao modo existente, as modificações do modo. A afecção é o estado de um corpo quando ele sofre a ação de outro corpo, é uma "mistura de corpos" em que um corpo age sobre outro e este recebe as relações características do primeiro. E, correlativamente, as ideias afecção indicam o estado do corpo modificado, sua constituição presente, mas não explicam a natureza do corpo que o afeta. São signos indicativos, mas não são expressões. "Tais ideias são *signos*: elas não se explicam por nossa essência ou potência, mas indicam nosso estado atual e nossa impotência de nos subtrairmos a uma impressão; elas *não expressam* a essência do corpo exterior, mas indicam a presença desse corpo e seu efeito sobre nós."[32] O exemplo de Espinosa é célebre: vejo o Sol como um disco plano situado a duzentos pés de distância.

Assim, o fundamental no primeiro gênero — percepção e imaginação — é que as ideias de afecção só nos dão um conhecimento das coisas por seus efeitos, e não pelas próprias causas, são representações de efeitos sem causas, são ideias da mistura de corpos separadas das causas da mistura; em suma, são ideias inadequadas. "A ideia inadequada é a ideia inexpressiva e não explicada: a impressão que ainda não é expressão, a indicação que ainda não é explicação."[33] A ideia inadequada é uma consequência sem premissa.

Ora, como já assinalei, há uma correspondência entre o primeiro gênero de conhecimento e o primeiro aspecto da ordem da natureza ou da vida: a ordem dos encontros casuais ou fortuitos. A ordem dos encontros "é uma ordem de conveniências e desconveniências parciais, locais e temporárias. Os corpos existentes se encontram pouco a pouco por suas partes extensivas. Pode acontecer que os corpos que se encontram tenham relações que se compõem segundo a lei (conveniência); mas também pode acontecer que, as duas relações não se compondo, um dos dois corpos seja determinado a destruir a relação do outro (desconveniência)".[34]

Conveniência ou desconveniência, composição ou decomposição: isso significa que, para qualquer modo existente — o homem é um deles —, há dois tipos básicos de encontro de corpo, ou de alma, pois para Espinosa a alma ou o espírito é a ideia de um corpo: um bom e um mau encontro. Um bom encontro de corpo é aquele em que o corpo que se relaciona, que se mistura com o nosso, combina com ele, isto é, compõe sua própria relação característica com a relação característica de nosso corpo. Um mau encontro é aquele em que um corpo que se relaciona com o nosso não combina com ele e tende a decompor ou a destruir, em parte ou totalmente, nossa relação característica.

Em 30 de julho de 1881, escrevendo a seu amigo Overbeck, Nietzsche diz estar surpreso e encantado de encontrar em Espinosa um predecessor capaz de transformar sua própria solidão em uma solidão a dois. Ele enumera, então, cinco pontos — todos temas éticos — da doutrina de Espinosa que coincidem com seus próprios pontos de vista: a negação da vontade livre, a negação dos fins, a negação da ordem moral universal, a negação do altruísmo e, finalmente — e é o que nos interessa neste momento —, a negação do mal.

Para Espinosa, não existem bem e mal; o que existe é bom e mau encontro. O mal, por exemplo, é na realidade um encontro de um corpo com outro corpo que se mistura mal com ele, no sentido em que o afeta, o modifica de tal maneira que destrói ou ameaça destruir a relação de movimento e repouso que o caracteriza. É assim que, ao interpretar o episódio bíblico segundo o qual Adão teria comido o chamado fruto proibido, Espinosa considera que não houve propriamente proibição, e sim uma revelação do efeito nocivo que o fruto teria sobre seu corpo. "A proibição do fruto da árvore consistia apenas na revelação feita por Deus a Adão das consequências mortais que a ingestão desse fruto teria; é assim que sabemos, pela luz natural, que um veneno causa a morte."[35] O chamado "mal" é na verdade um fenômeno do tipo envenenamento, indigestão, intoxicação.[36]

Portanto, a relação entre gêneros de conhecimento e ordem da natureza ou da vida significa, nesse primeiro nível, que enquanto o homem apenas tiver ideias de afecções viverá na ordem dos encontros casuais ou ao acaso dos encontros; e, reciprocamente, que o encontro fortuito acarreta dois tipos de ideias afecção: a ideia de um efeito que se concilia com sua relação característica e a ideia de um efeito que a compromete ou até mesmo a destrói.

Posso, então, introduzir o conceito de afeto ou sentimento e afirmar imediatamente que aos dois tipos de ideias afecção correspondem dois tipos básicos de afeto ou sentimento. O motivo é que, quando tenho um encontro no qual a relação característica do corpo que me afeta, que me modifica, se combina com a relação característica de meu corpo, minha potência de agir aumenta. Tratando-se da alma, acontece o mesmo com a potência de pensar, que é sua potência de agir. Ao contrário, quando tenho um encontro no qual a relação característica do corpo que me afeta compromete ou destrói parte da relação característica de meu corpo, minha potência de agir diminui e, no caso extremo, pode até mesmo ser destruída. O afeto é o aumento e a diminuição da potência de agir de um corpo. A terceira definição do Livro III da *Ética* diz: "Por afetos entendo as afecções do corpo pelas quais a potência de agir desse corpo é aumentada ou diminuída, ajudada ou contida, e ao mesmo tempo as ideias dessas afecções." E esse mesmo Livro III, nas definições dos afetos, define a alegria como "a passagem do homem de uma perfeição menor a uma maior" (def. 2), e a tristeza como "a passagem do homem de uma perfeição maior a uma menor" (def. 3). Isso significa que, quando a potência de agir aumenta, sinto alegria, e quando a potência de agir diminui, sinto tristeza.

A teoria dos afetos tem grande importância na filosofia de Espinosa, marcando profundamente o pensamento de Deleuze. Alegria e tristeza são os dois afetos fundamentais a partir dos quais são engendrados todos os outros. Assim, amor, inclinação, esperança, contentamento, estima... provêm da alegria; ódio, aversão, medo, remorso, desestima... provêm da tristeza. Mas há uma questão difícil de ser esclarecida: a relação entre afeto (*affectus*) e afecção (*affectio*), termos que à primeira vista parecem não apresentar grande diferença. Deleuze reconhece que o afeto é um tipo de afecção ou de ideia de afecção, mas não considera essa característica como a mais importante quando se trata de estabelecer a relação entre os dois conceitos: "A toda ideia que indica um estado de nosso corpo está necessariamente ligada uma outra espécie de ideia que envolve a relação desse estado com o estado passado ... Nossos sentimentos, por si mesmos, são ideias que envolvem a relação concreta do presente com o passado em uma duração contínua: eles envolvem as variações de um modo existente que dura."[37]

O que diz esse texto? Por um lado, que o afeto é um tipo de ideia; mas, por outro lado, que há uma diferença fundamental entre eles no sentido em que, enquanto a ideia de afecção indica um estado, ou que a afecção é um estado, o afeto envolve a relação temporal ou a variação de dois estados.

E se esse texto de *Espinosa e o problema da expressão* pode deixar dúvidas com relação à posição de Deleuze, *Espinosa, filosofia prática* apresenta de forma mais explícita essa diferença de natureza que estou pretendendo salientar: "A *affectio* diz respeito a um estado de corpo afetado e implica a presença do corpo que o afeta, enquanto o *affectus* diz respeito à passagem de um estado a outro, levando em consideração a variação correlativa dos corpos que o afetam. Há, portanto, uma diferença de natureza entre as *afecções imagens* ou *ideias* e os *afetos sentimentos*, mesmo que os afetos sentimentos possam ser apresentados como um tipo particular de ideias ou de afecções."[38] Além disso, este último livro enuncia, ainda mais claramente, um primado da ideia sobre o afeto e, ao mesmo tempo, uma diferença de natureza entre os dois. Primado lógico no sentido em que, embora o afeto não possa ser reduzido à ideia, ele sempre supõe uma ideia ou tem sempre uma ideia como causa; é assim, por exemplo, que um afeto como o amor supõe sempre a ideia, por mais confusa que seja, do objeto amado. Diferença de natureza, em dois sentidos: em primeiro lugar, embora o afeto seja, como a ideia, um modo de pensamento, enquanto a ideia, quando considerada em sua realidade objetiva, é representativa, o afeto ou sentimento não representa nenhum objeto; em segundo lugar, e mais fundamentalmente, enquanto a ideia, em sua realidade formal, é um determinado grau de realidade ou tem em si mesma uma realidade intrínseca, o afeto é a transição, a passagem de um grau de realidade a outro. Privilegiando a noção de passagem que aparece nas definições espinosistas da alegria e da tristeza, a hipótese interpretativa que permite a Deleuze afirmar a diferença de natureza entre os dois conceitos é a seguinte: se uma afecção é um estado — o estado de um corpo enquanto ele sofre a ação de outro corpo —, o afeto ou sentimento não é propriamente um estado, mas a passagem, o movimento, a transição, a variação de um estado a outro. O afeto é a variação contínua da potência de agir de alguém, determinada pelas ideias que ele tem.[39]

O afeto é aumento ou diminuição da potência de agir; mas, como Deleuze faz questão de salientar, isso não significa que haja falta ou privação, pois o poder de ser afetado que expressa a essência do modo está sempre preenchido, completo, realizado em sua relação com os outros modos: "O modo existente tem uma essência idêntica a um grau de potência; como tal, ele tem uma aptidão para ser afetado, um poder de ser afetado de um número muito grande de maneiras; enquanto ele existe, esse poder é preenchido de maneira variável, mas está sempre e necessariamente preenchido sob a ação dos modos exteriores."[40] Se o poder de ser afetado está sempre preenchido, apesar do aumento ou diminuição da potência de agir do modo, isso se explica pelo fato de haver conveniência ou desconveniência, composição ou decomposição no encontro com outro modo. No caso de um mau encontro, a potência de agir do corpo diminui porque ela é direcionada para minorar ou anular o efeito destrutivo ou nocivo do outro corpo; no caso de um bom encontro, ela aumenta porque as potências dos dois corpos se combinam.

Ações e ideias adequadas

Mas isso não é tudo, nem mesmo o mais fundamental; é apenas um primeiro nível da ética de Espinosa. A razão é que tanto o aumento quanto a diminuição da potência de agir definem a alegria e a tristeza como paixões. Enquanto nossos afetos forem consequência de encontros fortuitos com outros modos existentes, eles se explicarão pela natureza do corpo que nos afeta e pela ideia afecção, que é uma ideia inadequada desse corpo. Enquanto não formos a causa adequada nem tivermos uma ideia adequada de nossas afecções, nossos afetos serão paixões, alegres ou tristes. No nível dos encontros fortuitos e das ideias inadequadas, os afetos, na medida em que envolvem uma potência de agir reduzida — porque se explicam por uma coisa ou uma causa exterior —, às vezes aumentam, às vezes diminuem a potência, sem que nunca se esteja real ou formalmente de posse dela. E se a alegria é também uma paixão é porque, quando temos uma paixão alegre, nossa potência de agir não cresce a ponto de nos concebermos adequadamente — nós nos mantemos passivos —, nunca aumenta suficientemente para que a possuamos realmente, para que sejamos ativos, isto é, causa adequada das afecções que preenchem nosso poder de ser afetado. Nossas paixões, alegres ou tristes, são sempre a marca de nossa "impotência" ou da "limitação" de nossa potência de agir — "elas não se explicam por nossa essência ou potência, mas pela potência de uma coisa exterior; assim, elas envolvem nossa impotência. Toda paixão nos separa de nossa potência de agir; enquanto nosso poder de ser afetado for preenchido por paixões, estaremos separados daquilo que podemos."[41]

Ora, o que Espinosa chama de afetos ativos ou ações supõe que tenhamos saído do domínio das paixões, o que, em outros termos, significa que possuímos, que dominamos nossa potência de agir. Analisarei, a seguir, a problemática dos afetos ativos e, para isso, como no caso das paixões, também partirei da teoria das ideias ou do conhecimento que lhe corresponde e lhe serve de fundamento.

O segundo gênero de conhecimento, tal como aparece na *Ética*, se define pela noção comum. Mostrei que a ideia afecção é uma ideia da mistura de corpos, isto é, a ideia do efeito de um corpo sobre o nosso, e é necessariamente inadequada. A ideia noção ou noção comum, em vez de ser a apreensão da mistura extrínseca de um corpo sobre outro, nos dá o conhecimento da causa, e é necessariamente adequada. "A ideia adequada é a ideia que expressa sua própria causa e se explica por nossa própria potência";[42] "As noções comuns são ideias que se explicam formalmente por nossa potência de pensar e materialmente expressam a ideia de Deus como sua causa eficiente."[43] As noções comuns existem em nós como existem em Deus, ou nós as temos como Deus as tem.

Do mesmo modo que há correspondência entre o primeiro gênero de conhecimento e a ordem dos encontros fortuitos ou aleatórios, o segundo gênero corresponde ao segundo aspecto da ordem da natureza ou da vida, a ordem de composição segundo leis, que "determina as condições eternas sob as quais os modos passam à existência e continuam a existir enquanto conservam a composição de suas relações".[44] O conhecimento das noções comuns e por noções comuns é um conhecimento adequado das leis de composição das relações características pelas quais os corpos convêm ou desconvêm. Representando a similitude de composição dos modos existentes, Deleuze explica que a ação de um corpo sobre outro tem como causa a natureza da relação dos dois corpos, a maneira como a relação característica de um se compõe com a relação característica do outro.

O que mais interessa Deleuze, porém, ao tematizar as noções comuns, considerando-as como ideias de uma semelhança ou comunidade de composição nos modos existentes, é estabelecer que elas são de diversos tipos, isto é, mais ou menos gerais, representando a composição de dois ou vários corpos. O que é próprio a todas elas é que a alma ou o espírito é levado não do exterior, mas do interior, ou pela causa, a compreender a conveniência e a desconveniência entre as coisas. Mas há entre elas uma diferença importante. As mais universais representam uma comunidade de composição entre corpos que convêm de um ponto de vista bastante geral, e não de seus próprios pontos de vista. Assim, elas nos dão a razão interna e necessária da conveniência e desconveniência entre os modos existentes. Todos os corpos, por exemplo, têm em comum a extensão, o movimento e o repouso, e jamais é pelo que têm em comum que eles desconvêm ou se opõem. Por outro lado, as ideias menos universais são as que representam uma semelhança de composição entre corpos que convêm diretamente e de seus próprios pontos de vista, como, por exemplo, entre um corpo humano e outros corpos. São elas inclusive que Deleuze considera as mais úteis, como mostrarei quando esclarecer a questão da gênese ou da formação das noções comuns, que é uma das teses fundamentais de seus livros sobre Espinosa no que diz respeito à relação entre ética e teoria do conhecimento.

Antes, porém, é preciso introduzir, no nível das noções comuns, a questão dos afetos ou sentimentos. E, como já seria possível supor, a correlação é a mesma que a anterior, isto é, apesar da diferença de natureza, assim como a ideia inadequada é causa de um sentimento passivo, a ideia adequada é causa de um sentimento ativo. Se a ideia que temos é adequada, se ela expressa diretamente a relação característica do corpo que nos afeta, em vez de envolvê-lo indiretamente, os afetos que lhe correspondem são ações. "Um afeto que é uma paixão deixa de ser uma paixão logo que formamos dele uma ideia clara e distinta", diz Espinosa, ou uma ideia adequada, segundo a interpretação de Deleuze.[45] A formação de uma noção comum assinala o momento em que somos ativos ou possuímos nossa potência de agir. "Nós, que a princípio só temos ideias inadequadas e afecções passivas, só podemos conquistar nossa potência de compreender e de agir formando noções comuns"[46] — o que, para Espinosa, é difícil e raro, mas não é impossível, pois é justamente o caminho para a conquista da potência de compreender e agir que ele pretende mostrar com sua filosofia. Por isso a interpretação deleuziana dá relevância a duas questões importantes na *Ética* de Espinosa. Uma é a questão propriamente ética: "como chegar a ser ativo?". A outra é metodológica ou epistemológica: "como chegar a ter ideias adequadas?". Como é possível devir ativo e racional? Ou melhor, como isso se dá? Analisarei esse ponto para evidenciar de que maneira, para Deleuze, além de uma filosofia especulativa da univocidade do ser, o pensamento afirmativo de Espinosa também se constitui em uma filosofia prática da alegria.

Espinosa não vê nenhum valor positivo na tristeza. Embora não desenvolva o tema, Deleuze não deixa de assinalar a denúncia que ele faz da necessidade que os poderes opressores têm de inspirar paixões tristes como meio de dominar os homens. Por que a condenação da tristeza? O motivo é evidente, levando-se em conta o que foi dito sobre as afecções e os afetos: quando somos afetados de tristeza, nossa potência de agir diminui porque tudo fazemos para eliminar ou minorar a ação do corpo que não combina com o nosso. E, sendo a tristeza a diminuição da potência de agir, não pode haver tristeza ativa ou ação triste; ela é necessariamente uma paixão. Por outro lado, ela nos faz permanecer no nível das ideias inadequadas porque, quando estamos tristes, devido a uma afecção produzida por um corpo que não nos convém, nada nos induz a formar a noção comum ao corpo que nos afeta de tristeza e ao nosso.

No caso da alegria, a situação é bem diferente ou muito mais complexa, e oferece a Deleuze o ensejo a uma das mais belas e interessantes interpretações que faz da filosofia de Espinosa. Ela consiste em distinguir dois pontos de vista a respeito da relação entre a paixão e a ação. De um ponto de vista que chamarei estrutural, existe uma "diferença ética" radical entre a ação, em que se possui formalmente a potência de agir, e a paixão, em que se está dela separado, privado, visto que, neste caso, por mais que nossa potência de agir aumente, ainda não estaremos em sua posse formal. Uma soma de paixões jamais dará uma ação. A diferença ética, que Deleuze chama assim para distinguir da oposição moral, separa nitidamente o homem de ação e o homem de paixão: "Em última análise, o homem livre, forte, racional, se definirá plenamente pela posse de sua potência de agir, pela presença nele de ideias adequadas e afecções ativas; ao contrário, o fraco, o escravo, só tem paixões que derivam de suas ideias inadequadas e que o separam de sua potência de agir."[47] A distância, portanto, parece intransponível entre ideias adequadas e ideias inadequadas, ordem das relações e ordem dos encontros, ações e paixões. Foi o que vimos até o momento.

Mas um outro ponto de vista é fundamental na interpretação de Deleuze. Ele consiste em encontrar na *Ética* de Espinosa uma explicação da gênese tanto da razão quanto da ação a partir das paixões ou, mais precisamente, das paixões alegres.[48] *Espinosa e o problema da expressão* propõe a seguinte tese a respeito das noções comuns: o Livro II da *Ética* considera as noções comuns de um ponto de vista especulativo, apresentando-as numa ordem lógica que vai das mais universais às menos universais, mas pressupondo seu processo de formação; o início do Livro V concebe a função prática das noções comuns, mostrando como elas são causa das alegrias ativas, afetos ou sentimentos que nascem da razão; há uma mudança radical de perspectiva, porém, quando, no decorrer desse Livro V, Espinosa se pergunta como conseguimos formar uma noção comum, questão correlata à questão propriamente ética: que fazer para ter afecções ativas? Razão e ação não podem ser separadas de um devir. Ninguém nasce racional, ativo e, portanto, livre. A infância é um estado de impotência, um estado miserável em que se depende demasiadamente das causas externas, em que predominam esmagadoramente as ideias inadequadas e os sentimentos passivos, em que não se possui a potência de agir e de compreender. E o próprio Adão, o primeiro homem, a infância da humanidade, vivendo ao acaso dos encontros, era triste, fraco, escravo, ignorante.

Ora, a tese deleuziana sobre esse novo processo genético é justamente que "a alegria é a causa ocasional da noção comum" e consequentemente da ação.[49] A alegria é um "ponto de partida', uma "ocasião favorável", um "princípio indutor" no sentido em que funciona como uma espécie de trampolim que nos impulsiona na direção do conhecimento adequado.[50] Vimos que a tristeza não nos induz a formar nenhuma noção comum. Quando, porém, somos afetados de alegria e nossa potência de agir aumenta, porque o outro corpo se combina com o nosso, estamos em condições ou temos a ocasião de formar a noção comum ao corpo que nos afeta e ao nosso. Eis em que sentido, como já havia observado, as noções comuns menos universais — as que se referem a corpos que convêm diretamente — são mais úteis do que as mais universais: elas são as primeiras a serem formadas. As noções comuns têm um mesmo conteúdo especulativo, uma mesma função prática, mas diferem do ponto de vista genético ou das condições de sua formação.

A novidade e a importância desse ponto de vista genético é uma expressão da diferença ética preliminar à diferença entre ação e paixão que permite distinguir o racional do insensato, o sábio do ignorante, o homem livre do escravo, o forte do fraco no nível das próprias paixões. "Antes de atingir a posse formal de sua potência, se reconhece *o homem livre e forte* por suas paixões alegres, pelas afecções que aumentam essa potência de agir."[51]

Daí a necessidade de definir a razão de duas maneiras diferentes, mas complementares. Em seu sentido pleno, isto é, em sua atividade, a razão é o conhecimento de e por noções comuns, de onde decorrem sentimentos ou afetos ativos, sentimentos que nascem da razão. Mas em um sentido preliminar e preparatório, isto é, em sua gênese, a razão, existindo em "livre harmonia" com a imaginação, é o esforço para selecionar e organizar os bons encontros que possibilitam ou determinam paixões alegres ou sentimentos que convêm com a razão.[52]

Deleuze chega mesmo a explicitar as etapas desse processo de formação das noções comuns e das alegrias ativas. Em primeiro lugar, as alegrias passivas nos impulsionam para fora do estado de variação contínua e nos fazem adquirir a potencialidade de noções comuns menos gerais; em seguida, as noções comuns determinam alegrias ativas que vão substituir as paixões alegres; depois, essas primeiras noções comuns e os afetos ativos que lhes correspondem tornam possível a formação de noções comuns mais gerais; finalmente, em correlação com essas noções comuns mais gerais, nascem novas alegrias ativas que vão substituir as paixões tristes.[53] Eis a gênese da razão e da ação que é o itinerário de um verdadeiro "aprendizado", de um "aperfeiçoamento", de uma "prova física ou química" — e não moral — de nossas ideias e de nossos afetos, ao término do qual seremos livres, fortes e racionais.[54]

Beatitude e conhecimento das essências

Mas as noções comuns e os sentimentos que delas derivam não são o ponto final do processo. As noções comuns são apenas as primeiras ideias adequadas, e como tais se diferenciam fundamentalmente das ideias de Deus, de nós mesmos e dos corpos exteriores que caracterizam o terceiro gênero de conhecimento. A diferença básica entre elas é que as noções comuns, como ideias gerais, nos dão conhecimento das relações características, mas não das essências singulares ou particulares, das essências eternas que só o terceiro gênero permite conhecer. Enquanto o conhecimento do segundo gênero não dá propriamente uma ideia adequada de nós mesmos nem de uma outra coisa, pois através das noções comuns conhecemos apenas as propriedades comuns a nosso corpo e a corpos externos, o conhecimento do terceiro gênero proporciona uma ideia adequada de nossa essência e também do maior número de coisas possíveis em sua essência. E se o terceiro gênero propicia um conhecimento de nossa essência e da essência de cada coisa particular é porque, por ele, temos o conhecimento da essência de Deus. Representando a essência de Deus, as ideias do terceiro gênero nos fazem conhecer as essências particulares tais como elas são em Deus e tais como são concebidas por

Deus. "O terceiro gênero de conhecimento é assim definido: ele se estende 'da ideia adequada da essência formal de determinados atributos de Deus ao conhecimento adequado da essência das coisas'.[55] O atributo é ainda uma forma comum, mas o que mudou foi o sentido da palavra 'comum'. 'Comum' não significa mais geral, isto é, aplicável a vários modos existentes ou a todos os modos existentes de um determinado gênero. Comum significa unívoco: o atributo é unívoco ou comum a Deus, de quem ele constitui a essência singular, e aos modos, dos quais ele contém as essências particulares."[56]

Há, portanto, uma diferença de natureza entre os dois últimos gêneros de conhecimento. Mas isso não impede que haja também entre eles uma relação genética: o segundo gênero é *causa fiendi*, causa eficiente, causa motora, no sentido de causa ocasional do gênero supremo de conhecimento.[57] Sem conhecimento das relações características, é impossível atingir o conhecimento da essência singular, que só o terceiro gênero pode dar. E a passagem de um a outro tem como condição justamente a ideia de Deus. É que, por um lado, as noções comuns conduzem à ideia de Deus, expressam Deus como fonte de todas as relações constitutivas das coisas, como fonte das relações que se compõem nos corpos aos quais estas noções se aplicam; a ideia de Deus está "na extremidade" do segundo gênero. Mas, se atingimos a ideia de Deus pelas noções comuns, é ela, por outro lado, que nos faz sair do segundo gênero e conhecer a essência singular de Deus. "É a ideia de Deus que nos faz passar de um a outro: com efeito, a ideia de Deus pertence de certa maneira ao segundo gênero, na medida em que está ligada às noções comuns; mas não sendo em si mesma uma noção comum, pois compreende a essência de Deus, ela nos força, sob esse novo aspecto, a passar ao terceiro gênero, que diz respeito à essência de Deus, à nossa essência singular e a todas as essências singulares das outras coisas."[58]

Mas isso é apenas um dos aspectos do processo genético, porque, como ocorreu nos dois níveis anteriores, também o terceiro gênero de conhecimento determina afecções e afetos. E neste caso, como as ideias do terceiro gênero têm como causa formal nossa potência de compreender, essas afecções e esses afetos são necessariamente ativos, são alegrias que derivam de nossa essência tal como ela existe em Deus e é concebida por Deus, são alegrias que são uma parte das próprias alegrias de Deus. Essas alegrias e o amor que delas decorre constituem o que Espinosa chama de beatitude.

Desse modo, no final do processo de aprendizado — tendo atingido o conhecimento da essência, correlato à ordem de conveniência total entre as essências eternas, que determina alegrias ativas —, estaremos existindo tão plenamente ou tão intensamente que teremos conquistado a eternidade no próprio tempo. Então, não temeremos a morte, porque saberemos que perdendo a existência só perderemos as partes extensivas; e, para quem é ativo, a intensidade — que constitui nossa essência — é o mais importante.

Atingido esse ponto, a leitura deleuziana — que tematiza e relaciona, a partir do problema da expressão, a ontologia, a epistemologia e a ética de Espinosa — chega a seu fim ou se completa. Como *Espinosa e o problema da expressão* reconhece implicitamente ao declarar que, no terceiro gênero de conhecimento, o sistema da expressão encontra sua forma final como uma identidade da afirmação especulativa e da afirmação prática, isto é, do ser — da substância, de Deus — e da alegria.[59]

Espinosa e Nietzsche

Pode parecer estranha essa glorificação do conceito espinosista de Deus, considerado como afirmação especulativa que funda uma ética da potência. No entanto, ela é bem característica do procedimento filosófico de Deleuze, que, embora desenvolva uma leitura sistemática de cada autor estudado (como acabamos de ver no caso de Espinosa), não reduz a pluralidade de filósofos que estuda a um sistema único, a um conjunto unívoco de afirmações, a ponto de situar, lado a lado, no mesmo espaço, Espinosa — para quem Deus, ou a substância absolutamente infinita, é o objeto fundamental da ontologia — e Nietzsche, que inicia sua filosofia justamente com a constatação da "morte de Deus". O que os livros sobre Espinosa nos ensinam é que Deus não é um empecilho para a colagem filosófica deleuziana que pretende criar um espaço da diferença — no caso de Espinosa a partir do problema da expressão — em antagonismo com o espaço da representação. O pensamento de Deleuze não é histórico; ele se intitula geográfico e, neste sentido, não privilegia, por exemplo, Kant, o homem e a finitude em detrimento de Espinosa, Deus e o infinito.

Aliás, a ideia de que Deus não é um obstáculo, mas até mesmo uma condição, aparece explicitamente em *Francis Bacon, lógica da sensação*. Tomando, nesse livro, o quadro de El Greco *O enterro do conde de Orgaz* como objeto de análise, mas também fazendo referência a Giotto e Tintoretto, Deleuze pretende inverter a afirmação de Dostoievski de que "se Deus não existe, tudo é permitido", mostrando que, ao contrário, com Deus tudo é permitido. Isso porque, no caso desses pintores, Deus permite livrar as figuras da figuração, isto é, de seu papel representativo, das exigências da representação.[60]

De todo modo, isso não significa que Espinosa seja o ápice da filosofia da diferença. É verdade que os livros de Deleuze sobre Espinosa não apresentam nenhuma crítica a sua filosofia, utilizando, ao contrário, Espinosa como crítico de Descartes e até mesmo de Leibniz. No entanto, não deixa de ser espantoso, para quem acaba de ler *Espinosa e o problema da expressão* e *Espinosa, filosofia prática*, descobrir que, logo depois de apresentar uma pequena síntese da ontologia de Espinosa, *Diferença e repetição* faz uma crítica de sua construção que afasta consideravelmente Deleuze do exposto nos dois outros livros: "Todavia, subsiste ainda uma indiferença entre a substância e os modos: a substância espinosista aparece independente dos modos, e os modos dependem da substância, mas como de outra coisa. Seria preciso que a própria substância fosse dita *dos* modos e somente *dos* modos. Tal condição só pode ser preenchida à custa de uma subversão categórica mais geral, segundo a qual o ser se diz do devir, a identidade se diz do diferente, o uno se diz do múltiplo etc."[61]

Evidentemente, a crítica e a exigência feitas nessa frase são incompatíveis com a filosofia de Espinosa. E sua importância é atestar que Espinosa não é, em última análise, a mais radical e profunda formulação da ontologia e da ética: ele é um momento do itinerário de elaboração do conceito de univocidade do ser, que significa um "progresso considerável"[62] com relação a Duns Scot, mas não é a palavra final.

É curioso encontrar em Deleuze uma análise propriamente histórica e, mais ainda, realizada em termos de progresso. Mas é preciso notar que ela já se faz no âmbito do espaço da diferença e, portanto, subordinada a uma perspectiva geográfica. Neste sentido, ela parece ser uma confirmação de minha hipótese de que, partindo de Nietzsche como critério de avaliação, o procedimento deleuziano consiste em lhe encontrar aliados em menor ou maior grau. Se Espinosa não é o ápice da filosofia da diferença é porque seu momento de maior radicalidade é Nietzsche. E, no fundo, a crítica a Espinosa que acabo de citar tem por objetivo situá-lo na perspectiva de Nietzsche, mais especificamente dos conceitos de eterno retorno e vontade de potência, como se vê pela sequência da argumentação de *Diferença e repetição*. É a significação e a importância desses conceitos para o pensamento de Deleuze que analisarei a seguir.

2 | NIETZSCHE E A REPETIÇÃO DA DIFERENÇA

O eterno retorno cosmológico

A interpretação do eterno retorno nietzschiano, em sua relação intrínseca com a vontade de potência, é em última análise a condição de possibilidade da crítica feita por Deleuze à filosofia da representação e, consequentemente, de sua proposta de uma filosofia da diferença. Vejamos como isso se dá.

Nietzsche refere-se muito pouco ao eterno retorno, o que faz dessa doutrina a parte mais difícil e talvez mais obscura de sua filosofia. Entre os textos que expõem a ideia do eterno retorno, Deleuze considera inicialmente dois tópicos da terceira parte de *Assim falou Zaratustra*: "Da visão e do enigma" e "O convalescente". Uma mesma ideia é comum a esses dois textos, em um deles exposta pelo anão e no outro pelos animais de Zaratustra: a águia e a serpente. "'Tudo o que é reto mente', murmurou, desdenhoso, o anão. 'Toda verdade é curva, o próprio tempo é um círculo'"; "'Ó Zaratustra', disseram então os animais, 'para os que pensam como nós as próprias coisas dançam: vêm e dão-se as mãos e riem e fogem — e voltam. Tudo vai, tudo volta; eternamente gira a roda do ser. Tudo morre, tudo refloresce, eternamente transcorre o ano do ser. Tudo se separa, tudo volta a encontrar-se; eternamente fiel a si mesmo permanece o anel do ser. Em cada instante começa o ser; em torno de cada aqui gravita a esfera do ali. O centro está em toda parte. Curvo é o caminho da eternidade.'"

Significará isso que o eterno retorno é para Nietzsche um ciclo em que tudo revém, em que o mesmo revém ou em que tudo revém ao mesmo? A mais simples crítica objetiva dos textos e a mais modesta compreensão poética ou dramática é, segundo Deleuze, suficiente para desmentir essa interpretação. E ele argumenta. Em primeiro lugar, não é o próprio Zaratustra quem enuncia essa doutrina circular do eterno retorno; num caso, é o anão, o bufão, o demônio do niilismo, o espírito de gravidade, o espírito do negativo, a caricatura de Zaratustra; no outro, são a águia e a serpente, os animais de Zaratustra, animais que exprimem o eterno retorno, mas de maneira animal, isto é, como uma certeza imediata ou uma evidência natural.[63] Em segundo lugar, a reação de Zaratustra é de desacordo com essas formulações. Ao anão ele responde zangado: "Ó espírito de gravidade, não simplifique as coisas. Senão eu, que o trouxe para o *alto*, o deixo acocorado onde está." As palavras do anão o tornam, inclusive, doente, provocando-lhe a insuportável visão do pastor em cuja boca entrou uma serpente. A seus animais ele responde sorrindo: "vocês já fizeram disso um refrão banal!", uma banalidade, uma repetição mecânica e natural, e, desta vez convalescente, adormece.

Do ponto de vista dramático esses dois momentos do livro são bastante diferentes: com o anão, Zaratustra está zangado e adoece; com os animais, sorri e está convalescente. O que exatamente faz Zaratustra adoecer? Para Deleuze, é a ideia de que o eterno retorno seja um círculo: a ideia de que tudo revém, de que o mesmo revém, de que tudo revém ao mesmo; tudo, isto é, até mesmo o homem, até mesmo o "homem pequeno", mesquinho, reativo, doente. Em "O convalescente" Zaratustra interpretará sua visão do pastor, seu terrível e insuportável pesadelo: "O grande nojo do homem — eis a besta que penetrou em minha goela e me sufocou; e o que proclamava o adivinho: 'Tudo é igual, nada vale a pena, o saber nos sufoca.' Um longo crepúsculo coxeava à minha frente, uma tristeza mortalmente exausta e ébria de morte e que falava bocejando: 'Eternamente retorna o homem de que você está cansado, o homem pequeno' ... Pequeno demais, o maior — era esse o nojo que eu sentia de toda a existência."

A diferença entre os dois momentos é a mudança na compreensão do eterno retorno. Se Zaratustra é "o convalescente" é porque descobriu que, doente, nada havia compreendido do eterno retorno; ou porque já compreendeu que a repetição do eterno retorno não é a do anão ou, em termos conceituais, que o eterno retorno não é um devir igual. Então, seus animais podem expor a doutrina do eterno retorno como uma certeza natural, afirmando que o mesmo e o semelhante revêm. Zaratustra nem mais os escuta, finge que dorme. "Quando os animais acabaram de falar, calaram-se, esperando que Zaratustra lhes dissesse alguma coisa; mas Zaratustra não ouvia que eles silenciavam. Jazia imóvel, de olhos fechados, como alguém que dorme, mas não dormia, pois falava com sua própria alma. A serpente e a águia, vendo-o assim calado, respeitaram o grande silêncio que o envolvia e afastaram-se de mansinho."

É possível, assim, formular a primeira conclusão a respeito da interpretação deleuziana: *Assim falou Zaratustra* não dá uma definição conceitual do eterno retorno. Sua importância é explicitar o que não é o eterno retorno para Nietzsche. Não é um ciclo; não supõe o um, o mesmo, o igual, o idêntico; não é um retorno do todo, um retorno do mesmo, nem um retorno ao mesmo.[64]

O que é, então, o eterno retorno? Para responder a essa questão é necessário antes chamar a atenção para o estilo da argumentação de Deleuze, que, como já havia acontecido na interpretação de Platão, novamente estabelece uma distinção entre um conteúdo manifesto e um conteúdo latente. As poucas exposições do eterno retorno feitas explicitamente por Nietzsche constituem apenas seu conteúdo manifesto: preparam a revelação do eterno retorno, mas não o revelam, tudo indicando inclusive que a obra que projetava escrever pouco antes de enlouquecer, em 1889 — e que deveria chamar-se *Vontade de potência* —, iria muito mais longe em sua conceituação. É justamente essa definição que Deleuze procura formular explicitando o conteúdo latente do eterno retorno. Único modo, segundo ele, de compreender a novidade da teoria de Nietzsche, pois o que é dito manifestamente em *Assim falou Zaratustra* — e, como vimos, sempre criticado pelo personagem de Zaratustra — está em continuidade com a concepção dos antigos, concepção qualitativa ou extensiva, física ou astronômica do eterno retorno, em que inclusive os autores antigos só acreditavam de modo aproximativo e parcial. "O conteúdo manifesto do eterno retorno pode ser determinado em conformidade com o platonismo em geral: ele representa então o modo pelo qual o caos é organizado sob a ação do demiurgo e sobre o modelo da Ideia, que lhe impõe o mesmo e o semelhante. O eterno retorno, neste sentido, é o devir-louco dominado, monocentrado, determinado a copiar o eterno. E é deste modo que ele aparece no mito fundador. Ele instaura a cópia na imagem, subordina a imagem à semelhança."[65] Estamos sem dúvida bastante longe daquilo que Nietzsche considerou como sua ideia mais vertiginosa.

Mas então o que é o eterno retorno? O início da segunda parte de "A visão e o enigma" permite dar um primeiro passo em direção à formulação de seu conceito. "'Alto lá, anão', falei. 'Ou você ou eu! Mas eu sou o mais forte dos dois. Você não conhece meu pensamento abissal. Esse você não poderia suportar.' Então aconteceu algo que me aliviou, pois o anão, curioso como era, pulou de minhas costas ao solo. E se foi acocorar em uma pedra à minha frente. Mas tínhamos parado justamente diante de um portal. 'Olha esse portal, anão', prossegui; 'ele tem duas faces. Dois caminhos se juntam aqui; ninguém ainda os percorreu até o fim. Esse longo caminho que vai para trás dura uma eternidade. E aquele longo caminho que vai para a frente é outra eternidade. Esses caminhos se contradizem; encontram-se de frente; e é aqui nesse portal que eles se juntam. O nome do portal está escrito no alto: instante. Mas se alguém seguisse por um desses caminhos sem parar e cada vez mais longe, você pensa, anão, que eles sempre se iriam opor?'." O anão, como vimos, responde então que o tempo é um círculo; Zaratustra o chama, por isso, de espírito de gravidade, e continua sua exposição: "'Olha esse instante. A partir desse portal chamado instante um longo, eterno caminho se estende *para trás*: há uma eternidade às nossas costas. Tudo o que *pode* caminhar não deve necessariamente ter uma vez percorrido esse caminho? Tudo o que *pode*, entre as coisas, acontecer não deve uma vez já ter acontecido, passado, transcorrido? E se tudo já existiu, que acha você, anão, desse instante? Esse portal também não deve já ter existido? E todas as coisas não estão tão firmemente encadeadas que esse momento arrasta consigo *todas* as coisas futuras? *Portanto* — também a si mesmo? Porque tudo aquilo que *pode* caminhar deverá ainda percorrer uma vez também este longo caminho que leva para a frente!'"*

Essa longa passagem expõe, segundo Deleuze, o pensamento nietzschiano do puro devir — que é o fundamento do eterno retorno — pela crítica do estado terminal ou do estado de equilíbrio e pela correlata afirmação da infinidade ou eternidade do tempo. A argumentação consiste essencialmente no seguinte: o tempo passado sendo infinito ou eterno, o devir teria atingido seu estado final, se houvesse um; ora, o instante atual, que é um instante que passa, prova que esse estado final não foi atingido; logo, um equilíbrio das forças, um estado de equilíbrio, um estado inicial ou final, não é possível. Bastaria um único instante de ser anterior ou posterior ao devir para que não pudesse mais haver devir. O instante atual é um instante que passa e só pode passar porque é ao mesmo tempo presente, passado e futuro. Há uma relação sintética do instante consigo mesmo como presente, passado e futuro, e é essa relação que funda ou determina a relação

* Alguns textos de Nietzsche desenvolvem uma argumentação semelhante. Cf., por exemplo, na edição *Os pensadores*, os §§1 e 14, entre os fragmentos póstumos de 1881, e os §§1062 e 1066, entre os de 1884-88.

do instante atual com os outros instantes.* Deleuze então conclui: "Que o instante atual não seja um instante de ser ou de presente 'no sentido estrito', que ele seja o instante que passa, nos força a pensar o devir, mas a pensá-lo como o que não pode começar e o que não pode acabar de devir."[66]

Atingimos assim um dos momentos importantes de interpretação deleuziana do eterno retorno. Não se deve pensar o ser como oposto ao devir, o um como oposto ao múltiplo, a necessidade como oposta ao acaso, ou, de modo geral, a identidade como oposta à diferença. É a filosofia da representação que considera o devir algo que deve ser reabsorvido no ser, o múltiplo no um, o acaso na necessidade, ou a diferença na identidade. O antiplatonismo de Nietzsche, e a radicalidade do conceito de eterno retorno como ponto de vista filosófico inteiramente novo, consiste em afirmar que o ser se diz do devir como devir, o um se diz do múltiplo como múltiplo, a necessidade se diz do acaso como acaso: em suma, a identidade se diz da diferença como diferença. "*Dizer que tudo revém*", anota Nietzsche, "*é aproximar* ao máximo *o mundo do devir e o do ser: cume da contemplação*."[67] Eis a definição deleuziana do eterno retorno nietzschiano: revir é o ser do que devém.

Vemos como a "concepção latente" é diferente da "concepção manifesta" exposta pelo anão e pelos animais. Para esta, o que revinha era o mesmo, o igual, o idêntico. Agora há uma relação intrínseca entre o ser e o devir, mas isso não significa que é o ser que revém. O que revém é o diverso, o múltiplo, o diferente. Significa que o revir é o ser, mas o ser que se afirma do devir. Não é o mesmo que revém; é o revir que é o mesmo do que devém. Como diz Foucault, comentando a interpretação de Deleuze: "O ser é o revir da diferença sem que haja diferença na maneira de dizer o ser."[68] No eterno retorno — e por isso a doutrina de Nietzsche é o ápice da filosofia da diferença — a identidade não designa a natureza daquilo que revém, mas o fato de revir para o que difere.[69] A identidade é o revir, o retorno da diferença. Eis, portanto, uma segunda conclusão.

Mas essa definição é incompleta. Ela explicita um primeiro aspecto do tema: o eterno retorno como doutrina cosmológica e física, ou como doutrina especulativa. Um segundo aspecto é ainda mais importante: é o eterno retorno como pensamento ético e ontológico, ou como doutrina prática.

* Cf. NPh, p.54, 221. Esse argumento de Deleuze tem uma inspiração bergsoniana. Apresentarei, no capítulo sobre o cinema, a leitura deleuziana do tempo em Bergson.

Força e vontade de potência

Por que a definição física do eterno retorno é insuficiente, tornando necessária uma definição ética? A razão é a seguinte: o eterno retorno, o revir, foi definido como o ser do devir; mas o que mostra a genealogia, quando considera o homem, sua história e sua cultura, é que devir não é uma noção unívoca, pois existem dois tipos de devir: o devir-ativo e o devir-reativo; ou, mais grave ainda, o que ensina a genealogia é que o devir é basicamente o devir reativo constituinte do niilismo. "É um devir-doentio de toda a vida, um devir escravo de todos os homens que constitui a vitória do niilismo."[70]

Por isso só é possível compreender e aprofundar a definição especulativa do eterno retorno relacionando esse conceito com outro, também fundamental, da filosofia de Nietzsche: a vontade de potência. O eterno retorno compreendido como ser do devir ou revir da diferença está intrinsecamente ligado à vontade de potência considerada como devir das forças ou princípio da diferença.

Na base da interpretação deleuziana da vontade de potência está a distinção entre vontade e força.[71] O mínimo que se pode dizer dessa distinção é que ela não aparece explícita ou claramente em Nietzsche. Penso até mesmo que ela é a principal torção feita por Deleuze para ajustar o pensamento de Nietzsche a seu próprio projeto de pensar a diferença, sendo, portanto, fundamental para dar conta de sua argumentação, inclusive da interpretação bastante original do eterno retorno nietzschiano. Vejamos o que essa distinção significa.

Partindo da ideia de que aquilo que constitui a essência da força é a relação com outras forças ou de que é na relação que a força adquire sua essência ou qualidade, Deleuze define um corpo — químico, biológico, social, político — como um fenômeno múltiplo, um composto de uma pluralidade de forças irredutíveis em luta, em que algumas são dominantes e outras dominadas. As forças superiores ou dominantes são chamadas ativas; as forças inferiores ou dominadas são chamadas reativas. Ativo e reativo são as qualidades que correspondem à diferença de quantidade entre as forças. A essência ou a qualidade da força é a diferença de quantidade resultante da relação entre as forças. "A qualidade nada mais é do que a diferença de quantidade e lhe corresponde em cada relação de força"; "Segundo a diferença de quantidade delas, as forças são ditas dominantes ou dominadas. Segundo a qualidade delas, as forças são ditas ativas ou reativas."[72]

Essas definições explicitam uma diferença originária entre forças ativas e reativas. Ou, mais precisamente, apresentam o conceito de reação como uma imagem invertida no sentido de que, na origem, é próprio das forças reativas negarem a diferença que as constitui, inverterem o elemento diferencial do qual elas derivam. Acontece que houve na história um triunfo das forças reativas. Com a ajuda de circunstâncias favoráveis externas e internas, as forças reativas neutralizaram as forças ativas, por decomposição, subtração, divisão, isto é, venceram não em virtude de uma superioridade, mas porque conseguiram separar as forças ativas do que elas podem, tornando-as reativas num novo sentido. Continuaram sendo forças inferiores que ganharam sem deixar de ser inferiores em quantidade, nem de ser reativas em qualidade. Assim, Deleuze distingue quatro tipos de força: 1) força ativa, potência de agir ou de comandar; 2) força reativa, potência de obedecer ou de ser agido; 3) força reativa desenvolvida, potência de cindir, de dividir, de separar; 4) força ativa tornada reativa, potência de ser separado, de se voltar contra si mesmo.

Em seguida, Deleuze introduz o conceito de vontade de potência como sendo intrinsecamente ligado ao de força, mas não se confundindo com ele. Para isso, ele se baseia num único fragmento, que considera uma das mais importantes explicações do conceito de vontade de potência e da distinção entre vontade e força, indispensável, segundo ele, para compreender o que é força em Nietzsche. Eis o texto: "Esse conceito vitorioso da 'força' graças ao qual nossos físicos criaram Deus e o universo tem necessidade de um complemento; é preciso atribuir-lhe um querer interno que chamarei a '*vontade de potência*'..." Deleuze cita até aqui, sublinhando as palavras vitorioso, complemento, atribuir, interno. Mas o fragmento continua: "... isto é, o apetite insaciável de manifestar a potência; ou ainda o uso e o exercício da potência, o instinto criador etc. Os físicos não escaparão da 'ação à distância' de seus princípios; nem de uma força repulsiva (ou atrativa). Nada leva a isso: é preciso reconhecer que todos os movimentos, todos os 'fenômenos', todas as leis são apenas os *sintomas* dos processos *internos* e se servem para esse fim da analogia humana. No animal, podem-se deduzir todos os instintos da vontade de potência; do mesmo modo, todas as funções da vida orgânica decorrem dessa mesma fonte."[73]

Nesse fragmento difícil, Nietzsche está efetivamente criticando um conceito "físico" de força. Mas não penso que essa crítica implique uma distinção entre vontade e força. O texto me parece sugerir, antes de tudo, que é preciso complementar a concepção de força "graças à qual nossos físicos criaram Deus e o universo" com seu próprio conceito de vontade de potência, em outros termos, ou mais precisamente: pensar a força como vontade de potência. Assim, esse fragmento póstumo seria uma crítica de um conceito de força em nome de outro: a força considerada como vontade de potência.

Em seu livro *A doutrina da vontade de poder em Nietzsche*, Müller-Lauter defende que Deleuze "toma demasiado literalmente" a ideia de Nietzsche de que o conceito de força necessitaria da vontade de potência como complemento. Ele concorda que os dois conceitos são inseparáveis, mas discorda de Deleuze por pensar que inseparável não significa idêntico e ver diferença onde Nietzsche não a vê. Essa posição de Müller-Lauter parece-me correta. Além disso, penso que ele tem toda a razão de indicar o §36 de *Além do bem e do mal*, que define toda força atuante "inequivocamente" como vontade de potência, como indo num sentido contrário.[74] Não penso, no entanto, que o fato de Deleuze ler "vontade interna" (*innere Wille*) em vez de "mundo interno" (*innere Welt*), como aparece na tradução francesa de Geneviève Bianquis de *A vontade de potência* — baseada na compilação alemã de Friedrich Würzbach —, explique por que ele interpreta como o faz esse fragmento de Nietzsche. Primeiro, porque não creio que haja diferença fundamental entre os conceitos nietzschianos de mundo e de vontade de potência. Aliás, Nietzsche não diz, nesse mesmo §36 que o mundo visto de dentro é vontade de potência, "e nada mais"? Segundo, e principalmente, porque não creio que a leitura de Deleuze seja "um grave erro de decifração", como já se disse,[75] mas uma torção, como existem tantas não só em sua leitura de Nietzsche, mas em todas que realizou, por se tratar de um aspecto essencial de seu procedimento de colagem ou de seu teatro filosófico. Aliás, pensando nesse tipo de equívoco salientei, na introdução deste livro, que Deleuze não é propriamente um historiador da filosofia, mas um filósofo que repete o texto de outro pensador não para buscar sua identidade, mas para afirmar sua diferença ou falar em seu próprio nome usando o nome de outro. Perspectiva que faz o texto estudado sofrer pequenas ou grandes torções a fim de ser integrado à sua própria construção filosófica.

Neste caso, se a leitura que Deleuze faz de Nietzsche é singular, ou produz a diferença, é porque, como veremos no final deste capítulo, essa distinção entre vontade e força é uma peça essencial de sua interpretação do eterno retorno, quando relacionado com o niilismo. Mas sobretudo porque ela se harmoniza perfeitamente com um dos princípios que orientam tanto suas leituras dos pensadores em geral quanto com sua própria teoria sistemática do exercício do pensamento: a distinção entre o empírico e o transcendental, que possibilita conceber a ideia de gênese, e, no caso específico de Nietzsche, a força como sendo empírica e a vontade como transcendental. Ideia que não encontro em Nietzsche.

Assim, o que em última análise explica essa torção é que, para Deleuze, a vontade de potência é o elemento ou o princípio genealógico — isto é, diferencial e genético — das forças em presença. Elemento diferencial significa elemento ou princípio de produção da diferença de quantidade entre as forças. Elemento genético significa elemento ou princípio da qualidade que cada força adquire nessa relação. É da vontade de potência considerada como elemento genealógico que decorrem tanto a diferença de quantidade das forças em luta quanto a qualidade respectiva dessas forças. A vontade de potência é assim o princípio interno de determinação da qualidade da força e da quantidade da relação entre as forças. As relações de força permaneceriam indeterminadas se não se acrescentasse às forças um elemento capaz de determiná-las do ponto de vista tanto da quantidade quanto da qualidade: a vontade de potência como princípio imanente e, ao mesmo tempo, transcendente a elas. "As forças em relação remetem a uma dupla gênese simultânea: gênese recíproca de sua diferença de quantidade, gênese absoluta de sua qualidade respectiva. A vontade de potência acrescenta-se, portanto, à força, mas como o elemento diferencial e genético, como o elemento interno de sua produção."[76]

Essa problemática da gênese, fundamental na filosofia de Deleuze, evidencia claramente que a distinção entre vontade e força é uma distinção de nível. Para utilizar uma linguagem kantiana e bergsoniana, que Deleuze incorpora à sua filosofia, é possível dizer que, enquanto as forças são empíricas, a vontade, que é condição ou princípio genético e diferencial, é transcendental. Assim, o que Deleuze está sugerindo quando salienta que uma vontade interna complementa a força é que o empírico é quantitativo e qualitativo, mas que esse mundo das qualidades e quantidades precisa de um princípio interno de determinação, de um princípio genético, não mais empírico, mas transcendental. *Nietzsche e a filosofia* não emprega o termo, mas *Diferença e repetição* dirá explicitamente que a vontade de potência é o mundo das intensidades puras.[77] A vontade de potência é o princípio intensivo das qualidades e quantidades das forças. Assim, se uma força domina ou é dominada, é sempre por vontade de potência que isso acontece. E Deleuze estabelece terminologicamente a distinção entre esse dois níveis afirmando que aos dois tipos ou qualidades de forças — ativo e reativo — correspondem duas faces ou duas qualidades da vontade de potência, das intensidades das forças e de onde estas derivam: a afirmação e a negação.

Existe afirmação em toda ação e negação em toda reação. Mas é possível estabelecer pelo menos três diferenças entre as qualidades da força e as qualidades da vontade. Em primeiro lugar, ação e reação são como que meios ou instrumentos da vontade de potência que afirma ou nega, respectivamente. Em segundo lugar, a ação e a reação têm necessidade da afirmação e da negação como qualidades que as ultrapassam, mas que são indispensáveis para que elas realizem seus objetivos. Em terceiro lugar, a afirmação e a negação ultrapassam os limites da ação e da reação porque são qualidades do próprio devir. A afirmação não é a ação, mas a potência de devir-ativo, quer dizer, o próprio devir-ativo; a negação não é a reação, mas um devir-reativo.

O eterno retorno ético e ontológico

A distinção entre vontade e força — e, consequentemente, entre ativo e reativo, como qualidades da força, e afirmativo e negativo, como qualidades da vontade de potência — é essencial para compreender o eterno retorno em toda sua profundidade. Defini anteriormente o eterno retorno como o ser do devir e afirmei que essa definição só podia ser compreendida em toda sua complexidade pela relação com a vontade de potência. Ora, uma breve exposição da problemática da vontade de potência evidenciou que ela é tanto o devir-ativo quanto o devir-reativo das forças. O eterno retorno seria então o ser do devir-ativo e do devir-reativo? Mas não seria isso cair na dificuldade inicial da qual estávamos justamente procurando escapar, que consistia em definir o eterno retorno como um círculo no sentido de um retorno do todo, de um retorno do mesmo ou de um retorno ao mesmo? Não seria isso esquecer que o nojo de Zaratustra era que eternamente retornasse o "homem pequeno", o "eterno retorno também do menor"?

É para resolver essa dificuldade que Deleuze afirma o caráter ético e ontológico do eterno retorno, isto é, sua seletividade. Sua ideia é que o eterno retorno é duplamente seletivo ou que a seletividade atua em dois níveis diferentes. Em primeiro lugar, o pensamento do eterno retorno estabelece uma regra prática que permite eliminar da vontade as forças reativas menos desenvolvidas. Um belo texto de Nietzsche expõe magistralmente em que consiste essa regra: "Se você assimilar esse pensamento entre os pensamentos, ele o transformará. Se em tudo que você quiser fazer começar por se perguntar: 'Quero fazê-lo um número infinito de vezes?', isso será para você o mais sólido centro de gravidade ... Minha doutrina ensina: 'Viva de tal modo que você deva desejar reviver, é o dever — pois de todo modo você reviverá. Aquele para quem o esforço é a alegria suprema, que se esforce! Aquele que ama acima de tudo o repouso, que repouse! Aquele que ama acima de tudo se submeter, obedecer e seguir, que obedeça. Mas que saiba onde está sua preferência e não recue diante de nenhum meio.' Isso vale a eternidade! ... Essa doutrina é doce para com aqueles que não acreditam nela: não tem inferno nem faz ameaças. Aquele que não tem fé apenas sentirá em si uma vida fugitiva."[78] Esse pensamento, que não é uma representação teórica, mas um pensamento ético, porque opera praticamente uma seleção, é para Deleuze uma paródia da regra kantiana ou uma nova e correta formulação da síntese prática. Assim, enquanto o imperativo categórico kantiano diz "Age de modo que a máxima de sua vontade possa sempre valer ao mesmo tempo como princípio de uma legislação universal",[79] ele enuncia a regra prática nietzschiana da seguinte forma: "O que você quiser, queira-o de tal modo que também queira o seu eterno retorno."[80]

Se o pensamento do eterno retorno é seletivo é porque elimina da vontade tudo que não se adéqua a esse pensamento; é porque elimina os "semiquereres", as meias-vontades, estabelecendo ou restabelecendo a integridade da vontade. Eis o sentido da vontade de potência como vontade afirmativa: seja o que for que se queira, elevar o que se quer à última potência, à enésima potência, que é a potência do eterno retorno. A função do eterno retorno é separar as formas superiores das formas médias, as potências extremas dos estados moderados, ou melhor, criar as formas superiores, as potências extremas fazendo da vontade uma vontade criadora.

Mas isso não basta, porque o pensamento do eterno retorno, ou a primeira seleção, não é suficiente para eliminar todas as forças reativas. A razão é que há vários tipos de forças reativas ou que as forças reativas adquirem diferentes matizes segundo desenvolvem mais ou menos seu grau de afinidade com a vontade de potência como vontade de nada. Existem forças reativas que são potências de obedecer e de ser agidas pelas ativas; existem forças reativas que já foram ativas, mas se tornaram reativas quando foram separadas de sua potência e se voltaram contra si mesmas; mas existe também um terceiro tipo de forças reativas: forças reativas desenvolvidas que são potências de cindir, dividir, separar, que separam as forças ativas do que elas podem, que contaminam as forças ativas e as conduzem até o ápice do devir-reativo, na vontade de nada.[81] Trata-se de um tipo de forças reativas bastante diferente das outras, porque vão ao limite do que podem e nem por isso se tornam ativas, "pois 'ir até o fim', 'ir até as últimas consequências' tem dois sentidos, quer se afirme ou se negue ... para tornar-se ativa, não basta que uma força vá até o fim do que pode, é preciso que ela faça daquilo que pode um objeto de afirmação".[82] Ora, essas forças reativas que vão até o fim, que vão até o máximo do que podem, de modo algum são abolidas pelo pensamento do eterno retorno ou pela seleção que só elimina os semiquereres, as meias-vontades.

Para destruir todas as forças reativas, isto é, até mesmo as mais desenvolvidas, é necessário fazer a vontade de nada — a vontade negativa de potência —, destruir sua aliança com as forças reativas; é necessário fazer da própria negação uma negação das forças reativas; é necessário realizar uma "autodestruição" pela qual as forças reativas são negadas por uma operação ativa; é necessário efetuar uma "destruição ativa". Só quando as forças reativas são negadas, suprimidas pela vontade de potência — pela vontade negativa de potência que era o princípio que antes assegurava a conservação e o triunfo delas — é que todas as forças poderão tornar-se ativas. Só uma autodestruição exprime, portanto, o devir ativo das forças característico da transvaloração de todos os valores.[83]

Podemos compreender por que a interpretação deleuziana estabelece como fundamental essa distinção, difícil de perceber ou até mesmo inexistente no texto de Nietzsche, entre vontade e força, e neste caso mais especificamente entre vontade negativa e força reativa. Por um lado, é a relação entre elas que explica o devir-reativo das forças ativas. "As forças reativas encontraram o aliado que as conduz à vitória: o niilismo, o negativo, a potência de negar, a vontade de nada que forma um devir-reativo. Separadas de uma potência de afirmar, as forças ativas só podem, por sua vez, tornar-se reativas ou se voltar contra si próprias ... Só existe devir-ativo por e em uma vontade que afirma, como só existe devir-reativo por e em uma vontade de nada. Uma atividade que não se eleva até às potências de afirmar, uma atividade que confia apenas no trabalho do negativo está fadada ao fracasso; em seu próprio princípio ela se transforma em seu contrário."[84] Daí o niilismo em suas diversas figuras, em seus sucessivos estágios: niilismo negativo, que nega o mundo em nome dos valores superiores; niilismo reativo, que nega os valores divinos em nome dos valores humanos demasiado humanos, que põe o homem reativo no lugar de Deus; niilismo passivo, do "último dos homens" que, diferentemente dos homens negativos e reativos, prefere um nada de vontade a uma vontade de nada, ou extinguir-se passivamente. É esse terceiro estágio do niilismo que, na interpretação de Deleuze, possibilita um "niilismo completo" do homem da "destruição ativa".

Então, se introduz, por outro lado, uma nova relação entre a força e a vontade, na medida em que o niilismo completo do homem que quer perecer, que quer ser ultrapassado, faz da negação da vontade de potência uma negação das próprias forças reativas. Vejamos como Deleuze explica essa nova relação que vigora na destruição ativa que "converte" a negação em afirmação: "*As forças reativas quebrando sua aliança com a vontade de nada, a vontade de nada, por sua vez, quebra sua aliança com as forças reativas.* Ela inspira ao homem um gosto novo: destruir-se, mas destruir-se ativamente ... A destruição ativa significa: o ponto, o momento de transmutação na vontade de nada. A destruição torna-se *ativa* no momento em que, tendo sido quebrada a aliança entre as forças reativas e a vontade de nada, esta converte-se e passa para o lado da *afirmação*, refere-se a uma *potência de afirmar* que destrói as próprias forças reativas. A destruição torna-se ativa na medida em que o negativo é transmutado, convertido em potência afirmativa ... Este é o 'ponto decisivo' da filosofia dionisíaca: o ponto em que a negação exprime uma afirmação da vida, destrói as forças reativas e restaura a atividade em seus direitos."[85]

Ora, isso seria impossível sem o eterno retorno, que é um complemento indispensável da vontade de potência. A única maneira de realizar uma transvaloração ou transmutação de todos os valores, isto é, de destruir as forças reativas e converter a vontade negativa em vontade afirmativa, é relacionar a vontade de nada, a vontade negativa de potência, com o eterno retorno, ou de elevar a vontade negativa de potência à enésima potência do eterno retorno: "A negação ativa, a destruição ativa, é o estado dos espíritos fortes que destroem o que há de reativo neles, submetendo-os à prova do eterno retorno ..."[86]

A seleção do eterno retorno como pensamento, a primeira seleção, eliminava os estados reativos que não iam até o fim, até o máximo deles mesmos; eliminava os semiquereres, as meias-vontades. A diferença da segunda seleção — também difícil de perceber no próprio texto de Nietzsche e que explica em última análise por que Deleuze o interpreta servindo-se da distinção entre vontade e força — é que ela não diz respeito só à força, diz respeito diretamente à vontade: produz o devir-ativo, convertendo a vontade negativa em afirmativa e fazendo da negação uma negação das próprias forças reativas. Pela segunda seleção do eterno retorno, "a negação como qualidade da vontade de potência transmuta-se em afirmação, torna-se uma afirmação da própria negação, torna-se uma potência de afirmar, uma potência afirmativa".[87] É isso o eterno retorno, não mais simplesmente como pensamento, mas como ser, como ser seletivo, ou afirmação. No eterno retorno só a afirmação revém, só revém o que pode ser afirmado.

Vimos que o eterno retorno como doutrina física afirma o ser do devir. Vimos também que o devir é duplo: ativo e reativo. Ora, a ideia de Nietzsche, para Deleuze, é que só o devir-ativo tem ser. Assim o eterno retorno é o ser universal do devir, mas que se diz apenas de um único devir. O eterno retorno como ontologia seletiva afirma o ser do devir como afirmando-se do devir-ativo.[88] Daí a tese deleuziana do ser e do devir como afirmações ou do eterno retorno como dupla afirmação. Um texto de *Nietzsche e a filosofia* é particularmente claro a esse respeito: "Nietzsche não suprime o conceito de ser. Propõe uma nova concepção do ser. A afirmação é ser. O ser não é o objeto da afirmação ... A afirmação só tem a si mesma como objeto. A afirmação como objeto da afirmação: isto é o ser. Nela mesma e como afirmação primeira ela é o devir. Mas ela é o ser enquanto ela é objeto de uma outra afirmação que eleva o devir ao ser ou extrai o ser do devir. É por isso que a afirmação em toda sua potência é dupla: afirma-se a afirmação. É a afirmação primeira (o devir) que é ser, mas apenas como objeto da segunda afirmação. As duas afirmações constituem a potência de afirmar em seu conjunto."[89]

Nietzsche, diferença e repetição

Reencontramos, assim, a problemática deleuziana da diferença e da repetição. O que é afirmado é a diferença: o múltiplo, o acaso, o devir; em termos propriamente nietzschianos, a vontade de potência como vontade afirmativa: "A vontade de potência não é a força, mas o elemento diferencial que determina tanto a relação entre as forças (quantidade) quanto a qualidade respectiva das forças em relação. É no elemento da diferença que a afirmação se manifesta e se desenvolve como criadora. A vontade de potência é o princípio da afirmação múltipla, o princípio doador ou a virtude que dá."[90] Ao mesmo tempo, a afirmação se reduplica como segunda afirmação e eleva a diferença, a vontade afirmativa de potência, o devir-ativo, à sua mais alta potência. No eterno retorno, a repetição possibilita a afirmação de que o devir é o ser, o múltiplo é o um, o acaso é a necessidade ou a diferença é a identidade. O eterno retorno é o objeto, o instrumento ou a expressão da vontade de potência. No eterno retorno, a repetição não é repetição do mesmo, mas do diferente, e a diferença tem como objeto a repetição. No eterno retorno, a repetição é a potência da diferença.

O eterno retorno é o ápice do antiplatonismo de Nietzsche e de sua crítica à filosofia da representação porque não pressupõe o mesmo nem o semelhante, mas é o mesmo do que difere, o mesmo produzido pela diferença ou pela vontade de potência. Situando-o em continuidade com Duns Scot e Espinosa, Deleuze faz de Nietzsche o momento culminante da ontologia através da interpretação do eterno retorno como o ser unívoco que se diz da diferença ou, ainda mais precisamente, da interpretação de que, no eterno retorno, o ser unívoco não apenas é pensado, mas efetivamente realizado.[91] A relação entre eterno retorno e vontade de potência é o liame, que escapa da representação, entre a univocidade do ser e a diferença individuante: o ser se diz em um mesmo sentido através de todas as suas formas, mas aquilo de que ele se diz difere, é a própria diferença. "A *re*petição opõe-se à *re*presentação: o prefixo mudou de sentido, pois, num caso, a diferença se diz apenas em relação ao idêntico, mas, no outro, é o unívoco que se diz em relação ao diferente."[92] Só há identidade, repetição, revir quando o ponto extremo, o estado de excesso da diferença é atingido. "O que o eterno retorno exprime é esse novo sentido da síntese disjuntiva. Pois o eterno retorno não se diz *do* Mesmo ('ele destrói as identidades'). Ao contrário, ele é o único Mesmo, mas que se diz do que difere em si — do intensivo, do desigual ou do disjunto (vontade de potência)."[93] A tese de que a identidade é a repetição da diferença funda-se necessariamente em um raciocínio que privilegia a intensidade, sem dúvida um dos conceitos mais importantes da filosofia de Deleuze e, por conseguinte, também de sua interpretação de Nietzsche. Vimos como a vontade de potência considerada como intensidade é o princípio genético e diferencial das forças. Estamos vendo agora que, na medida em que ele se diz da diferença, da vontade de potência, o eterno retorno não é qualitativo nem quantitativo, mas intensivo.

A introdução, no estudo dessa problemática, desse outro conceito fundamental da filosofia de Deleuze — a síntese disjuntiva — é um signo de que os conceitos nietzschianos de vontade de potência e eterno retorno são, em última análise, os principais nomes, entre vários utilizados por Deleuze, para os conceitos de diferença e repetição. Efetivamente, quando analisarmos sua "doutrina das faculdades", veremos que, para ele, o eterno retorno é o pensamento, o pensamento mais elevado, a forma extrema, enquanto a vontade de potência é a sensibilidade, a sensibilidade das forças, o devir sensível das forças, a sensibilidade diferencial. Expondo a tese central da filosofia deleuziana de um acordo discordante entre sensibilidade e pensamento a partir dos conceitos de vontade de potência e eterno retorno, uma passagem de *Diferença e repetição* possibilita ver nitidamente como a filosofia de Nietzsche, interpretada numa perspectiva em que a repetição da diferença aparece como sua novidade fundamental, é a referência essencial da crítica deleuziana da representação. Ela pode nos servir de conclusão: "Sentida contra as leis da natureza, a diferença na vontade de potência é o objeto mais alto da sensibilidade, a *hohe Stimmung* (lembremo-nos de que a vontade de potência foi em primeiro lugar apresentada como sentimento, sentimento de distância). Pensada contra as leis do pensamento, a repetição no eterno retorno é o pensamento mais alto, o *gross Gedanke*. A diferença é a primeira afirmação, o eterno retorno é a segunda, 'eterna afirmação do ser', ou a enésima potência que se diz da primeira. É sempre a partir de um sinal, isto é, de uma intensidade primeira, que o pensamento se designa. Através da cadeia interrompida ou do anel tortuoso, somos conduzidos violentamente do limite dos sentidos ao limite do pensamento, do que só pode ser sentido ao que só pode ser pensado."[94]

PARTE 3 Kant, diferença e representação

1 | OS PARADOXOS KANTIANOS

A heterogeneidade das faculdades

Platão significa, para Deleuze, o nascimento da filosofia da representação. Nietzsche, o ápice do antiplatonismo ou da filosofia da diferença. E Kant? Kant ocupa uma posição bastante singular no pensamento de Deleuze. Por um lado, seus livros estão cheios de virulentas críticas a Kant, que, de modo geral, consistem em explicitar as razões pelas quais sua filosofia situa-se no espaço da representação, isto é, está subordinada aos postulados da recognição e do senso comum.

Por outro lado, a filosofia de Kant ocupa uma posição privilegiada entre os instrumentos conceituais que permitem compreender o pensamento filosófico deleuziano. Isso porque vários elementos conceituais da filosofia de Kant apontam na direção de uma filosofia da diferença, a ponto de Deleuze afirmar que Kant significa a descoberta da "diferença transcendental". No fundo, Deleuze deve muito a Kant. E a leitura que faz dele possibilita compreender como importantes conceitos de sua filosofia se explicam pelo que ele integra ou rouba de Kant, através de uma inflexão metodológica que — às vezes desprezando as implicações que seus conceitos acarretam, às vezes "corrigindo-o" a partir, sobretudo, dos pós-kantianos — o transforma num instrumento de formulação de sua própria concepção da diferença.

Considerando não apenas seu pequeno livro sobre Kant, *A filosofia crítica de Kant: doutrina das faculdades*, como também as referências dispersas mas abundantes a esse filósofo em toda a sua obra, é possível dizer que tanto aquilo de que Deleuze se apropria em Kant quanto o que nele critica para reformular e integrar elementos de seu pensamento, através do procedimento de colagem, dizem respeito fundamentalmente à doutrina das faculdades e à relação entre tempo e pensamento.

Que, estudando Kant, Deleuze privilegie a relação entre as faculdades não pode ser considerado uma novidade; é, ao contrário, mais um índice de como a questão da relação está no âmago de seu pensamento, seja quando examina algum autor, seja quando elabora seu próprio sistema filosófico conectando filósofos, cientistas, literatos e artistas. Questão fundamental, pois é o modo como a relação entre os termos é estabelecida que decide, em última análise, se uma filosofia escapa ou não da representação.

Vejamos, em primeiro lugar, como Deleuze interpreta a tese kantiana da relação das faculdades na *Crítica da razão pura*, isto é, do ponto de vista do conhecimento ou no interesse especulativo.

No ponto de partida da argumentação está a definição do conhecimento como síntese de representações. O que interessa antes de tudo nessa definição é que as representações são de tipos diferentes, a cada tipo correspondendo uma faculdade definida como fonte específica de representações. Do ponto de vista do conhecimento, as representações e as faculdades que lhes correspondem são fundamentalmente duas: a intuição, representação singular que se relaciona imediatamente com o objeto da experiência e tem como fonte a sensibilidade, e o conceito, representação que se relaciona mediatamente com o objeto da experiência — isto é, através de outras representações — e tem como fonte o entendimento.

Para marcar terminologicamente a diferença de natureza ou a heterogeneidade radical entre os elementos do conhecimento, ou os termos relacionados pela síntese, Deleuze vai considerar a noção de representação, que aparece na definição anterior, como vaga e lhe dar precisão através da distinção entre a representação propriamente dita e o que se apresenta. O que se apresenta ao sujeito, o que aparece na intuição, é o fenômeno considerado como diversidade sensível empírica, mas até mesmo a diversidade pura *a priori* dos próprios espaço e tempo, diversidade dos lugares e momentos, dos aqui e agora. *Re*presentação significa uma retomada ativa do que se apresenta, implica uma atividade e uma unidade que se distinguem da passividade e da diversidade características da sensibilidade, faculdade receptiva pela qual o sujeito é afetado. O entendimento, faculdade ativa, é fonte de *re*-presentações.* Partimos, portanto, da definição do conhecimento como síntese de representações e, em busca de precisão terminológica, chegamos à identificação entre conhecimento e representação: o

* "O prefixo re-, na palavra 'representação', significa a forma conceitual do idêntico que subordina as diferenças" (DR, p.79).

conhecimento é a síntese do que se apresenta, a síntese do diverso na representação.

Ora, o que Deleuze pretende evidenciar com essa formulação é que, quando Kant analisa como nosso conhecimento se estrutura, quais são seus elementos constituintes e que uso podemos fazer deles, ele introduz na filosofia a grande novidade de considerar o conhecimento a partir, fundamentalmente, da coexistência e da síntese no sujeito de duas formas puras heterogêneas: a sensibilidade e o entendimento. Síntese do heterogêneo significa, antes de tudo, a existência de uma diferença de natureza, e não apenas de grau — que Kant foi o primeiro a formular —, entre os elementos do conhecimento, entre a sensibilidade, faculdade de intuições, e o entendimento, faculdade de conceitos. Essa afirmação de uma diferença transcendental aparece, por exemplo, polemicamente, no §8 da "Estética transcendental" da *Crítica da razão pura*: "A filosofia de Leibniz e Wolf indicou, por conseguinte, um ponto de vista inteiramente incorreto sobre a natureza e a origem dos nossos conhecimentos na medida em que considerou meramente lógica a diferença entre a sensibilidade e o entendimento. Essa diferença é, na verdade, transcendental e se refere não apenas à forma da clareza e obscuridade, mas à origem e ao conteúdo dos conhecimentos."[1] O que caracteriza o sujeito é ser constituído por duas formas irredutíveis que fazem com que ele seja receptivo, afetado — a forma da intuição — e, ao mesmo tempo, determinante, espontâneo — a forma do pensamento.

Essa noção de forma é essencial à filosofia transcendental kantiana por permitir a elaboração de uma teoria da subjetividade que atribui ao formal um papel constituinte do próprio material ou, mais precisamente, subordina totalmente a matéria à forma do conhecimento. A matéria é a sensação, a impressão de um objeto sobre a sensibilidade. E, enquanto a matéria é indeterminada, a forma é determinante, ou melhor, a forma pura do entendimento é o ato de determinação. Mas — e isso é muito importante — a forma do entendimento não determina imediatamente a matéria indeterminada, o objeto indeterminado, o diverso do fenômeno. Para isso é preciso outro tipo de forma: a forma pura da sensibilidade ou a intuição pura: o espaço e o tempo. O entendimento legisla sobre os fenômenos do ponto de vista de sua forma, mas para isso é preciso que o objeto indeterminado seja dado à forma da receptividade: espaço e tempo. Sem o entendimento nenhum objeto seria pensado, mas sem a sensibilidade nenhum objeto seria dado. Para haver conhecimento, é preciso haver mais do que pensamento.

Espaço e tempo não podem ser reduzidos às categorias, embora sejam formas puras, *a priori*; são intuições puras, e sem intuição o pensamento não tem conteúdo, permanece vazio. O conhecimento, portanto, só é possível a partir de elementos formais irredutíveis, isto é, heterogêneos e independentes. E o elemento exterior ao conceito que torna possível uma síntese que se aplica à experiência, mas é, *a priori*, universal e necessário — isto é, que torna possível um juízo sintético *a priori* —, é a intuição.

Para salientar a tese kantiana da irredutibilidade da intuição ao pensamento, Deleuze também se refere mais de uma vez ao §13 dos *Prolegômenos*, que enuncia o paradoxo dos objetos enantiomorfos, dos objetos simétricos, em relação a um plano, que não podem ser superpostos. São objetos perfeitamente idênticos do ponto de vista do pensamento, mas que não se podem superpor, como uma mão e sua imagem refletida no espelho, que sempre se distinguem não apenas por características contingentes, *a posteriori*, mas por sua posição no espaço. Kant afirma que há uma diferença interna que nenhum entendimento pode pensar como intrínseca e que se manifesta apenas por uma relação externa no espaço. Uma diferença pode ser interna e não ser conceitual. Interpretando essa tese no sentido de que as formas da intuição são diferenças extrínsecas irredutíveis à ordem dos conceitos, isto é, que não são intrínsecas ou conceituais, mas são ao mesmo tempo diferenças internas, transcendentais,* Deleuze tem na diferença kantiana das faculdades uma das inspirações de seu próprio conceito de diferença.

É verdade que isso não é tudo, nem mesmo o mais fundamental. Pois, ao mesmo tempo que marca a irredutibilidade do espaço-tempo à ordem dos conceitos, o objetivo de Kant é mostrar que só pode haver conhecimento se houver correspondência entre intuição e pensamento.

Mas antes de enfrentar a difícil questão da relação entre as faculdades — principal objeto das críticas de Deleuze a Kant —, aprofundemos a diferença das faculdades privilegiando não mais o paradoxo do espaço, mas o "paradoxo do tempo", que levará Deleuze inclusive a afirmar que a maior iniciativa da filosofia transcendental consiste em introduzir a forma do tempo no pensamento.

---

* Cf. DR, p.39-40. "Há diferenças internas que dramatizam uma Ideia antes de representar um objeto. A diferença, aqui, é interior a uma Ideia, se bem que seja exterior ao conceito como representação de objeto."

Um novo conceito de tempo

Para evidenciar a importância de uma nova concepção do tempo existente na filosofia de Kant, Deleuze gosta de utilizar uma bela fórmula do *Hamlet* de Shakespeare: "The time is out of joint!", o tempo está fora dos eixos, dando-lhe o sentido conceitual de uma distinção entre a concepção que a Antiguidade, basicamente Platão e Aristóteles, faz do tempo e a concepção kantiana.

A visão antiga do tempo tem duas características principais: a subordinação do tempo ao movimento e, consequentemente, a circularidade do tempo. Dois textos de Deleuze se referem à concepção do tempo dentro dos eixos. Um é de *Diferença e repetição*: "O eixo, *cardo*, é o que assegura a subordinação do tempo aos pontos cardeais por onde passam os movimentos periódicos que ele mede (o tempo, número do movimento, tanto para a alma quanto para o mundo)."[2] O outro, bem mais recente, de "Sobre quatro fórmulas poéticas que poderiam resumir a filosofia kantiana", diz a mesma coisa quase com as mesmas palavras: "*Cardo*, em latim, indica a subordinação do tempo aos pontos cardeais por onde passam os movimentos periódicos que ele mede. Enquanto o tempo permanece nos eixos, ele está subordinado ao movimento: ele é a medida do movimento, intervalo ou número. É assim no caso da filosofia antiga."[3] A célebre definição aristotélica diz que "o tempo é o número do movimento segundo o anterior e o posterior", e como o movimento circular, o movimento das estrelas fixas, é o movimento perfeito, o tempo também está subordinado ao curso do mundo, é como que dobrado, curvado, circular, cíclico.

Em contrapartida, o tempo fora dos eixos significa a reversão da relação movimento-tempo, a subordinação do movimento ao tempo. O artigo "Sobre quatro fórmulas..." enuncia o fundamental da interpretação de Deleuze: "O tempo não mais se refere ao movimento que ele mede, mas o movimento se refere ao tempo que o condiciona."[4] Assim, o tempo deixa de ser cardinal e se torna ordinal, uma pura ordem, uma forma vazia e pura, livre dos acontecimentos que formavam seu conteúdo. "O tempo não se definirá mais pela sucessão, porque a sucessão diz respeito apenas às coisas e aos movimentos que estão no tempo. Se o próprio tempo fosse sucessão, seria preciso que ele sucedesse em outro tempo, e assim indefinidamente... Tudo o que se move e muda está no tempo, mas o próprio tempo não muda, não se move, como também não é eterno. Ele é a forma de tudo o que muda e se move, mas é uma forma imutável e que não muda. Não uma forma eterna, mas a forma do que não é eterno, a forma imutável da mudança e do movimento."[5] Aliás, isso é dito várias vezes por Kant na "Estética transcendental": "O tempo não é um conceito empírico abstraído de alguma experiência. Com efeito, a simultaneidade e a sucessão nem sequer se apresentariam à percepção se a representação do tempo não lhes servisse *a priori* de fundamento"; "O conceito de mudança e, com ele, o conceito de movimento (como mudança de lugar) só é possível pela e na representação do tempo: se essa representação não fosse uma intuição (interna), *a priori*, nenhum conceito, seja qual for, poderia tornar compreensível a possibilidade de uma mudança"; "A estética transcendental não pode contar o conceito de mudança entre os seus dados *a priori*, pois o próprio tempo não muda, mas algo que existe no tempo. Logo, para isso requer-se a percepção de alguma existência e da sucessão de suas determinações, por conseguinte, experiência".[6]

Ora, essa nova concepção do tempo interessa a Deleuze fundamentalmente porque possibilita estabelecer a distinção, no interior do sujeito, entre o *je* e o *moi*, o eu transcendental e o eu empírico. O que ele faz dando um sentido conceitual à fórmula poética de Rimbaud: "*Je est un autre*", eu é outro.

Inicialmente, é preciso fazer duas observações sobre essa questão. A primeira é terminológica. Pois me parece ser inspirado em Sartre que Deleuze faz a distinção entre *je* e *moi*, que não existe evidentemente em Kant. Com efeito, Sartre, no artigo "La transcendance de l'ego", considera que o *je* e o *moi* constituem as duas faces do ego: *je* é a personalidade em seu aspecto ativo, *moi* é a totalidade concreta da mesma personalidade.[7] A segunda observação diz respeito à frase de Rimbaud. Deleuze não é o primeiro a utilizar a fórmula "*Je est un autre*" para esclarecer a relação *je-moi*. É Sartre, no mesmo artigo, quem utiliza a fórmula de Rimbaud para ilustrar sua própria concepção do ego: "A atitude reflexiva exprime-se corretamente na famosa frase de Rimbaud (na carta do vidente) '*Je est un autre*'. O contexto prova que ele quis simplesmente dizer que a espontaneidade das consciências não poderia emanar do *Je*, ela vai *na direção* do *Je*, ela o encontra, ela o deixa entrever sob sua espessura límpida, mas ela se dá antes de tudo como espontaneidade individuada e impessoal."[8] Além disso, em 1963, Jacques Derrida, em um artigo sobre a psicologia fenomenológica de Husserl, publicado na revista *Études Philosophiques*, utiliza a mesma frase de Rimbaud, em forma negativa, para caracterizar a posição de Husserl. "Meu *Je* transcendental é radicalmente diferente, precisa Husserl, de meu *Je* natural e humano; e, no entanto, eles *não* se distinguem em *nada*... *Je* (transcendental) *n'est pas un autre*."[9]

Vejamos como Deleuze aproxima Rimbaud de Kant propondo uma interpretação da relação entre *je* e *moi* que estabelece sua diferença a partir da forma do tempo.

Deleuze encaminha a questão a partir da crítica kantiana ao *cogito* cartesiano.* O *cogito* cartesiano significa: eu penso, logo sou (pois para pensar é preciso ser), eu sou uma coisa que pensa. "Eu penso" é um ato, um princípio de determinação, a forma universal da determinação, a determinação em estado vazio; "eu sou" é a posição de algo a determinar, é a existência indeterminada. E a relação entre os dois termos se dá no sentido de que a determinação determina a existência indeterminada. É o que diz Deleuze. "Tudo se passa como se o *cogito* de Descartes operasse com dois valores lógicos: a determinação e a existência indeterminada. A determinação (eu penso) implica uma existência indeterminada (eu sou, pois 'para pensar é preciso ser') e a determina como a existência de um ser pensante: eu penso, logo sou, eu sou uma coisa que pensa."[10]

A crítica kantiana consiste em negar uma continuidade, um encadeamento suficiente entre os dois termos e em propor um terceiro termo, um terceiro valor lógico que, segundo Deleuze, é o que fará da lógica uma instância transcendental e constitui a descoberta da diferença transcendental entre a determinação e o que ela determina. Esse terceiro termo é a forma sob a qual o indeterminado é determinável pela determinação, a forma do determinável ou a forma do tempo: "Não se pode dizer com Descartes: 'Eu penso, logo sou, eu sou uma coisa que pensa.' Se é verdade que o *Eu penso* é uma determinação, ele implica, por essa razão, uma existência indeterminada (*Eu sou*). Mas nada ainda nos diz sob que forma essa existência é determinável pelo *Eu penso*: ela só é determinável no tempo, sob a forma do tempo, portanto como a existência de um eu (*moi*) fenomenal, receptivo e mutante."[11]

Essa teoria dos três valores aparece, por exemplo, no §25 da *Crítica da razão pura* quando Kant afirma que "a determinação de minha existência só pode fazer-se em conformidade com a forma do sentido interno": o tempo ou a forma sob a qual a intuição de nosso estado interno torna-se possível. E aparece ainda mais explicitamente na nota a esse §25: "O 'eu penso' ex-

* Já me referi, na introdução, aos conceitos cartesiano e kantiano de *cogito*.

prime o ato que determina minha existência. A existência, portanto, já é dada, mas a maneira como devo determiná-la, isto é, pôr em mim o diverso pertencente a essa existência, ainda não é dada. Para isso é preciso a intuição de si mesmo que tem por fundamento uma forma dada *a priori*, isto é, o tempo, que é sensível e pertence à receptividade do determinável." O tempo é o modo de me representar a mim mesmo como objeto.

Em termos kantianos, "Je est un autre" é o paradoxo do sentido interno, o que significa dizer que o sentido interno "só nos representa à consciência como nos aparecemos e não como somos em nós mesmos, porque só nos intuímos como somos internamente afetados".[12] O que determina, o que afeta o sentido interno é o entendimento, e o seu poder originário de ligar o diverso da intuição, que assim exerce uma ação sobre o sujeito passivo. Por outro lado, o sentido interno contém a forma da intuição, mas sem a ligação do diverso que ela contém; o sentido interno não contém uma intuição determinada. É afetando, é determinando o sentido interno que o entendimento produz a ligação do diverso que a forma da intuição contém. Assim, o *je*, o eu transcendental, é distinto do *moi*, do eu fenomenal, porque o tempo os distingue no interior do sujeito. O paradoxo do sentido interno significa que a determinação ativa, "eu penso", determina minha existência, "eu sou", mas só a determina sob a forma do determinável, isto é, sob a forma de um eu passivo no tempo. Portanto, eu, considerado como sujeito pensante, me conheço como objeto pensado dado a mim mesmo na intuição do mesmo modo que conheço os outros fenômenos, isto é, não como sou, mas como me apareço. O único conhecimento que podemos ter de nós mesmos é o do eu fenomenal, que está no tempo e não para de mudar. Neste sentido, o "eu penso" só pode conhecer o que ele não é.

Dizer, no sentido kantiano, que "*Je est un autre*" significa dizer que "*Je est un autre*" para o *moi*, isto é, que o *Je* é um outro que afeta o *moi* e que o tempo é a forma sob a qual o *Je* afeta o *moi* ou a maneira como o sujeito afeta a si mesmo. "Eu não posso, portanto, me constituir como um sujeito único e ativo, mas como um *Moi* passivo que apenas se representa a atividade de seu próprio pensamento, isto é, o *Je*, como Outro que o afeta. Eu sou separado de mim mesmo pela forma do tempo e, no entanto, eu sou um, porque o *Je* afeta necessariamente essa forma operando sua síntese e porque o *Moi* é necessariamente afetado por ele como contido nessa forma. A forma do determinável faz com que o *Moi* determinado se represente a determinação como Outro."[13] O tempo, no interior do sujeito, distingue o *je* e o *moi*, separa o ato do *je* e o *moi* ao qual esse ato se atribui, e faz com que o *moi* represente o *je* como um outro que não ele próprio. O tempo é a diferença transcendental que introduz uma fissura, uma rachadura entre o *je* e o *moi* no sentido em que o sujeito só pode representar sua própria espontaneidade como a de outro ou em que o *moi* possui uma receptividade com relação à qual "*Je est un autre*".

E Deleuze, em pleno exercício do procedimento de colagem — que separa os conceitos da relação com outros conceitos do sistema —, intensifica a ressonância entre o paradoxo kantiano do tempo e a questão, central em sua filosofia, da diferença e sua relação com o pensamento. "Pouco importa que a identidade sintética e depois a moralidade da razão prática restaurem a integridade do eu, do mundo e de Deus e preparem as sínteses pós-kantianas; por um curto momento entramos na esquizofrenia de direito que caracteriza a mais alta potência do pensamento e abre diretamente o Ser à diferença, desprezando todas as mediações, todas as reconciliações do conceito."[14] A maior iniciativa da filosofia transcendental consiste em introduzir a forma do tempo no pensamento.

2 GÊNESE E INTENSIDADE

O acordo das faculdades

Apesar da valorização dos paradoxos do espaço e do tempo, que permitem salientar a heterogeneidade ou a diferença de natureza entre sensibilidade e entendimento, a integração ou a apropriação da filosofia de Kant por Deleuze está marcada por tão grandes desacordos que ele chega mesmo a afirmar que Kant concebe a crítica ao mesmo tempo que a trai. Ora, o que melhor permite compreender o sentido dessa afirmação é o tipo de relação entre as faculdades.

Pretendo expor a questão da relação das faculdades, tal como é apresentada por Deleuze em sua análise de Kant, seguindo o que chamarei uma via kantiana, que percorre as três Críticas, tendo como fio condutor o senso comum, e uma via pós-kantiana, de Salomon Maimon e Herman Cohen, centrada na crítica do esquematismo — duas vias que, em última análise, permitem pôr em evidência a noção de gênese, tão importante no pensamento deleuziano.

Sigamos, em primeiro lugar, a via kantiana partindo da noção de senso comum. O senso comum é o resultado de um acordo *a priori* entre as faculdades ou uma boa natureza, uma natureza sadia e reta das faculdades que lhes permite pôr-se de acordo em proporções harmoniosas. Segundo Deleuze, Kant nunca renunciará ao princípio do senso comum, justamente um dos postulados da filosofia da representação; em vez de subverter o senso comum, o que ele faz é multiplicá-lo, formulando o princípio de que o acordo entre as faculdades é capaz de várias proporções, quer se trate de conhecimento, moral ou estética — os diversos interesses naturais do pensamento racional. "Pois, se é verdade que o senso comum em geral implica sempre uma colaboração das faculdades sob uma forma do mesmo ou um modelo de recognição, por outro lado, uma faculdade ativa entre as outras se encarrega, segundo o caso, de fornecer essa forma ou esse modelo ao qual as outras submetem sua colaboração. Assim, a imaginação, a razão, o entendimento colaboram no conhecimento e formam um 'senso comum lógico'; mas é o entendimento que é aqui a faculdade legisladora e que fornece o modelo especulativo sob o qual as duas outras são chamadas a colaborar. Para o modelo prático do reconhecimento, ao contrário, é a razão que legisla no senso comum moral. E ainda há um terceiro modelo em que as faculdades acedem a um livre acordo em um senso comum propriamente estético."[15]

O senso comum estético é diferente dos outros dois. Se o senso comum especulativo é o acordo entre sensibilidade e entendimento sob a legislação do entendimento, e o senso comum moral é o acordo do entendimento com a razão sob a legislação da razão, no senso comum estético, que é o acordo entre imaginação e entendimento, a imaginação ocupa uma posição singular. Nem tem uma função dominante, determinante, legisladora, nem está subordinada ao entendimento, esquematizando seus conceitos. Ela se libera de tal modo que todas as faculdades em conjunto entram em um livre acordo, se exercem espontaneamente. O senso comum estético, no juízo de gosto — que é objeto da analítica do belo como exposição ou da estética formal do belo em geral, do ponto de vista do espectador —, é um acordo *a priori* entre a imaginação considerada como livre e o entendimento considerado como indeterminado, ou um acordo livre e indeterminado entre faculdades.

A importância da *Crítica da faculdade do juízo* com relação à *Crítica da razão pura* e à *Crítica da razão prática* é que ela funda as outras, no sentido em que o senso comum estético torna possíveis os dois outros, ou que o acordo livre, indeterminado, incondicionado das faculdades é condição de possibilidade de qualquer relação determinada entre faculdades. E a razão disso é que "uma faculdade nunca desempenharia um papel legislador e determinante se todas as faculdades juntas não fossem capazes dessa livre harmonia subjetiva".[16]

O senso comum estético fornece um princípio, um fundamento do acordo das faculdades nos interesses do conhecimento e da moral. Mas a *Crítica da faculdade do juízo* não se limita a essa constatação. E se ela vai bem mais além é porque não basta presumir ou supor esse livre acordo *a priori* no juízo de gosto. Ele deve ser produzido ou, em outros termos, o senso comum estético deve ser objeto de uma gênese transcendental que a analítica do belo como exposição, o estudo do juízo de gosto, é incapaz de realizar. É a analítica do sublime — e daí a posição estratégica que ela ocupa no livro — que vai fornecer o princípio genético do acordo das faculdades.

Se no juízo de beleza só o entendimento e a imaginação intervêm, no juízo de sublime a relação entre as faculdades se dá diretamente entre a imaginação e a razão. E se essa relação não só está marcada pelo prazer — como no caso da beleza —, mas também por desprazer, é que, nesse caso, a razão força a imaginação a atingir o seu máximo, a impele ao limite de seu poder. Então, fazendo-a descobrir a imensidão do mundo sensível e representar a inacessibilidade da ideia racional, ela possibilita que a imaginação ultrapasse seus limites, se eleve a um exercício transcendente e descubra que ela também tem um fim suprassensível. E, "inversamente, a imaginação desperta a razão como a faculdade capaz de pensar um substrato suprassensível para a infinidade do mundo sensível".[17]

Por isso, no caso do sublime, melhor do que um simples acordo, o que há é um desacordo, uma tensão, uma oposição, uma contradição entre a imaginação e a razão; mas desse desacordo provém um acordo. Existe acordo, mas acordo discordante, harmonia na dor. Em suma, no sublime, o desacordo é o princípio genético do acordo das faculdades no sentido em que, neste caso, o acordo não é mais apenas presumido, como no caso do juízo de gosto, mas engendrado, "engendrado no desacordo".[18]

Ora, esse procedimento genético que vigora no caso do sublime deve ainda servir de modelo e se estender ou se adaptar ao caso do belo, efetuando a gênese do acordo entre imaginação e entendimento. Assim, à analítica do belo como exposição e à analítica do sublime segue-se uma analítica do belo como dedução, que comporta uma analítica do belo na natureza, do ponto de vista do espectador, e uma analítica do belo na arte, do ponto de vista do artista criador. A cada aspecto da dedução corresponde um tipo de gênese realizado a partir de um "princípio metaestético": o interesse ligado ao belo e o gênio. E o que caracteriza, apesar de todas as diferenças, o interesse racional ligado ao belo, no caso do belo na natureza, e o gênio, no caso do belo na arte, é que eles permitem à razão engendrar a si própria e, assim, tornar o entendimento ilimitado e a imaginação livre. O fundamental, nos dois casos, é que a dedução do juízo estético explica, utilizando o modelo genético oferecido pelo sublime, aquilo que a analítica do belo como exposição não podia explicar — como a imaginação se liberta e como o entendimento se torna indeterminado —, encontrando na razão o princípio da gênese transcendental. É, em última análise, a razão que assegura a gênese do acordo livre e indeterminado das faculdades. O que permite concluir, de um modo geral, da exposição da via kantiana de estabelecimento da relação entre as faculdades que, se a *Crítica da faculdade do juízo* constitui o fundo originário de onde derivam as outras duas Críticas, é porque ela não permanece no ponto de vista do condicionamento, como as outras, mas introduz o ponto de vista genético, mais fundamental.

Gênese e condição de possibilidade

Essa oposição entre as noções de gênese e de condição de possibilidade é muito importante na filosofia de Deleuze e está bastante disseminada em sua obra. Está presente em *Diferença e repetição* e *Lógica do sentido*, mas já aparece em *Nietzsche e a filosofia*, um de seus primeiros livros, que define a vontade de potência como princípio genético e diferencial. Nesse momento, Deleuze considera que, embora Kant tenha concebido na *Crítica da razão pura* o projeto de uma crítica imanente, ele não consegue realizar esse projeto porque descobre condições de possibilidade que permanecem exteriores ao condicionado, ou porque seus princípios transcendentais são princípios de condicionamento e não de gênese interna.* E já nesse momento faz uma primeira referência à crítica dos pós-kantianos: "O conceito de síntese está no centro do kantismo, ele é sua descoberta própria. Ora, sabe-se que os pós-kantianos criticaram Kant, de dois pontos de vista, por haver comprometido essa descoberta: do ponto de vista do princípio que regia a síntese e do ponto de vista da reprodução dos objetos na própria síntese. Exigia-se um princípio que não apenas fosse condicionante com relação aos objetos, mas verdadeiramente genético e produtor (princípio de diferença ou de determinação interna); denunciava-se, em Kant, a sobrevivência de harmonias miraculosas entre termos que permaneciam exteriores. Pedia-se, a um princípio de diferença ou de determinação interna, uma razão não apenas da síntese, mas também da reprodução do diverso na síntese como tal."[19]

* Cf. NPh, p.104. Um dos primeiros textos de Deleuze, "A concepção da diferença em Bergson", de 1956, já contrapõe as condições da experiência possível às condições da experiência real (ID, p.49).

O artigo "A ideia de gênese...", publicado um ano depois de *Nietzsche e a filosofia*, também considera fundamental a objeção dos pós-kantianos a Kant por haver ignorado as exigências de um método genético, explicitando seu sentido objetivo e subjetivo: por um lado, apoiar-se nos fatos e procurar apenas suas condições de possibilidade; por outro lado, partir de faculdades já feitas, já formadas, e, supondo que elas são capazes de um acordo ou uma harmonia, determinar esse acordo harmonioso. Mas o objetivo de Deleuze nesse artigo é justamente mostrar como, na *Crítica da faculdade do juízo*, Kant teria previsto essa objeção, pois, se é verdade que "as duas primeiras Críticas invocavam fatos, procuravam condições para esses fatos, as encontravam em faculdades já formadas", na terceira *Crítica* "Kant põe o problema de uma gênese das faculdades em seu livre acordo primeiro. Ele descobre, então, o último fundamento, que ainda faltava às outras Críticas. A crítica em geral deixa de ser um simples *condicionamento*, para tornar-se uma Formação transcendental, uma Cultura transcendental, uma Gênese transcendental."[20]

Percorremos a via kantiana que, na trajetória das três Críticas, se desloca da problemática do condicionamento à da gênese. Sigamos agora a via pós-kantiana, com *Diferença e repetição*, que é onde Deleuze formula mais explicitamente a crítica do extrinsecismo kantiano ou do método de condicionamento externo e propõe um método de gênese interna no âmbito da própria *Crítica da razão pura*.

A objeção pós-kantiana ao projeto da *Crítica da razão pura* de estabelecer as condições de possibilidade do conhecimento dos fenômenos diz respeito fundamentalmente à questão da relação entre as faculdades heterogêneas do entendimento e da sensibilidade, ou entre os níveis do conceito e da intuição. É assim que, segundo Deleuze, o objetivo de Salomon Maimon, em seu projeto de remanejamento da *Crítica*, no livro *Filosofia transcendental*, é ultrapassar a dualidade conceito-intuição.[21]

Essa ideia pode surpreender. Pois em que sentido Deleuze pode assumir uma crítica formulada em termos de ultrapassagem da dualidade, se a busca da diferença é sempre o critério da integração do pensamento de outros à sua própria filosofia? E, mais especificamente, essa ideia não contradirá a afirmação deleuziana que faz de Kant o introdutor na filosofia da diferença transcendental justamente por haver proposto a diferença de natureza, e não de grau, entre os elementos principais do conhecimento: a sensibilidade e o entendimento? Acredito que não! Parece-me, ao contrário, que sua utilização da crítica pós-kantiana a Kant ilustra muito bem seu procedimento de colagem e o "sim... mas" que lhe é característico, no sentido de que a utilização de um filósofo — como Kant, por exemplo — pela integração de um elemento de sua filosofia, sem respeitar a teia conceitual em que ele está inserido, sempre lhe dá a possibilidade de rejeitar consequências importantes, e até mesmo fundamentais, que ele acarreta no interior do sistema. Deleuze fará o mesmo, inclusive, com os pós-kantianos. E se a crítica da dualidade conceito-intuição, no caso de sua leitura de Kant, ajusta-se perfeitamente à sua estratégia geral de leitura dos filósofos, é porque ele quer evitar implicações que, a seu ver, seriam nefastas para uma filosofia da diferença, na medida em que subordinariam a diferença à identidade. O que houve entre as duas posições — a defesa e a crítica da dualidade — foi uma mudança de perspectiva ou de nível, pois o que ele agora pretende não é propriamente criticar a diferença entre conceito e intuição, mas que essa diferença seja externa ou extrínseca e que um termo se adapte ao outro por meio do esquema da imaginação. Procedimento que evidencia como e por que, apesar de tudo o que rouba de Kant, a filosofia de Deleuze pretende, em última análise, se distanciar de sua filosofia, a ponto de afirmar que Kant concebe a crítica ao mesmo tempo que a trai ou que se trata de um inimigo.

Para Kant, o conhecimento não se explica unicamente pela heterogeneidade ou diferença de natureza entre a sensibilidade, receptiva e imediata, e o entendimento, ativo e mediato. É preciso que uma outra faculdade, a imaginação, sirva de ponte ou realize a coadaptação entre elas. As categorias, os conceitos puros do entendimento, não estão limitadas aos fenômenos; em contrapartida, seu uso só é legítimo se elas se relacionam com a sensibilidade. E a imaginação encarna precisamente a mediação. Na *Crítica da razão pura*, no início do capítulo sobre o esquematismo, Kant se pergunta como, dada a completa heterogeneidade entre os conceitos puros do entendimento e as intuições empíricas ou puras, é possível a subsunção das intuições aos conceitos e, por conseguinte, a aplicação da categoria a fenômenos. A resposta é dada logo em seguida: "Ora, é claro que precisa haver um terceiro elemento que seja homogêneo, por um lado, à categoria, por outro, ao fenômeno, tornando possível a aplicação da primeira ao segundo. Essa representação mediadora deve ser pura (sem nenhum elemento empírico) e não obstante, por um lado, *intelectual*, por outro, *sensível*. Tal representação é o *esquema transcendental*."[22]

O esquema da imaginação é uma determinação espaçotemporal correspondente à categoria em qualquer tempo e em qualquer lugar, ou, em outros termos, consiste em relações espaçotemporais que encarnam ou realizam relações conceituais. Essas definições são de *A filosofia crítica de Kant*, mas reaparecem quase com as mesmas palavras em *Diferença e repetição*, livro que se refere ao esquema como uma regra de determinação do tempo e de construção do espaço a partir do conceito concebido como possibilidade lógica; o esquema é o que torna possível a correspondência entre relações espaçotemporais e relações lógicas do conceito. E, nos dois livros, Deleuze também assinala quase nos mesmos termos uma dificuldade que lhe parece inerente à noção de esquema. *A filosofia crítica de Kant* salienta que na *Crítica da razão pura* Kant explica como a sensibilidade entra em acordo ou se harmoniza com o entendimento através da imaginação, que é homogênea aos dois, mas não explica como a própria imaginação entra em acordo com o entendimento nem, muito menos, como o entendimento entra em acordo com a razão. *Diferença e repetição* formula a mesma crítica: "Exterior ao conceito, não se vê, no entanto, como ele [o esquema] pode assegurar a harmonia entre o entendimento e a sensibilidade, pois ele mesmo não tem como assegurar sua própria harmonia com o conceito do entendimento a não ser por um milagre."*

O ponto central da crítica do projeto de ultrapassagem da dualidade entre conceito e intuição através do esquema — considerado como terceiro termo, ao mesmo tempo intelectual e sensível, homogêneo, por um lado, à categoria, por outro, ao fenômeno — é, portanto, ele ser marcado por um acordo harmonioso das faculdades que se exprime como uma relação externa entre a intuição e o conceito. "Tal dualidade nos remetia ao critério extrínseco da construtibilidade e nos deixava em uma relação externa entre o determinável (o espaço kantiano como puro dado) e a determinação (o conceito enquanto pensado). Que um se adapte ao outro por intermédio do esquema ainda reforça o paradoxo de uma harmonia apenas exterior na doutrina das faculdades: daí a redução da instância transcendental a um simples condicionamento e a renúncia a toda exigência genética. Em Kant, portanto, a diferença permanece exterior e, por essa razão, impura, empírica, suspensa à exterioridade da construção, 'entre' a intuição determinável e o conceito determinante."[23]

---

* Cf. DR, p.281. Em *A evolução criadora*, Bergson enaltece Kant por atribuir uma origem extraintelectual aos termos entre os quais se estabelecem as relações, abrindo caminho para uma nova filosofia, mas lamenta que Kant não tenha retraçado a gênese do entendimento e de suas categorias, aceitando-os como prontos, ao pensar que o acordo entre o entendimento e a matéria provinha de que a inteligência lhe impunha sua forma (cf. trad. br., Martins Fontes, p.386-7).

A dramatização do conceito

Para compreender a crítica ao extrinsecismo kantiano e como, segundo Deleuze, é possível pensar a diferença como interna, é preciso partir dos conceitos que ele propõe como mais adequados do que os de esquema e esquematismo: os conceitos de drama e dramatização, que, por mais enigmáticos que pareçam, desempenham um papel essencial em sua filosofia.

Uma comunicação à Sociedade Francesa de Filosofia, de 1967, intitulada "Método de dramatização", que se assemelha bastante aos dois últimos capítulos de *Diferença e repetição*, pode dar uma primeira indicação de como o conceito de drama é inspirado no conceito kantiano de esquema: "O que chamamos drama assemelha-se particularmente ao esquema kantiano. Pois o esquema segundo Kant é uma determinação *a priori* do espaço e do tempo como correspondendo ao conceito: 'o mais curto' é o drama, o sonho ou antes o pesadelo da linha reta. É exatamente o dinamismo que divide o conceito de linha em reta e curva e que, além disso, na concepção arquimediana dos limites, permite medir a curva em função da reta. Acontece que ainda permanece totalmente misterioso o modo como o esquema tem esse poder com relação ao conceito. De certo modo, todo o pós-kantismo procurou elucidar o mistério dessa arte oculta segundo a qual determinações dinâmicas espaçotemporais têm realmente o poder de dramatizar um conceito, se bem que elas sejam totalmente diferentes dele. A resposta talvez esteja na direção que alguns pós-kantianos indicavam: os dinamismos espaçotemporais puros têm o poder de dramatizar os *conceitos* porque eles atualizam, eles encarnam as Ideias."[24]

Esse texto denso e complexo contém os principais elementos da crítica deleuziana à relação das faculdades na filosofia kantiana a partir dos pós-kantianos, apontando decisivamente na direção de sua própria concepção do exercício do pensamento.

Em primeiro lugar, é importante salientar como a noção deleuziana de "drama", "dinamismo", "dinamismo dramático", "dinamismo espaçotemporal", "determinação dinâmica espaçotemporal", se assemelha, como ele mesmo assinala, à noção kantiana de esquema. A prova é a consideração de "o mais curto" como o esquema ou o drama, na definição arquimediana da linha reta como o caminho mais curto entre dois pontos. O que temos aqui, e já aparecia em algumas das últimas citações, é a definição do esquema como "regra de construção" do espaço a partir do conceito, como o modo de relacionar intuição e conceito através da imaginação no conhecimento matemático. "Construir um conceito, diz Kant, significa apresentar *a priori* a intuição que lhe corresponde. Para a construção de um conceito requer-se, pois, uma intuição *não empírica*, que, por conseguinte, como intuição, seja um objeto *singular*, mas que, no entanto, como construção de um conceito (de uma representação geral), deve expressar na representação algo de universal que se aplica a todas as intuições possíveis que se subsumem no mesmo conceito."[25] O exemplo que Kant dá em seguida é o do triângulo: construir um triângulo é representar o objeto correspondente ao conceito de triângulo através da imaginação de modo *a priori* na intuição. Mas o exemplo dado por Deleuze, a partir de Maimon, aparece na *Crítica da razão pura* quando Kant explica por que os axiomas da geometria pura são sintéticos. "Do mesmo modo, nenhum princípio da geometria pura é analítico. Que a linha reta seja a mais curta distância entre dois pontos é uma proposição sintética, porque o meu conceito de reta nada contém de quantitativo, mas sim uma qualidade. O conceito de 'mais curta' tem de ser totalmente acrescentado e não pode ser extraído de nenhuma análise do conceito de linha reta. Tem-se que recorrer à intuição, mediante a qual unicamente a síntese é possível."[26] Ideia repetida quase com as mesmas palavras no final do §2 dos *Prolegômenos*. Para Deleuze, dizer que a linha reta é o caminho mais curto entre dois pontos só tem sentido na situação da reta ou da corda, que liga as extremidades de um arco de círculo; essa proposição implica a comparação de dois conceitos heterogêneos, o de reta e o de curva mais precisamente, implica o cálculo de exaustão, o cálculo pré-diferencial de Arquimedes, pelo qual se faz uma linha quebrada tender ao infinito na direção de uma linha curva, isto é, implica a noção de limite ou de passagem ao limite. Se o "mais curto" é o esquema ou o drama do conceito de reta é porque é a regra de construção — exterior ao conceito, pois um conceito não dá a regra de construção de seu objeto — do conceito de reta, que serve para diferenciar a reta de curva; regra segundo a qual se constrói, se produz, se determina na intuição uma linha como sendo reta.

Até aí só parece haver semelhança entre drama e esquema. A diferença, no entanto — e esse é o segundo ponto que pretendo salientar na passagem do "Método de dramatização" que estou comentando —, é possibilitada pela noção deleuziana de ideia, formulada a partir de Kant e de Maimon, mas, em última instância, afastando-se deles. Com Kant, Deleuze reconhece o uso legítimo, regulador ou problemático das ideias no sentido em que seu papel é o de reunir em um todo os procedimentos do entendimento que dizem respeito a um conjunto de objetos, é o de constituir um campo sistemático unitário. *A filosofia crítica de Kant* destaca o papel da razão com relação ao entendimento: "constituir focos ideais fora da experiência para os quais convergem os conceitos do entendimento (máximo de unidade); formar horizontes superiores que refletem e abarcam os conceitos do entendimento (máximo de extensão)".[27] A partir daí, esse livro caracteriza a ideia kantiana: "*Indeterminada* em seu objeto, *determinável* por analogia como os objetos da experiência, trazendo o ideal de uma *determinação infinita* com relação aos conceitos do entendimento: estes são os três aspectos da Ideia."[28]

Diferença e repetição retoma e explicita essa caracterização, mas, ao mesmo tempo, critica Kant por considerar dois desses três "momentos" características extrínsecas à ideia. "Não há na Ideia nenhuma identificação ou confusão, mas uma unidade objetiva problemática interna do indeterminado, do determinável e da determinação. É talvez isso que não aparece suficientemente em Kant: dois dos três momentos, segundo ele, permanecem características extrínsecas (se a Ideia é em si mesma indeterminada, ela só é determinável com relação aos objetos da experiência e só traz o ideal de determinação com relação aos conceitos do entendimento) ... O horizonte ou o foco, o ponto 'crítico' em que a diferença, como diferença, tem como função reunir ainda não é assinalado."[29] Essa "unidade objetiva problemática interna" da ideia significa que, enquanto para Kant e mesmo para Maimon as ideias são objetos de uma faculdade específica — a razão para Kant, o entendimento para Maimon —, quer dizer, uma "faculdade constituindo um senso comum", para Deleuze elas não são objeto de nenhuma faculdade em particular: percorrem e dizem respeito a todas as faculdades, englobando os três momentos da determinação, do determinável e do indeterminado como uma multiplicidade diferencial que liberta a diferença em um sistema de relações que refere o diferente ao diferente. "A Ideia aparece, portanto, como uma multiplicidade que deve ser percorrida em dois sentidos: do ponto de vista da variação das relações diferenciais e do ponto de vista da repartição das singularidades que correspondem a certos valores dessas relações."[30]

Este não é o momento de desenvolver a concepção deleuziana da ideia. Pretendo agora esclarecer que, se a diferença entre esquema e drama se dá, como afirmei, pela concepção deleuziana da ideia, sua argumentação consiste essencialmente em dizer que, se o esquema é exterior ao conceito — na medida em que um remete à imaginação e o outro, ao entendimento —, apesar dessa exterioridade, ele é interior à ideia, no sentido deleuziano que assinalei. É esse o sentido do termo "drama" no vocabulário de Deleuze. Um texto de *Diferença e repetição* que comenta a definição da linha reta como o caminho mais curto distingue os dois pontos de vista — condicionamento e gênese —, usando a expressão "esquema ideal", que pode servir como uma boa definição de drama. "*O mais curto* pode ser interpretado de dois modos. Ou do ponto de vista do condicionamento, como um esquema da imaginação que determina o espaço em conformidade com o conceito (linha reta definida como suscetível de ser superposta a si mesma em todas as suas partes), e nesse caso a diferença permanece exterior, encarnada por uma regra de construção que se estabelece 'entre' o conceito e a intuição. Ou se interpreta o mais curto do ponto de vista da gênese, como uma Ideia que ultrapassa a dualidade do conceito e da intuição, que também interioriza a diferença da reta e da curva, e que expressa essa diferença interna sob a forma de uma determinação recíproca e nas condições de *minimum* de uma integral. O mais curto não é mais esquema, mas Ideia; ou ele é esquema ideal, não mais esquema de um conceito."[31]

A intensidade

Assim, a concepção deleuziana da ideia como multiplicidade ou coexistência de relações entre elementos diferenciais é o princípio que permite esclarecer a crítica da relação das faculdades através do esquematismo da imaginação, tal como aparece no extrinsecismo kantiano, porque torna possível definir o drama ou o dinamismo como esquema ideal. Mas é ainda necessário caracterizar essa relação interna do drama com a ideia concebida como singularidade e relação diferencial. E para isso o final do texto do "Método de dramatização" que estou comentando dá uma indicação essencial ao afirmar, inspirado nos pós-kantianos, que "os dinamismos espaçotemporais puros têm o poder de dramatizar os conceitos porque eles atualizam, eles encarnam as Ideias". Pretendo, portanto, finalmente, analisar essa definição do dinamismo ou do drama como poder de atualização ou de encarnação da ideia, para explicitar como a intensidade — que é esse "poder" ou essa "potência" de que o esquema não dá conta — é, em última instância, o princípio da gênese, concebida como processo de atualização. Ora, um dos modos como Deleuze cria esse conceito de intensidade — um dos mais importantes de sua filosofia — é justamente a partir da crítica, também de inspiração pós-kantiana, à concepção kantiana do espaço como quantidade extensiva.

Começarei fixando a posição kantiana. No segundo capítulo da "Analítica dos princípios", intitulado "Sistema de todos os princípios do entendimento puro", Kant formula, entre outros, dois princípios, chamados "axiomas da intuição" e "antecipações da percepção", que tratam das quantidades extensivas e intensivas. O princípio dos axiomas da intuição diz: "Todas as intuições são quantidades extensivas."[32] Na prova que se segue, Kant explicita: "Denomino *quantidade extensiva* aquela na qual a representação das partes torna possível a representação do todo (e portanto necessariamente a precede). Não posso me representar linha alguma, por pequena que seja, sem traçá-la em pensamento, isto é, sem produzir sucessivamente todas as suas partes partindo de um ponto e sem traçar assim essa intuição. O mesmo ocorre com qualquer parte do tempo, inclusive a menor. No tempo, penso apenas a progressão sucessiva de um instante a outro, e todas as partes de tempo colocadas juntas produzem finalmente uma determinada quantidade de tempo. Como a simples intuição em todos os fenômenos é o espaço ou o tempo, todo fenômeno como intuição é uma quantidade extensiva na medida em que só pode ser conhecido na apreensão por síntese sucessiva (de parte em parte)."[33] Assim, uma quantidade extensiva é aquela cuja multiplicidade remete a uma apreensão sucessiva das partes (*partes extra partes*), e cuja unidade remete a uma reunião das partes em um todo, como por exemplo 1 + 1 + 1 + 1 = 4.

O princípio das antecipações da percepção diz: "Em todos os fenômenos, o real, que é objeto da sensação, possui quantidade intensiva, isto é, um grau."[34] A prova desse princípio dá uma definição da quantidade intensiva que enuncia suas duas principais características, opostas às da quantidade extensiva. "Denomino *quantidade intensiva* a quantidade que só é apreendida como unidade e na qual a pluralidade só pode ser representada por aproximação com a negação = 0."[35] Assim, diferentemente do que acontece no caso da quantidade extensiva, a apreensão de uma quantidade intensiva é instantânea, "só preenche um instante", isto é, sua unidade não vem da soma das partes, "não é uma síntese sucessiva". Quando se sente um grau determinado de calor, tem-se uma representação do todo sem se ter uma representação prévia das partes. Um calor de 30 graus, por exemplo, não é a soma de 10 + 10 + 10 graus. Além disso, a multiplicidade contida em uma quantidade intensiva é uma aproximação variável do grau = 0 ou, em outros termos, o real que preenche o espaço e o tempo é apreendido, do ponto de vista de sua quantidade intensiva, como produzido a partir do grau = 0. Entre a realidade, quando o espaço e o tempo são preenchidos, e a negação = 0, quando eles são vazios, há uma série contínua de apreensões possíveis. O real tem um grau, isto é, uma quantidade intensiva, uma intensidade que pode diminuir até zero ou aumentar a partir de zero, continuamente. "Toda cor, por exemplo a vermelha, tem um grau que, por pequeno que seja, nunca é o menor, ocorrendo o mesmo em geral com o calor, com o momento do peso etc."[36] Portanto, o princípio sintético do entendimento chamado "antecipações da percepção" diz que nada preencheria o espaço e o tempo — considerados como quantidades extensivas pelo princípio dos "axiomas da intuição" — se o real, a matéria da sensação, que vem preenchê-los não tivesse um grau.

Estudando, no último capítulo de *Diferença e repetição*, a "síntese assimétrica do sensível" e, mais especificamente, a relação entre, por um lado, a intensidade e, por outro, a qualidade e a quantidade, não há dúvida de que Deleuze tem em mente esses dois princípios formulados por Kant. É efetivamente pensando nos "axiomas da intuição" que ele afirma: "Kant define todas as intuições como quantidades extensivas, isto é, tais que a representação das partes torna possível e precede necessariamente a representação do todo."[37] É exatamente a formulação kantiana. Ora, nessa formulação aparece explicitamente que Kant situa a relação entre parte e todo do ponto de vista da representação. Deleuze começa sua crítica justamente por aí. Fazendo uma distinção entre representação e apresentação, ele argumenta que o espaço e o tempo não se apresentam como são representados e que, do ponto de vista da apresentação, é a apresentação do todo que funda a possibilidade das partes e, por conseguinte, enquanto a intuição pura é intensiva, o que é extensivo é a intuição empírica. E sua crítica é formulada explicitamente: "O erro de Kant, no momento mesmo em que recusa ao espaço como ao tempo uma extensão lógica, é lhe manter uma extensão geométrica e reservar a quantidade intensiva para uma matéria preenchendo um extenso em determinado grau."[38]

Essa crítica, mais formulada do que desenvolvida, é basicamente feita a partir de um outro pós-kantiano, Herman Cohen, que em *A teoria kantiana da experiência* considera a quantidade intensiva como o princípio supremo de possibilidade da experiência no sentido em que ela é o princípio genético de uma experiência possível,[39] ou, como prefere dizer Deleuze, da experiência real. "Este é o sentido da quantidade intensiva: ela é o fundamento da quantidade extensiva, que ela produz a partir de si mesma", diz Herman

Cohen, em um texto citado por Vuillemin, que afirma não apenas a exigência da gênese, como também a intensidade como princípio genético.[40] Deleuze dirá, no "Método de dramatização" por exemplo — mas se trata de um pensamento que reaparece várias vezes em sua obra —, que os dinamismos espaçotemporais são geradores das qualidades e dos extensos. A distinção entre, por um lado, a intensidade e, por outro, a qualidade e a quantidade extensiva é essencial no seu pensamento. Mas é igualmente essencial pensar a relação entre esses dois níveis, ou, melhor ainda, a passagem das intensidades ideais pré-qualitativas e pré-extensivas ao mundo das qualidades e extensos. "Embora a experiência sempre nos coloque em presença de intensidades já desenvolvidas em extensos, já recobertas por qualidades, devemos conceber como condição da experiência intensidades puras envolvidas em uma profundidade, em um *spatium* intensivo que preexiste a toda qualidade e a todo extenso. A profundidade é a potência do puro *spatium* inextenso; a intensidade é apenas a potência da diferença ..."[41]

Curiosa torção produzida pela técnica de colagem que, considerando o espaço como quantidade intensiva e o real material, o real da sensação, como quantidade extensiva e qualidade, parece inverter a formulação kantiana e mais do que nunca se afastar dela quando propõe a intensidade, considerada como potência da diferença, como sendo o princípio genético ou de produção das qualidades e quantidades. E isso fica bem evidente quando, considerando o "Método de dramatização", ou o último capítulo de *Diferença e repetição*, percebemos que a problemática da gênese é equacionada pela relação entre o virtual e o atual ou pelo processo de atualização, de proveniência bergsoniana. Dizer que a intensidade é o elemento da gênese interna, ou que a intensidade dramatiza, significa dizer que ela é o elemento determinante no processo de atualização, isto é, determina que as relações ideais, virtuais, que já são diferenciais, se diferenciem nas qualidades e extensos. A dramatização tem por função atualizar ideias, e atualizar é criar. É nessa direção que Deleuze equaciona a questão da gênese.

Mas essa problemática do virtual e do atual nos lança bem longe de sua leitura da filosofia kantiana. Ela será explicitada, portanto, na próxima parte deste livro, onde estudarei a concepção do exercício do pensamento resultante da técnica de colagem que, constituindo o âmago da filosofia da diferença de Deleuze, o situa em outro espaço que não o de Kant.

PARTE 4 A doutrina das faculdades

1 | OS PRESSUPOSTOS DA REPRESENTAÇÃO

O pressuposto principal

Situarei agora de um ponto de vista sistemático — isto é, independentemente da leitura de um filósofo determinado — como o antagonismo entre representação e diferença se expressa através da concepção de exercício do pensamento formulada por Deleuze em seu próprio nome. Com isso, quero evidenciar como ela se relaciona intimamente com o que ele expõe, com o nome de outros, em seus estudos monográficos.*

Ao estudar, em *Diferença e repetição*, a filosofia da representação, que em última análise é definida pelo primado que confere à identidade, o que Deleuze pretende é antes de tudo apresentar os pressupostos que ela implica. Filosofar é eliminar os pressupostos, mas em filosofia eles são de dois tipos: objetivos (ou explícitos) e subjetivos (ou implícitos). Em geral os filósofos lutam contra os pressupostos objetivos, que são os conceitos explicitamente supostos por um conceito.

Um exemplo é a definição aristotélica do homem como animal racional, definição por gênero e espécie, que para Descartes pressupõe as definições de animal e de racional e o leva a propor o conceito de *cogito*. Assim, se Descartes, no início da segunda das *Meditações metafísicas*, não aceita definir o homem como animal racional é porque isso o obrigaria, em seguida, a definir o que é animal e o que é racional e, em vez de uma única questão, passar insensivelmente a uma infinidade de questões mais difíceis.[1] Essa argumentação é exposta de um modo ainda mais explícito no diálogo inacabado *A pesquisa da verdade pela luz natural*, quando, rebatendo uma má resposta

* O livro mais importante sobre o assunto é *Diferença e repetição*. Mas levarei também em consideração alguns textos que se assemelham bastante ao conteúdo de seu capítulo III: NPh, cap. III, §15; PS, conclusão da 1ª parte; LS, 12ª série, MP, p.464-70.

de Poliandro, o jovem que nada aprendeu nos livros, mas viajou muito, Eudoxo, que representa o próprio Descartes, afirma, referindo-se a Epistemon, o personagem que permaneceu fiel à doutrina aristotélica: "Com efeito, se eu perguntasse a Epistemon o que é o homem, e ele respondesse, como habitualmente se faz nas escolas, que o homem é um animal racional, e se, além disso, para explicar esse dois termos que são tão obscuros quanto o primeiro, ele nos conduzisse por todos esses graus chamados metafísicos, teríamos certamente entrado em um labirinto de onde nunca poderíamos sair. Dessa questão duas outras nascem, com efeito: a primeira, o que é animal?; a segunda, o que é racional? E, além disso, se para explicar o que é um animal ele responder que é um ser vivo dotado de sensibilidade e que um ser vivo é um corpo animado e que um corpo é uma substância corpórea, vê-se imediatamente que as questões aumentam e se multiplicam como ramos de uma árvore genealógica."[2]

Ora, para Deleuze, Eudoxo, o homem de boa vontade, dotado de um pensamento natural, possuindo a razão em toda a pureza natural, parte tanto de pressupostos quanto Epistemon, o homem que aprendeu tudo o que se ensina na escola, o homem pervertido pelas generalidades de seu tempo. Só que ele parte de um tipo mais importante de pressuposto, o subjetivo ou implícito, que traduz mais um sentimento do que um conceito, que se expressa de um modo não conceitual ou pré-filosófico e que é justamente o que faz a filosofia dar a impressão de começar sem pressupostos. O pressuposto subjetivo — a ideia, por exemplo, de que todo mundo sabe sem conceituar o que significa "eu", "pensar", "ser" — tem a forma de "todo mundo sabe, ninguém pode negar", "de modo que, quando o filósofo diz 'penso, logo sou', ele pode supor implicitamente compreendido o universal de suas premissas, o que ser e pensar querem dizer ... e ninguém pode negar que duvidar seja pensar e pensar, ser ...".[3] É, portanto, a existência de pressuposto implícito que define a filosofia da representação.

O principal pressuposto da filosofia da representação, ou aquele que, a meu ver, engloba todos os outros recenseados por Deleuze, é o postulado segundo o qual o pensamento é o exercício natural de uma faculdade, a concepção de um exercício natural do pensamento. Sua ideia central é que o pensamento é naturalmente bem-dotado para possuir a verdade, ou que existe uma afinidade entre o pensamento e a verdade. Mas para entender bem a posição de Deleuze é necessário fazer duas distinções. Em primeiro lugar, essa afinidade é postulada pela filosofia da representação como de direito e não de fato;* em outras palavras, é apenas de direito que o pensamento é natural. De fato, isso ninguém nega, raramente se pensa; de fato é difícil pensar. Mas — e isso é o importante —, qualquer que seja a dificuldade, de fato, de pensar ou de traduzir a naturalidade de direito nos fatos, o mais difícil de fato é pressuposto pela filosofia da representação como sendo o mais fácil de direito.

Daí a apologia do método como a condição de atingir e aderir à verdadeira natureza do pensamento e lhe dar universalidade. Deleuze critica o postulado do método ou da subordinação da cultura ao método e defende que a dificuldade de pensar é de direito, diz respeito à essência do que significa pensar. Mas é preciso assinalar neste momento que sua crítica pretende situar-se no nível de direito. "Quando a filosofia encontra seu pensamento em uma Imagem do pensamento que pretende valer de direito, não podemos nos contentar em lhe opor fatos contrários."[4]

Em que consiste essa crítica de direito? Para sabê-lo é preciso fazer intervir uma segunda distinção, que é uma consequência da primeira, porque implica a recusa de definir o exercício do pensamento a partir dos fatos: a "repartição" entre o empírico e o puro, que Deleuze assimila ao "transcendental". "É preciso conduzir a discussão no plano de direito e saber se essa imagem não trai a própria essência do pensamento como pensamento puro. Na medida em que vale de direito, essa imagem pressupõe uma determinada repartição do empírico e do transcendental; e o que é preciso julgar é essa repartição, esse modelo transcendental implicado na imagem."[5] Se a naturalidade do pensamento postulada pela filosofia da representação pretende ser uma determinação do pensamento puro, a crítica deleuziana consiste justamente em analisar se ela consegue se manter no nível dessa exigência.

Neste sentido, referindo-se a Kant, ao mesmo tempo que o elogia por ter descoberto o domínio do transcendental, Deleuze se insurge contra a descrição das três sínteses, feita por ele na primeira edição da dedução transcendental, considerando que só a terceira — a síntese da recognição — é realmente transcendental, enquanto nos dois primeiros casos — isto é, na apreensão e na reprodução — Kant determina o transcendental por analogia com a vida psicológica. E teria sido inclusive para ocultar esse procedimento psicologista tão evidente de decalque do transcendental sobre o empírico que Kant teria suprimido esse texto na segunda edição da *Crítica da razão pura*, passando diretamente à síntese da recognição. "Melhor ocul-

---

* A oposição kantiana "de fato–de direito" também é bergsoniana. Cf. B, p.13.

tado, o método do decalque não deixa de subsistir, todavia, com todo seu 'psicologismo'."*

Mas essa é uma crítica de grande amplitude no pensamento de Deleuze. Pois, para ele, é constitutivo da filosofia da representação não conseguir se manter no nível transcendental, fundando seu suposto direito na extrapolação de fatos e até mesmo de fatos insignificantes, como os de recognição, de reconhecimento. "Em todos os postulados da imagem dogmática, reencontramos a mesma confusão, que consiste em elevar ao transcendental uma simples figura do empírico, sob pena de deixar cair no empírico as verdadeiras estruturas do transcendental."[6]

A harmonia das faculdades

A crítica aos pressupostos da filosofia da representação e, portanto, à afinidade entre o pensamento e a verdade — que é uma constante da filosofia de Deleuze — já aparecia, antes de *Diferença e repetição*, em *Proust e os signos*. Na conclusão da primeira edição desse livro, de 1964, considerando que a obra de Proust traça uma imagem do pensamento que se opõe à da filosofia clássica de tipo racionalista, Deleuze expõe a crítica proustiana aos pressupostos da filosofia: "O filósofo pressupõe de bom grado que o espírito como espírito, o pensador como pensador, quer o verdadeiro, ama ou deseja o que é verdadeiro, procura naturalmente o verdadeiro. Ele antecipadamente se confere uma boa vontade de pensar: toda sua busca é baseada numa 'decisão premeditada'. Daí decorre o método da filosofia: de determinado ponto de vista, a busca da verdade seria a coisa mais natural e mais fácil possível; bastaria uma decisão e um método capaz de vencer as influências exteriores que desviam o pensamento de sua vocação e fazem com que ele tome o falso pelo verdadeiro."[7]

Nietzsche e a filosofia, que é de 1962, portanto anterior a *Proust e os signos*, já expunha essas mesmas ideias em forma de três teses essenciais da filosofia dogmática: 1) O pensador como pensador quer e ama o verdadeiro; o pensamento como pensamento possui formalmente o verdadeiro; pensar é o

* Cf. DR, p.176-7. Em *Interpretação fenomenológica da "Crítica da razão pura" de Kant*, Heidegger assinala a dificuldade da passagem de uma síntese empírica ôntica a uma síntese pura ontológica em que o puro é o resultado da análise da síntese empírica. Cf. Klostermann, 1977, p.336-7; trad. fr., Gallimard, 1982, p.298.

exercício natural de uma faculdade. 2) Somos desviados da verdade, mas por forças externas ao pensamento provenientes do corpo, do sensível; caímos no erro, tomamos o falso por verdadeiro, mas porque não somos apenas seres pensantes. 3) Para pensar bem, ou verdadeiramente, é preciso um método. Pelo método conjuramos o erro, afastamos o efeito das forças externas.[8]

Diferença e repetição está em continuidade com esses livros quando argumenta que a filosofia da representação pressupõe uma natureza reta do pensamento, no sentido em que ele possui formalmente a verdade, e uma boa vontade do pensador, no sentido em que a deseja materialmente. Mas esse livro dá mais importância que os outros à relação entre a concepção de um pensamento natural e a questão das faculdades. É este o segundo ponto que pretendo considerar nesta análise sumária do postulado segundo o qual o pensamento é o exercício natural de uma faculdade.

A ideia central, nesse caso, é que uma natureza reta do pensamento e uma boa vontade do pensador significam, do ponto de vista de uma teoria das faculdades, a harmonia, a concórdia, o exercício concordante de todas as faculdades de conhecimento sobre um objeto considerado idêntico, ou a concordância das faculdades fundada no sujeito pensante considerado como universal e exercendo-se sobre um objeto qualquer. É isso que Deleuze chama de "modelo da recognição", que, segundo ele, exige o senso comum e o bom senso, "os dois aspectos da doxa".[9]

O senso comum, a *cogitatio natura universalis*, a natureza universal do pensamento, tem dois polos: subjetivo e objetivo. Subjetivamente, ele significa que a unidade do sujeito pensante funda a concordância, a harmonia entre as diversas faculdades: é o mesmo eu que percebe, imagina, lembra, pensa. Nesse sentido, *A filosofia crítica de Kant*, como já vimos, afirmava que "Kant nunca renunciará ao princípio subjetivo de um senso comum, isto é, à ideia de uma boa natureza das faculdades, de uma natureza sadia e reta que lhes permite pôr-se de acordo umas com as outras e formar proporções harmoniosas".[10] Objetivamente, senso comum quer dizer que a diversidade dada é submetida à identidade ou à unidade do objeto: é o mesmo objeto que é percebido, imaginado, lembrado, pensado. E Deleuze dá o exemplo de Descartes, que considera que o pedaço de cera "é o mesmo que vejo, que toco, que imagino e, finalmente, é o mesmo que sempre acreditei que era no início".[11] "Assim, o senso comum se define subjetivamente pela suposta identidade de um Eu como unidade e fundamento de todas as faculdades, e, objetivamente, pela identidade do objeto qualquer, ao qual se julga que todas as faculdades se reportem";[12] é uma função de identificação que remete ou reduz uma diversidade à forma do mesmo.

O postulado do bom senso é o complemento do senso comum. Pois a dupla identidade postulada pelo senso comum — as identidades do eu puro e da forma do objeto qualquer que lhe corresponde — permanece "estática" no sentido em que nem somos o eu universal, nem jamais nos encontramos diante do objeto qualquer universal, enquanto o bom senso é "dinâmico" no sentido em que determina a individuação, individualiza o eu e o objeto. O bom senso é a forma de distribuição, de partilha dos eus empíricos e dos objetos qualificados como tais ou quais.[13]

Diferença e repetição salienta várias vezes o caráter conformista desse pensamento ortodoxo, incapaz de romper com a doxa, com a opinião, visto que apenas a universaliza ao elevá-la ao nível racional, conservando dela o essencial, isto é, a forma, ou o uso das faculdades que lhe correspondem; por outro lado, ele considera a finalidade prática desse pensamento a recognição, o reconhecimento dos valores estabelecidos, o que o coloca a serviço dos poderes das Igrejas, dos Estados. *Mil platôs*, retomando a análise da imagem do pensamento nos quadros da dicotomia entre aparelho de Estado e máquina de guerra, expõe a mesma ideia: reafirma não só que a crítica à imagem do pensamento se faz privilegiando não os conteúdos, mas a forma, isto é, sua conformidade a um modelo, mas também — e principalmente — que esse modelo do pensamento é o aparelho de Estado ou, em outros termos, que a imagem do pensamento é a forma-Estado desenvolvida no pensamento. "Desde que a filosofia se atribuiu o papel de fundamento, não mais deixou de benzer os poderes estabelecidos e decalcar sua doutrina sobre os órgãos de poder de Estado. O senso comum, a unidade de todas as faculdades como centro do *Cogito*, é o consenso de Estado elevado ao absoluto. Foi notadamente a grande operação da crítica kantiana, retomada e desenvolvida pelo hegelianismo."[14]

Estudando, em *Diferença e repetição*, os postulados do que chama filosofia da representação, através de sua técnica de colagem que estabelece ressonâncias entre filósofos de diferentes épocas e de projetos diversos, mas que traduzem um estilo de pensamento capaz de ser aproximado a partir do privilégio que conferem à identidade, Deleuze está criando o "espaço ideal" da imagem do pensamento. Neste sentido ele afirma: "Eis por que não falamos desta ou daquela imagem do pensamento, variável segundo as filosofias, mas de uma única Imagem em geral, que constitui o pressuposto subjetivo da filosofia em seu conjunto."[15] Mas eu gostaria, finalmente, de chamar, mais uma vez, a atenção para o fato de que, quando interrogamos a colagem deleuziana do ponto de vista dos filósofos que são agenciados nesse espaço, são Nietzsche e Platão que aparecem nas extremidades.

De um lado, Platão é a base, a origem da filosofia da representação na medida em que ele cria todo um estilo de colocar as questões que em termos nietzschianos — assumidos por Deleuze — constitui justamente o platonismo da história da filosofia. É o que Deleuze afirma várias vezes nesse capítulo de *Diferença e repetição*: "Platão no *Teeteto*, sob uma inspiração totalmente diferente da *República*, elabora tanto o modelo positivo da recognição e do senso comum quanto o modelo negativo do erro." "Platão, que escreveu o texto da *República*, também foi o primeiro a criar a imagem dogmática e moralizante do pensamento que neutraliza esse texto e só o deixa funcionar como um 'arrependimento'." "O *Teeteto* é a primeira grande teoria do senso comum, da recognição e da representação, e do erro como correlato." E Deleuze generaliza em termos de platonismo o modelo que tem origem em Platão: "O modelo da recognição está necessariamente compreendido na imagem do pensamento. Não importa que se considere o *Teeteto* de Platão, as *Meditações* de Descartes, a *Crítica da razão pura*, é sempre esse modelo que reina e 'orienta' a análise filosófica do que significa pensar."[16]

Do outro lado, mas do lado de fora do espaço da representação, como expoente máximo de uma orientação do pensamento inteiramente diferente, encontra-se o grande inspirador de Deleuze, Nietzsche e sua crítica radical dos pressupostos e postulados da imagem do pensamento como sendo essencialmente morais. "Quando Nietzsche se interroga sobre os pressupostos mais gerais da filosofia, diz serem eles essencialmente morais, pois só a Moral é capaz de nos persuadir de que o pensamento tem uma boa natureza, o pensador, uma boa vontade e só o Bem pode fundar a suposta afinidade do pensamento com o Verdadeiro. Com efeito, quem mais senão a Moral e esse Bem que dá o pensamento ao verdadeiro e o verdadeiro ao pensamento...? Assim, aparecem melhor as condições de uma filosofia isenta de pressupostos de qualquer espécie: em vez de se apoiar na Imagem moral do pensamento, ela tomaria como ponto de partida uma crítica radical da Imagem e dos 'postulados' que ela implica."[17] E essa ideia de que Nietzsche é o momento de maior radicalidade da crítica da representação reaparece de modo lapidar, anos depois, em *Mil platôs*: "Talvez *Schopenhauer educador*, de Nietzsche, seja a maior crítica que se tenha feito à imagem do pensamento e a sua relação com o Estado."[18]

2 | O EMPIRISMO TRANSCENDENTAL

Empirismo e filosofia transcendental

O que propõe Deleuze, inspirado fundamentalmente em Nietzsche e sua crítica radical da imagem, mas também, em graus diferentes, nos pensadores agenciados pelo procedimento de colagem como seus aliados, para compor — como alternativa à representação e à sua imagem moral do pensamento — uma filosofia da diferença? Um "empirismo transcendental", para utilizar a enigmática expressão de *Diferença e repetição*,[19] que nela mesma já é uma colagem de Hume e Kant. Para dar conta do sentido em que essa expressão é empregada podemos partir da referência a esses dois filósofos tão importantes na constituição do pensamento de Deleuze.

O primeiro livro de Deleuze, *Empirismo e subjetividade*, de 1953, já expõe uma ideia básica de seu pensamento quando define o empirismo não como uma teoria segundo a qual o conhecimento deriva da experiência, mas como uma teoria para a qual as relações são independentes dos termos, considerando não empirista "toda teoria segundo a qual, *de um modo ou de outro*, as relações decorrem da natureza das coisas".[20] Tempos depois, no artigo sobre Hume, de 1972, ele partirá novamente da ideia de que as relações são exteriores a seus termos para explicar o empirismo: "Hume opera uma subversão que vai elevar o empirismo a uma potência superior: se as ideias só contêm o que se encontra nas impressões sensíveis, é precisamente porque as relações são exteriores e heterogêneas a seus termos, impressões ou ideias. A diferença não se encontra, pois, entre ideias e impressões, mas entre duas espécies de impressões ou ideias, as impressões de termos e as impressões ou ideias de relações. Assim, o verdadeiro mundo empirista desdobra-se pela primeira vez em toda sua extensão: mundo de exterioridade, mundo em que o próprio pensamento está numa relação fundamental com o de-fora, mundo onde há termos que são verdadeiros átomos e relações que são verdadeiras passagens externas — mundo onde a conjunção 'e' destrona a interioridade do verbo 'é'..."[21]

Esses dois textos, que caracterizam o empirismo pela independência, heterogeneidade e exterioridade das relações, aproximam-se bastante do artigo "Em que se pode reconhecer o estruturalismo?", de 1967, para o qual os elementos de uma estrutura só têm sentido pela posição que ocupam, e os lugares em um espaço estrutural ou topológico são primeiros com relação às coisas que vêm ocupá-los.* O curioso é essa passagem concluir sua argumentação afirmando que "o estruturalismo é inseparável de uma nova filosofia transcendental em que os lugares têm primazia sobre o que os preenche", acrescentando, logo em seguida, que a psicologia empírica é não apenas fundada mas também determinada por uma topologia transcendental.[22]

Deleuze sabe muito bem que o criticismo não é um empirismo e o empirismo não é uma filosofia transcendental, e o diz explicitamente em *Empirismo e subjetividade*.[23] Ao mesmo tempo, salientando em Hume a prioridade da relação sobre a coisa e no estruturalismo a prioridade do lugar sobre a coisa, ele está aproximando empirismo e transcendental. Como entender sua posição?

Não há dúvida de que a filosofia de Deleuze se caracteriza pela exigência do transcendental. Mas, embora reconheça em Kant o descobridor da diferença transcendental, ele procura se distanciar da posição kantiana, como se pode notar pela referência ao projeto de uma "nova filosofia transcendental", através de uma crítica que, como já assinalei, se insurge contra a ideia de uma relação harmoniosa das faculdades, e acusa Kant de não conseguir se manter no plano transcendental, decalcando o uso das faculdades do exercício empírico.** Ora, é justamente aí que intervém a referência ao empirismo. Como "empirismo superior" ou "empirismo transcendental", ele se apresenta na filosofia de Deleuze como um pensamento que se pretende liberto do pressuposto segundo o qual o pensamento é um exercício natural de uma faculdade em harmonia com as outras: "Eis por que o transcendental está sujeito a um empirismo superior, único capaz de explorar seu do-

* "À quoi reconnait-on le structuralisme?", in ID, p.243. Esse é, aliás, o pensamento de Lévi-Strauss: "Os termos não têm significação intrínseca; sua significação é 'de posição', função da história e do contexto cultural, por um lado, e, por outro, da estrutura do sistema onde figuram." *La pensée sauvage*, Paris, Plon, 1962, p.74.

** A dobra confronta Leibniz e Kant do ponto de vista de uma filosofia transcendental. Cf. PLB, p.163.

mínio e suas regiões, pois, contrariamente ao que acreditava Kant, ele não pode ser induzido das formas empíricas ordinárias tais como elas aparecem sob a determinação do senso comum."[24]

Mas não devemos nos enganar. Se a filosofia transcendental, tal como a compreende Deleuze, insurge-se frontalmente contra a concepção do pensamento em que as faculdades convergem e contribuem para o reconhecimento do objeto — daí, inclusive, ela se denominar "empirismo superior" —, isso não significa que ele rejeite a ideia de um encadeamento das faculdades e até mesmo que haja uma ordem nesse encadeamento. Pelo contrário; ele não só considera a doutrina das faculdades uma peça necessária do sistema filosófico, mas pretende inclusive explicar o descrédito em que essa doutrina teria caído pelo decalque do transcendental sobre o empírico, característico do pressuposto do senso comum.* É por isso que, se não nega a teoria filosófica das faculdades, Deleuze rejeita radicalmente a tese de que o encadeamento das faculdades implica uma colaboração entre elas sob a forma de um objeto considerado o mesmo e da unidade do sujeito de conhecimento.

Em *Diferença e repetição*, a teoria do exercício do pensamento é claramente formulada do ponto de vista de uma doutrina das faculdades. O mesmo acontece com *Proust e os signos*, que interpreta a *Recherche* de Proust como uma busca inconsciente e involuntária da verdade que se opõe à filosofia da representação. E mesmo quando o termo "faculdade" não aparece explicitamente — e o problema filosófico que ele permite investigar é formulado a partir de outros termos —, a mudança parece ser mais terminológica do que conceitual. Assim, por exemplo, quando o livro sobre Foucault enuncia que o princípio geral de sua filosofia é que toda forma é um composto de relações de forças, e caracteriza essas forças como forças do homem e forças de fora, Deleuze, numa perspectiva que é a mesma de *Diferença e repetição*, define essas "forças no homem" como forças de imaginar, de lembrar, de conhecer, de querer.

A dificuldade é que, mesmo quando o termo é utilizado, ele não tem uma extensão bem delimitada. Em *Proust e os signos*, ele diz respeito à sensibilidade, à imaginação, à memória, à inteligência e à faculdade das essências ou pensamento puro. Em *Diferença e repetição*, ele concerne à sensi-

* Cf. DR, p.186. Deleuze critica Platão, Kant e Husserl por terem confundido o empírico e o transcendental no exercício das faculdades. Cf., por exemplo, DR, p.185-6; LS, 14ª série, p.131.

bilidade, à imaginação, à memória, ao pensamento. Mas sua extensão é muito maior. Assim, Deleuze assinala que em uma "doutrina completa" das faculdades — que o livro não pretende estabelecer — deveriam ter lugar não só a "vitalidade", a "sociabilidade", a "linguagem", mas até mesmo outras faculdades ainda não suspeitadas, a serem descobertas. No entanto, mesmo sendo impossível estabelecer limites precisos para o termo "faculdade", que em nenhum momento é definido explicitamente, é possível notar que *Diferença e repetição* privilegia claramente três faculdades quando procura responder à questão, de ressonância heideggeriana, "O que significa pensar?": a sensibilidade, a memória e o pensamento.

O uso paradoxal das faculdades

Partindo do privilégio da sensibilidade, da memória e do pensamento entre as faculdades, e situando tanto os elementos — cada faculdade e o objeto que lhe corresponde — quanto o tipo de relação que vigora entre eles, pretendo expor a concepção deleuziana de um pensamento "involuntário" e "inconsciente", formulada através de uma teoria transcendental do "uso paradoxal das faculdades" que se opõe às teorias do exercício das faculdades que o subordinam à regra do senso comum ou do bom senso, os dois aspectos da doxa.

O primeiro aspecto importante dessa teoria diz respeito ao objeto. Contra a ideia, característica da filosofia da representação, de que as faculdades convergiriam para o reconhecimento de um objeto, Deleuze defende que cada uma tem um objeto próprio, específico, só apreende o que a concerne exclusivamente, diferencialmente.

Analisarei essa questão, em primeiro lugar, no que diz respeito à sensibilidade para compreender sua tese — de inspiração nietzschiana — de que só existe pensamento quando alguma coisa no mundo é objeto de um encontro fundamental. Segundo *Proust e os signos*, o que é objeto de um encontro é o signo, e esse objeto é exclusivo da sensibilidade: "Apenas a sensibilidade apreende o signo como tal."[25] *Diferença e repetição* retoma essa relação entre signo e sensibilidade, mas lhe acrescenta um sinônimo importante — a intensidade: "A intensidade é a forma da diferença como razão do sensível."[26] Ora, isso significa que, considerado como signo ou intensidade, o objeto da sensibilidade é não propriamente o ser sensível, mas o ser do sensível, o *sentiendum*, um *aisteteon*, isto é, não propriamente o dado, mas aquilo que faz com que o dado seja dado. "Na verdade, o empirismo torna-se transcendental e a estética torna-se uma disciplina apodítica quando apreendemos diretamente no sensível o que só pode ser sentido, o próprio ser *do* sensível: a diferença, a diferença de potencial, a diferença de intensidade como razão do diverso qualitativo."[27] A intensidade é aquilo que só pode ser sentido. Isto significa que é ela, e só ela, que dá a sentir, que faz sentir, que força a sentir, sem poder ser objeto de nenhuma outra faculdade. A intensidade é a razão suficiente do fenômeno, a condição do que aparece; ela cria, produz a sensibilidade nos sentidos. Mas Deleuze também afirma que ela é, ao mesmo tempo, o que só pode ser sentido e o insensível. "A intensidade é ao mesmo tempo o insensível e o que só pode ser sentido. Como seria ela sentida por si mesma, independentemente das qualidades que a recobrem e do extenso em que ela se reparte? Mas como seria ela outra coisa que não 'sentida', visto ser aquilo que faz sentir e que define o limite próprio da sensibilidade?"[28]

Evidentemente, não é sob o mesmo aspecto, ou no mesmo nível, que a intensidade é o ser do sensível e o insensível. Isso só pode ser compreendido a partir da distinção, fundamental no pensamento de Deleuze, entre o empírico e o transcendental. E significa que a intensidade é aquilo que só pode ser sentido como objeto diferencial do "exercício transcendente" da sensibilidade transcendental, e portanto é insensível, ou é aquilo que não pode ser sentido, do ponto de vista do "exercício empírico".

A ressonância kantiana dessas expressões pode dificultar sua compreensão. É importante, portanto, precisar seu sentido relacionando-as com a terminologia kantiana que parece ser seu ponto de partida. Transcendente e transcendental se opõem pela primeira vez na história da filosofia quando Kant pretende substituir uma metafísica do transcendente por uma crítica transcendental que se ocupa menos dos objetos que de nossos conceitos *a priori* dos objetos, como é dito na "Introdução" da *Crítica da razão pura*.[29] Transcendental designa, então, o princípio em virtude do qual a experiência é necessariamente submetida a nossas representações.

Distinguindo o empírico e o transcendental, e fazendo do transcendental condição do empírico, Deleuze está, sem dúvida, seguindo Kant. Há uma inspiração kantiana evidente na afirmação de *Diferença e repetição* de que, enquanto o princípio empírico é a instância que rege um domínio, o princípio transcendental não rege nenhum domínio, mas dá ao princípio empírico o domínio a reger, ou dá conta da submissão do domínio ao princípio. A ideia de que existe uma diferença entre o empírico e o transcendental e de que o segundo é condição do primeiro é essencial para Deleuze.

Mas, rigorosamente, isso é pouco para fazer dele um kantiano. Não só por causa da noção de condição, que, como vimos, significa gênese mais do que condição de possibilidade, mas também por essa defesa de um exercício transcendente da sensibilidade transcendental. Kant se refere ao uso transcendental do entendimento e ao uso transcendente da razão, mas são dois usos ilegítimos dessas faculdades, aos quais ele opõe, respectivamente, o uso experimental e o uso regulador. O uso transcendental do entendimento consiste em querer conhecer as coisas tais como elas são em si mesmas, ou independentemente da sensibilidade; o uso transcendente da razão consiste em querer aplicar-se a objetos e legislar no domínio do conhecimento.

Na terminologia de Deleuze a palavra "transcendente" não se opõe a "transcendental". Transcendental diz respeito à forma da faculdade; transcendente, ao exercício ou ao uso da faculdade. "A forma transcendental de uma faculdade se confunde com seu exercício disjunto, superior ou transcendente. Transcendente não significa de modo algum que a faculdade se dirige a objetos fora do mundo, mas, ao contrário, que ela apreende no mundo o que a concerne exclusivamente e a faz nascer para o mundo." E a continuação dessa passagem evidencia como a afirmação de que a intensidade é, ao mesmo tempo, o insensível e o que só pode ser sentido pressupõe a distinção dos níveis empírico e transcendental que Deleuze quer preservar: "Se o exercício transcendente não deve ser decalcado sobre o exercício empírico, é porque ele apreende aquilo que não pode ser apreendido do ponto de vista de um senso comum que mede o uso empírico de todas as faculdades de acordo com o que cabe a cada uma sob a forma de sua colaboração."[30] O uso transcendente é um uso paradoxal que se opõe ao exercício das faculdades regulado pelo senso comum.

Ora, com essa distinção entre o empírico e o transcendental em relação à sensibilidade, o que Deleuze está pretendendo antes de tudo é estabelecer uma diferença de nível entre a intensidade como princípio transcendental e a qualidade e o extenso como princípios empíricos. A intensidade, a diferença na intensidade, a intensidade como forma da diferença, a energia — essas expressões são sinônimas — é o *spatium*, isto é, o puro espaço, o espaço como intuição pura, como profundidade original, como quantidade intensiva. "Diferença, distância, desigualdade são as características positivas da profundidade como *spatium* intensivo."[31] Assim, se a intensidade, princípio transcendental, é insensível do ponto de vista do exercício empírico, é porque é sempre recoberta, nesse nível, por uma qualidade e distribuída por um extenso que são empíricos. E se ela é o que só pode ser sentido no nível transcendental, é porque tanto a qualidade quanto o extenso pressupõem a intensidade como sua condição genética. Reaparece essa ideia fundamental do pensamento de Deleuze, à qual já me referi algumas vezes e a que voltarei posteriormente: a intensidade, o puro espaço topológico "inextenso", "pré-extensivo"[32], é o princípio ou a fonte da gênese das qualidades e dos extensos: "Nunca haveria diferenças qualitativas ou de natureza nem diferenças quantitativas ou de grau se não houvesse a intensidade capaz de construir umas na qualidade, as outras no extenso..."[33] É a intensidade, ser do sensível, que produz a sensibilidade nos sentidos.

Finalmente, é preciso acrescentar a essa análise da sensibilidade e do seu objeto diferencial uma observação. Quando a sensibilidade se encontra em presença da intensidade, do signo, e se eleva a seu exercício transcendente, Deleuze diz que ela atinge o seu limite. Ora, o termo limite não é aqui empregado no sentido de limitação, mas de potência; não significa o grau de proximidade ou de afastamento com relação a um princípio, mas grau de potência. E mesmo assim não se trata de graus de potência absolutamente considerados, mas de uma ultrapassagem de limites próprios, específicos. Assim, "o limite, *péras*, não designa aqui mais o que mantém a coisa sob uma lei, nem o que a termina ou a separa, mas, ao contrário, aquilo a partir de que ela se desenvolve e desenvolve toda sua potência".[34] No caso de uma faculdade, atingir o seu limite é ir até o fim do que ela pode, atingir sua enésima potência, qualquer que seja seu grau de potência. Dessa forma, o exercício transcendente da sensibilidade é aquele em que ela atinge seu limite, seu limiar de intensidade.

Desse modo, a concepção deleuziana do limite como potência e enésima potência inspira-se diretamente em sua interpretação dos conceitos nietzschianos de vontade de potência, considerado como princípio diferencial e genético, e de eterno retorno, pensado como ser da diferença. Denominar a intensidade "ser do sensível" já era uma referência à vontade de potência e ao eterno retorno. Pois, na interpretação deleuziana de Nietzsche, o eterno retorno não é qualitativo nem extensivo: é intensivo. E isso ele diz explicitamente em *Diferença e repetição*: "O eterno retorno não cessa de fremir nessa outra dimensão, a do transcendental ou do *spatium* vulcânico"; ou então: "O eterno retorno nem é qualitativo nem extensivo; ele é intensivo, puramente intensivo. Isto é: ele se diz da diferença. Esse é o liame fundamental entre o eterno retorno e a vontade de potência. Um não pode ser dito a não ser do outro."[35]

O mesmo tipo de argumentação que apresenta a concepção deleuziana da sensibilidade transcendental é refeito para cada uma das outras faculdades. No caso da memória, a referência fundamental é ao tempo. O objeto da memória, mas de uma memória transcendental, e não uma memória empírica, é a forma pura do tempo ou o ser do passado. O tempo, como objeto da memória transcendental, que Deleuze também chama de absoluta e ontológica, é um *memorandum*: só pode ser lembrado; mas, ao mesmo tempo, é imemorável. Formulação que, como no caso da sensibilidade, também aqui visa a distinguir os níveis empírico e transcendental e significa que nem pode ser objeto de nenhuma outra faculdade, nem pode ser lembrado no exercício empírico. O ser em si do passado é um esquecimento essencial, no sentido em que aquilo que só pode ser lembrado no exercício transcendental é ao mesmo tempo impossível de ser lembrado no exercício empírico: "Há uma grande diferença entre esse esquecimento essencial e um esquecimento empírico. A memória empírica dirige-se a coisas que podem e até mesmo devem ser apreendidas de outro modo: aquilo de que me lembro, é preciso que o tenha visto, ouvido, imaginado ou pensado. O esquecido, no sentido empírico, é o que não se chega a apreender novamente pela memória, quando o procuramos uma segunda vez (está longe demais, o esquecimento me separa da lembrança ou a apagou). Mas a memória transcendental apreende aquilo que, na primeira vez, desde a primeira vez, só pode ser lembrado: não um passado contingente, mas o ser do passado como tal e totalmente passado. *Esquecida*, é dessa maneira que a coisa aparece em pessoa à memória que a apreende essencialmente."[36] A coisa esquecida, o ser em si do passado, a forma pura do tempo é o limite próprio, a enésima potência da memória.

Essa mesma ideia não apenas já pode ser encontrada em livros anteriores como *Proust e os signos* e *O bergsonismo*, como é neles bastante explicitada. Um texto do livro sobre Bergson é inclusive elucidativo do tema que estou expondo porque distingue o nível transcendental ou ontológico e o nível empírico ou psicológico a partir de uma diferença de natureza entre o passado e o presente: "Em todo rigor, o psicológico é o presente. Apenas o presente é 'psicológico'; mas o passado é a ontologia pura, a lembrança pura só tem significação ontológica." E, em seguida, ele explica essa ideia de passado ontológico que é condição do presente psicológico. "Existe, portanto, um 'passado em geral' que não é o passado particular de tal ou qual presente, mas que é como que um elemento ontológico, um passado eterno e totalmente passado, condição da 'passagem' de todo presente particular. É o passado em geral que torna possíveis todos os passados."[37] Através da memória ontológica nos colocamos primeiro no passado em geral, no ser em si do passado, e apenas em seguida a lembrança adquire uma existência atual. É a problemática genética, que já situei no caso da sensibilidade como relação entre intensidade, qualidade e quantidade, que agora reaparece como uma relação entre o transcendental e o empírico, mas em termos de "atualização" ou "encarnação" do passado puro.

Analisarei posteriormente essa importante questão da gênese ou do processo de atualização. Gostaria agora de fazer duas observações a respeito do tempo e sua relação com a memória. A primeira é que essa relação entre a memória e o tempo considerados como transcendentais é explicitada em vários livros de Deleuze através de uma valorização do conceito de reminiscência. Eis três exemplos. Em *Proust e os signos*, no contexto de uma comparação entre a arte e a lembrança involuntária, afirmando que ela nos dá o passado puro que ultrapassa todas as dimensões empíricas do tempo. Em *O bergsonismo*, indicando uma inspiração platônica de Bergson na ideia de que a reminiscência afirma uma memória ontológica capaz de servir de fundamento ao desenrolar do tempo. Em *Diferença e repetição*, quando, mesmo acusando Platão de ter confundido o ser do passado como o ser passado e ter decalcado o exercício da memória transcendental sobre o exercício empírico, reconhece que a grandeza do conceito de reminiscência é introduzir o tempo no pensamento.[38]

A segunda observação é que a questão do tempo, essencial no pensamento de Deleuze, percorre toda sua obra. Dei exemplos de livros dos anos 60. Analisarei sua leitura da teoria bergsoniana do tempo e a utilização que ele faz dela para dar conta do cinema moderno quando estudar *Imagem-tempo*. No entanto, gostaria de citar agora, como prova de que essa questão permanece presente em toda a sua obra, uma passagem do livro sobre Foucault onde aparece quase nos mesmos termos a relação entre tempo e memória. "'Memória' é o verdadeiro nome da relação consigo mesmo ou do afeto de si para consigo. Para Kant, o tempo era a forma sob a qual o espírito afetava a si próprio, como o espaço era a forma sob a qual o espírito era afetado por outra coisa: o tempo era, portanto, 'autoafecção', constituindo a estrutura essencial da subjetividade. Mas o tempo como sujeito, ou antes, subjetivação, chama-se memória. Não a curta memória que vem depois, e se opõe ao esquecimento, mas a 'memória absoluta' que duplica o presente, reduplica o de-fora e é o mesmo que o esquecimento..."[39]

Finalmente, depois da sensibilidade e da memória, se considerarmos apenas três faculdades, mas de qualquer modo no fim, em último lugar, seja qual for o número de faculdades que o anteceda, vem o pensamento. O pensamento, para Deleuze, nunca vem antes, mas sempre depois, como afirma várias vezes *Proust e os signos*. E também não é a forma de identidade de todas as faculdades; é uma faculdade particular, definida, como as outras, por seu objeto diferencial. E o mesmo tipo de argumentação presente nos dois primeiros casos é retomado no caso do pensamento: o objeto do pensamento puro é o *cogitandum*, o *noeton*, o ser do inteligível como última potência do pensamento, aquilo que só pode ser pensado e é, ao mesmo tempo, o impensável. Aparente contradição que, como das outras vezes, pode ser explicada pela distinção entre o empírico e o transcendental: "Que o pensamento, por exemplo, encontre em si mesmo algo que ele *não pode* pensar, que é, ao mesmo tempo, o impensável e aquilo que deve ser pensado — isto só é incompreensível do ponto de vista de um senso comum ou de um exercício calcado sobre o empírico."[40]

A relação desregrada das faculdades

Para esclarecer a atividade do pensamento ou seu exercício transcendente ou paradoxal, no sentido de liberto do senso comum, é necessário dar mais um passo e estudar a relação entre esse pensamento que vem sempre depois e as faculdades que o antecedem. Procurei mostrar, como primeiro aspecto da teoria deleuziana do exercício do pensamento formulada a partir de uma doutrina das faculdades, que cada faculdade tem um objeto próprio, específico, que não pode ser objeto de nenhuma outra; pretendo agora caracterizar o tipo de relação entre as faculdades, que não se dá mais como uma recognição, como um exercício comum, harmonioso, mas como um encontro ou uma relação violenta entre faculdades disjuntas, dissociadas.

Já assinalei que Deleuze jamais considera o pensamento de um filósofo como um sistema fechado que exige, da parte do leitor, uma aceitação ou uma rejeição total. Assim, o "roubo" de um conceito, e a integração à sua filosofia, muitas vezes desconsidera as implicações que esse conceito acarreta em seu sistema de origem. Esse procedimento do "sim... mas", que se repete em todas as suas leituras, é constitutivo de seu procedimento de colagem. Essa técnica lhe possibilita até mesmo utilizar Platão como instrumento de elaboração de sua teoria diferencial das faculdades. Citei, no capítulo anterior, dois textos de *Diferença e repetição* em que Deleuze opõe a *República* ao *Teeteto*. O texto da *República* VII, 523b-525b, a que Deleuze se refere em vários livros, diz que "há nas percepções algumas coisas que não convidam o pensamento a um exame, porque a percepção basta para determiná-las, e há outras que o engajam totalmente nesse exame na medida em que a percepção não dá nada de sadio". O que ele extrai dessa passagem — sem aceitar todas as suas implicações e acusando Platão de confundir o ser do sensível com o ser sensível — é que Platão distingue aí duas espécies de coisas no mundo: as que deixam o pensamento inativo, e são objetos de recognição, e as que dão a pensar, forçam a pensar, violentam o pensamento.[41] Assim, enquanto o *Teeteto*, e a obra de Platão em geral, funda o modelo da recognição, a imagem dogmática e moralizante do pensamento, essa passagem da *República* expõe uma imagem do pensamento em termos de encontros e violência que é compatível com uma filosofia da diferença.

Ideia antiga em Deleuze. *Nietzsche e a filosofia* já opunha em Platão o mito da caverna, que subordina a *paideia* à violência sofrida por um prisioneiro, e o texto que distingue o que força e o que não força a pensar de uma concepção socrática do pensamento como amor e desejo do verdadeiro, do belo e do bem, perguntando inclusive se não seria algo assim que Nietzsche propunha quando aconselhava a caracterizar Platão sem Sócrates.[42] *Proust e os signos* vai ainda mais longe nessa ideia: depois de opor "ao uso lógico ou conjunto de todas as nossas faculdades, que a inteligência precede e faz convergir na ficção de uma 'alma total', um uso dislógico e disjunto que mostra que nunca dispomos de todas as faculdades ao mesmo tempo e que a inteligência vem sempre depois", considera que o uso disjunto das faculdades "tem como modelo Platão quando ele estabelece uma sensibilidade que se abre à violência dos signos, uma alma memorante que os interpreta e redescobre seu sentido, um pensamento inteligente que descobre a essência".[43]

Mas esse procedimento de colagem, pelo qual Deleuze integra até mesmo pensadores considerados como pertencentes ao espaço da representação para constituir seu pensamento, leva-o principalmente a utilizar a teoria da relação das faculdades no sublime tal como a estabelece Kant na *Crítica da faculdade do juízo*. Deleuze se refere em vários momentos a essa teoria, incorporando sua formulação: em *A filosofia crítica de Kant*, em "A ideia de gênese na estética de Kant", em "Sobre quatro fórmulas poéticas que poderiam resumir a filosofia kantiana", em *Diferença e repetição*, em *Imagem-tempo*.[44] Há uma homogeneidade muito grande entre essas passagens, que expõem a mesma ideia, às vezes de modo analítico, às vezes apenas fixando a posição kantiana. No entanto, o texto mais veemente em infletir a formulação kantiana no sentido do pensamento de Deleuze é a nota sobre a imaginação de *Diferença e repetição*, praticamente o único lugar do livro que se refere a essa faculdade. É assim que, mesmo tendo afirmado — como já o fizera em *A filosofia crítica de Kant* — que Kant não abandonou mas apenas multiplicou o princípio do senso comum, diz, poucas páginas depois, que o exercício da imaginação no juízo de sublime está livre do senso comum e é um exercício transcendente.[45] E se defende essa posição é porque encontra em Kant — como havia encontrado em Platão — a disjunção e a violência que são características essenciais de sua própria teoria das faculdades. Eis sua interpretação da tese kantiana: "Com o sublime, a imaginação, segundo Kant, é forçada, coagida a enfrentar seu limite próprio, seu *fantasteon*, seu máximo, que é do mesmo modo o inimaginável, o informe ou o disforme na natureza (*Crítica da faculdade do juízo*, §26). E ela transmite sua coerção ao pensamento, forçado, por sua vez, a pensar o suprassensível como fundamento da natureza e da faculdade de pensar: o pensamento e a imaginação entram aqui numa discordância essencial, numa violência recíproca que condiciona um novo tipo de acordo (§27). Desse modo, o modelo de recognição ou a forma do senso comum encontram-se em deficiência no sublime, em proveito de uma concepção do pensamento totalmente diferente (§29)."[46]

Em suma, é possível dizer, independentemente de situar os vários inspiradores da posição deleuziana, que, na luta contra a ideia de harmonia ou de colaboração, o fundamental da tese de Deleuze é que a relação entre as faculdades é do tipo de um "esforço divergente", de um "acordo discordante", de uma "discordância acordante",[47] em que cada faculdade disjunta só comunica à outra a violência que a eleva a seu limite próprio como diferente. Uma faculdade só consegue se exercer sob a ação de uma "inimizade", de uma violência, de uma coação, sob a ação de forças que a despertam para seu exercício. Já mostrei em que sentido a questão básica da filosofia de Deleuze é "O que é o pensamento?", "O que significa pensar?". Temos aqui um segundo elemento importante de sua concepção: para haver pensamento é preciso um encontro contingente com o que força a pensar. O pensamento não nasce em seu próprio interior; o pensamento vem sempre de fora. É o encontro contingente com o que força a pensar, com o que faz pensar, com o que dá a pensar que produz a necessidade absoluta de um ato de pensamento; é a ação de forças efetivas, de determinações externas sobre o pensamento que força a pensar.

Como se dá essa relação de violência entre faculdades dissociadas em que uma transmite à outra sua coerção e que tem como resultado um pensamento involuntário e inconsciente? O início do processo está na sensibilidade. E o privilégio da sensibilidade como faculdade que desencadeia o processo significa que, enquanto as duas instâncias, os dois aspectos são distintos no caso das outras faculdades, o objeto do encontro e o objeto a que o encontro eleva a sensibilidade, isto é, o que força a sentir e o que só pode ser sentido, são a mesma coisa. A sensibilidade, então, forçada pelo encontro com a intensidade — com os signos — a sentir a própria intensidade, força por sua vez a memória a se lembrar do ser do passado — a forma pura do tempo — e a memória, por sua vez, força o pensamento a apreender o ser do inteligível. "É um Eu rachado por essa forma do tempo que se encontra, enfim, coagido a pensar aquilo que só pode ser pensado, não o Mesmo, mas o 'ponto aleatório' transcendente, sempre Outro por natureza, em que todas as essências são envolvidas como diferenciais do pensamento, e que só significa a mais alta potência de pensar à força de também designar o impensável ou a impotência de pensar no uso empírico."[48]

Daí a importância do tempo na elaboração da teoria deleuziana do pensamento. Analisei anteriormente a interpretação deleuziana de Kant, que considera a introdução da forma vazia do tempo no pensamento a maior iniciativa da filosofia transcendental porque distingue no interior do sujeito o eu transcendental e o eu fenomenal, o *je* e o *moi*. A mesma problemática está aqui presente com o tempo estabelecendo uma relação discordante entre a sensibilidade e o pensamento, introduzindo no pensamento a diferença a partir da qual ele pensa, a partir da qual ele funciona, se exerce.

Em suma, é porque uma faculdade entra em um acordo, em uma comunicação discordante com outra, no sentido em que só recebe desta outra a violência de sua diferença levada ao limite, elevada à última potência, que, por sua vez, ela se coloca em presença de seu elemento próprio, de seu limite, de sua própria diferença, produzindo, em última instância, o pensamento. O pensamento transcendental caracteriza-se por uma passagem ao limite que lhe dá o máximo de potência. Pensar é um processo violento que vai dos limites da sensibilidade aos limites do pensamento, processo segundo o qual "os limites das faculdades se encaixam uns nos outros sob a forma interrompida do que traz e transmite a diferença".[49]

Essa problemática do acordo discordante, da "divergência", da "síntese disjuntiva" em que duas coisas, dois elementos, dois termos são afirmados por sua diferença, ou em que se afirma sua distância positiva como o que os relaciona como diferentes, é essencial na filosofia de Deleuze; tão essencial que é ela que está sendo tematizada mesmo quando ele está investigando o exercício do pensamento em outros domínios que não o da filosofia. Assim, como veremos, estudando em *Imagem-tempo* a relação entre a imagem e o som, a relação discordante aparece como a característica do cinema "moderno" no sentido em que aquilo que constitui a imagem audiovisual é uma dissociação do visual e do sonoro considerados como duas faculdades, o que Deleuze chama de "relação indireta livre". Uma passagem importante de *Imagem-tempo* evidencia claramente como sob esse aspecto fundamental de sua filosofia a posição de Deleuze permanece invariável: "Portanto, no segundo estágio, o falado, o sonoro deixa de ser um componente da imagem visual: é o visual e o sonoro que se tornam dois componentes autônomos de uma imagem audiovisual, ou, mais ainda, duas imagens heautônomas ... Mas uma primeira observação é necessária: falar só rompe assim com suas ligações visuais se renuncia a seu próprio exercício habitual ou empírico, se consegue voltar-se para um limite que é, ao mesmo tempo, como que o indizível e, no entanto, o que só pode ser falado ... A mesma observação vale, com efeito, para a imagem visual: ver só conquista uma heautonomia se escapa de sua existência empírica e atinge um limite que é, ao mesmo tempo, algo de invisível e que, no entanto, só pode ser visto ... Desde então, *nenhuma das duas faculdades se eleva ao exercício superior sem atingir o limite que a separa da outra, mas a reporta à outra separando-a*."[50] Investigarei esse tema em relação ao cinema, à literatura e à pintura.

A ideia diferencial e a intensidade

Até o momento situei, em primeiro lugar, a posição de Deleuze quanto aos elementos constitutivos da teoria do exercício do pensamento para mostrar que cada faculdade tem um objeto próprio que não pode ser objeto de nenhuma outra faculdade; em segundo lugar, a relação entre as faculdades como constituindo um acordo discordante, uma síntese disjuntiva. Mas há ainda uma importante questão a ser respondida: se há comunicação, mesmo que discordante, disjunta, entre as faculdades, o que é que se comunica na heterogeneidade? Inspirado em Platão, em Leibniz e sobretudo em Kant e nos pós-kantianos, como já assinalei, Deleuze lhe dá um nome: "Ideia"; termo que, na verdade, é sinônimo de vários outros que aparecem em *Diferença e repetição* e *Lógica do sentido*: problema, acontecimento ideal ou incorpóreo, estrutura, expresso, sentido.

É possível explicitar o sentido do termo "Ideia", tal como Deleuze o utiliza, a partir de três de suas características. Em primeiro lugar, como já disse ao estudar a relação de Deleuze e Kant, as ideias não são objeto exclusivo de nenhuma faculdade. Enquanto para Kant as ideias são objeto da razão e para Salomon Maimon, objeto do entendimento, para Deleuze são "instâncias que vão da sensibilidade ao pensamento e do pensamento à sensibilidade, capazes de engendrar em cada caso, segundo uma ordem que lhes pertence, o objeto-limite ou transcendente de cada faculdade".[51] Referindo-se a Riemann, Husserl, mas sobretudo a Bergson, que formula uma noção de multiplicidade qualitativa, contínua, subjetiva que tornaria inúteis as noções de uno e múltiplo, Deleuze considera as ideias como multiplicidades.[52] As ideias são multiplicidades constituídas de elementos e de relações entre esses elementos: elementos diferenciais sem forma nem função, reciprocamente determináveis em uma rede de relações diferenciais. As ideias são relações recíprocas entre elementos diferenciais completamente determinados em suas relações. A "ideia discordante"[53] é, portanto, uma multiplicidade diferencial — diferenças na multiplicidade e diferenças entre multiplicidades — que, em vez de representar a diferença subordinando-a à identidade, a liberta em um sistema de relações que refere o diferente ao diferente.

Em segundo lugar, a ideia é virtual; uma multiplicidade virtual, diz Deleuze, ainda inspirado em Bergson, para distingui-la do irreal ou do possível. "Bergson é o autor que vai mais longe na crítica do possível, mas também o que invoca mais constantemente a noção de virtual."[54] O possível opõe-se ao real, é o contrário do real, no sentido de que a possibilidade das coisas precede sua existência, sua realidade; por outro lado, o possível realiza-se ou não, sua realização implicando necessariamente uma semelhança e uma limitação. Ora, o virtual deleuziano, ou bergsoniano, de modo algum se opõe ao real; o virtual como virtual, como característica da ideia, como multiplicidade pura da ideia possui uma realidade. "A realidade virtual consiste nos elementos e relações diferenciais e nos pontos singulares que lhes correspondem. A estrutura é a realidade do virtual."[55] Mas é apenas um aspecto da realidade; o outro aspecto, e aspecto dessemelhante, da realidade é o atual. O virtual tem uma realidade própria, que não se confunde com a realidade atual. Para caracterizar esse aspecto da ideia, Deleuze gosta de citar a frase de *O tempo reencontrado*, último livro da *Recherche* de Proust: "real sem ser atual, ideal sem ser abstrata".[56] Para utilizar a linguagem de *O bergsonismo* e dos dois artigos sobre Bergson, seria possível dizer que, enquanto a realidade virtual é "subjetiva", a realidade atual é "objetiva". Mas essa distinção não é estabelecida dessa maneira nos outros livros de Deleuze. *Diferença e repetição*, por exemplo, prefere referir-se ao virtual e ao atual como dois aspectos do objeto. Todo objeto é duplo, composto de metades desiguais, ímpares, dessemelhantes: a primeira é a parte ideal ou virtual do objeto real, a segunda é o conjunto das determinações próprias da existência atual. O virtual é portanto uma dimensão objetiva.[57] Mesma posição de *Imagem-tempo*, como veremos ao estudar o cinema.

Mas se o possível e o processo de realização são falsas noções, isso não significa que não haja relação entre o virtual e o atual. A relação é justamente estabelecida pelo processo de atualização.* Aí está uma terceira característica da ideia. O virtual não se realiza, mas se encarna, se integra, se efetua, se atualiza. E o fundamental a esse respeito é que, enquanto o processo de realização, criticado por Deleuze, indica uma semelhança entre o real e o possível e uma limitação, pela qual só alguns possíveis passam a ser reais, a atualização é um processo de diferençação e de criação. Atualizar-se "é sempre criar linhas divergentes que correspondam, sem semelhança, à multiplicidade virtual".**

De modo geral, a ideia apresenta dois aspectos: um sistema de relações diferenciais pelas quais os elementos se determinam reciprocamente e um sistema de singularidades correspondentes a essas relações, isto é, uma repartição de pontos singulares dependentes dos valores de cada relação ou que constituem um espaço, uma ordem de lugares. A diferençação produ-

* Diferentemente do que Deleuze fará depois, os artigos "Bergson" e "A concepção da diferença em Bergson" ainda usam os termos "realização" e "atualização" como sinônimos, como faz, aliás, o próprio Bergson.

** DR, p.274. Seguindo a tradução brasileira de *Différence et répétition*, traduzo "différentiation" por "diferenciação" e "différenciation" por "diferençação".

zida pela atualização tem então um duplo aspecto correlato: as qualidades ou espécies diversas que atualizam as relações entre os elementos; o número ou as partes distintas que atualizam os pontos singulares. Se distinguirmos na ideia três aspectos — os elementos, as relações, as singularidades —, o processo de atualização será constituído por três aspectos correlatos: os elementos virtuais encarnam-se nos termos, objetos ou seres atuais de um domínio considerado; as relações diferenciais atualizam-se nas espécies ou correlações atuais entre esses termos; as singularidades encarnam-se ou atualizam-se nas partes orgânicas correspondentes a cada espécie. Portanto, a diferençação característica do processo de atualização é, correlativamente, qualificação e composição ou partição, especificação e organização. Em suma, uma dupla diferençação: qualitativa e quantitativa ou extensiva.[58]

Ora, esse processo de atualização é o que Deleuze também chama gênese: uma relação entre, por um lado, a intensidade e, por outro lado, a qualidade e a quantidade, como já analisei. A sinonímia dos dois aparece, por exemplo, explicitamente nesse texto de *Diferença e repetição*: "Basta compreender que a gênese não vai de um termo atual, por menor que seja, a um outro termo atual no tempo, mas do virtual à sua atualização, isto é, da estrutura à sua encarnação, das condições de problemas aos casos de solução, dos elementos diferenciais e de suas ligações ideais aos termos atuais e às correlações reais diversas que, a cada momento, constituem a atualidade do tempo."[59] Há sinonímia entre atualização, gênese, criação, produção: "E porque a estrutura não se atualiza sem se diferençar no espaço e no tempo, sem diferençar espécies e partes que a efetuam, devemos dizer, neste sentido, que a estrutura produz essas espécies e essas partes. Ela as produz como espécies e partes diferençadas."[60]

A teoria da gênese ou do processo de atualização remete à consideração da sensibilidade e a seu objeto, a intensidade. Porque se o ser do sensível não é o ser sensível, se a intensidade se distingue da qualidade e da quantidade, é justamente a intensidade que torna possível a passagem da virtualidade à atualidade, da realidade virtual à realidade atual. É a partir da realidade virtual que a existência atual é produzida; no entanto, a condição da atualização, o determinante no processo de atualização, isto é, o que determina as relações virtuais, diferenciais, que coexistem no nível da ideia, a se diferençarem nas qualidades e quantidades, é a intensidade. As ideias são multiplicidades virtuais feitas de relações entre elementos diferenciais e de pontos singulares que lhes correspondem. As intensidades dirigem o curso da atualização das ideias, determinam os casos de solução para os problemas, e, assim, ligam os dois aspectos da realidade, o transcendental e o empírico. "Neste sentido, é exato representar uma dupla série de acontecimentos que se desenrolam em dois planos, ecoando sem semelhança: uns, reais, no nível das soluções engendradas, outros, ideacionais ou ideais, no nível das condições do problema ..."[61] A intensidade é a forma da diferença como razão do sensível; é a razão suficiente do fenômeno.

Os conceitos de ideia e de intensidade possibilitam falar de dois tipos de síntese disjuntiva ou de duas relações discordantes que estão em afinidade e se complementam, na teoria deleuziana do exercício do pensamento: uma, no nível da ideia virtual, a "síntese ideal da diferença"; a outra, ligando o virtual e o atual, a "síntese assimétrica do sensível".[62] O que distingue as duas é o tipo de relação que as constitui. A síntese ideal da diferença, ou síntese recíproca da ideia, caracteriza-se por relações diferenciais ou pelo que Deleuze chama de diferenciação da ideia; a síntese assimétrica do sensível caracteriza-se por relações de intensidade em que as ideias afirmam as qualidades e as quantidades ou pelo que Deleuze chama de diferençação do atual. Deste modo, a teoria do exercício diferencial do pensamento se compõe de duas partes complementares que, inspirado na terminologia kantiana, Deleuze denomina "dialética das ideias" e "estética das intensidades".[63]

Dois textos importantes de *Diferença e repetição* expõem de modo sistemático e sintético as grandes linhas dessas dialética e estética deleuzianas. O primeiro, no final do capítulo IV, depois de detalhar o conteúdo da ideia dialética e da atualização estética, chama a atenção para a dramatização, para o dinamismo, para a profundidade original, para o puro *spatium*, para o *spatium* intensivo, isto é, em última análise, para a intensidade como sendo a capacidade de determinar no extenso, na quantidade, a atualização das relações ideais. "A ideia dialética é duplamente determinada, na variedade das relações diferenciais e na distribuição das singularidades correlativas (diferenciação). A atualização estética é duplamente determinada, na especificação e na composição (diferençação). A especificação encarna as relações, como a composição encarna as singularidades. As qualidades e as partes atuais, as espécies e os números correspondem ao elemento da qualitabilidade e ao elemento da quantitabilidade na Ideia. Mas o que efetua o terceiro aspecto da razão suficiente, o elemento da potencialidade da Ideia? Sem dúvida, a dramatização, pré-quantitativa e pré-qualitativa. Com efeito, é ela que determina ou desencadeia, que diferencia a diferençação do atual em sua correspondência com a diferenciação da Ideia. Mas de onde vem esse poder da dramatização? Não é ela — sob as espécies e as partes, as qualidades e os números — o ato mais intenso ou o mais individual?"[64]

O segundo texto, da conclusão, refaz a mesma argumentação expondo as duas metades da diferença, a metade dialética e a metade estética, para finalizar afirmando que a individuação possibilita o encaixe das duas metades. "Toda coisa tem como que duas 'metades', ímpares, dissimétricas e dessemelhantes, as duas metades do Símbolo, cada uma delas dividindo-se em si mesma em duas: uma metade ideal, que mergulha no virtual e é constituída, por um lado, pelas relações diferenciais e, por outro, pelas singularidades correspondentes; uma metade atual, constituída, por um lado, pelas qualidades que atualizam essas relações e, por outro, pelas partes que atualizam essas singularidades. É a individuação que assegura o encaixe das duas grandes metades não semelhantes."[65]

Esses dois textos podem funcionar como conclusão do tema que estou analisando, exceto num único ponto, que ainda não abordei, e é justamente a conclusão da argumentação: a relação entre intensidade e individuação.[66]

Que pretende Deleuze com essa relação? Esclarecer uma característica da intensidade afirmando que ela é individuante e individual. A intensidade é individuante, pois, ao atualizar o real virtual, que é pré-individual, está individualizando. Atualizar-se é individualizar-se. É pelo processo de individuação que a intensidade desempenha seu papel determinante no processo de atualização. A individuação é intensiva e, neste sentido, precede a qualidade e a quantidade, isto é, se faz intensivamente, e não qualitativa nem extensivamente. "A individuação é o ato da intensidade que determina que as relações diferenciais se atualizem, de acordo com linhas de diferençação, nas qualidades e nos extensos, que ela cria."[67] Como determinante do processo, a individuação precede à diferençação criada pela atualização: toda diferençação quantitativa e qualitativa supõe um campo intensivo de individuação que articula o virtual e o atual. Ao ligar a individuação à intensidade, Deleuze está afirmando uma anterioridade lógica, uma precedência, uma prioridade do indivíduo sobre a qualidade e a quantidade no sentido em que não só o indivíduo não é uma qualidade nem uma extensão, mas também a qualificação e a especificação já supõem indivíduos a qualificar, e as quantidades, as partes extensivas, são relativas a um indivíduo, e não o inverso. Assim, para concluir a exposição do tema do virtual e do processo de atualização, ressaltando o papel da individuação, é possível dizer que virtual e atual são dois aspectos da realidade que se relacionam de modo discordante por um processo intensivo de atualização que individualiza.

São esses os princípios da teoria paradoxal das faculdades ou do exercício do pensamento que Deleuze apresenta como alternativa à representação. Sem dúvida alguns conceitos, e sobretudo a terminologia, variaram durante sua atividade filosófica. As modificações, no entanto, são secundárias para se compreender em sua amplitude seu procedimento filosófico de criação de conceitos. O essencial do projeto de crítica da filosofia da representação, que tem sua origem em Platão, em nome de uma filosofia da diferença, cuja formulação mais perfeita se encontra em Nietzsche, e o modo como Deleuze o realiza por uma colagem ou pelo agenciamento de elementos provenientes de filosofias diferentes permaneceram praticamente invariáveis.

PARTE 5 Deleuze e Foucault

1 | AS TRÊS DIMENSÕES DO PENSAMENTO

Uma possível objeção

Alguém poderia fazer a seguinte objeção a respeito da ideia central que articula os capítulos anteriores: "Muito bem! O que você diz é correto. Mas isso não é exatamente Deleuze. É apenas o primeiro Deleuze. Depois de *O anti-Édipo* e de seu encontro com Félix Guattari, sua filosofia é bem diferente, como o próprio Deleuze reconheceu!" Não acredito que haja várias filosofias de Deleuze. Essa é uma das hipóteses que lancei na introdução deste livro e tenho procurado confirmar. É verdade que até agora privilegiei seus escritos da década de 60. Principalmente porque são dessa época seus principais estudos sobre filósofos, o que, segundo minha interpretação, é o mais importante para compreender sua filosofia, como defendi na introdução e justificarei mais detalhadamente quando estudar seus livros sobre o cinema. Mas não me parece que haja ruptura entre os estudos que analisei — sem deixar de relacioná-los a todos os outros — e o que foi feito em seguida por Deleuze.

Efetivamente, ele afirma em *Diálogos* que procurou nos livros anteriores a *O anti-Édipo* descrever um exercício do pensamento, e que descrever o pensamento ainda não era exercê-lo, havendo entre as duas posturas uma diferença como que entre gritar "viva o múltiplo" e "fazer o múltiplo".[1] No entanto, a análise da passagem de *Diálogos* em que tal afirmação é feita me faz interpretá-la mais como um enaltecimento do fato de ter trabalhado a dois do que como referência ao possível aparecimento de uma diferença conceitual em sua obra ou uma mudança de procedimento. Não penso no entanto que haja, sob esse aspecto, diferença relevante entre seus livros, que me parecem apresentar uma identidade surpreendente no tocante ao essencial de seu pensamento. Em geral, as mudanças em Deleuze são mais terminológicas do que conceituais e dependem dos intercessores que ele esteja usando para expressar seu próprio pensamento. Neste sentido, acredito que ou ele sempre deu viva ao múltiplo ou sempre fez o múltiplo ou, até mesmo, teve ao mesmo tempo essas duas atitudes.

É verdade que durante o tempo em que criou sua filosofia Deleuze abandonou, por motivos diferentes, termos como estrutura, instinto de morte, presença, simulacro, conteúdo latente, conteúdo manifesto... Um exemplo importante de mudança que considero mais terminológica do que conceitual, ocorrida na época do encontro com Guattari, diz respeito à palavra "interpretação", utilizada por Deleuze constantemente na década de 60 (e que, inclusive, tenho usado para caracterizar o seu procedimento de leitura). Na época de *O anti-Édipo* e da parceria com Guattari, sempre para evitar a representação, e principalmente para denunciar a psicanálise e a linguística, Deleuze critica o procedimento de interpretação em nome da "maquinação" ou da "experimentação". Mas considero evidente que não se trata de uma mudança conceitual importante. Pois o que Deleuze critica é a interpretação do significante, pensado como representação de palavras, e do significado, como representação de coisas. E isso ele nunca fez ao procurar dar conta de um pensamento. Pois não se deve esquecer que ele dá um outro sentido à palavra "interpretação" — como em *Nietzsche e a filosofia*, onde interpretar "é determinar a força que dá um sentido à coisa". O que permite dizer que, desde o início, para Deleuze, o sentido implica a força e é pensado como diferente da significação. Pode-se inclusive notar que no capítulo "Antilogos ou a máquina literária", acrescentado em 1970 a *Proust e os signos*, ele harmoniza ou concilia sua teoria da interpretação com a teoria das máquinas ao falar da "máquina involuntária de interpretação", que produz o sentido ou a essência como produto.[2] Não é, portanto, uma mudança como essa que me faz ver um período em que Deleuze deu viva ao múltiplo e fez o múltiplo. Neste sentido, sua filosofia se parece como o maravilhoso "Samba de uma nota só", de Tom Jobim e Newton Mendonça: "outras notas vão entrar, mas a base é uma só".

Mas para responder rigorosamente a essa possível objeção é indispensável levar mais detidamente em consideração o procedimento filosófico que caracteriza sua produção depois de *Diferença e repetição* — livro que, disse ele um dia, foi o primeiro em que tentou "fazer filosofia" e é o mais importante que escreveu, observando, inclusive, que tudo o que fez em seguida se articulou com esse livro, até mesmo o que escreveu com Guattari.* Tomarei,

* Cf. "Préface à l'édition américaine de *Différence et répétition*", in DRF, p.280. A meu ver, a indicação mais esclarecedora do trabalho conjunto de Deleuze e Guattari está na afirma-

então, como exemplo de seus últimos trabalhos o livro sobre Foucault, que é o primeiro que escreveu sobre um filósofo depois de *O anti-Édipo*, *Kafka* e *Mil platôs*, escritos com Guattari. Assim, estudando o seu *Foucault*, terei em vista basicamente dois objetivos principais: primeiro, expor os principais conceitos e as principais articulações da bastante original leitura deleuziana de Foucault não só para dar conta de suas teses principais, mas também para mostrar como os conceitos que ele privilegia na obra de Foucault e a maneira como os relaciona correspondem perfeitamente aos conceitos mais fundamentais de sua própria filosofia; segundo, confrontar sua leitura com minha própria leitura de Foucault para evidenciar de modo mais explícito do que fiz nos capítulos anteriores como Deleuze relaciona pensamento filosófico e história da filosofia através de seu procedimento de colagem, que cria um duplo concebido como uma repetição da diferença e lhe possibilita "descrever um livro real da filosofia passada como se fosse um livro imaginário e fingido", como ele diz no prefácio de *Diferença e repetição*.

A questão central da filosofia de Foucault, segundo Deleuze, aquilo em torno de que gravitam todas as suas análises, é "O que é o pensamento?", "O que significa pensar?". Vimos que essa questão é fundamental na filosofia de Deleuze. Mas isso não significa que haja homogeneidade na maneira como os filósofos estudados por ele criam conceitos. Sob esse aspecto, a especificidade da filosofia de Foucault está na existência de três "direções", três "dimensões", três "eixos", três "linhas" que caracterizam sua problematização do pensamento: uma arqueologia do saber, uma estratégia do poder e uma genealogia do sujeito ou da subjetivação, o que, para Deleuze, qualifica Foucault, ao mesmo tempo, como arquivista, cartógrafo e topologista.* É pelo estudo de cada uma dessas dimensões e da relação entre elas que iniciarei minha análise.

A arqueologia do saber

A arqueologia estuda o saber. Mas a tese de Deleuze a respeito do conceito de saber em Foucault é original. Segundo ele, o saber é constituído por dois elementos puros, duas formas, dois estratos, duas estratificações, duas quali-

ção de Deleuze de que injetava filosofia no que Guattari tirava das leituras que faziam de etnologia, economia, linguística (cf. "Lettre à Uno: comment nous avons travaillé à deux", in DRF, p.219).

* Cf. F, p.126-7. Mas Deleuze também se refere à topologia em sua análise do saber e do poder.

ficações, duas camadas sedentárias — termos que podem ser tomados como sinônimos. Além disso, alguns pares terminológicos igualmente sinônimos indicam quais são esses elementos ou essas formas: ver e falar, visível e dizível, visibilidade e legibilidade, conteúdo e expressão. Essa tese de uma dupla forma constitutiva do saber é o primeiro ponto importante da interpretação deleuziana do exercício do pensamento em Foucault. Vejamos isso, partindo da distinção entre conteúdo e expressão.

Mil platôs explicita em várias passagens a distinção, proveniente de Hjelmslev, entre forma de conteúdo e forma de expressão. Segundo um dos mais importantes desses textos,[3] o conteúdo — que Deleuze também identifica à máquina social técnica — "são as matérias formadas, que devem ser consideradas de dois pontos de vista: do ponto de vista da substância (enquanto estas matérias são 'escolhidas') e do ponto de vista da forma (enquanto elas são escolhidas em determinada ordem)". Por outro lado, a expressão — que Deleuze também identifica à máquina coletiva semiótica que constitui regimes de signos — são as estruturas funcionais que devem ser igualmente consideradas de dois pontos de vista: o da organização de sua forma e o da substância que com ela se compõe. Deste modo, tanto o conteúdo quanto a expressão têm uma forma e uma substância.

Essa terminologia é abundante em *Mil platôs* e organiza grande parte de suas análises. Quando Deleuze a retoma no livro sobre Foucault, o importante é a ideia de que o saber é constituído por um conteúdo e uma expressão, cada um deles tendo uma forma e uma substância. Ideia que não é inteiramente nova porque *Mil platôs* já se referia várias vezes à filosofia de Foucault encontrando em alguns de seus livros essa teoria das duas formas. Assim, segundo ele, *A arqueologia do saber* já havia esboçado uma teoria das duas multiplicidades em que as "formações discursivas" são formas de expressão e as "formações não discursivas" são formas de conteúdo; e *Vigiar e punir* considera a prisão uma forma de conteúdo sobre um estrato em relação com outras formas de conteúdo — a escola, a caserna, o hospital, a fábrica —, e a delinquência uma forma de expressão.[4] O livro sobre Foucault retoma esse exemplo explicitando que, enquanto a forma de conteúdo é a prisão e a substância de conteúdo são os prisioneiros, a forma de expressão é o direito penal e a substância de expressão é a noção de delinquência. Mas dá ainda outros exemplos, a ponto de encontrar essa distinção das duas formas praticamente em toda a obra de Foucault. Assim, *História da loucura*, ao investigar a época clássica, situa o "asilo" como lugar de visibilidade da loucura e a medicina como lugar de formulação dos enunciados sobre a desrazão; o livro sobre Raymond Roussel divide sua obra em invenção de visibilidade e produção de enunciados; *Nascimento da clínica* analisa as distribuições do visível e do enunciável em vários períodos históricos.

Em suma, para utilizar ainda um termo importante de *Mil platôs*, o saber é um agenciamento. Segundo esse livro, o agenciamento "distingue uma forma de expressão, na qual ele aparece como agenciamento coletivo de enunciação, e uma forma de conteúdo, na qual ele aparece como agenciamento maquínico de corpos". Definição que remete à diferença entre agenciamento maquínico concreto (ou máquina concreta), pelo qual Deleuze caracteriza o saber, e máquina abstrata, pela qual ele conceituará o poder.[5] Em *Foucault*, o saber é, portanto, um agenciamento prático, um dispositivo biforme de enunciados e visibilidades.*

Deleuze salienta a diferença dos enunciados e das visibilidades com relação às ordens das palavras e das coisas. Um enunciado é uma função que cruza as diversas unidades linguísticas, como as frases ou as proposições, traçando uma diagonal, uma transversal; é uma função primitiva anônima, uma multiplicidade topológica que atravessa os diversos níveis. O enunciado é uma regularidade ou uma curva que passa na vizinhança das emissões de singularidades, dos pontos singulares que se distribuem e se reproduzem no espaço que ela forma. Por outro lado, a visibilidade não se confunde com os objetos, as coisas, as qualidades sensíveis. As visibilidades são formas de luminosidades, "formas de luz que distribuem o claro e o escuro, o opaco e o transparente, o visto e o não visto etc.".[6]

Essa diferença é aprofundada pelo estudo das "condições extrativas" tanto do enunciado quanto da visibilidade, isto é, daquilo que torna os enunciados enunciáveis e as visibilidades visíveis. O que significa a introdução dessa ideia de condição no nível das duas formas? Seu objetivo é explicar por que os enunciados nem são realmente ocultos, nem diretamente dizíveis ou legíveis, como também por que as visibilidades nem são ocultas, nem imediatamente visíveis. Se, em *A arqueologia do saber*, Foucault critica os métodos de formalização e de interpretação, é porque tudo é sempre dito e visto numa época, mas não imediata ou diretamente. Para conhecer o sa-

* Sobre dispositivo, cf. F, p.45, 46, 57, 58. Em "O que é um dispositivo?" (DRF), o termo, no entanto, tem um sentido mais amplo, referindo-se às três dimensões, e em "Escritor não: um novo cartógrafo", um sentido diferente, pois é sinônimo de máquina abstrata e diz respeito ao poder.

ber de uma época é preciso se elevar ou atingir as condições que tornam os enunciados legíveis e as visibilidades visíveis: "Cada formação histórica vê e faz ver tudo o que pode em função de suas condições de visibilidade, como diz tudo o que pode em função de suas condições de enunciado."[7]

Qual é a condição do enunciado? Deleuze a designa por várias expressões que podem ser tomadas como sinônimas: "existe linguagem", "ser da linguagem", "ser-linguagem", "fala-se". É a "regularidade enunciativa" ou "uma forma de exterioridade onde se dispersam para aparecer, onde se disseminam os enunciados". Qual é a condição da visibilidade? É a luz, o "existe luz", o "ser da luz", o "ser-luz". É o modo de ser da luz, que não se reduz às qualidades sensíveis ou a uma coisa, e varia segundo cada estrato ou cada formação histórica. As formas de luminosidade, as visibilidades são criadas pela luz. Linguagem e enunciado, por um lado, luz e visibilidade, por outro, são a condição e o condicionado. Mas a condição não "contém" o condicionado, não é a interioridade de uma consciência ou de um sujeito — em outros termos, não é um mesmo. O que caracteriza a posição de Foucault, segundo Deleuze, é que a condição apresenta ou oferece o condicionado em um espaço de disseminação e se dá como uma forma de exterioridade; a condição ou mais propriamente as condições são duas formas de exterioridade nas quais se disseminam, se dispersam, os enunciados e as visibilidades. [8] Toda essa teoria das condições ou do ser da linguagem e da luz é importante porque mostra muito bem como Deleuze considera a arqueologia de Foucault uma ontologia. Como, no entanto, esse é um problema mais geral, que diz respeito aos três eixos ou dimensões do exercício do pensamento de Foucault, eu o analisarei posteriormente. Agora, é necessário explicitar o conceito de saber determinando suas três características.

A primeira característica do saber, seja quando se trata da condição, seja do condicionado, é a diferença de natureza de seus elementos, de suas formas. O que Deleuze pretende com essa teoria das duas formas heterogêneas componentes do saber é marcar a irredutibilidade das visibilidades aos enunciados. Uma época, uma formação histórica, se define pelo que vê e diz. O arquivo é audiovisual. Reduzir a visibilidade ao enunciado seria fazer de Foucault um filósofo da linguagem, o que para Deleuze é inadmissível. O visível tem suas próprias leis, tem autonomia com relação ao enunciado, mesmo que não seja anterior ao saber, pois também é inadmissível pensar a existência em Foucault de algo anterior ao saber, como a experiência vivida dos fenomenólogos ou os valores eternos da imaginação de Bachelard.

Deleuze mostra inclusive que a teoria segundo a qual os enunciados remetem ao ser da linguagem e as visibilidades, ao ser da luz, como dois elementos irredutíveis, em que um não visa nem é visado pelo outro, torna impossível a intencionalidade fenomenológica, com seu novo psicologismo das sínteses da consciência e seu novo naturalismo da experiência.

Entre visível e enunciável, forma de conteúdo e forma de expressão, não há isomorfismo, conformidade, homologia, forma comum às duas formas; há anisomorfia, heterogeneidade, diferença de natureza.* Sabemos que essa é uma tese essencial da filosofia de Deleuze, enunciada a cada vez que enaltece o exercício do pensamento diferencial ou critica o pensamento representativo. Mas é interessante assinalar que também em *Foucault* ela se liga a outra tese não menos essencial e que mostra toda a importância da ideia de transcendental em Deleuze: a diferença de natureza entre elementos, ou melhor, entre séries, só é descoberta no exercício superior, *a priori*, transcendental, e não no exercício empírico. Vale a pena registrar como ele expõe mais uma vez essa ideia. "Enquanto permanecermos no nível das coisas e das palavras, poderemos acreditar que falamos do que vemos, que vemos aquilo de que falamos e que os dois se encadeiam: é que permanecemos num exercício empírico. Mas desde que abrimos as palavras e as coisas, desde que descobrimos os enunciados e as visibilidades, a palavra e a visão elevam-se a um exercício superior, *a priori*, de tal modo que cada uma atinge seu próprio limite que a separa da outra, um visível que só pode ser visto, um enunciável que só pode ser falado."[9] Este é, portanto, o primeiro aspecto: a diferença de natureza entre o visível e o enunciado como formas do saber.

Mas negar o isomorfismo, afirmar a heterogeneidade não significa dizer que não há relação. Ao contrário, há uma relação tão fundamental que Deleuze, retomando uma expressão de Foucault sobre Blanchot, chama de "não relação", no sentido de uma relação sem conformidade ou correspondência, e interpreta como uma relação disjuntiva entre um processo do ver, processo maquínico, e um procedimento da linguagem, procedimento enunciativo. "A conjunção é impossível... O arquivo, o audiovisual é disjuntivo."**

* Utilizando a linguagem do livro sobre Espinosa, *Mille plateaux* ("La géologie de la morale", p.59, 76, 83, 92-3) diz que entre conteúdo e expressão há distinção real ou formal.

** F, p.71. Na entrevista "A vida como obra de arte", Deleuze sugere que a dívida de Foucault para com Blanchot diz respeito a três pontos: "Primeiro, 'falar não é ver...', diferença que faz com que, dizendo-se o que não se pode ver, leva-se a linguagem a seu extremo limite, elevando-a à potência do indizível. Segundo, a superioridade da terceira pessoa, o 'ele' ou o neutro,

Como Deleuze explica esse conceito de relação disjuntiva, um dos mais importantes de sua filosofia, no caso específico da não relação entre as formas do saber? Através da ideia de "luta", de "batalha", de "dupla insinuação", "mútua captura", "pressuposição recíproca".[10] Essa ideia já aparecia em *Mil platôs* quando, por exemplo, Deleuze e Guattari diziam que "a independência funcional das duas formas é apenas a forma de sua pressuposição recíproca e da passagem incessante de uma à outra", e indicavam, referindo-se a Foucault, a pressuposição recíproca entre duas multiplicidades: a prisão, como forma de conteúdo, e a delinquência, como forma de expressão.[11] Em *Foucault*, Deleuze explica essa ideia fazendo valer a distinção entre condição e condicionado, que vimos existir em cada uma das formas heterogêneas do saber, e afirmando que uma forma penetra, insinua-se na outra justamente na brecha, na exterioridade que impera entre a condição e o condicionado em cada uma delas. "É, portanto, entre o visível e sua condição que os enunciados penetram ... É entre o enunciado e sua condição que as visibilidades se insinuam ... São os enunciados e as visibilidades que se chocam diretamente como lutadores, se forçam e se capturam, constituindo a cada vez a 'verdade'."[12] A não relação, a relação disjuntiva entre as formas do saber, é, portanto, uma relação de luta, de choque, de batalha, de dupla insinuação. O pensamento se dá na disjunção entre ver e falar.

Veremos que essa disjunção — que impossibilita a intencionalidade fenomenológica, por exemplo — é o lugar, ou melhor, o "não lugar", como diz Deleuze retomando uma expressão de Foucault sobre Nietzsche, em que se precipita o diagrama informal das forças ou do poder. Antes, porém, é preciso apresentar a terceira característica do saber.

Essa terceira característica é o primado do enunciado sobre a visibilidade. A grande importância dessa ideia está no fato de, por esse motivo, Deleuze considerar Foucault um "neokantiano", estabelecendo desse modo uma continuidade entre sua interpretação de Kant, que já apresentei, e sua interpretação de Foucault. Em que sentido? Em primeiro lugar, porque tanto no caso de Foucault quanto no de Kant uma das formas é forma da espontaneidade e a outra, forma da receptividade, mesmo que em Kant a espontaneidade seja do entendimento e a receptividade, da intuição, e em Foucault, da linguagem e da luz, respectivamente. Deleuze diz: "As visibilidades formam com suas con-

---

o 'se', em relação às duas primeiras, a recusa de toda personologia linguística. Finalmente, o tema do De-fora: a relação, que também é 'não relação', com um De-fora mais longínquo que todo mundo exterior, e por isso mais próximo que todo mundo interior" (P, p.133).

dições uma Receptividade, e os enunciados, com as suas, uma Espontaneidade. Espontaneidade da linguagem e receptividade da luz, ... em Foucault, a espontaneidade do entendimento, *Cogito*, é substituída pela da linguagem (o existe linguagem), enquanto a receptividade da intuição é substituída pela da luz (nova forma do espaço-tempo)."[13] Essa substituição acarreta, segundo ele, dois deslocamentos importantes: das condições da experiência possível para as condições da experiência real; do sujeito universal para o objeto ou a formação histórica. Haveria continuidade entre Foucault e Kant, em segundo lugar, porque o enunciado, como o entendimento kantiano, é uma forma de determinação, enquanto o visível, como o espaço-tempo, é a forma do determinável. O primado do enunciado é, portanto, a forma determinante que ele tem em virtude do caráter espontâneo de sua condição. A determinação vem sempre do enunciado, "só os enunciados são determinantes e fazem ver, se bem que eles façam ver outra coisa que não o que eles dizem".[14]

Em suma, o saber é um composto de dois elementos, o visível e o enunciado, de tal modo que há diferença de natureza ou heterogeneidade entre os dois, pressuposição recíproca ou disjunção e, finalmente, primado de um sobre o outro.

A estratégia do poder

O que é o poder? Se Deleuze encontra uma inspiração neokantiana na concepção que Foucault se faz do saber, é principalmente de Nietzsche que, segundo sua interpretação, lhe vem a concepção do poder. "O poder é uma relação de forças, ou melhor, toda relação de forças é uma relação de poder."[15] A inspiração nietzschiana — o "profundo nietzschiano" de Foucault — dessa concepção está na maneira como uma força se define por um poder de afetar ou de ser afetado por outras forças, afetos ativos e passivos ou, para empregar outros termos considerados sinônimos por Deleuze, espontaneidade e receptividade da força.[16]

Esse duplo aspecto da força é fundamental. Utilizando uma distinção de *Mil platôs*, o livro sobre Foucault diferencia a matéria e a função da força, definindo através delas seus dois poderes.* O poder de ser afetado é a ma-

---

* MP, "La géologie de la morale", define a matéria em Hjelmslev como sendo o plano de consistência ou o corpo sem órgãos, isto é, o corpo não formado, não organizado, não estratificado ou desestratificado (p.58).

téria da força, matéria pura, não formada, independente das substâncias formadas. O poder de afetar é a função da força, função pura, isto é, não formalizada. O poder, não tendo forma nem em suas matérias nem em suas funções, é uma "dimensão informal" ou um "diagrama suprassensível".[17] "O *diagrama* não é mais o arquivo, auditivo ou visual, é o mapa, a cartografia, coextensiva a todo o campo social. É uma máquina abstrata. Definindo-se por funções e matérias informais, ele ignora qualquer distinção de forma entre um conteúdo e uma expressão, entre uma formação discursiva e uma formação não discursiva",[18] e pode ser chamado de máquina abstrata justamente porque faz abstração das formas onde essas funções são efetuadas, como das substâncias onde essas matérias são qualificadas. O diagrama de poder, como a disciplina panóptica ou a governamentalidade, é uma função independente de qualquer uso específico e de qualquer substância especificada. "As duas funções puras nas sociedades modernas serão a 'anatomo-política' e a 'biopolítica' e as duas matérias puras (nuas), um corpo qualquer, uma população qualquer."[19]

Deleuze dá quatro definições do diagrama: apresentação das relações de forças próprias a uma formação; repartição dos poderes de afetar e ser afetado; mistura das puras funções não formalizadas e das puras matérias não formadas; emissão, distribuição de singularidades.[20] Parece-me que a melhor maneira de compreendê-las é pelo estudo das relações entre poder e saber tais como ele as estabelece. Essas relações têm três características que, curiosamente, são do mesmo tipo que as do saber: diferença de natureza ou heterogeneidade; pressuposição recíproca; primado do poder sobre o saber.

Em primeiro lugar, a diferença de natureza. O saber é composto de matérias formadas e funções formalizadas que dizem respeito tanto ao visível quanto ao enunciável. O poder é constituído por matérias puras, não formadas, e por funções não formalizadas. *Mil platôs* e, antes dele, o artigo "Escritor não: um novo cartógrafo" já expunham essa diferença através da distinção entre agenciamento concreto e máquina abstrata. Assim, segundo *Mil platôs*, a prisão, como forma de conteúdo, e a delinquência, como forma de expressão — mas também outras formas de conteúdo e outras formas de expressão que constituem outros agenciamentos concretos como a escola, a caserna, o hospital, a fábrica... — implicam uma mesma máquina abstrata que age como um diagrama. E *Mil platôs* ainda apresenta uma ideia essencial para a compreensão da leitura deleuziana do conceito de poder em Foucault, ao relacionar a máquina abstrata ou o diagrama à intensidade, afirmando que "sob as formas e as substâncias de estratos, o plano de consistência (ou a máquina abstrata) *constrói contínuos de intensidade*".[21] Ideia retomada em *Foucault*, quando afirma que "o diagrama ou a máquina abstrata é o mapa das relações de forças, mapa de densidade, de intensidade".[22]

Se a prática de poder é irredutível à prática de saber é porque é não estratificada, informe, difusa, instável, móvel, no sentido em que diz respeito a quaisquer ações e quaisquer suportes. *Foucault* dá dois exemplos: o panóptico, que seria definido em *Vigiar e punir* como "a pura função de impor uma tarefa ou uma conduta qualquer a uma multiplicidade de indivíduos qualquer, sob a única condição de que a multiplicidade seja pouco numerosa e o espaço, limitado, pouco extenso"; e a governamentalidade, a biopolítica, que seria definida no último capítulo de *A vontade de saber* como a função de "gerir e controlar a vida em uma multiplicidade qualquer, à condição de que a multiplicidade seja numerosa (população) e o espaço, extenso ou aberto".[23] Em suma, enquanto o saber é forma, o poder é força ou relações de força não localizáveis, difusas, instáveis, que passam por pontos singulares.

Em segundo lugar, entre poder e saber há pressuposição recíproca, imanência mútua. O poder, o diagrama de forças, é "causa imanente"[24] do saber, é a máquina abstrata capaz de engendrar os agenciamentos concretos, sem no entanto unificar os elementos disjuntivos; o diagrama do poder não unifica, coadapta as duas formas do saber.[25] Retomando três conceitos essenciais de sua filosofia — virtual, atual, atualização —, provenientes de Bergson, Deleuze dirá que entre poder e saber há uma relação do tipo virtual-atual e que as relações de poder permaneceriam virtuais se não se atualizassem, se não se efetuassem no arquivo audiovisual.[26]

Atualização significa duas coisas: integração e diferençação. Por um lado, a atualização estabiliza, fixa, organiza, localiza, globaliza, formaliza as relações de poder. "As relações de poder são relações diferenciais que determinam singularidades (afetos). A atualização que os estabiliza, que os estratifica, é uma integração: operação que consiste em traçar 'uma linha de força geral', em ligar as singularidades, alinhá-las, homogeneizá-las, colocá-las em séries, fazê-las convergir."[27] Se o poder é emissão de singularidades, a atualização produzida pelo saber traça uma linha que liga essas singularidades, ou uma curva que une os pontos singulares, regularizando-os. Essa ideia torna-se mais clara com a apreciação da relação entre poder e instituição. Para Deleuze, as instituições não estão na mesma dimensão do poder. Ele as interpreta como parte das formações não discursivas que são uma das formas do saber e, portanto, supõem o poder como "condição interna" e o reproduzem. No contexto de sua análise das relações de poder, elas são consideradas "fatores integradores", práticas de saber ou mecanismos operatórios que organizam as relações de poder, que são moleculares ou microfísicas, em torno de uma instância molar. Enquanto a dimensão molecular é composta de "categorias afetivas de poder" do tipo incitar, suscitar etc., a instância molar é constituída por "categorias formais de saber" do tipo educar, curar, punir etc.[28]

Por outro lado, atualizar é diferençar. Vimos que Deleuze interpreta o poder em Foucault como diferencial: as relações de poder são relações diferenciais que determinam singularidades, que ele identifica a afetos intensivos. É a diferença entre o poder de afetar e o poder de ser afetado. Acontece que a atualização das relações diferenciais de poder cria um sistema de diferençação formal constituído pelos dois elementos do saber: o visível e o enunciável. "É precisamente porque a causa imanente ignora as formas, em suas matérias como em suas funções, que ela se atualiza por uma diferençação central que, por um lado, formará matérias visíveis e, por outro, formalizará funções enunciáveis. Entre o visível e o enunciável há uma abertura, uma disjunção, mas essa disjunção das formas é o lugar, o 'não lugar', diz Foucault, onde se precipita o diagrama informal para se encarnar nas duas direções necessariamente divergentes, diferençadas, irredutíveis. Os agenciamentos concretos são, portanto, fendidos pelo interstício segundo o qual se efetua a máquina abstrata."[29] Deleuze ilustra essa ideia com o exemplo das instituições, lembrando que elas têm dois polos, dois elementos — aparelhos e regras, campos de visibilidade e regimes de enunciados — que produzem vias de atualização divergentes. Mas também, retomando a definição do enunciado e sua regularidade como a curva que une pontos singulares, considera que a "curva-enunciado" integra na linguagem as relações diferenciais de forças, as singularidades de poder, a intensidade dos afetos, enquanto a visibilidade, o "quadro-descrição", as integra na luz. Assim, a curva-enunciado e o quadro-descrição são as duas potências heterogêneas de integração, a regulação própria às legibilidades e às visibilidades que atualiza o diagrama de forças.

Em terceiro lugar, há primado do poder sobre o saber. Primado aqui significa que o poder ou a relação de forças é fonte, condição genética ou dimensão constituinte das relações de formas. "Se existe primado é porque as duas formas heterogêneas do saber se constituem por integração e entram em relação indireta, por cima de seu interstício ou de sua 'não relação', em condições que só pertencem às forças."[30] O elemento informe das forças "explica" a relação de exterioridade entre as formas. Ou, como Deleuze também diz, o poder — que não vê nem fala — faz ver e falar.

A relação entre o poder, considerado como força, afeto ou intensidade, e o saber, como relação entre formas exteriores e heterogêneas, leva Deleuze a aproximar novamente Foucault de Kant. A analogia, ou melhor, a ressonância diz respeito aqui ao diagramatismo de Foucault e ao esquematismo kantiano, responsáveis nas duas filosofias por uma "coadaptação" entre formas de espontaneidade e de receptividade. Um texto de Deleuze é bastante explícito a esse respeito e dá uma boa ideia do procedimento de colagem. "Kant tinha passado por uma aventura semelhante: a espontaneidade do entendimento não exercia sua determinação sobre a receptividade da intuição sem que esta continuasse a opor sua forma do determinável à da determinação. Era, portanto, necessário que Kant invocasse uma terceira instância além das duas formas, essencialmente 'misteriosa' e capaz de dar conta de sua coadaptação como Verdade. Era o *esquema* da imaginação... Em Foucault também é preciso que uma terceira instância coadapte o determinável e a determinação, o visível e o enunciável, a receptividade da luz e a espontaneidade da linguagem, operando além ou aquém das duas formas."[31]

Esse papel constituinte das forças com respeito às formas que as preenchem, atualizam ou efetuam pode ser ilustrado pela curiosa interpretação deleuziana de *As palavras e as coisas*.[32] Sua tese é que cada formação histórica remete, como a um *a priori*, a um espaço das forças que é o lugar ou o "não lugar" das mutações, da mudança, do devir. A forma é um composto de relações de forças, e não é propriamente o composto, isto é, o saber, que se transforma, mas as forças de onde as formas decorrem. Na verdade, dois tipos diferentes de forças: forças no homem, que são forças de imaginar, de lembrar, de conceber... e forças de fora, com as quais as primeiras entram em relação e que variam segundo a formação histórica. Com esse instrumento de análise, Deleuze caracteriza três épocas que seriam estudadas em *As palavras e as coisas*. A época clássica, em que as forças no homem se combinam com uma força de representação infinita e compõem Deus como forma de saber; a modernidade, quando as forças no homem se combinam com as forças empíricas e finitas da vida, do trabalho e da linguagem, que escapam da representação e compõem o homem como forma de saber; e finalmente, indo além das análises explícitas de Foucault, Deleuze imagina uma época, que segundo ele já se inicia, em que as forças no homem se combinam com as forças da informação ou do silício, os componentes genéticos e os agramaticais e compõem o "homem máquina" ou o super-homem.

Assim, a melhor maneira de aprofundar a compreensão desse segundo eixo do pensamento de Foucault é através da distinção deleuziana entre as formas de exterioridade e as forças de fora (*dehors*). A ideia de exterioridade não acrescenta mais problema. Como vimos, ela diz respeito à forma, no sentido em que o saber é um composto de duas formas exteriores: ver e falar ou luz e linguagem. As forças, por sua vez, operam ou se exercem num espaço diferente do das formas: o espaço do de-fora, onde a relação é uma não relação, o lugar, um não lugar. Sua ideia é que as relações de força não estão fora das formas do saber, visto que nada existe sob, sobre ou fora do saber; elas são o de-fora, que é informe e existe no interstício, na disjunção de ver e falar. "*Um de-fora mais longínquo* que qualquer mundo exterior e até mesmo que qualquer forma de exterioridade, desde então infinitamente mais próximo. E como as duas formas de exterioridade seriam exteriores uma à outra se não houvesse esse de-fora, mais próximo e mais longínquo?"[33]

Mas não se deve pensar que há sinonímia entre o de-fora e as relações de forças ou de poder. É verdade que Deleuze às vezes afirma essa tese, por exemplo, quando diz que "o diagrama é sempre o de-fora dos estratos".[34] Neste sentido, o de-fora é o elemento informe ou informal das forças, a relação da força com a força, o diagrama. É o de-fora relativo ao diagrama. Por outro lado, ele deixa claro que "o diagrama como determinação de um conjunto de relações de forças jamais esgota a força, que pode entrar em outras relações e em outras composições. O diagrama sai do de-fora, mas o de-fora não se confunde com nenhum diagrama, está sempre 'tirando' novos."* A meu ver, o que norteia essa tese de Deleuze é uma suspeita com relação ao poder: a suspeita de que ele leve necessariamente a um impasse. É assim que, referindo-se ao "silêncio" de Foucault entre os volumes I e II da *História da sexualidade*, que o levou a mudar a direção da análise, Deleuze dirá que o impasse não era de Foucault, mas do próprio poder.

Uma importante nota de *Mil platôs* já expõe a ideia da existência no pensamento de Foucault de duas formas em pressuposição recíproca e de

---

* F., p.95; cf. p.51. O fato de afirmar às vezes uma identidade, às vezes uma diferença entre poder e de-fora explica por que Deleuze às vezes encontra três eixos, às vezes quatro, no pensamento de Foucault. *L'Usage des plaisir* (Gallimard), por sua vez, se refere em momentos diferentes a três eixos (p.10) e a duas dimensões (p.17-9).

uma instância capaz de dar conta delas: os agenciamentos de poder e, mais fundamentalmente, o diagrama.[35] Mas, curiosamente, os autores explicitam suas diferenças — melhor seria dizer suas divergências — com relação a Foucault, divergências que, pelo menos explicitamente, desaparecem no livro que estou analisando. Eis o que diz o final da nota: "Nossas únicas diferenças com Foucault diriam respeito aos seguintes pontos: 1) Os agenciamentos não nos parecem antes de tudo de poder, mas de desejo, o desejo sendo sempre agenciado, e o poder, uma dimensão estratificada do agenciamento; 2) O diagrama ou a máquina abstrata tem linhas de fuga que são primeiras, e que não são, num agenciamento, fenômenos de resistência ou de revide, mas pontos de criação e de desterritorialização."

Uma primeira distinção estabelecida nesse texto é entre poder e desejo. A problemática do desejo não está ausente em *Foucault*. Mas como ela passará a dizer respeito à terceira dimensão — da subjetivação —, falarei dela depois. Quanto ao poder, a diferença em relação ao livro é terminológica e não propriamente conceitual. Deleuze, como vimos, fala do poder como agenciamento e mais ainda como dimensão estratificada do agenciamento. Não se trata, portanto, é evidente, do que *Foucault* denominará poder, e sim de instituição ou formação não discursiva.

As diferenças — reais, mas relativas — se encontram no segundo ponto da nota e são importantes para estabelecer o conceito de de-fora que estou analisando. Em primeiro lugar, aparece a ideia de que a máquina abstrata tem linhas de fuga. É isso que é o de-fora: a linha de fuga do diagrama de forças. *Mil platôs*, aliás, o afirma explicitamente: "As multiplicidades se definem pelo de-fora: pela linha abstrata, linha de fuga ou de desterritorialização … ."[36] Se o poder nos coloca num impasse, ir além do poder é transpor a linha do fora, encontrar um de-fora absoluto. Em segundo lugar, o de-fora é identificado com pontos de criação e de desterritorialização diferentes da resistência e anteriores a ela. Essa mesma ideia aparece em *Foucault*, só que agora esses pontos de criação e desterritorialização são apresentados como pontos de resistência. "Não existe diagrama que não comporte, ao lado dos pontos que conecta, pontos relativamente livres ou desligados, pontos de criatividade, de mutação, de resistência..."[37] "A força, neste sentido, dispõe de um potencial com relação ao diagrama no qual ela é tomada ou de um terceiro poder que se apresenta como capacidade de 'resistência'."[38]

A função dessa tese é dar lugar à força de resistência, ou ao "terceiro poder", com relação às forças que afetam e são afetadas, ou ao diagrama de poder, e explicar a mudança de poder ou a "revolução" como aparecimento de novos diagramas. É neste sentido que um diagrama não esgota a força. É pela relação com o de-fora que a força — considerada agora como força de resistência — é capaz de pôr em questão os poderes estabelecidos. Além disso, as forças de resistência são agora apresentadas como primeiras porque, anteriores ao poder, estão numa relação direta com o de-fora, de onde saem os diagramas que só têm com ele uma relação indireta e mediatizada. Por isso, "o pensamento do fora é um pensamento da resistência".[39] Ou um pensamento da vida, pois vida é potência do fora. "A força vinda do fora não é uma determinada ideia da Vida, um determinado vitalismo onde culmina o pensamento de Foucault? A vida não é essa capacidade de resistir da força?"[40] O estudo dessa segunda dimensão faz, portanto, de Foucault um pensador vitalista.

A anterioridade da força de resistência ou da vida considerada como potência do fora é indispensável, segundo a interpretação de Deleuze, para que não se permaneça enclausurado nas relações de poder. Na nota de *Mil platôs*, ela explica a divergência dos autores com relação à problemática do poder tal como aparece em *Vigiar e punir* e *A vontade de saber*; posteriormente, em *Foucault*, ela explica como *O uso dos prazeres* e *O cuidado de si* escapam do impasse em que o poder necessariamente nos coloca. Diz Deleuze: "Se o poder é constitutivo da verdade, como conceber um 'poder da verdade' que não mais seria verdade do poder, uma verdade que decorreria das linhas transversais de resistência e não mais das linhas integrais de poder?"[41] A hipótese deleuziana de um impasse em que Foucault teria se visto depois de *A vontade de saber* é clara e original. Ela sugere que o impasse não está no modo de Foucault pensar o poder: é o impasse em que nos coloca o próprio poder.

Assumir tal posição significa privilegiar uma organização sistemática e unitária da obra de Foucault em detrimento da ideia de uma trajetória feita de deslocamentos conceituais e metodológicos, em que alguns instrumentos de análise — como o poder — são substituídos por outros. Essa é uma questão que diz respeito aos princípios gerais da interpretação deleuziana de Foucault, e eu a abordarei posteriormente. Mas, na exposição que faço do conteúdo da leitura de Deleuze, essa posição é importante precisamente porque introduz um terceiro eixo que teria justamente o papel de impedir que os dois outros se fechem num impasse ou venham a ser enclausurados em "linhas de forças intransponíveis".[42]

A genealogia do sujeito

A terceira dimensão, que Deleuze denomina topológica, caracteriza-se principalmente pela relação entre o de-fora e o de-dentro, o *dehors* e o *dedans*. Essa relação é de constituição: o de-dentro é constituído pelo de-fora, por uma operação do fora, mas de tal modo que nem se opõe, nem mesmo é fisicamente exterior ao de-fora: é-lhe coextensivo; "não outra coisa que não o de-fora, mas exatamente o de-dentro *do* fora".[43] A razão dessa relação intrínseca é que a operação constituinte é uma dobra, uma prega, uma reduplicação; é a dobra do fora que constitui o de-dentro.

Do mesmo modo que distinguiu o de-fora da exterioridade, considerando-o mais longínquo que qualquer mundo exterior, Deleuze também distingue a interioridade de um de-dentro "mais profundo que qualquer mundo interior". É verdade que ele nem sempre respeita essa distinção terminológica. É o caso, por exemplo, quando interpreta a afirmação de *História da loucura* de que no Renascimento o louco está no interior do exterior, no sentido de sua tese de que o de-dentro é uma operação do fora,[44] ou quando afirma que o de dentro é uma interiorização do fora.

Deleuze não limita sua análise dessa dimensão aos dois últimos livros de Foucault. Assim, além da referência à *História da loucura*, ele interpreta no mesmo sentido as pregas da anatomia patológica, tais como são analisadas por *Nascimento da clínica*, e o tema do "impensado" de *As palavras e as coisas*: "Que haja um de-dentro do pensamento, o impensado, é o que a idade clássica dizia quando invocava o infinito, as diversas ordens de infinito. E, a partir do século XIX, são as dimensões da finitude que vão dobrar o de-fora, constituir uma 'profundidade', uma 'espessura retirada em si mesma', um de-dentro da vida, do trabalho e da linguagem ... Às vezes é a dobra do infinito, às vezes são as reduplicações da finitude que dão uma curvatura ao de-fora e constituem o de-dentro."[45] O de-fora surge dentro como aquilo que o pensamento não pensa, como impensado.

O que é esse de-dentro constituído pela dobra ou reduplicação do fora? É a força ou o terceiro poder da força — a resistência — que se volta sobre si mesma, se exerce sobre si mesma, se afeta a si mesma. Deleuze lhe dá um nome que aparece frequentemente em sua obra: memória, memória absoluta ou memória do fora. "Memória é o verdadeiro nome da relação consigo mesmo ou do afeto de si por si mesmo." E a identifica ao tempo: "o tempo como sujeito, ou antes subjetivação, chama-se memória"; ao desejo: "o afeto de si por si mesmo é o prazer, ou melhor, o desejo?"; e até mesmo à subjetivação, o que faz do sujeito uma derivada do fora.[46]

Mas a análise de Foucault é histórica, mesmo que não seja de historiador. Daí, mesmo reconhecendo a continuidade dessa problemática em toda sua obra, Deleuze privilegia *O uso dos prazeres* por descobrir o nascimento dessa dimensão de dentro na Grécia clássica. A novidade dos gregos foi ter realizado uma dupla separação com relação ao poder e ao saber. "Por um lado, existe uma 'relação consigo mesmo' que deriva da relação com os outros; por outro lado, há uma 'constituição de si mesmo' que se deriva do código moral considerado como regra de saber. É preciso entender essa derivada, essa separação no sentido de que a *relação consigo mesmo* adquire independência."[47] O que os gregos fizeram foi "vergar o de-fora em exercícios práticos", possibilitando que a relação com os outros fosse reduplicada por uma relação consigo, o governo dos outros por um governo de si. É isso que significa a constituição do sujeito como uma derivada do saber e do poder, mas, ao mesmo tempo, independente deles: "Em vez de ignorar a interioridade, a individualidade, a subjetividade, eles inventaram o sujeito, mas como uma derivada, o produto de uma 'subjetivação'."*

Ora, o livro de Foucault sobre os gregos faz parte de seu projeto de uma história da sexualidade. É verdade que na introdução de *O uso dos prazeres* Foucault afirma que "sexualidade" é uma noção recente — o termo sexualidade, inclusive, só tendo aparecido no início do século XIX —, define seu projeto como sendo o de ver como, nas sociedades ocidentais modernas, se constituiu uma experiência da sexualidade (uma tentativa de "compreender como o indivíduo moderno podia fazer a experiência de si mesmo como sujeito de uma sexualidade") e declara que se teria bastante dificuldade em encontrar nos gregos uma noção semelhante. Em vez de sexualidade, portanto, quando se refere à Grécia ele fala de atividades e práticas sexuais. Apesar dessa ressalva, Deleuze se interessa em estabelecer a conexão entre a relação consigo e a sexualidade, entendida evidentemente num sentido mais amplo do que o assinalado, e o faz apresentando a tese de Foucault como sendo que a sexualidade na Grécia é o que efetua a relação consigo. A

* F, p.108; cf. p.109. *Mil platôs* já havia analisado a problemática da subjetivação como regime de signo passional, pós-significante. O texto não se refere a Foucault, mas considera, a partir de Klossowski, a linha de subjetividade como ocupada pelo duplo (cf. "Sur quelques régimes de signes", in MP, p.149-69). Em *Foucault*, o duplo aparece como uma "interiorização do fora", uma "reduplicação do Outro", uma "repetição do diferente" (p.105), um "franzimento do fora" (p.106).

importância dessa interpretação está no fato de retomar o modelo da relação virtual-atual tão importante e difundida em sua filosofia, que também comanda, como vimos, a relação poder-saber. "Do mesmo modo que as relações de poder só se afirmam efetuando-se, a relação consigo, que os verga, só se estabelece efetuando-se. E é na sexualidade que ela se estabelece ou se efetua." E Deleuze chega mesmo a explicitar a razão dessa efetuação, atualização ou encarnação: "É que a sexualidade, tal como é vivida pelos gregos, encarna na fêmea o elemento receptivo da força e no macho o elemento ativo ou espontâneo."[48]

Deleuze não se interessa em refazer ou aprofundar as análises históricas de Foucault no que diz respeito aos dois primeiros eixos, e menos ainda com relação a esse terceiro; extrai alguns exemplos de análises históricas para ilustrar a concepção do exercício do pensamento que, segundo ele, norteia seus estudos e, assim, salientar que Foucault é filósofo. Mas que tipo de filosofia é a sua? Querendo diferenciá-la da fenomenologia, ele dirá que se trata de uma epistemologia, o que rigorosamente não é correto, porque Foucault utilizou o termo "arqueologia" justamente para distinguir seu procedimento do método dos epistemólogos.[49] Acredito, no entanto, que Deleuze aceitaria essa ponderação. E isso principalmente porque o que lhe interessa antes de tudo é caracterizar a filosofia de Foucault como uma ontologia.

Aí está a importância da temática da dobra. É através dela que Deleuze relaciona Foucault com Heidegger e Merleau-Ponty, filósofos que teriam ultrapassado a intencionalidade através da dobra do ser, ou a fenomenologia através de uma ontologia. Ele chega mesmo a apresentar a problemática da dobra em Merleau-Ponty do mesmo modo que havia feito quando a expôs em Foucault: "Um De-fora, mais longínquo que qualquer exterior, 'se dobra', 'se redobra', 'se reduplica' de um De-dentro, mais profundo que qualquer interior, tornando possível a relação derivada do interior com o exterior. É mesmo essa torção que define a 'Carne', para além do corpo próprio e de seus objetos."[50] Analisando o procedimento da dobra em Foucault, explicitando sua inspiração em Heidegger e Merleau-Ponty, Deleuze está salientando seu alcance ontológico. Mas, ao mesmo tempo, está pretendendo mostrar que essa inspiração não destrói a singularidade ou a originalidade de sua concepção. E com esse objetivo ele tematiza não só a dobra ontológica própria desse terceiro eixo, como também as duas primeiras dimensões que ele também caracteriza como ontológicas, qualificando essas três dimensões como três "ontologias históricas", segundo uma expressão de

Foucault, que em entrevista a Dreyfus e Rabinow define três domínios de genealogias possíveis como ontologias históricas de nós mesmos em nossas relações com a verdade, o poder, a moral.*

O que constitui a singularidade da ontologia de Foucault, na interpretação de Deleuze, é o fato de ela ser uma filosofia da diferença que se expressa pela tese da disjunção das formas do saber que tem o poder como condição de possibilidade, ou melhor, condição genética, que funciona como diferenciador da diferença. A ontologia histórica de Foucault é uma investigação do ser-saber, *sciest*, ser-luz em luta com o ser-linguagem; do ser-poder, *possest*, que nos introduz num de-fora de onde vêm as forças; do ser-si, *se-est*, a dobra ontológica. Ou, em outras palavras, a filosofia de Foucault é uma ontologia histórica centrada na questão "O que significa pensar?", para a qual Deleuze encontra três respostas: pensar é ver e falar; pensar vem do fora, é genital; pensar é dobrar o de-fora e constituir um de-dentro ou um sujeito.[51]

* Cf. Dreyfus e Rabinow, *Michel Foucault. Un parcours philosophique*, Gallimard, p.332. No texto "Le pouvoir, comment s'exerce-t-il?" ["Como se exerce o poder?"], publicado no mesmo livro, Foucault afirma, no entanto, que colocar ao poder a questão "como" não significa fazer uma ontologia do poder (cf. p.309). Sobre a ideia de uma "ontologia histórica de nós mesmos", cf. também o texto de Foucault "What is enlightenment? (Qu'est-ce que les Lumières?)", in *Dits et écrits*, IV.

2 | FOUCAULT E AS TORÇÕES DELEUZIANAS

A criação do duplo sem semelhança

São essas as teses centrais da interpretação deleuziana de Foucault. Procurei apresentá-las salientando seus conceitos básicos e estabelecendo sua relação com vários conceitos anteriormente formulados por sua filosofia, principalmente em *Mil platôs*, que é de onde vem grande parte da terminologia utilizada. Aprofundarei agora a compreensão de sua técnica de colagem através de uma comparação entre a leitura deleuziana e minha própria leitura de Foucault. Não, evidentemente, para dizer quem tem razão ou qual é a interpretação verdadeira. Mas para abordar, de outra perspectiva, o modo deleuziano de pensar que, repetindo o pensamento de outro, com o objetivo de utilizá-lo como instrumento ou como operador, busca não sua identidade, mas a afirmação de sua diferença, devendo por isso comportar a modificação própria do duplo.

Referindo-se a Raymond Roussel em *Foucault*, Deleuze afirma que ele havia descoberto a minúscula diferença e a repetição entre duas frases, a torção, o redobramento ou a reduplicação de uma na outra. O projeto filosófico de Deleuze, neste sentido, se assemelha bastante ao de Roussel, evidenciando inclusive uma perfeita adequação entre sua temática principal e seu procedimento: criar, pela reduplicação, pela repetição, uma pequena diferença que mostrará o pensador estudado como parcialmente diferente do que ele é ou parcialmente idêntico ao próprio pensamento de Deleuze e sua busca de relações diferenciais. Acredito, assim, que tanto a explicitação das dificuldades que sinto em ver o que Deleuze diz que viu em Foucault, ao elaborar algumas de suas teses principais, quanto a compreensão de por que ele diz o que diz são uma boa maneira de esclarecer o procedimento de colagem que cria um duplo sem semelhança, produzindo torções para integrar o pensamento do outro a seu próprio pensamento. É neste sentido, portanto, que retomarei a seguir alguns pontos expostos no capítulo anterior.

Saber, ver e dizer

Em primeiro lugar, o conceito de saber. Vimos, sob esse aspecto, uma das grandes originalidades da leitura deleuziana de Foucault: a definição do saber como duas formas heterogêneas, disjuntivas, tendo uma o primado sobre a outra. Reflitamos antes de tudo sobre a questão da existência, no saber, de dois elementos, duas formas.

Utilizando a linguagem de *A arqueologia do saber*, Deleuze considera o saber como um composto de duas formas: "formação discursiva" e "formação não discursiva". Nesse livro, efetivamente, Foucault se refere às relações entre enunciados e acontecimentos de ordem totalmente diferente (técnica, econômica, social, política), assinalando que uma das tarefas da arqueologia é fazer aparecerem relações entre formações discursivas e domínios não discursivos (instituições, acontecimentos políticos, práticas e processos econômicos), demonstrando seu interesse pela função que o discurso estudado exerce em um campo de práticas não discursivas.* Assim, embora as referências a elas sejam poucas, as práticas não discursivas são valorizadas nesse livro. O importante, porém, para o problema que estamos investigando, é que em nenhum momento ele diz que as práticas não discursivas são um elemento do saber. O que define o saber como objeto da arqueologia é o enunciado e a formação discursiva.

Poder-se-á, no entanto, perguntar: mesmo que o não discursivo, no sentido indicado do econômico, social e político, não apareça propriamente como elemento do saber, não seria correto afirmar, utilizando um outro par conceitual proposto por Deleuze, que o saber é definido nesse livro como um composto de ver e dizer? Não acredito! E a esse respeito há uma passagem bem elucidativa no final, quando, ao se interrogar sobre a possibilidade de outras análises arqueológicas que não a da "episteme" ou dos saberes que atingiram o "limiar de epistemologização", Foucault, além da direção da

* Cf. *L'Archéologie du savoir*, Gallimard, p.41, 90, 212; cf. também sobre o assunto, p.69, 72, 136, 158, 205, 233. A expressão "formação não discursiva" não aparece em nenhum livro de Foucault.

ética e da política, indica o que seria a análise arqueológica de um quadro. Afirmando então explicitamente que "a pintura não é uma pura visão", ele sugere que ela deveria ser analisada como discurso. Assim, a arqueologia "investigaria se o espaço, a distância, a profundidade, a cor, a luz, as proporções, os volumes, os contornos não foram, na época considerada, nomeados, enunciados, conceitualizados numa prática discursiva".[52]

Aliás, essa é exatamente a relação estabelecida por Deleuze entre saber e enunciado na versão original do artigo sobre *A arqueologia do saber*, ao afirmar que "o novo arquivista anuncia que só levará em consideração enunciados" e, em frase suprimida na versão dada em *Foucault*, que "se compreende melhor em que sentido Foucault só fazia uma coisa em seus livros: falar de enunciados".[53] Sem dúvida, quando Deleuze volta a se referir a *A arqueologia do saber* — no artigo sobre *Vigiar e punir*, "Escritor não: um novo cartógrafo" — sua posição é diferente por já distinguir duas formas ou "coisas" da ordem do dizer, do enunciado, e da ordem do fazer, da ação, da produção.[54] Mas o importante para nosso problema é que, em vez de considerar, nesse momento, essas duas formas como constituintes do saber, é o saber que é pensado como uma dessas formas, em relação com a outra, por ele chamada "percepção" ou "visão".[55]

Além disso, a posição da história arqueológica nem sempre foi a mesma que a enunciada em *A arqueologia do saber*.* O que caracteriza metodologicamente *História da loucura* e *Nascimento da clínica* é efetivamente a existência de dois elementos ou, mais precisamente, de dois níveis: em um caso, percepção e conhecimento, no outro, visão e linguagem. Em *História da loucura*, "percepção" é a relação teórico-prática estabelecida diretamente pela sociedade com o louco numa situação de exclusão institucional; "conhecimento" é a teoria sistemática, o discurso científico, ou que tem a pretensão de aparecer como tal, sobre a loucura, como o direito, a medicina e a psiquiatria. Em *Nascimento da clínica*, "olhar" médico significa um espaço de visibilidade correlato à linguagem da medicina e, como esta, também uma característica interna do conhecimento médico. Assim não existe rigorosamente equivalência entre os pares conceituais propostos pelos dois livros: nem "percepção" é sinônimo de "visibilidade", nem "conhecimento", de "linguagem". Além disso, quando *As palavras e as coisas* introduz o conceito de saber como nível específico da arqueologia, desaparece a referência à percepção ou ao olhar que, nos dois livros anteriores, permitia definir a especificidade de seu objeto

---

* Desenvolvi esse ponto em meu livro *Foucault, a ciência e o saber*.

e diferenciá-lo da ciência, objeto da epistemologia. Por essas razões, não encontro em Foucault a definição de saber que Deleuze lhe atribui, como um composto de duas formas de natureza diferente.

Aceitemos, por hipótese, que ela existe. Que dizer, então, das teses que afirmam a pressuposição recíproca e o primado nesses dois livros em que Foucault constrói sua análise a partir de dois pares conceituais? A meu ver, *História da loucura* apresenta efetivamente uma disjunção entre a teoria médica e o sistema de exclusão, ou entre conhecimento e percepção, na época clássica. A tese de Foucault de que os séculos XVII e XVIII conhecem a loucura, mas percebem o louco, pode ser interpretada neste sentido. Mas essa disjunção não mais parece existir a partir do século XIX, com o nascimento da psiquiatria, momento em que há conjunção dessas duas vertentes divergentes. Não nego, portanto, que possa haver disjunção; nego que sempre haja.

E a não existência de um princípio geral de disjunção como característica da relação entre os elementos é ainda mais patente em *Nascimento da clínica*, que critica a interpretação da medicina moderna como tendo afirmado o visível contra o pensamento e defende que se trata de uma transformação histórica na relação entre o visível e a linguagem. O que evidencia nesse momento a análise arqueológica é uma ruptura entre as medicinas clássica e moderna detectada em dois níveis correlatos: por um lado, a transformação de um espaço de visibilidade taxonômico em um espaço corpóreo, de um olhar de superfície em um olhar de profundidade — a espacialização da medicina no organismo —, e, por outro lado, a transformação da linguagem que lhe é intrinsecamente ligada. Portanto, Foucault não opõe propriamente espacialização e verbalização, como se nota, por exemplo, pelas várias fórmulas através das quais ele define, nesse livro, o objeto da arqueologia: "essa região em que as palavras e as coisas ainda não estão separadas", "a articulação da linguagem médica com seu objeto", "a estrutura falada do percebido", "a espacialização e a verbalização fundamentais do patológico", o "olhar loquaz" do médico.[56]

E a tese do primado do dizer sobre o ver? *Nascimento da clínica* afirma efetivamente a existência de um primado ou um privilégio da linguagem com relação ao olhar, na época clássica, no sentido em que, nessa época, a doença constituía um espaço racional, um espaço nosográfico situado no nível da representação, o que tornava a linguagem médica necessariamente anterior à percepção do corpo do doente. No entanto, com a anatomoclínica moderna, o primado claramente se inverte. Passa a haver, nesse momento, no conhecimento médico, privilégio do olhar com relação à linguagem, no sentido em que a identificação do espaço da doença com o organismo doente, destruindo a idealidade do espaço da doença, torna-o empírico e, portanto, determinado pela visão.

Além disso, em *História da loucura* a posição de Foucault era ainda mais afastada da interpretação de Deleuze. A razão é que, na dicotomia estrutural percepção-conhecimento que organiza o livro, a percepção ocupa um nível superior ou desempenha um papel prioritário no que diz respeito à proposta arqueológica de dar conta dos reais objetivos da psiquiatria, visto que as condições de possibilidade desta são mais institucionais do que teóricas. É o privilégio do gesto que separa sobre as categorias que explicam ou pretendem explicar, como diz o prefácio da primeira edição.

Não há dúvida de que a arqueologia da percepção da *História da loucura* é profundamente inspirada na fenomenologia. E é justamente por isso que a interpretação de Deleuze procura minimizar o mais possível sua importância. É certo que Foucault, em *A arqueologia do saber*, se afastará de sua posição inicial. Mas por que diminuir ou elidir a função da percepção como uma categoria de análise, se ela existe nesse momento, a não ser para dar uma interpretação sistemática da filosofia de Foucault, na qual todos os seus elementos se agenciam constituindo uma filosofia da diferença? Acho preferível considerar que suas diversas investigações não formam um sistema, valorizando os sucessivos deslocamentos de uma trajetória em que cada livro é bem diferente do livro anterior, do ponto de vista metodológico.

Essa característica de sistematicidade, marcante em *Foucault*, está presente em todas as leituras de Deleuze, como penso ter demonstrado nos capítulos anteriores. É interessante lembrar um exemplo bastante elucidativo. Em sua interpretação de Nietzsche, Deleuze afirma que não fazer distinção entre força e vontade de potência é nada entender da filosofia de Nietzsche. Essa tese pode ou não ser correta; isto não vem ao caso nesse momento. Ela é, no entanto, fundamental para a compreensão de sua leitura de Nietzsche pela incidência que tem na demonstração da tese de que o eterno retorno não é retorno do mesmo, mas do diferente, e a meu ver evidencia a sistematicidade das leituras de Deleuze no sentido em que basta retirar-lhes um elemento conceitual ou uma relação entre conceitos para que toda a construção fique sem sentido ou não se complete.

É isso que acontece com o conceito de saber em Foucault: sua definição pela diferença de natureza e relação disjuntiva entre ver e dizer, além do primado do segundo sobre o primeiro, responde mais às exigências da filosofia de Deleuze do que às de Foucault. Enquanto Foucault utiliza algumas vezes os conceitos de ver e dizer ao realizar algumas de suas análises, ora afirmando sua disjunção, ora o primado de um sobre o outro, Deleuze os transforma em elementos formais do saber e formula suas características de modo a que o pensamento da diferença, tal como ele o concebe, seja encontrado na filosofia de Foucault.

Mas esse procedimento, que diz respeito ao modo de funcionamento geral da filosofia de Deleuze, poderá ser melhor compreendido depois de uma reflexão sobre o segundo ponto importante de sua interpretação: o conceito de poder.

Poder, saber, instituição

Uma das grandes novidades das análises que Foucault realiza em *Vigiar e punir* e *A vontade de saber* é considerar o saber como uma peça de um dispositivo político, ou que saber e poder se implicam mutuamente: todo ponto de exercício de poder é um lugar de formação de saber e, reciprocamente, todo saber assegura o exercício de um poder. No livro anterior, *A arqueologia do saber*, ele estabelece uma relação entre enunciados e acontecimentos "de ordem inteiramente diferente", que são as práticas não discursivas técnicas, econômicas, sociais e políticas, dando quase sempre a instituição como exemplo dessas práticas. Além disso, só se refere, nesse livro, uma única vez ao poder, e apenas para sugerir que o saber tem relação com o poder ou é objeto de uma luta política.[57]

Haverá diferença entre poder e instituição? Considerando o saber como um composto de formas atuais e o poder como informe e virtual, Deleuze interpreta, em *Foucault*, a "prática não discursiva" de *A arqueologia do saber* como uma forma de conteúdo ou um elemento do saber e, portanto, como de uma natureza diferente do poder. Ora, essa afirmação jamais é encontrada em *A arqueologia do saber*. E, como já assinalei, se ela aparece em *Foucault* e antes em *Mil platôs*, está ausente dos dois artigos anteriores sobre Foucault. Até mesmo "Escritor não ...", que utiliza os termos "forma de expressão" e "forma de conteúdo", não considera ainda este último como saber, mas como "percepção". Isso já vimos. O que pretendo agora mostrar é como essa inflexão, esclarecedora do projeto deleuziano em *Foucault*, corresponde a outra, não menos importante, que diz respeito ao conceito de poder.

Na segunda parte de seu *Foucault*, Deleuze ilustra sua tese do caráter informe do poder, composto de uma pura matéria não formada e de uma pura função não formalizada, com o exemplo do panóptico, definindo-o como "a pura função de impor uma tarefa ou uma conduta qualquer a uma multiplicidade qualquer de indivíduos, com a condição de que a multiplicidade seja pouco numerosa e o espaço, limitado, pouco extenso".[58] Já me referi a isso. Acontece que, ao estudar o poder na primeira parte do livro, precisamente em uma parte modificada do artigo sobre *Vigiar e punir*, Deleuze, em uma perspectiva mais abrangente, apresenta duas definições do panoptismo: ele é um agenciamento, uma máquina concreta, ótica ou luminosa, que caracteriza instituições como a fábrica, ou a caserna, a escola, o hospital, a prisão, e pode ser definido como "ver sem ser visto"; mas ele também é máquina abstrata que se efetua, se encarna, se atualiza em todas as matérias visíveis e todas as funções enunciáveis do saber e pode ser definido pela fórmula "Impor uma conduta qualquer a uma multiplicidade humana qualquer".[59] É isso o diagrama.

Mas a posição de Deleuze sobre o problema é ainda mais diferente da interpretação dada em *Foucault*, na primeira versão desse artigo. Nesse momento, ele já assinala a diferença entre máquina abstrata e agenciamento concreto e já pensa o poder como "causa comum imanente" das duas formas ou como o que assegura a diferençação e o ajuste delas. No entanto, além da afirmação de que o agenciamento seja entre percepção e saber, "vigilância perceptiva e observação sábia", a máquina, o diagrama de poder — o panoptismo — se reduz à fórmula "ver sem ser visto". Isto é, enquanto em *Foucault* a luz é condição extrativa da visibilidade ou forma de conteúdo, o diagrama é nesse artigo "uma luz intensa abstrata que torna o enunciado visível e a ação, dizível — mas para uma outra linguagem, para um outro modo de ação". Isso, segundo Deleuze, faz do poder um "conversor" ou algo que converte a percepção em saber, e vice-versa, e da percepção um intermediário, um mediador entre saber e poder; daí ele representar o circuito completo como sendo: poder-(percepção)-saber.[60]

A meu ver, esse artigo ressalta uma das ideias essenciais de *Vigiar e punir*: o poder disciplinar não pode ser identificado a uma instituição nem a um aparelho porque é um tipo de poder, uma tecnologia, uma modalidade de poder encontrada em instituições de natureza e objetivos bastante diferentes. Mas por que distingui-los por uma diferença de natureza que faz da instituição um elemento do saber? Não será por que em *Vigiar e punir* a diferença é do tipo geral-particular, comum-específico, diferença que faz da disciplina um elemento, uma propriedade ou uma técnica comum? Ao fazer essas perguntas, penso em afirmações como essas de Foucault: "Não se trata de fazer aqui a história das diferentes instituições disciplinares no que elas podem ter de singular. Mas apenas de demarcar por uma série de exemplos algumas das técnicas essenciais que se generalizam mais facilmente de umas às outras"; O *Panopticon* "é o diagrama de um mecanismo de poder reduzido a sua forma ideal; seu funcionamento, abstraído de todo obstáculo, resistência ou choque, pode ser representado como um puro sistema arquitetônico e ótico: é de fato uma figura de tecnologia política que se pode e se deve desligar de qualquer uso específico. Ele é polivalente em suas aplicações."[61] E não estará a mesma ideia presente quando, detectando nos mecanismos disciplinares uma tendência a se desinstitucionalizar, Foucault a estabelece como um deslocamento da disciplina-bloqueio, ou a instituição fechada, para a disciplina-mecanismo?

Ao explicar o *Panopticon* pela fórmula "ver sem ser visto", Foucault está justamente salientando a importância da vigilância hierárquica como um "instrumento" do poder disciplinar ou de um "dispositivo" que age pelo efeito de uma visibilidade geral ou coage pelo jogo do olhar. E, quando ele acrescenta que "uma arte obscura da luz e do visível preparou em surdina um novo saber sobre o homem", está se referindo à relação direta, sem intermediário, entre saber e poder.[62] Além disso, a indicação de que a instituição especifica ou singulariza o exercício do poder aparece quando ele assinala a importância de um outro instrumento ou procedimento disciplinar — o exame — para a constituição do saber dando o exemplo de instituições: o hospital como aparelho de examinar permitiu o desbloqueio epistemológico da medicina moderna; a escola examinatória, o nascimento da pedagogia "científica"; a prisão, a formação de um "saber clínico sobre os condenados".[63]

Não há dúvida de que para Foucault o poder é causa imanente ou é constituinte do saber. Essa ideia, ressaltada na interpretação de Deleuze, é enunciada em *Vigiar e punir* e *A vontade de saber*. A dificuldade, além das que já assinalei, referentes a *Vigiar e punir* está em considerá-la como uma dimensão presente em toda a obra de Foucault. Em *As palavras e as coisas*, por exemplo. Vimos que o "anexo" de *Foucault*, pressupondo a definição do poder como relação de forças, tem por objetivo demonstrar que as relações entre dois tipos de forças informes constituem, em diferentes épocas, o saber como forma. Não consigo, porém, encontrar a problemática das forças em *As palavras e as coisas*, nem na categoria de infinito, na época clássica, nem na de finitude, na modernidade. Além disso, mesmo se o problema das forças estivesse efetivamente presente nesse livro, para que a hipótese geral de Deleuze se confirmasse nessa interpretação seria necessário mostrar que as forças constituem a disjunção das formas de conteúdo e de expressão, o que não acontece. É verdade que seus conceitos-chave são "forças no homem", "forças de fora", "dobra" ou forças de finitude, "desdobre" ou forças de elevação ao infinito, em detrimento do conceito de poder — como vimos, colocado sob suspeita por Deleuze, e ao qual ele não se refere explicitamente nessas análises. De todo modo, interpretar o *a priori* histórico de *As palavras e as coisas* como relações de forças é dar ao termo "força" um sentido tão diferente do que foi dado por Deleuze no estudo sobre *Vigiar e punir* que, quando confrontadas, as duas análises podem confundir mais do que esclarecer.

E a dificuldade que sinto em compreender a concepção de Foucault no que diz respeito à relação do poder e do saber a partir da leitura de Deleuze só tende a aumentar quando, referindo-se a *A arqueologia do saber*, este afirma que o enunciado AZERT, do teclado das máquinas de escrever francesas, "atualiza ou efetua relações de forças, tais como elas existem em francês entre as letras e os dedos segundo ordens de frequência e de vizinhança".[64] E se ele faz uma afirmação como essa, que jamais li em Foucault, é porque parte do princípio, que me parece bem diferente dos formulados pelo analista do poder, de que "as relações de forças, tais como Foucault as compreende, não dizem respeito apenas aos homens, mas aos elementos, às letras do alfabeto em suas tiragens ao acaso ou em suas atrações, em suas frequências de agrupamento segundo uma língua".[65]

O personagem de uma encenação

Embora tenha explicitado essas dificuldades e procurado apresentar outra possibilidade de leitura das problemáticas do saber e do poder na obra de Foucault — como também poderia ter feito com o tema do sujeito —, compreendo perfeitamente que o importante não é confrontar os dois filósofos para avaliar a justeza da interpretação de Deleuze. Sua postura perante a história da filosofia, ao esclarecer que a repetição de um pensamento deve afirmar sua diferença, e não buscar sua identidade, ou criar um duplo que comporte o máximo de modificação do texto comentado, tira todo o interesse desse tipo de tentativa, como tenho dito várias vezes. Desse modo, meu objetivo ao apresentar minha leitura do texto de Foucault não é propriamente criticar, mas dar conta do tipo de torção que produz esse duplo de Foucault, para examinar de outra perspectiva o modo de funcionamento da filosofia de Deleuze. Se, algumas vezes, há dificuldade, por parte de quem também conhece o pensamento de Foucault, de encontrar em seus textos a interpretação de Deleuze, é porque o objetivo deste é menos esclarecer a filosofia de Foucault que integrá-la a seu próprio projeto filosófico. No teatro filosófico deleuziano, Foucault é, entre outros, personagem de uma encenação.

PARTE 6 Deleuze e a literatura

1 | PROUST E O EXERCÍCIO DO PENSAMENTO

A filosofia e sua exterioridade

Tenho privilegiado, na interpretação do pensamento de Deleuze, sua leitura dos filósofos. Entre outras razões porque o considero, antes de tudo, um filósofo que encontrou no próprio discurso filosófico os conceitos que lhe possibilitaram estruturar sua filosofia como um pensamento diferencial. Mas esse privilégio que descortino em suas análises dos filósofos quando se trata — como é meu objetivo — de explicitar o modo de funcionamento de seu pensamento não exclui os importantes estudos que fez sobre domínios exteriores à filosofia. Neste sentido, situei, na introdução, a relação que é possível estabelecer no discurso deleuziano entre filosofia, ciência, arte e literatura. Além disso, em alguns momentos, sobretudo quando analisei sistematicamente sua doutrina das faculdades, utilizei estudos seus que tratam de saberes não filosóficos para situar ou esclarecer algumas de suas posições filosóficas.

Essa relação entre saberes sempre foi intensa no pensamento de Deleuze. Não é lateral ou circunstancial, pois, como já esclareci, o objetivo principal de sua filosofia é elucidar o que seja pensar, e o pensamento não é exclusividade da filosofia: é uma propriedade de qualquer tipo de saber. Vendo na filosofia o domínio do conceito, Deleuze elabora sua própria filosofia levando em consideração ou incorporando conceitos provenientes de outras filosofias que ele situa no espaço da diferença, mas também criando conceitos a partir do que foi pensado, com seus próprios elementos, em outros domínios. Assim, ao considerar as ciências, a literatura e as artes, Deleuze está sempre realizando seu projeto filosófico de constituição de uma filosofia da diferença, sem que haja uma diferença essencial entre esses estudos e os estudos de textos filosóficos.

Essa é uma das hipóteses deste livro. Para reforçá-la, é necessário, porém, dar mais um passo e mostrar como, efetivamente, a ressonância produzida por Deleuze entre a filosofia e o não filosófico consiste em transformar em conceitos o exercício não conceitual de pensamento existente nesses outros domínios. Farei isso apresentando a relação de sua filosofia com a literatura, a pintura, o cinema. Começarei com a literatura. Primeiro, para mostrar como Deleuze analisa o exercício do pensamento no romance de Proust *Em busca do tempo perdido*; em seguida, para situar, a partir dos outros textos que escreveu sobre literatura, como ele relaciona a linguagem literária e o de fora da linguagem para dar conta do pensamento literário.

Proust e os signos, um dos primeiros livros de Deleuze e o primeiro a tratar de literatura ou de arte, é um dos exemplos mais brilhantes do projeto de incorporar o não filosófico ao pensamento filosófico. Ao interpretar a *Recherche* de Proust como uma busca inconsciente e involuntária da verdade, e ver nesse procedimento uma "dimensão 'filosófica'" ou uma crítica "eminentemente filosófica" da filosofia, Deleuze ainda não havia formulado com clareza sua teoria diferencial das formas de pensamento, que distingue a filosofia da literatura pela diferença entre conceito e sensação. No entanto, é interessante encontrar em um livro sobre um escritor, no momento em que sua filosofia se formava, a presença já tão clara dos princípios que norteiam sua crítica da imagem do pensamento em nome de um pensamento sem imagem, que tem seu apogeu no terceiro capítulo de *Diferença e repetição*. Isso significa que ele considera a grande obra de Proust não só um sistema de pensamento, mas principalmente uma criação literária que se opõe à filosofia da identidade e da representação. Assim, se ele torna a *Recherche* um instrumento da formulação de sua própria filosofia da diferença, é por encontrar nela um tipo de pensamento em que as faculdades entram num exercício transcendente, cada uma atingindo seu limite. Pois, como é dito no capítulo "Antilogos ou a máquina literária" — acrescentado ao livro em 1970 —, Proust opõe à filosofia o pensamento, isto é, a um uso lógico ou conjunto de todas as faculdades, um "uso dislógico e disjunto".[1]

O sistema dos signos

É possível apresentar o essencial da análise de *Proust e os signos* a partir de dois conceitos-chave que estruturam toda a argumentação: o signo e o sentido.

O título da obra já indica a importância do conceito de signo para a interpretação deleuziana, sugerindo uma primeira caracterização de *Em busca do tempo perdido* como um sistema de signos. Os signos constituem tanto a unidade quanto a pluralidade da *Recherche*. Unidade no sentido em que todos os "domínios", "campos", "mundos" apresentados ou criados por Proust formam sistemas de signos emitidos por pessoas, por objetos, por matérias. Tudo é signo. Mas, por outro lado, os signos são heterogêneos. O sistema que constitui a obra é pluralista no sentido em que os signos não são do mesmo tipo, do mesmo gênero: não têm a mesma relação com a matéria em que estão inscritos, não são emitidos do mesmo modo, não têm o mesmo efeito sobre o intérprete, não têm a mesma relação com o sentido, com as faculdades que os interpretam, com as estruturas temporais neles implicadas, com a essência.

A primeira manobra interpretativa de Deleuze consiste em dispor os signos formadores do sistema pluralista em quatro grupos: signos mundanos, signos amorosos, signos sensíveis, signos artísticos.

Os signos mundanos aparecem nas relações sociais dos personagens da *Recherche*. Grande parte do livro se passa em festas e recepções em meios sociais diferentes: na casa da marquesa de Villeparisis, da duquesa de Guermantes, da sra. Verdurin... Personagens secundários como Cottard, Norpois e Saint-Loup nos introduzem nos mundos da medicina, da diplomacia, da estratégia militar. Aristocratas e burgueses povoam as páginas do livro durante o período da vida francesa que vai do caso Dreyfus até a Primeira Guerra Mundial. O que chama atenção antes de tudo nos signos mundanos é sua própria heterogeneidade, ou o fato de eles se diferenciarem por classes sociais ou "famílias espirituais". "As verdadeiras famílias, os verdadeiros meios, os verdadeiros grupos são os meios, os grupos 'intelectuais', isto é, sempre pertencemos à sociedade de onde emanam as ideias e os valores em que acreditamos."[2] Cada meio ou grupo tem seu sistema específico de signos. Os signos dos Verdurin não funcionam entre os Guermantes, e vice-versa. Isso se vê muito bem pela diferente posição que personagens como Swann ou Charlus ocupam em cada um desses mundos. Além disso, cada mundo social tem seus papas ou legisladores: aqueles que, como maiores emissores de signos, criam a semelhança que dá consistência ao grupo.

Vários são os casos de amor-paixão apresentados pela *Recherche*. No centro de todos eles estão os amores do narrador: pela duquesa de Guermantes, por Gilberte Swann, por Albertine. Mas lá estão também o amor de Swann por Odette, de Saint-Loup por Rachel, de Charlus pelo violinista Morel... "Apaixonar-se é individualizar alguém pelos signos que traz consigo ou emite. É tornar-se sensível a esses signos, aprendê-los (como a lenta individualização de Albertine no grupo das jovens)."[3] No amor, de um modo geral, o amado aparece ao amante como um signo, ou melhor, como uma pluralidade de signos, implicando, envolvendo uma pluralidade, uma multiplicidade de mundos inacessíveis, misteriosos, desconhecidos. Os signos amorosos exprimem um mundo secreto que exclui o amante e ao qual ele quer ter acesso. Daí o ciúme, daí o sofrimento dos que amam.

O terceiro tipo é formado pelos signos da natureza, as impressões ou qualidades sensíveis. O mais famoso se encontra na experiência da memória involuntária, quando, num dia de inverno, a mãe do narrador, vendo que ele estava com frio, oferece-lhe chá com um tipo de bolinho chamado *madeleine*. Vale a pena citar esse belo trecho: "Levei aos lábios uma colherada de chá onde deixara amolecer um pedaço de *madeleine*. Mas no mesmo instante em que aquele gole ... tocou o meu paladar, estremeci, atento ao que se passava de extraordinário em mim. Invadira-me um prazer delicioso, isolado, sem noção de sua causa. Esse prazer logo me tornara indiferentes as vicissitudes da vida, inofensivos os seus desastres, ilusória a sua brevidade, tal como o faz o amor, enchendo-me de uma preciosa essência: ou antes, essa essência não estava em mim; era eu mesmo. Cessava de me sentir medíocre, contingente, mortal. De onde me teria vindo aquela poderosa alegria? Senti que estava ligada ao gosto do chá e do bolo, mas que a ultrapassava infinitamente e não devia ser da mesma natureza. De onde vinha? Que significava? Onde apreendê-la?"[4] Os signos sensíveis são heterogêneos. Além da *madeleine*, Proust se refere aos campanários de Martinville, às três árvores, às pedras do calçamento, ao barulho de uma colher num prato, ao guardanapo que o narrador passou nos lábios... No entanto, uma coisa é comum a todos eles: a grande alegria, o sentimento de plenitude que se apossa do narrador nesses momentos, e que ele não encontra na vida social nem no amor.

O quarto tipo são os signos artísticos. A *Recherche* basicamente leva em consideração três artes: a música, a pintura e a literatura. Expõe as opiniões do narrador e de outros personagens sobre músicos, pintores e literatos reais, como Beethoven, Wagner, Manet, Vermeer, Balzac, Chateaubriand, Baudelaire... Mas, além disso, cria três personagens, cuja produção artística e literária comenta: o músico Vinteuil, o pintor Elstir, o escritor Bergotte. É através dessa pluralidade ou multiplicidade de signos artísticos que Proust elabora sua visão da arte e da relação da arte com o mundo social, o amor e as qualidades sensíveis, o que permitirá a Deleuze considerar o mundo proustiano dos signos como profundamente hierarquizado, onde todos eles convergem para os signos da arte e são por eles elucidados.

Os signos e o pensamento

Por que essa importância dada aos signos e, como acabo de observar, aos signos da arte, na estrutura da *Recherche*? A razão é a mesma de todos os estudos de Deleuze: o signo — ou, a partir de *Diferença e repetição*, a intensidade — é o que força o pensamento em seu exercício involuntário e inconsciente, isto é, transcendental. Só se pensa sob pressão. Na gênese do ato de pensar está a violência dos signos sobre o pensamento. A tese central do livro a respeito da relação entre signo e pensamento é enunciada claramente na "conclusão" da primeira parte: é o encontro contingente com o que força a pensar que produz a necessidade de um ato de pensamento; fazendo violência ao pensamento, os signos forçam a pensar ou a buscar o sentido ou a essência: "Quem procura a verdade é o ciumento que descobre um signo mentiroso no rosto da criatura amada; é o homem sensível quando encontra a violência de uma impressão; é o leitor, o ouvinte, quando a obra de arte emite signos, o que o forçará talvez a criar, como o apelo do gênio a outros gênios."[5]

A relação entre signo e sentido é fundamental na análise de Deleuze. Ela está na base da hipótese que organiza sua interpretação, segundo a qual a *Recherche* é um aprendizado, o relato de uma formação, a história da descoberta da vocação de um homem de letras. Ora, esse aprendizado é um aprendizado dos signos: "Aprender diz respeito essencialmente aos *signos* ... A vocação é sempre uma predestinação com relação a signos."[6] Mas, se o objeto do aprendizado são os signos, seu objetivo é a interpretação ou a boa interpretação. Aprender é interpretar e interpretar é explicar ou explicitar o signo enunciando o sentido, ou a essência, que nele estava oculto ou latente. Deste modo, a correlação signo-sentido significa que o signo é o enrolamento, o envolvimento, a implicação do sentido, e o sentido é o desenrolamento, o desenvolvimento, a explicação do signo. O sentido, ou a essência, vive enrolado no signo, no que nos força a pensar, e só é pensado quando somos coagidos ou forçados.

Considerar a *Recherche* o relato de um aprendizado não é dizer que nela Proust expõe um conjunto de pensamentos sobre a sociedade, o amor, as impressões sensíveis, a arte. É salientar a progressão que marca essas ideias: no início, o narrador não sabe certas coisas, não sabe interpretar bem os signos, sofre grandes decepções, aprende pouco a pouco e, finalmente, tem uma revelação, faz uma descoberta. Neste sentido, só ao descobrir sua vocação literária, o narrador compreenderá a importância dos signos mundanos, amorosos e sensíveis para seu aprendizado.

Qual é a razão da má interpretação? O que faz com que o intérprete, durante toda a *Recherche* e em todos os campos de signos, sofra decepções? As ilusões provenientes de que o signo, na realidade, está ligado tanto ao objeto que o emite quanto ao sujeito que o decifra. Essas duas ilusões que colocam a boa interpretação em perigo, dificultando o aprendizado, são o objetivismo e o subjetivismo.[7]

A primeira crença ou ilusão consiste em atribuir ao objeto os signos de que ele é portador, em confundir o objeto que o signo designa com aquilo que o signo significa. No início do aprendizado, a ilusão do narrador é acreditar que o objeto ou a pessoa que emite o signo também possui o seu segredo e pode revelá-lo. Acreditar, por exemplo, que a duquesa de Guermantes detém o segredo de seu nome; que no amor é preciso confessar; que na impressão sensível o próprio objeto revela o segredo do signo, o que o leva a dar seguidos goles depois da experiência passageira de plenitude com a *madeleine* embebida no chá; que a arte deve descrever e observar, como faz, por exemplo, a literatura realista. Como se vê, o objetivismo é universal, uma tendência natural do pensamento ou da interpretação com relação a todos os tipos de signos.

O objetivismo leva a uma decepção. E a maneira de remediá-la muitas vezes faz cair na ilusão oposta: o subjetivismo. Um exemplo dessa atitude, no que diz respeito aos signos da arte, é Swann ao achar bela a música de Vinteuil porque ela lhe evoca um passeio no Bois de Boulogne ou ao apreciar como nunca Giotto ou Botticelli quando encontra alguma de suas figuras no rosto de uma mulher. O subjetivismo é a busca de associações subjetivas, de associações de ideias na interpretação dos signos.

Um bom exemplo do deslocamento da ilusão objetivista para a ilusão subjetivista pode ser encontrado na relação do narrador com o teatro. Indo ouvir a Berma e procurando interpretar o seu talento, o que ele faz? Identifica-a com Fedra, considera-a a própria Fedra, por causa de uma entonação inteligente. Mas, achando, logo em seguida, que essa entonação era apenas uma consequência da inteligência e do trabalho, decepciona-se: "Tão engenhosa era a entonação, de um significado e intenção tão definidos, que parecia ter existência própria e que qualquer artista inteligente a poderia adquirir."[8] O que faz ele então? Recorre a uma interpretação subjetivista, sugerida por Bergotte, segundo a qual um gesto da Berma seria belo porque evocaria o gesto de uma estatueta arcaica em que nem ela nem o próprio Racine teriam pensado.

Na interpretação não se trata, propriamente, nem de sujeito nem de objeto, nem de signos objetivos nem de sentidos subjetivos. O que, por exemplo, uma interpretação correta ensinará ao narrador é que "nem a Berma nem Fedra são pessoas designáveis, tampouco elementos de associação. Fedra é um *papel* a ser representado e a Berma se integra nesse papel", isto é, em um mundo, em um meio espiritual povoado de essências.

A noção de essência é fundamental na análise que Deleuze faz de Proust, pois é através de sua descoberta que o intérprete se torna capaz de ultrapassar tanto as propriedades do objeto quanto os estados da subjetividade, equacionando de maneira correta a relação entre signo e sentido. Se o signo implica o sentido e o sentido explica o signo, essa correlação se torna mais clara com a sugestão de Deleuze de que a boa ou a verdadeira interpretação tem na essência aquilo que constitui o signo como irredutível ao objeto que o emite, e o sentido como irredutível ao sujeito que o apreende, decifra e interpreta. E permite compreender não só por que há na *Recherche* uma hierarquia dos signos, como também por que a perfeita unidade ou adequação entre signo e sentido que caracteriza a boa interpretação só existe na obra de arte. É o que mostrarei a seguir.

Signo e essência

É importante assinalar logo de início que a relação entre signo e sentido, tal como Deleuze a descobre em Proust, é pensada por ele segundo o modelo de inspiração bergsoniana, presente em todos os seus estudos, da relação entre o virtual e o atual. A esse respeito, sua tese é de que o sentido se efetua, se encarna, se atualiza em todas as espécies de signo; mas, por outro lado, isso acontece de modo tão diferente que explica a heterogeneidade e a hierarquia dos signos. A ideia que norteia a argumentação é que o sentido, ou a essência, ao se encarnar nos signos artísticos, sensíveis, amorosos e mundanos, adquire uma forma cada vez mais geral e material, uma generalidade e uma materialidade cada vez maiores, na razão inversa da boa interpretação.

Qual é o sentido da mundanidade? É a vacuidade. O que o narrador aprendeu em relação à vida social foi que os signos mundanos são vazios. "O signo mundano", diz Deleuze, "surge como substituto de uma ação ou de um pensamento, ocupando-lhe o lugar. Trata-se, portanto, de um signo que não remete a nenhuma outra coisa, significação transcendente ou conteúdo ideal, mas que usurpou o suposto valor de seu sentido. Por essa razão a mundanidade, julgada do ponto de vista das ações, é decepcionante e cruel e, do ponto de vista do pensamento, estúpida. Não se pensa, não se age, mas emitem-se signos."[9] E Deleuze dá, em seguida, um ótimo exemplo para ilustrar esse vazio de sentido característico dos signos mundanos: uma reunião em casa da sra. Verdurin, onde nada de engraçado é realmente dito, e no fundo ninguém ri, mas Cottard faz sinal ou emite o signo de que está dizendo algo engraçado, a sra. Verdurin faz sinal de que ri e este signo é tão perfeitamente emitido que o sr. Verdurin, para não parecer inferior, procura uma mímica apropriada. Daí por que os signos mundanos provocam no intérprete uma grande excitação nervosa.

Mas isso não impede que o bom intérprete — o artista — detecte, como essência desses signos, as leis que regem as ações e os pensamentos vazios dos personagens sociais, ainda que eles sejam tolos ou bobos. Proust diz isso explicitamente: "Os seres mais estúpidos manifestam nos gestos, nas palavras, nos sentimentos involuntariamente expressos leis que não percebem, mas que o artista surpreende neles."[10] Conhecer determinado grupo social é saber interpretar esses gestos, palavras e sentimentos que assinalam, inconscientemente, involuntariamente, a existência de uma lei. Só a descoberta de leis gerais consegue dar sentido aos signos mundanos. Deste modo, o sentido, ou a essência, se encarna nos signos mundanos; mas apenas como leis gerais do grupo, ou num último nível de contingência e de generalidade, devido à materialidade desses signos ou sua vacuidade de sentido. As essências, neste caso, são as leis gerais do vazio.

Qual é o sentido dos signos do amor? Se os signos mundanos são vazios, os signos amorosos são enganadores ou mentirosos, "são signos mentirosos que só podem dirigir-se a nós escondendo o que exprimem, isto é, a origem dos mundos desconhecidos, das ações e dos pensamentos desconhecidos que lhes dão sentido".[11] E se os signos amorosos fazem o amante-intérprete sofrer é porque esses mundos, essas ações, esses pensamentos constituem justamente o que ele deseja conhecer.

Por que os signos emitidos pelo ser amado são mentirosos? Porque eles escondem alguma coisa! E que segredo eles escondem? O segredo de Sodoma e Gomorra, o segredo das duas séries divergentes da homossexualidade. Deleuze detecta em Proust, além ou aquém de uma "macrossexualidade", em que se é homem ou mulher, a existência de algo mais fundamental: uma "microssexualidade", em que os dois sexos, separados, divididos, coexistem no mesmo indivíduo.[12] É a ideia de um "hermafroditismo inicial", "primordial", em que o hermafrodita, com seus dois sexos, tem necessidade de um terceiro, um outro hermafrodita, para que a parte feminina seja fecundada ou a parte masculina fecunde. É isso que Deleuze chama de homossexualismo, ou melhor, "transsexualismo" de Proust. O que o bom intérprete descobre por trás das mentiras do amado é a homossexualidade como a verdade do amor; o que as mentiras do amado pretendem encobrir é a verdade da homossexualidade ou dessa microssexualidade.

Interpretar os signos amorosos é dar conta das leis gerais da mentira e da homossexualidade. Isto significa que, na interpretação deleuziana da relação entre os signos e o sentido, a essência se encarna nos signos amorosos como leis gerais que dependem da exterioridade da seleção e da contingência da escolha: "É o amor coletivo pelas jovens em Balbec, é a lenta individualização de Albertine, são os acasos da escolha que lhe ensinam que as razões de amar nunca se encontram naquele que se ama, mas remetem a fantasmas, a Terceiros, a temas que nele se encarnam por intermédio de complexas leis."[13] Portanto, no caso dos amores, a essência está presente, se encarna, se efetua nos signos amorosos, mas ainda de modo geral e contingente, como leis da série amorosa: as leis gerais da mentira e da homossexualidade.

Qual é o sentido dos signos sensíveis? Já me referi à experiência da *madeleine*, citando inclusive o texto em que o narrador relata a alegria e a plenitude sentidas por ele naquele momento. No final do texto citado, ele se pergunta: "De onde me teria vindo aquela poderosa alegria?" Ora, depois de algum esforço, ele descobre e nos revela: "E de súbito a lembrança me apareceu. Aquele gosto era o do pedaço de *madeleine* que nos domingos de manhã em Combray ... minha tia Léonie me oferecia, depois de tê-lo mergulhado no seu chá-da-índia ou de tília, quando eu ia cumprimentá-la em seu quarto."[14] E, quando ele reconhece o gosto do pedaço de *madeleine* molhado em chá, surge a velha casa onde moravam e, com a casa, toda a cidade de Combray. Aí está! O sentido da *madeleine*, considerado como signo sensível na experiência da memória involuntária, é Combray; o das pedras do calçamento é Veneza; o do guardanapo é Balbec. Os signos sensíveis são qualidades que envolvem um objeto inteiramente diferente. A memória involuntária, no caso da *madeleine*, toma "dois objetos diferentes" — a *madeleine*, com seu sabor, Combray, com suas qualidades de cor e de temperatura — e envolve um no outro, estabelecendo uma relação interna entre os dois, uma relação imanente. Utilizando o par conceitual continente-conteúdo, Deleuze explica do seguinte modo o que entende por esses dois objetos diferentes: "O verdadeiro continente não é a taça, mas a qualidade sensível, o sabor. E o conteúdo não é uma cadeia associada a esse sabor, a cadeia das coisas e das pessoas conhecidas em Combray, mas Combray como essência, Combray como puro Ponto de vista, superior a tudo que foi vivido *desse* próprio Ponto de vista … ."[15] De modo geral, o sentido do signo sensível é o outro objeto não como foi vivido, mas em sua realidade, em uma verdade que nunca esteve presente, em sua ideia, em sua essência, isto é, como diferença interiorizada, tornada imanente.[16]

Já me referi ao fato de que Deleuze aponta uma hierarquia dos signos na *Recherche*. Em parte, isso significa que os signos sensíveis são superiores aos signos amorosos e mundanos. E a superioridade dos signos sensíveis com relação aos dois outros tipos se deve justamente a que neles a essência não mais se encarna como leis gerais de série ou de grupo: ela é, nesse caso, "essência local", "princípio de localização", que revela a verdade diferencial de um lugar, de um momento.

Mas isso também aponta os limites ou a imperfeição dos signos sensíveis e da experiência da memória involuntária. Por um lado, ao se encarnar nos signos sensíveis, a essência virtual ainda apresenta uma generalidade, mesmo que mínima, porque revela a verdade numa sensação comum a dois lugares, a dois momentos; por outro, ela reúne dois objetos ligados a uma matéria opaca: a *madeleine* e Combray, as pedras do calçamento e Veneza, o guardanapo e Balbec. "Sem dúvida, as duas impressões, a presente e a passada, têm uma mesma qualidade; mas não deixam de ser materialmente duas. De tal modo que, a cada vez que a memória intervém, a explicação dos signos comporta ainda alguma coisa de material."[17] Enquanto o sentido de um signo estiver em outra coisa, sempre haverá alguma generalidade e materialidade que impedem a perfeita revelação da essência ou a boa interpretação. E esta só a arte pode dar.

"Os signos mundanos, os signos amorosos e até os signos sensíveis são incapazes de nos revelar a essência: eles nos aproximam dela, mas sempre caímos na armadilha do objeto, nas malhas da subjetividade. É apenas no nível da arte que as essências são reveladas."[18] Se a arte revela a essência, revelação que não se dá nos outros signos, é porque, no caso da arte, a essência se expressa sem nenhuma contingência, sem materialidade nem generalidade; é porque, no caso da arte, o sentido dos signos é a essência considerada com singularidade, "como qualidade última de um ponto de vista singular"; é porque, no caso da arte, a essência singular, liberta de toda contingência, de toda determinação exterior, de toda materialidade, e, desse modo, senhora de sua própria encarnação, constitui a verdadeira unidade, a verdadeira adequação entre o signo e o sentido, ou sua "razão suficiente". "Também na arte a qualidade da essência se expressava como qualidade comum a dois objetos; mas a essência artista nada perdia de sua singularidade, nada alienava, porque os dois objetos e sua relação eram inteiramente determinados pelo ponto de vista da essência, sem nenhuma contingência."[19] A *Recherche* apresenta, portanto, segundo Deleuze, três privilégios da arte: a imaterialidade do signo; a essencialidade absoluta do sentido; a perfeita adequação signo-sentido.

Em outros termos, essas três ideias significam que só a arte revela a essência como "diferença última e absoluta".[20] E efetivamente, em *O tempo redescoberto*, Proust define o estilo como revelação da diferença. O estilo "é a revelação, que seria impossível por meios diretos e conscientes, da diferença qualitativa que há no modo como nos aparece o mundo, diferença que, se não houvesse a arte, permaneceria o segredo de cada um".[21] Na interpretação deleuziana, essa diferença qualitativa não pode ser reduzida a uma diferença empírica: é uma diferença interna absoluta. Segundo Proust — e evidentemente de modo bem diferente de Deleuze, diferença que ele não ressalta em sua leitura —, só a arte cria um verdadeiro pensamento diferencial. Por isso, o resultado da busca da verdade, ou do aprendizado narrado pela *Recherche*, é a revelação da verdade, do sentido ou da essência dos signos artísticos. Mas a interpretação deleuziana, tal como a estou expondo em suas grandes linhas, ficaria incompleta sem uma última ideia importante: a revelação final é a redescoberta do tempo. Vejamos o que isso significa.[22]

Signos e tempo

Ao ler a *Recherche* como o relato de um aprendizado, ou de uma formação, em que aprender é interpretar signos, decifrar, e situá-la por isso como estando mais voltada para o futuro que para o passado, Deleuze está valorizando o fato de que a busca da verdade é temporal, ou indicando que o tempo é uma condição necessária para a interpretação. De um modo geral, signo e sentido estão sempre em relação com o tempo. A relação entre signo e tempo é tão profunda que, a cada tipo ou a cada espécie de signo, Deleuze faz corresponder prioritariamente, privilegiadamente, uma "estrutura", uma "linha" do tempo. Trata-se, portanto, de quatro estruturas temporais subordinadas a duas categorias mais gerais: o tempo perdido e o tempo redescoberto.

A primeira estrutura, que corresponde basicamente aos signos mundanos, é o tempo perdido no sentido de tempo que passa; é o tempo que o narrador perde no vazio da vida social, da vida mundana, em vez de aproveitá-lo para trabalhar em sua literatura, por exemplo, mas que, por outro lado, é uma etapa de seu aprendizado dos signos, como ele descobrirá depois, quando — ao construir sua obra — revelar a essência, descer na hierarquia dos signos e conhecer a verdade característica de cada um. Ora, a verdade descoberta nesse tempo que se perde, em razão da vacuidade dos signos mundanos, é a passagem ou o efeito do tempo: é a alteração e a mudança, como compreende o narrador em sua última festa em casa do príncipe de Guermantes, no final da *Recherche*.

A segunda estrutura temporal corresponde aos signos amorosos. O amor, como a mundanidade, também faz perder tempo. Mas a experiência do tempo perdido que ele possibilita é mais radical do que a que se tem na vida social. Daí o terrível sofrimento que ele causa. Pois os signos amorosos, em razão de o ciúme ser a verdade do amor, implicam o tempo perdido no estado mais puro, no sentido em que já antecipam sua alteração e sua anulação, já preparam seu próprio desaparecimento, figurando a ruptura, o fim do amor.

A terceira estrutura, correspondente aos signos sensíveis, é o tempo redescoberto; mas tempo redescoberto no sentido de um tempo que redescobre um "centro de envolvimento" no cerne de um tempo já "desdobrado", já "desenvolvido", tempo que é redescoberto no âmago do tempo perdido como uma imagem da eternidade. É justamente essa relação com o tempo perdido, ainda existente no caso da experiência das qualidades sensíveis, que explica a ambivalência dos signos sensíveis. Pois, apesar da sua plenitude, a alegria que eles proporcionam, chegando a ser uma antecipação do tempo redescoberto, pode transformar-se em sensação de perda, como no caso da memória involuntária despertada pela botina, que faz Marcel finalmente sentir a morte da avó e chorar como se ela tivesse acontecido naquele momento.

Por último, a quarta estrutura temporal corresponde aos signos artísticos. O grande interesse ou a grande importância da arte, para uma teoria do exercício do pensamento, é que só ela possibilita a descoberta do tempo como "tempo puro", "tempo original absoluto", "tempo primordial" idêntico à eternidade, pois a eternidade, segundo a linguagem neoplatônica utilizada por Deleuze, é o "estado complicado do tempo". É esse tempo — que o pensamento artístico redescobre ao revelar a essência — que reúne perfeitamente, isto é, sem materialidade ou generalidade, o signo e o sentido. "O que a arte nos faz descobrir é o tempo tal como se encontra enrolado na essência, tal como nasce no mundo envolvido da essência, idêntico à eternidade. O extratemporal de Proust é esse tempo no estado de nascimento e o sujeito-artista que o redescobre. Por essa razão, podemos dizer com todo o rigor que só a obra de arte nos faz redescobrir o tempo: a obra de arte é o 'único meio de redescobrir o tempo'. Ela porta os signos mais importantes, cujo sentido está contido numa complicação primordial, verdadeira eternidade, tempo original absoluto."[23] Deste modo, se os signos plenos, afirmativos e alegres da arte são superiores aos signos mundanos, aos amorosos e até mesmo aos sensíveis, é porque são o resultado de um aprendizado temporal que converge para a arte, transforma o tempo perdido em tempo redescoberto e possibilita conferir a cada tipo de signo a verdade que lhe é própria.

2 A LINGUAGEM LITERÁRIA E O DE-FORA

Os procedimentos de linguagem

Deleuze utiliza a literatura para pensar conceitos importantes de sua filosofia: o devir, a diferença, o limite, a intensidade, as forças... Esses e outros conceitos suscitados pela leitura de seus principais intercessores literários podem ser compreendidos a partir do privilégio de duas características básicas de sua maneira bastante singular de pensar a literatura. A primeira se refere à linguagem literária.

Um dos interesses de Deleuze quando estuda a literatura é definir como se estrutura a linguagem de um tipo de literatura que, privilegiando uma referência a Nietzsche, pode ser chamada de extemporânea. Assim como, em se tratando do pensamento em geral, não há valor em copiar o que é considerado clássico, é cânone ou está na moda, isto é, se o novo é o único critério, também o valor da linguagem literária — que tem como material as palavras e suas relações — diz respeito ao novo, ao inesperado, à mutação, à invenção. Se os materiais específicos do escritor são as palavras e a sintaxe, o que conta são os aspectos sintáticos, a relação entre as palavras, o ritmo da língua mais do que os aspectos léxicos. Pois o importante não é a criação de neologismos — é a criação de uma nova sintaxe, são os efeitos de sintaxe, a sintaxe inesperada da qual um grande escritor é capaz: "Uma obra é uma nova sintaxe, o que é muito mais importante do que o vocabulário, e cava (*creuse*) uma língua estrangeira na língua."[24] Criticando a tese linguística de que a língua seja um sistema homogêneo, composto de invariantes estruturais — ou de que tenha constantes — em nome da hipótese de um agenciamento heterogêneo em contínuo desequilíbrio, de um sistema em variação contínua — ou de que ela só tem variáveis —, Deleuze defende a existência de várias línguas numa mesma língua, com as quais o escritor poderá criar a sua ao desequilibrar a língua padrão, dominante, desestabilizar as formações linguísticas canônicas.*

O estilo — para Deleuze, uma variação de variáveis, uma variação contínua que diz respeito principalmente à sintaxe — é o que permite que o escritor crie uma língua estrangeira em sua própria língua, escreva em sua própria língua como se ela fosse uma espécie de língua estrangeira, como Deleuze diz a partir de Proust, para salientar que a grandeza de um estilo está na audácia, na ousadia sintática.** A esse respeito, além da afirmação de Proust em *Contre Sainte-Beuve* de que "os belos livros são escritos numa espécie de língua estrangeira", que figura como epígrafe de *Crítica e clínica*, pode-se também pensar no que ele diz, em carta a Madame Strauss de 6 de novembro de 1908: "As únicas pessoas que defendem a língua francesa são as que a atacam. A ideia de que haja uma língua francesa, existindo para além dos escritores e sendo objeto de proteção, é absurda (é algo de que nunca se ouviu falar). Cada escritor está obrigado a criar a sua língua, como cada violinista está obrigado a criar o seu som." Fundamentalmente, o que interessa a Deleuze na questão da linguagem literária é o estilo como uma nova sintaxe que possibilita que o escritor produza um devir-outro da língua, um "delírio" que a faz sair dos eixos, dos trilhos, que a faz escapar do sistema dominante. Assim, ele privilegia na literatura o modo como o escritor decompõe, desarticula, desorganiza sua língua materna para inventar uma nova língua, uma língua marcada por um processo de desterritorialização. Como? Não pela mistura de línguas diferentes, mas por meio de uma construção sintática, da criação de novas potências sintáticas, gramaticais — seria ainda melhor dizer assintáticas, agramaticais — que lhe dê um uso intensivo, oposto ao uso significativo ou significante.

Essa investigação sobre o que é ou como funciona a linguagem dessa literatura da diferença está presente nos textos de Deleuze, de forma bem precisa, quando ele estuda os procedimentos de linguagem utilizados para constituir um estilo ou para fazer a língua variar, por escritores como Whitman, Melville, Gherasim Luca, Beckett, Kleist, Lewis Carroll, Kafka, Raymond Roussel, Céline, Cummings etc.

---

* O platô "Postulados da linguística" é o texto mais explícito sobre constante e variação da língua.

** Cf. K, p.48; D, p.11; MP, p.124; CC, p.7. A frase de Proust encontra-se em "Notes sur la littérature et la critique", in *Contre Sainte-Beuve*, p.305. É interessante observar, para se compreender como Deleuze trabalha, que Proust se refere aqui ao sentido das palavras e das imagens, e não propriamente à sintaxe da frase.

Um dos melhores exemplos disso é sua análise da fórmula "*I would prefer not to*", "Preferiria não", do personagem título da novela *Bartleby, o escrivão*, de Melville.[25] Bartleby é um escrivão, contratado sem apresentar referências, para copiar documentos em um escritório de advocacia. No entanto, quando é chamado para cotejar documentos copiados pelos outros escrivães, depois suas próprias cópias, e em seguida quando o advogado lhe pede até mesmo para copiar, ele sempre responde: "Preferiria não." Quando, não suportando mais a situação, o advogado quer lhe arranjar outro emprego, para se ver livre dele, sua resposta é sempre a pequena frase devastadora que, repetida várias vezes durante o relato, faz a loucura crescer em torno dele, principalmente a do advogado: "Preferiria não." Para encurtar a história, o escrivão termina na prisão, morrendo de fome por preferir não... comer.

Bartleby é caracterizado por Deleuze como um homem sem referência, sem posses, sem propriedades, sem qualidades, sem particularidades, e, de modo ainda mais contundente, como uma figura que sabe alguma coisa de inexprimível e vive alguma coisa de insondável, inexplicável. Ele explicita essa ideia pela diferença entre tipos particulares e originais. Os particulares são aqueles que, em seus atos, obedecem às leis gerais da sociedade e, em suas frases, obedecem às leis gerais de sua língua. Já o original é uma intensa figura solitária que ultrapassa qualquer forma explicável; com seu pensamento sem imagem, com sua língua única, ele sabe de algo inexprimível, vive algo insondável que revela o vazio, a imperfeição das leis, a mediocridade das criaturas particulares. Neste sentido, é um excluído que resiste. E, quando se sabe que, para Deleuze, a filosofia, a arte, a literatura têm em comum o fato de resistir — à morte, à servidão, ao intolerável, à infâmia, à vergonha, ao presente... — compreende-se a admiração que o filósofo tem pela figura estética criada pelo escritor.*

Do ponto de vista da questão da linguagem, a fórmula "*I would prefer not to*", apesar de sua construção normal, e não propriamente agramatical, ressoa como uma anomalia, tem uma forma insólita, extravagante, que cria uma língua estrangeira na língua materna: do ponto de vista léxico, pela solenidade ou pelo uso inabitual do termo "*prefer*"; do ponto de vista sintático, que é o que interessa a Deleuze, pelo modo como termina. É que seu término abrupto, "*not to*", deixa indeterminado o que ela rejeita, fazendo

* Cf. P, p.235, QPh?, p.105. Deleuze vê Bartleby como um herói do pragmatismo (cf. "Bartleby, ou la formule", in CC, p.110-4).

com que não seja propriamente nem uma afirmação nem uma negação; e não sendo afirmativa nem negativa, por não dizer sim ou não, ela abole a referência, mantém o mundo à distância. O advogado segue uma "lógica dos pressupostos", segundo a qual o patrão espera ser obedecido. Já Bartleby cria uma singular "lógica da preferência negativa", que mina os pressupostos da linguagem: não recusa nem aceita, recusa apenas um não preferido. E essa atitude expressa pela fórmula — que faz de Bartleby uma "passividade paciente" — cria uma zona de indiscernibilidade, de indeterminação, de indistinção entre o preferível e o não preferido que introduz um vazio na linguagem e lhe dá um caráter trágico radical que a faz atingir o indizível. Se Bartleby é um resistente, um resistente passivo, é no sentido de traçar uma linha de fuga que revela e põe em questão os mecanismos de dominação da língua através de uma língua originária inumana ou sobre-humana que devasta as referências, mina os pressupostos que permitem à linguagem designar as coisas a partir de um sistema de convenções lógicas ou gramaticais, funcionando, neste sentido, como agramatical. Assim, Deleuze encontra em Melville uma nova lógica, uma lógica extrema e sem racionalidade, um "irracionalismo superior" que não quer explicar, esclarecer, justificar o comportamento de seus personagens. E, generalizando, elogia os literatos que, como Melville, levaram o romance para longe da razão e criaram personagens que, como Bartleby, vivem suspensos no nada, sobrevivem no vazio e conservam o seu mistério até o fim, desafiando a lógica e a psicologia.

Outros modos de criar uma língua estrangeira na língua, diferentes do que faz Melville com sua fórmula, dizem respeito a uma "gagueira" da linguagem; não uma gagueira da fala, que atinge palavras preexistentes, mas uma gagueira da própria língua que cria e relaciona novas palavras. Deleuze encontra diversos procedimentos capazes de produzir essa gagueira criadora em Beckett, Roussel, Bob Wilson, Carmelo Bene, Gherasim Luca... Em todos esses autores, o importante é o fato de eles criarem uma linguagem intensiva, afetiva, vibrátil, característica de um sistema linguístico em contínuo desequilíbrio, em bifurcação, com seus termos em variação contínua, uma linguagem marcada por disjunções inclusas, que afirma termos disjuntos através de sua distância. Como no poema "Passionnément", do livro *Le chant de la carpe*, de Luca, poeta romeno que escreve em francês: "*Passionné nez passionnem je/ je t'ai je t'aime je/ je je jet je t'ai jetez/ je t'aime passionnem t'aime.*"[26] E se Deleuze valoriza essa característica da linguagem literária é porque ela está em continuidade com o privilégio que seu pensamento concede à síntese disjuntiva concebida como uma síntese diferenciadora que procede por bifurcações.[27]

Mas a questão do funcionamento da linguagem também aparece quando, inspirado em Blanchot, seu elogio do neutro e da terceira pessoa (*on*, *il*) e seu projeto de destituir a literatura do poder de dizer "eu", de pôr em xeque a soberania do sujeito, Deleuze enaltece o uso do impessoal, do indefinido. O indefinido é aquilo que destitui o sujeito em prol de um agenciamento que individualiza pela intensidade, por afetos não subjetivos. A literatura não consiste em imaginar nem em projetar um eu, ou não são as duas primeiras pessoas que servem de condição à enunciação literária; a literatura diz respeito a uma terceira pessoa ou à potência de um impessoal que tira do escritor o poder de dizer "eu" e que, em vez de uma generalidade ou uma particularidade, é uma singularidade no nível mais elevado, momento em que os personagens são arrastados para um indefinido considerado como um devir potente demais para eles.[28] Neste sentido, o objetivo da escrita literária é levar ao estado de uma potência impessoal. Os personagens literários, como os de Thomas Hardy ou de Proust, não são pessoas ou sujeitos — pois as formas e as pessoas são apenas aparências —, mas "coleções de sensações intensivas", "bloco de sensações variáveis"; há neles um modo de individuação sem sujeito, de individuação impessoal, de singularidade individual definida por afetos, potências, intensidades, que, às vezes, utilizando um termo do filósofo medieval Duns Scot, ele chama de "hecceidade".[29]

O de-fora da linguagem

Mas Deleuze não reduz a literatura à linguagem. A linguagem não é autossuficiente, não tem um fim em si mesma. Não há intransitividade da linguagem literária, como pensou, por exemplo, Foucault na época de *As palavras e as coisas*.[30] Uma segunda característica da literatura é que sua linguagem sempre tem relação com o de-fora, não pode ser separada de um elemento não linguístico, mesmo se não há entre os dois uma relação de representação. Por mais indispensáveis que sejam os procedimentos de linguagem, eles são apenas a condição, e devem se articular com um processo vital capaz de produzir visões e audições. Eis um texto importante a esse respeito: "O procedimento leva a linguagem a um limite, mas nem por isso o ultrapassa. Ele devasta as designações, as significações, as traduções, mas para que a linguagem por fim afronte, do outro lado de seu limite, as figuras de uma vida desconhecida e de um saber esotérico. O procedimento é apenas a condição, por mais indispensável que seja. Tem acesso às novas figuras quem sabe ultrapassar o limite."[31]

Esse texto é importante porque apresenta os dois principais elementos do pensamento de Deleuze com relação à literatura. O primeiro consiste em pensar a linguagem no âmbito de sua doutrina paradoxal das faculdades. Então, ele defende que os procedimentos literários levam a linguagem a um limite não no sentido de uma limitação da forma, de margem ou de fronteira, mas de grau de potência, como aquilo a partir do qual ela desenvolve sua potência — o que já era indicado em *Diferença e repetição* —, e vai até o fim do que ela pode, atinge sua enésima potência, seu limiar de intensidade.[32] Trata-se, portanto, de um limite agramatical — intensivo — que devasta as designações e as significações, permitindo que a linguagem deixe de ser representativa e adquira a potência de dizer o que é indizível para a linguagem empírica ou habitual. Portanto, quando se cria uma "língua original", "desequilibrada", a linguagem habitual, cotidiana, sofre uma reviravolta, é levada a um limite assintático, pela criação de novas possibilidades gramaticais, ou, mais propriamente, agramaticais que fazem parte da criação de novos possíveis.

O segundo elemento da maneira como Deleuze pensa a literatura é a transitividade da linguagem literária. A criação de uma língua estrangeira na própria língua faz com que ela adquira um estado de tensão em direção a alguma coisa que não é sintática nem mesmo diz respeito à linguagem: um de-fora da linguagem. O de-fora da linguagem, que não se reduz à exterioridade nem à interioridade, aparece aqui como vida e como saber. O procedimento de linguagem é uma condição, a condição genética da relação entre a vida e o saber, da criação de um saber sobre a vida. Não qualquer tipo de saber, mas um "saber esotérico" que não é dado a qualquer um, que escapa do senso comum, do reconhecimento, criando novas possibilidades vitais, novas formas de existência. Não qualquer tipo de vida, mas uma "vida desconhecida", com suas figuras intensivas não representáveis. Uma vida que não pode ser reconhecida — pois o reconhecimento implica o privilégio da identidade —, inapreensível no uso empírico da linguagem, unicamente acessível a um "saber esotérico"; uma vida constituída por forças informais, intensidade, singularidade, virtualidade. A literatura diz respeito à intensidade, é uma captura de forças, e se sua linguagem afronta "as figuras de uma vida desconhecida e de um saber esotérico" é porque não se trata de uma relação de representação entre o saber que ela cria e a vida, mas de uma síntese disjuntiva de heterogêneos. Se a sintaxe dessa linguagem literária "é o conjunto de desvios necessários criados a cada vez para revelar a vida nas coisas",[33] a vida a que ela dá acesso é a capacidade de resistir das forças, a potência não orgânica; é uma vida que não é individual nem pessoal, mas singular, formada de singularidades impessoais, pré-individuais, "uma hecceidade que não é mais de individuação, mas de singularização: vida de pura imanência... vida singular imanente...", para usar a formulação do último texto de Deleuze, "Imanência: uma vida".[34]

A linguagem desequilibrada que leva a um de-fora produz visões e audições. Eis um texto significativo a esse respeito: "Uma língua estrangeira não é cavada (*creusée*) na própria língua sem que toda a linguagem oscile, seja levada a um limite, a um de-fora ou um avesso consistindo em Visões e Audições que não são mais de nenhuma língua."[35] Como em Beckett, que teria suportado cada vez menos as palavras porque sabia da dificuldade de "esburacar" a superfície da linguagem para ver e ouvir "o que se esconde atrás".[36] O limite da linguagem, que põe a linguagem em contato com elementos não linguísticos, é o de-fora feito de visões e audições possibilitadas, inventadas pelas palavras, que são não linguísticas, mas não são independentes da linguagem. Se escrever implica ver e ouvir, se o escritor vê e ouve através das palavras, entre as palavras, trata-se de visões e audições especiais que são mais profundas que as percepções comuns, porque são capazes de dar conta da intensidade, de captar as forças da vida ou do mundo. Como as descrições que Tchekov faz da estepe russa no conto "A estepe", criando sensações visuais e auditivas, isto é, por meio de um pensamento de fora que nos faz ver e ouvir o mundo, a vida em sua potência, um pensamento como sensação, que é a maneira artística de pensar.

Uma linguagem levada ao extremo limite, elevada à potência do indizível, torna possíveis visões e audições libertas do empírico, visões e audições superiores, puras, capazes de ver o invisível e ouvir o inaudível, tornando o escritor um vidente (*voyant*) e um ouvinte (*entendant*), alguém que vê e ouve algo grande demais, forte demais, excessivo. O escritor vê e ouve nos interstícios, nos desvios da linguagem com um objetivo crítico e clínico: captar forças, tornar sensíveis forças invisíveis e inaudíveis, e libertar a vida de uma prisão, traçar linhas de fuga.

Literatura e devir

O tema que mais interessa a Deleuze ao pensar a literatura em sua relação com o de-fora da linguagem é o devir.* Ao considerar o que ele entende por devir, linha de fuga ou desterritorialização — termos que podem ser tomados como sinônimos —, nota-se que o devir é pensado em contraposição à imitação, à reprodução, à identificação ou à semelhança. Devir não é atingir uma forma; é escapar de uma forma dominante. Devir também não é metafórico, não se dá na imaginação, nem diz respeito a um sonho, a uma fantasia. O devir é real. Não no sentido de que, ao devir alguma coisa, alguém se torne realmente outra coisa, como um animal. É o próprio devir que é real, e não o termo ao qual passaria aquele que se torna outra coisa. O devir é animal sem que haja um termo que seria o animal que alguém se teria tornado. O devir animal do homem é real sem que seja real o animal que ele se torna.

Parece-me que é possível entender isso pela diferença entre molar e molecular. O que é chamado de animal "real" é o animal tomado em sua forma e em sua dimensão molar. Já o molecular diz respeito às intensidades, aquém ou além das formas. Assim, segundo *Kafka: por uma literatura menor*, devir animal é "atingir um contínuo de intensidades que só valem por si mesmas, encontrar um mundo de intensidades puras, onde todas as formas e todas as significações, significantes e significados, se desfazem em prol de uma matéria não formada, de fluxos desterritorializados, de signos assignificantes."[37] A intensidade diz respeito a partículas e à relação de movimento e repouso. Devir animal não é tomar-se por um animal, assemelhar-se a ele, querer ser como ele; é emitir partículas que entram em relação de movimento e repouso com as partículas animais. Como devir mulher não é se transformar em mulher: é captar e emitir partículas que entram na vizinhança ou na zona de indiscernibilidade das mulheres. O devir é molecular. Devir mulher é a produção de uma mulher molecular.

Devir é o enlace de duas sensações sem semelhança que cria uma zona de vizinhança, de indistinção, de indeterminação ou de indiscernibilidade entre elas. Citando *Diálogos*: "*Devir* não é imitar, nem fazer como se, nem se conformar a um modelo ... Não há um termo do qual se parta, nem ao qual se chegue, ou ao qual se deva chegar. Não se trata também de dois termos

---

* O texto mais importante sobre o devir é "Devir-intenso, devir-animal, devir-imperceptível", de *Mil platôs*.

que trocam de posição ... Pois, à medida que alguém se torna, aquilo que ele se torna muda tanto quanto ele. Os devires não são fenômenos de imitação, nem de assimilação, mas de dupla captura, de evolução não paralela, núpcias entre dois reinos."[38]

Esse "encontro entre dois reinos", essa "desterritorialização conjugada", característica do devir, pode ser notada, por exemplo, na interpretação deleuziana do "devir não humano" do Capitão Ahab no romance *Moby Dick*, de Melville, e da Pentesileia, na peça de Kleist de mesmo nome.* O Capitão Ahab não imita a baleia branca, não quer se assemelhar a ela; vive um devir-baleia irresistível, e, diferentemente de Bartleby, que não preferia nada, demonstra uma preferência monstruosa, faz uma aliança monstruosa com Moby Dick, infringindo, desse modo, a lei dos baleeiros segundo a qual toda baleia sadia é boa para ser caçada. "Ahab não imita a baleia, ele torna-se Moby Dick, ele entra na zona de vizinhança onde não pode mais se distinguir de Moby Dick, e fere-se, ferindo-a. Moby Dick é a 'muralha próxima' com a qual ele se confunde."[39] Pentesileia também não imita: vive um devir-cadela ao se precipitar sobre Aquiles — que vive um devir-mulher — e despedaçá-lo como se o estivesse beijando, e com essa fixação em Aquiles, que faz dele seu inimigo preferido, rompe com a lei das amazonas segundo a qual todo guerreiro valoroso é bom para ser seu cativo e lhe dar uma filha.[40]

Assim, para compreender a classificação deleuziana dos devires, sobretudo o que significam devir minoritário e devir imperceptível, é preciso partir da ideia de que expressões como "tornar-se criança", "tornar-se mulher", "tornar-se negro", "tornar-se índio", "tornar-se revolucionário", "tornar-se animal", "tornar-se imperceptível" são maneiras de formular sua crítica do modelo e sua proposta de um pensamento capaz de dar conta da diferença sem subordiná-la à identidade. Todo devir é um devir minoritário. É porque homem é maioria qualitativa, modelo de identidade, entidade molar, forma de expressão dominante, que não há devir-homem. Devir é se desterritorializar em relação ao modelo. E quando Deleuze diz que numa linha de fuga há sempre traição, isso significa trair as potências fixas, as significações dominantes, a ordem estabelecida — o que exige ser criador.

Quando se pensa a questão da literatura relacionando-a com o tema do devir, isto significa que escrever é um processo, uma linha de fuga: tornar-se diferente do que se é, como também pensava Foucault. E quando Deleuze

* *Mil platôs* refere-se ao agenciamento entre homem e animal como "devir-inumano das intensidades desterritorializadas" (MP, p.45).

levanta a questão "O que se torna quem escreve?", sua resposta é que, se escrever é tornar-se, trata-se de se tornar outra coisa que não escritor, tornar-se estrangeiro em relação a si mesmo e à sua própria língua. E uma das maneiras como ele aborda a questão é pensando o processo de minoração do escritor através da relação entre a literatura que ele chama de menor e o que também chama de "povo menor".

Esse tema do menor está no âmago da filosofia de Deleuze, explicitamente desde *Kafka: por uma literatura menor*. Ele aparece com clareza num pequeno artigo de 1978, "Filosofia e minoria", publicado na revista *Critique*, retomado na apresentação do teatro de Carmelo Bene ("Um manifesto de menos") e depois integrado em *Mil platôs*. Esse texto opõe maioria e minoria qualitativamente, e não quantitativamente. Maioria implica uma constante, um modelo, uma medida pela qual a maioria é avaliada. O que é ser maioria hoje? Ser homem, branco, ocidental, americano do norte ou europeu, masculino, adulto, racional, heterossexual, morador de cidade... O que é ser minoria? Desviar do modelo, ao mesmo tempo teórico e político. O minoritário é um devir potencial que se desvia do modelo. E Deleuze salienta que devir jamais é devir majoritário, que ser majoritário nunca resulta de um devir.

É isso o que se dá com as línguas menores, que, existindo em função de línguas maiores, são agentes potenciais para fazer a língua maior entrar num devir minoritário, num devir revolucionário.[41] Maior e menor não são dois tipos de línguas, são dois tratamentos possíveis de uma mesma língua, dois usos ou funções da língua. Assim, menor diz respeito não a uma outra língua ou a uma língua de minoria, mas a um processo de minoração, à invenção de um uso menor de uma língua maior: "servir-se do polilinguismo em sua própria língua, fazer desta um uso menor ou intensivo".[42] Um dos principais exemplos de Deleuze: Kafka, judeu tcheco, escrevendo em alemão, dá ao alemão um tratamento criador de língua menor, ao montar, em função da situação linguística dos judeus de Praga, uma máquina de guerra contra o alemão ou fazer passar sob o código do alemão algo que nunca tinha sido ouvido.[43] Dar um tratamento menor, intensivo ou revolucionário à língua, fazer um uso menor da língua, não é misturar línguas, é introduzir linhas de fuga criadoras em sua própria língua. O uso menor é o uso criador, um devir criador. Minorar uma língua maior, extrair de sua própria língua uma língua menor é fazê-la escapar do sistema dominante, do regime vigente, é desterritorializar a língua maior, *standard*, padrão, modelo, oficial, colocando-a em estado de variação contínua. Se é por um modelo político que a língua é homogeneizada, centralizada, standardizada, tornando-se língua do poder, maior ou dominante,[44] é a variação contínua que constitui o devir revolucionário da língua. Em suma, uma literatura de minoria não é a de uma língua local; é a que dá um tratamento criador a uma língua maior tornando-a menor. Escrever é criar sua própria língua.

Retomando uma afirmação de Paul Klee — "falta o povo"—, que estende a Mallarmé, Rimbaud, Berg, Straub, Deleuze complementa essa ideia defendendo a afinidade entre a obra de arte e um povo que ainda não existe, ou defendendo que não há obra de arte que não apele para um povo que ainda não existe.[45] A função da literatura menor é contribuir não para representar, mas para inventar, criar um povo, um povo que falta; não um povo destinado a dominar, mas um povo menor, uma minoria criadora, um povo tomado num devir revolucionário, ou como Deleuze também diz, "bastardo, inferior, dominado, sempre em devir, sempre inacabado".[46] Se o escritor torce a linguagem e cria perceptos e afetos, é tendo em vista o povo que ainda falta.

Esse tema é desenvolvido quando Deleuze sugere a "superioridade" da literatura anglo-americana sobre a literatura francesa, do ponto de vista da criação de linhas de fuga que não consistem em fugir da vida pela arte. Ele defende então que, enquanto a literatura francesa é preocupada demais com o passado e o futuro históricos, a anglo-americana cria por rupturas que desconsideram o passado e o futuro.[47] Mas o tema também é formulado quando ele defende, no livro sobre Kafka, que, além de desterritorializar a língua e articular o individual com o político, a literatura menor é "agenciamento coletivo de enunciação".[48] A literatura diz respeito fundamentalmente ao povo, e não a indivíduos excepcionais, a grandes indivíduos; o escritor é alguém que preserva os direitos de um povo por vir, um povo menor, e por isso inventa um uso menor da língua maior, pondo-a em desequilíbrio, fazendo-a bifurcar e variar em seus termos. Neste sentido, a escrita é coletiva, impessoal, isto é, há um modo não subjetivo, impessoal da escrita que destrona a figura do indivíduo escritor, do autor. "De fato, o que produz enunciados em cada um de nós não se deve a nós como sujeitos, mas a outra coisa, às multiplicidades, às massas e às matilhas, aos povos e às tribos, aos agenciamentos coletivos que nos atravessam, que nos são interiores e que não conhecemos porque fazem parte de nosso próprio inconsciente."[49]

Literatura e clínica

Quando me referi aos personagens do Capitão Ahab, no livro de Melville, e de Pentesileia, na peça de Kleist, foi certamente possível perceber que eles vivem um devir potente demais para eles, que termina por demoli-los, aniquilá-los. Para Deleuze, há, no devir, na desterritorialização ou na linha de fuga, perigo de desmoronamento, de demolição ou de uma evasão que não dá certo, como na falta de saída do devir-animal ou no impasse da linha de fuga nas novelas de Kafka. Acontece que, embora possa ser destruidora, ou até mesmo mortal, a questão importante é de como ela pode ser vivida. Deleuze — um filósofo que sempre enalteceu a prudência — é profundamente consciente disso, como se pode ver pelo modo como privilegia, na relação da literatura com o de-fora, o tema da saúde e a doença.

Trata-se da ideia de que a literatura é uma atividade clínica ou de que o artista, se ele é grande, é mais um médico que um doente: médico de si próprio e do mundo, pois a doença não é um procedimento, mas sua interrupção. Assim, mesmo quando Deleuze fala de esquizofrenização, como no *Anti-Édipo*, não se trata de um enaltecimento da loucura como doença, mas do elogio de um procedimento de libertação de fluxos, de um movimento de desterritorialização, significando, portanto, que ele distingue o esquizofrênico como tipo psicossocial (o doente de hospital, clínico, aquele que interrompeu o processo) e o esquizofrênico como portador de fluxos desterritorializados e descodificados, a esquizofrenia como processo.[50] E quando ele estuda o exemplo de Wolfson, "o esquizofrênico estudante de línguas", como ele mesmo se denomina, Deleuze deixa clara sua posição de que nele o procedimento linguístico permanece um "protocolo" ou algo improdutivo, isto é, não se agencia com um processo vital capaz de produzir uma visão. Falta-lhe uma sintaxe criadora.[51] "Não se escreve com suas neuroses. A neurose, a psicose não são passagens de vida, mas estados nos quais se cai quando o processo é interrompido, impedido, colmatado. A doença não é processo, mas interrupção do processo, como no 'caso Nietzsche'. O escritor como tal não é doente, mas antes médico, médico de si mesmo e do mundo."[52] O "delírio" da língua — delírio como processo — é condição de saúde.

O escritor, ao criar seu procedimento literário e tornar-se capaz de ver e ouvir, age como um diagnosticador, um sintomatologista que faz da obra de arte portadora de sintomas. Todo grande artista é um clínico, um clínico da civilização: alguém que analisa a doença ou os sintomas do homem e do mundo e avalia suas possibilidades de cura. Eis duas afirmações de Deleuze neste sentido: "O artista é sintomatologista ... É possível tratar o mundo como sintoma, nele buscar os signos de doença, os signos de vida, de cura ou de saúde. E uma reação violenta é, talvez, a grande saúde que chega. Nietzsche considerava o filósofo como o médico da civilização. Henry Miller foi um diagnosticador prodigioso"; "Mais próximo de um médico que de um doente, o escritor faz um diagnóstico, mas é o diagnóstico do mundo; ele segue passo a passo a doença, mas é a doença genérica do homem; ele avalia as chances de uma saúde, mas é o nascimento eventual de um novo homem ...".* "Enlouquecer" a linguagem não é tornar-se louco nem fazê-la tornar-se louca. Para Deleuze, como para o Foucault da *História da loucura*, a loucura é uma prisão. Enlouquecer a linguagem não é propriamente ultrapassar as fronteiras da razão; é atravessar como vencedor as fronteiras da desrazão.[53] Exemplos de Deleuze: Masoch dá nome a uma perversão (o masoquismo) não porque sofra dela, mas porque apresenta ou renova os seus sintomas. Proust investiga os signos (mundanos, amorosos, sensíveis, artísticos) para descobrir sua natureza, para compreender ou interpretar o seu sentido. Kafka faz o diagnóstico de todas as potências diabólicas de um futuro terrível (a burocracia, a tecnocracia, o fascismo) para encontrar uma saída.

É possível aproximar essa análise do escritor como alguém que viu e ouviu alguma coisa forte demais, grande demais — e que faz dele o detentor de uma "grande saúde", e não um doente —, do modo como, em um dos seus mais belos textos ("Porcelana e vulcão", de *Lógica do sentido*), Deleuze pensa, a partir de Fitzgerald e Malcolm Lowry, a relação da vida com um processo de demolição que a comprometeria irremediavelmente.[54]

Será a vida um processo de demolição, como diz Fitzgerald no início de sua novela *The Crack Up*? Para pensar essa questão, Deleuze distingue, por um lado, as coisas que se passam no exterior (a crise econômica, a perda da riqueza, a guerra) e no interior (o envelhecimento, a doença, a perda do talento), e, por outro lado, uma rachadura silenciosa, acontecimento único de superfície, uma rachadura, uma fissura que nem é interior, nem exterior, e se encontra na fronteira, entre o interior e o exterior. Há, portanto, na

* "Sur Nietzsche et l'image de la pensée", in ID, p.194; "Re-présentation de Masoch", in CC, p.71, respectivamente. Cf. *Présentation de Sacher-Masoch*, p.10; "Mystique et masochisme", in ID, p.183. Deleuze escreve em *O que é a filosofia?*: "Diagnosticar os devires em cada presente que passa é o que Nietzsche destinava ao filósofo como médico, 'médico da civilização' ou inventor de novos modos de existência imanentes" (QPh?, p.108).

análise, dois elementos, dois processos diferentes por natureza: 1) os golpes exteriores ou impulsos que vêm de fora e os impulsos internos de uma intensidade que ultrapassa o que se pode suportar; 2) a rachadura, fissura incorporal e silenciosa na superfície. Mas há também uma relação entre esses termos. E justamente o que mais interessa a Deleuze é estabelecer o tipo dessa relação. Pois esse exterior e esse interior aprofundam a rachadura e a efetuam na espessura do corpo. Mas será esse o único tipo possível de relação entre os dois níveis? Será possível evitar que a vida, e mais especificamente a linha de fuga, se transforme em demolição, autodestruição, aniquilamento? Será possível manter a rachadura na superfície? Será possível manter a prudência?

Para responder a essa questão, Deleuze parte da ideia de que a junção dos dois processos pode ser feita pelo suicídio, pela loucura, pelas drogas, pelo álcool. Mas, se faz isso, é para defender que em todos esses casos há algo de ilusório.

É que, para os heróis de Fitzgerald, o alcoolismo é o próprio processo de demolição por determinar o efeito de fuga do passado, quando tudo se torna longínquo, criando a necessidade de beber de novo. A busca desse efeito do álcool pode ser produzido por muitos acontecimentos: perda do dinheiro, perda do amor, perda da terra natal, perda do sucesso. Vivendo em dois tempos, Gatsby, o personagem central de *O grande Gatsby*, por exemplo, quer fazer o presente conter a mais terna, a mais doce identificação com um passado em que ele teria sido amado e, nessa identificação, se estraçalha e perde tudo. O que dá ao alcoolismo um valor exemplar é que o álcool é ao mesmo tempo o objeto, a perda do objeto e a lei dessa perda em um processo de demolição.

Mas a postura de um personagem como Gatsby ou do cônsul de *À sombra do vulcão*, de Malcolm Lowry, não é a posição defendida por Deleuze. Sua questão é: "Como fazer com que a linha de fuga não se confunda com um puro e simples movimento de autodestruição: alcoolismo de Fitzgerald, esmorecimento de Lawrence, suicídio de Virginia Woolf, triste fim de Kerouac?"[55] Pois, para ele, se é verdade que a rachadura, a fissura, não é nada se não compromete o corpo, ela deixa de ter valor quando se confunde sua linha com a outra linha no interior do corpo.

Toda essa análise, como grande parte de *Lógica do sentido*, é baseada nos estoicos, que viam os corpos como a única realidade, como ser, e o incorpóreo como um efeito superficial, um extra-ser, um acontecimento, relacionando esses dois níveis — o físico e o lógico — pela ética. Assim, entre uma lógica da superfície, que diz respeito ao incorpóreo, e uma física da profundidade, que diz respeito às misturas entre os corpos, há uma ética que relaciona o acontecimento puro, ideal, incorpóreo, e a profundidade dos corpos, por um movimento ou um processo de encarnação, efetuação, incorporação. O sábio estoico é alguém que compreende o acontecimento puro em sua verdade e ao mesmo tempo quer sua efetuação em um estado de coisas e em seu próprio corpo, "quer 'dar corpo' a seu efeito incorpóreo".[56]

Inspirado em sua análise dos estoicos, Deleuze defende que só se apreende a verdade eterna do acontecimento se o acontecimento se inscrever na carne; mas, por outro lado, ele não se cansa de dizer que se deve duplicar essa efetuação com uma "contraefetuação que a limita, a representa (*joue*), a transfigura".[57] Ser o mímico do que acontece efetivamente, duplicar a efetuação com uma contraefetuação, a identificação com a distância, como um ator ou dançarino, é fazer a verdade do acontecimento não se confundir com sua inevitável efetuação. Lembrando certamente de *O nascimento da tragédia*, em que Nietzsche distingue o dionisíaco bruto, selvagem, titânico dos cortejos embriagados das bacantes e o trágico — considerado como união artística do apolíneo e do dionisíaco que transforma um veneno num remédio ao criar a tragédia —, Deleuze conclui dessa análise que os efeitos da droga ou do álcool (suas "revelações") podem ser vividos independentemente do uso das drogas ou do álcool, como uma embriaguez em que não se perde a sobriedade, a lucidez. "Procuramos extrair da loucura a vida que ela contém, mas odiando os loucos que não cessam de matar essa vida, de voltá-la contra si própria. Procuramos extrair do álcool a vida que ele contém, sem beber: a grande cena de embriaguez com água em Henry Miller. Passar sem álcool, sem droga e sem loucura, é isso o devir-sóbrio, por uma vida cada vez mais rica."[58] Daí a importância da referência ao ator ou à arte. Pois o ator efetua o acontecimento, mas de uma maneira bem diferente daquela segundo a qual o acontecimento se efetua na profundidade das coisas. Sem perder de vista a grande saúde, ele duplica essa efetuação física com uma outra singularmente superficial, ele "contraefetua", no sentido de tornar-se o "comediante de seus próprios acontecimentos".[59]

Assim, inspirado na "grande saúde" nietzschiana, Deleuze pensa o artista como um pensador que viu e ouviu algo grande demais, forte demais, intolerável demais, algo irrespirável que o esgotou, que colocou nele a marca da morte, mas também o faz viver através das doenças do vivido, tornando-o diferente. Escrever é uma tentativa de libertar a vida daquilo que a aprisiona, é procurar uma saída, encontrar novas possibilidades, novas potências da vida. Pois, em continuidade com sua concepção do exercício do pensamento, ou do que significa pensar, a criação artística é, para ele, o ato de tornar visível o invisível, tornar audível o inaudível, tornar dizível o indizível — ou, para formular essa ideia em toda a sua abrangência, tornar pensável o impensável.

PARTE 7 Deleuze e a pintura

Os elementos constituintes

Em *Francis Bacon: lógica da sensação*, Deleuze faz dois tipos de análise complementares: uma análise estrutural, que explica a composição dos quadros de Bacon, e uma análise genética, que reconstrói o processo pictural, o ato de pintar.

Em que consiste a análise estrutural? Se, em seus estudos, Deleuze sempre procura determinar os elementos constituintes do pensamento e a relação entre eles, no caso das pinturas de Bacon ele detecta três elementos — a figura, o contorno e a grande superfície plana —, sendo o contorno o que relaciona os outros dois.

Nas *Entrevistas com Francis Bacon*, o crítico inglês David Sylvester propõe a hipótese — com a qual Bacon concorda — de transformações históricas na sua pintura: "Naquele tríptico de 1944 [*Três estudos de figuras ao pé de uma crucificação*], você usou um fundo de cor forte e dura para formas apresentadas com precisão e simplicidade, formas esculpidas, se assim se pode dizer, e o conjunto era perfeitamente coerente. Depois, o tratamento das formas tornou-se *malerisch* [manchado] e, com isso, o fundo suavizou-se, ficando mais tonal, quase sempre encortinado, formando um todo perfeitamente coerente. Então você se libertou das cortinas e passou a misturar um tratamento *malerisch* da forma — fazendo com que a pintura ficasse cada vez mais congestionada — com um fundo luminoso, plano e duro, de modo a justapor duas convenções opostas."[1] Deleuze retoma essa ideia ao dizer que o tratamento *malerisch* leva Sylvester a distinguir três períodos na pintura de Bacon: "O primeiro confronta a Figura precisa e a grande superfície plana viva e dura; o segundo trata a forma *malerisch* num fundo tonal de cortinas; o terceiro, enfim, reúne 'as duas convenções opostas' e volta ao fundo vivo achatado … ." E ainda acrescenta um quarto período, em que a figura teria desaparecido, "deixando apenas um traço vago de sua presença".* Há, portanto, na pintura de Bacon, mudanças e períodos bem-demarcados. No entanto, isso não impede que Deleuze lance a hipótese da existência de três elementos fundamentais, constituintes de sua pintura, que, apesar das variações estilísticas, seriam invariantes.[2] Vejamos, para compreender essa análise estrutural, em que consistem esses elementos e que tipo de relação existe entre eles.

A figura desfigurada

Deleuze pensa a figura primeiramente em relação à representação, para esclarecer como, através dela, Bacon evita o caráter figurativo, ilustrativo, narrativo da pintura. Se ele gosta da maneira como Bacon escapa da representação, é sobretudo porque, em vez de privilegiar a forma, ou até mesmo a abstração, ele mantém em sua pintura uma figura que nem é abstrata, nem propriamente figurativa.**

Nas entrevistas a Sylvester, Bacon se refere várias vezes a esse aspecto de sua pintura. Um dos momentos é quando diz que a imagem está entre o figurativo e a abstração: "Está na fronteira da abstração, mas na verdade nada tem a ver com ela." A esse respeito, quando Sylvester menciona o tríptico da *Crucificação* (1965) [imagem 58], cujo painel direito tem uma figura usando uma faixa no braço com a suástica, e pergunta a Bacon se isso foi feito para ter um significado, o pintor lhe responde: "Quis colocar uma faixa para quebrar a continuidade do braço e jogar um vermelho ao redor dele… com a intenção de fazer a figura funcionar — não de funcionar como uma figura nazista, mas para funcionar como uma forma." E quando Sylvester volta a perguntar: "Por que você quer evitar uma interpretação narrativa?", Bacon responde: "Não é que eu queira evitar, mas gostaria muitíssimo de fazer aquilo que Valéry disse: 'proporcionar emoções sem o tédio da comu-

* FB, trad. br., p.37. Deleuze escreve sempre "Figura". Cito a tradução brasileira da Zahar por ela seguir a numeração contínua dos quadros de Bacon adotada pela edição francesa da Éditions de la Différence, esgotada, enquanto a edição atual, da Minuit, cria um duplo sistema de referência: aos quadros que reproduz e aos outros.

** Essa dupla recusa do figurativo e do abstrato leva Deleuze a aproximar Bacon de Proust (cf. FB, p.71-3). Em *Imagem-tempo*, ele defende que o cinema deve evitar dois obstáculos: o cinema experimental abstrato e o cinema figurativo comercial.

nicação'. E no instante em que entra uma história, o tédio toma conta de você."[3] Frase que Deleuze interpreta: "Segundo a expressão de Valéry, a sensação é o que se transmite diretamente, evitando o desvio ou o tédio de uma história a ser contada."[4]

Para precisar essa originalidade da figura com relação ao abstrato e ao figurativo, Bacon esclarece que "o aspecto ilustrativo inevitavelmente terá de estar presente na reprodução de certas partes da cabeça e do rosto". Como no *Retrato de Isabel Rawsthorne de pé numa rua do Soho*, de 1967, esplêndido exemplo da conjugação de manchas visivelmente ilustrativas e manchas irracionais altamente sugestivas.[5] Deleuze explicita essa ideia de uma figura que não é figurativa distinguindo uma figuração primária e uma figuração secundária.[6] E isso o leva a defender que, embora a figura na pintura de Bacon não apresente uma figuração primária, uma figuração secundária continua presente na figura desfigurada ou na forma deformada. Utilizando-se de um termo de Lyotard, ele chama de "figural" essa figura sem figuração primária.* A figura considerada como figural é forma, mas forma deformada; é figura, mas figura desfigurada, despojada da função figurativa.

A figura criada por Bacon para escapar da representação tem duas características. Primeiro, em vez de remeter a um objeto exterior, a um modelo, que pretenderia representar ou imitar, a figura é uma forma sensível que remete à sensação, age diretamente sobre o sistema nervoso. Assim, quando Bacon diz, na resposta a Sylvester já citada, que a figura está na fronteira da abstração, mas nada tem a ver com ela, ele explicita que isso é uma tentativa de fazer com que a pintura atinja o sistema nervoso. Bacon faz uma diferença entre a pintura que comunica diretamente e a que comunica através da ilustração. Usando mais ou menos como sinônimos sistema nervoso e emoção, como também cérebro e inteligência, ele diz: "Certa pintura toca diretamente o sistema nervoso e outra lhe conta a história num longo discurso através do cérebro." E também: "A diferença é que a forma ilustrativa imediatamente lhe diz, através da inteligência, aquilo que ela expressa, enquanto no caso da não ilustrativa ela primeiro atua nas emoções e depois faz revelações sobre o fato."[7]

Segundo, quando há mais de uma figura, não se deve narrar nenhuma história, com as figuras estabelecendo uma relação. Por isso Deleuze dirá

---

* Em 1972, na "Apreciação" de *Discours, figure*, Deleuze defendia que o livro de Lyotard subverte a relação figura-significante (ID, p.300).

que duas figuras formam um só fato, ou dois corpos formam uma só figura.* Há uma figura comum aos dois corpos, ou um "fato" comum às duas figuras, sem história para contar, independentemente de qualquer relação figurativa ou narrativa. Aliás, radicalizando essa ideia, Deleuze pensa que a figura acoplada faz das figuras isoladas simples casos particulares. Pois, até no caso de um único corpo ou de uma sensação simples, os níveis diferentes pelos quais essa sensação passa já constituem blocos de sensação. Em última análise, em Bacon só há figuras acopladas, pois o que importa para ele é o entrelaçamento das duas sensações, o acoplamento de sensações em dois corpos.

O estudo deleuziano da figura privilegia o corpo. O que está pintado como figura é um corpo, não representado como objeto, nem representando um objeto, mas experimentando uma sensação. O que é esse corpo? Uma das maneiras como Deleuze responde a essa questão é dizendo que ele é carne ou vianda (*viande*). Bacon pinta o corpo como carne ou vianda. A carne ou vianda é o material corpóreo da figura.**

A esse respeito, Deleuze propõe uma curiosa relação entre o corpo e o osso: o corpo só se revela quando deixa de ser sustentado pelos ossos, ou quando a carne deixa de recobrir os ossos, quando ambos existem um para o outro, em tensão, em confronto, mas cada um em seu lugar. Nas *Entrevistas*, Bacon se refere a um pastel de Degas, *Depois do banho*, que retrata uma mulher lavando as costas cuja coluna vertebral parece sair do corpo, e acrescenta que isso dá uma tal força e imprime uma tal distorção à imagem que passa-se a perceber a vulnerabilidade do resto do corpo, mais do que se Degas tivesse desenhado a coluna subindo naturalmente até o pescoço. Deleuze se refere a esse quadro para lembrar que, em uma composição totalmente diferente, *Três figuras e retrato* (1975) [imagem 40], Bacon pintou essa coluna vertebral numa figura contorcida, virada de cabeça para baixo, e observa que é preciso atingir essa tensão pictórica entre a carne e os ossos e que é justamente a vianda que a realiza. A vianda é o estado do corpo em que a carne e os ossos se confrontam localmente.

* Eis alguns exemplos desse caso: imagens 17, 18, 61, 76. Em "Bartleby, ou a fórmula", Deleuze aproxima os personagens "originais" dos romances de Melville — poderosas figuras solitárias que ele opõe aos particulares e aos gerais — das figuras de Bacon, que aparecem isoladas no quadro (cf. CC, p.106-7).

** Relacionando a pintura à escultura, Bacon fala a Sylvester da possibilidade de fazer uma pintura cujas imagens se ergueriam de um rio de carnes (cf. David Sylvester, *Entrevistas com Francis Bacon*, São Paulo, CosacNaify, 2007, p.83).

Na vianda, é como se a carne descesse dos ossos, os ossos se erguessem da carne. Por isso, segundo Deleuze, Bacon gosta de pintar figuras deitadas, cujos braço e coxa levantados são como um osso, de modo que a carne parece escorrer. Isso pode ser notado nas duas figuras do painel central do tríptico *Duas figuras deitadas numa cama com testemunhas* (1968), [imagem 53]; mas também no homem que dorme com os braços erguidos em *Figura deitada* (1959) [imagem 43], na mulher que dorme com a perna em vertical em *Mulher reclinada* (1961) [imagem 44], na mulher que dorme com as coxas levantadas, tendo uma seringa no braço, em *Figura deitada* (1969) [imagem 46], na mulher quase na mesma posição de *Figura deitada com seringa hipodérmica* (1963) [imagem 37]. Além disso, o que lhe interessa, segundo Deleuze, nas crucificações, é a descida e a cabeça para baixo que revela a carne, onde se vê a carne escorrer dos ossos, como em *Três estudos para uma crucificação* (1962) [imagem 56, direita] e na já citada *Crucificação* (1965) [imagem 58, centro].

Deleuze termina essas considerações sobre o corpo como vianda explicitando que ela não é uma carne morta, mas uma carne que conservou todos os sofrimentos da carne viva, pois todo homem que sofre é vianda. E cita esta frase forte de Bacon: "Sempre fui muito tocado pelas imagens de abatedouros e de vianda, e para mim elas estão estreitamente ligadas a tudo o que é a Crucificação ... É claro, nós somos vianda, somos carcaças em potência. Se vou a um açougue, sempre acho surpreendente não estar lá, no lugar do animal ..."[8]

Mas se o estudo da figura privilegia o corpo, ele não privilegia o rosto. Pois a figura, sendo corpo, não tem rosto: tem cabeça. A ideia de Deleuze é que Bacon é um pintor de cabeças, e não de rostos. O rosto é uma organização espacial estruturada que recobre a cabeça, enquanto a cabeça é uma parte do corpo. Essa oposição entre rosto e cabeça já havia sido exposta, inclusive mais explicitamente, em *Mil platôs*, no platô "Rostidade". Nesse livro, Deleuze e Guattari defendem que o rosto faz parte de um sistema composto de superfície e buracos, e usam a expressão "muro branco-buraco negro". Mesmo se o rosto se enrola num volume — a cabeça —, ele é uma superfície, com traços e linhas, que recobre a cabeça, "rostifica" a cabeça, com seu volume e suas cavidades. E Deleuze e Guattari vão ainda mais longe, ao afirmar que esse processo se estende a todo o corpo, afeta as outras partes do corpo, dando-lhe significância e subjetivação. Por outro lado, esse processo de rostificação, que é político — pois certos agenciamentos de poder têm necessidade do rosto —, os leva a defender que o rosto deve ser destruído, desfeito, desorganizado, para dar lugar ao assignificante, ao assubjetivo, a traços de rostidade que escapam da organização do rosto.

Utilizando essas ideias em *Lógica da sensação*, Deleuze caracteriza o projeto de Bacon como sendo fazer surgir a cabeça sob o rosto. Num quadro de Bacon, o rosto perde sua forma e em seu lugar surge uma cabeça. O osso pertence ao rosto, e não à cabeça. A cabeça é desossada, mais que ossuda, embora não seja mole, mas firme. A cabeça é carne, vianda, um bloco de carne firme que se separa dos ossos. E, como exemplo, Deleuze dá os estudos para um retrato de William Blake [imagens 48, 49]. Mas talvez o quadro que vá mais longe na identificação da cabeça com a vianda seja *Fragmento de uma crucificação* (1950) [imagem 52], onde a própria vianda é cabeça, onde a vianda inteira berra na cruz.

Essa distinção entre rosto e cabeça é importante porque através dela Deleuze introduz o tema do devir-animal das figuras de Bacon. Analisei no capítulo anterior esse conceito de devir, pensado — em contraposição à imitação, à identificação — como o enlaçamento de duas sensações sem semelhança que cria uma zona de indistinção, de indeterminação, de indiscernibilidade entre elas, o "encontro de dois reinos", uma conexão entre heterogêneos, uma "desterritorialização conjugada". Dei o exemplo da interpretação deleuziana do "devir não-humano" do Capitão Ahab, que no romance de Melville torna-se baleia, e de Pentesileia, que na peça de Kleist torna-se cadela, e procurei esclarecer que um devir-animal é real não no sentido de que alguém se torne realmente um animal em sua forma e em sua dimensão molar, pois todo devir diz respeito à dimensão molecular característica da intensidade.

Mas, além do devir animal, Deleuze também se refere a um devir imperceptível, um devir clandestino, que ele encontra na dissolução da figura existente nos últimos quadros de Bacon, um tipo de "abstração" que não teria mais necessidade da figura. Como exemplo desse tipo de devir ele aponta *Jato d'água* (1979) [imagem 38], Duna de areia (1981) [imagem 83], *Um fragmento de "Terra devastada"* (1982), Duna de areia (1981) [imagem 86]. No entanto, não é evidente que esses quadros sejam bons exemplos de pinturas em que a figura tenha desaparecido, "deixando apenas um traço vago de sua antiga presença".* A meu ver, o que acontece é que, em vez de figuras huma-

* FB, p.38. O quadro que mais poderia se aproximar dessa interpretação de Deleuze seria *Duna de areia*, de 1983, sobre o qual John Russell diz: "Quanto mais a olhamos, tanto mais essa duna adquire o aspecto de anatomia humana. Essas superfícies que rolam, escorre-

nas, o principal interesse de Bacon, nesses quadros e em alguns outros mais antigos, como *Paisagem* (1952), é pintar outras figuras: dunas de areia, relva, jato d'água — paisagens, portanto. Aliás, ele diz nas *Entrevistas*: "Por exemplo, estou pensando naquele quadro da relva, de uma paisagem que desejei enquadrar numa moldura [*Paisagem* (1978)]. Queria que a coisa fosse uma paisagem e, ao mesmo tempo, que não parecesse uma paisagem. Fui, então, aparando, aparando, até que no fim sobrou apenas uma pequena extensão da relva que botei dentro da caixa. Foi isso que, no meio do desespero, surgiu depois de tantas tentativas para eliminar a aparência daquilo que se diz que é uma paisagem. Queria que fosse uma paisagem sem que parecesse uma paisagem. Não sei se fui de todo bem-sucedido." E o que acrescenta poucas páginas depois talvez seja ainda mais esclarecedor: "O que eu queria mesmo é que essas coisas fossem, vamos dizer, a essência de uma paisagem, a essência da própria água. Era esse o meu intuito."[9]

Como se vê, trata-se sempre do mesmo projeto de romper os laços da figura — aqui uma paisagem — com a representação. E o mesmo pode ser dito dos animais pintados por Bacon: chimpanzé, cachorro, coruja, babuíno. E ainda se preferirmos dizer que paisagens e animais não são figuras, não me parece que nessas paisagens as figuras deixam o traço de sua antiga presença, como sugere Deleuze. Se quisermos um exemplo de uma composição não figurativa, há um que é dado pelo próprio Bacon: o painel central do trípitco *Sweeney Agonistes* (1967). E talvez não haja outro.

Por isso, mais do que o devir imperceptível, o importante da interpretação do devir nas pinturas de Bacon é o devir-animal, um devir que ocupa uma posição mediana, entre o devir-mulher e o devir-criança, por exemplo, e, por outro lado, o devir imperceptível. Neste sentido, o devir-animal é um devir inumano da figura que consiste em desfazer a organização humana do corpo, atravessar zonas de intensidade.

No caso de Bacon, a vianda e ainda mais propriamente a cabeça são a zona de indecisão, de *indiscernibilidade*, entre o homem e o animal. O animal é a zona de desterritorialização do homem, seu devir intensivo, seu limite intensivo. Não se trata, portanto, de combinação de formas, de correspondências formais, mas de um fato comum: o fato comum do homem e do animal. Assim, pode acontecer de a cabeça de homem ser substituída

---

gam e se elevam insensivelmente são mais carne do que areia, uma carne que é, além disso, animada por uma complexa, uma intensa, uma todo-poderosa sexualidade" (*Francis Bacon*, trad. fr., Paris, Thames & Hudson, 1994, p.182).

por um animal, como um pássaro. [imagem 27, centro]. Ou de Bacon fazer surgir traços animais na cabeça da figura humana. A esse respeito, o melhor exemplo, a meu ver, é o quadro *George Dyer acocorado* (1966), que curiosamente Deleuze não cita, e sobre o qual John Russell diz: "Quanto à figura, ela nos lembra que Bacon inspira-se incansavelmente em animais selvagens. Ele espreitou a fotografia reveladora com tanta atenção quanto um caçador espreita uma presa viva. Essa figura é manifestamente humana, mas ela também encarna a paciência e a imobilidade de uma criatura da floresta para a qual o tempo tem dimensões que não têm qualquer relação com a vida humana."[10]

Mas Deleuze também aprofunda a compreensão da figura em Bacon com o conceito de corpo sem órgãos suscitado por Artaud. No final da emissão radiofônica "Para acabar com o julgamento de Deus", Artaud diz: "Colocando-o de novo, pela última vez, na mesa de autópsia para refazer sua anatomia./ Eu digo, para refazer sua anatomia./ O homem é enfermo porque é mal construído. É preciso se decidir a desnudá-lo para raspar esse animalúculo [animal microscópico] que o corrói mortalmente,/ deus/ e com deus/ seus órgãos/ Pois, amarrem-me se quiserem,/ mas não há nada mais inútil que um órgão./ Quando tiverem/ conseguido fazer um corpo sem órgãos,/ então o terão libertado de seus automatismos/ e devolvido sua verdadeira liberdade./ Então o terão ensinado a dançar às avessas/ como no delírio dos bailes populares/ e esse avesso será/ seu verdadeiro lugar."[11]

A frase que mais interessa a Deleuze nesse trecho é "amarrem-me se quiserem, mas não há nada mais inútil do que um órgão". Acontece que, embora essa ideia da inutilidade dos órgãos seja importante para a formulação do conceito deleuziano de corpo, ele não a interpreta literalmente, chegando a dizer que nos apercebemos pouco a pouco que o corpo sem órgãos não é o contrário dos órgãos, ou que seus inimigos não são os órgãos, mas os organismos. Por isso, ele privilegia, ainda mais, outra afirmação de Artaud: "O corpo é o corpo. Ele está só. E não tem necessidade de órgãos. O corpo nunca é um organismo. Os organismos são os inimigos do corpo." Essa formulação evidencia que Artaud luta tanto contra os órgãos quanto contra o organismo. Contra os órgãos, quando afirma nesse texto que o corpo não tem necessidade de órgãos, mas também quando diz: "Sem boca. Sem língua. Sem dentes. Sem laringe. Sem esôfago. Sem estômago. Sem ventre. Sem ânus."[12] Contra o organismo, quando diz que os organismos são os inimigos do corpo. Ora, para Deleuze, o corpo sem órgãos opõe-se não própria ou principalmente aos órgãos, mas à organização dos órgãos chamada organismo, à organização orgânica. O organismo é um conjunto regulado de órgãos submetidos a um princípio de unidade orgânica, uma forma que aprisiona o corpo numa organização corporal definida. Já o corpo sem órgãos designa uma vida inorgânica no sentido de não organizada em forma de organismo, ou ainda não atualizada como organismo, seria melhor dizer, para levar em consideração a diferença feita por Deleuze entre o virtual e o atual. O corpo sem órgãos é o aspecto ou a dimensão virtual do corpo.

Assim, considerando que Artaud tornou sensível o corpo sem órgãos virtual sob o organismo atual, Deleuze defende que o objetivo da arte é dar acesso ao corpo aquém da organização, à vida não estabilizada em órgãos diferenciados, à vida como força inorgânica sob a forma orgânica. O que o leva a defender, de um modo ainda mais geral, que toda arte é captura de forças e não reprodução ou invenção de formas. "Ao par *matéria-forma* se substitui *material-forças*."[13]

Em *Mil platôs*, Deleuze refere-se aos "órgãos verdadeiros" do corpo sem órgãos, que devem ser compostos. Com isso, ele quer dizer que uma onda, um fluxo de amplitude variável percorre o corpo sem órgãos, traçando nele zonas e níveis segundo as variações de sua amplitude, e, quando um determinado nível da onda, do fluxo, se encontra com forças exteriores, esse encontro determinará um órgão, mas um órgão provisório, que só dura o quanto durar a ação da força. Em outras palavras: uma onda percorre o corpo; uma força, que o corpo encontra, determina um órgão num determinado nível; esse órgão mudará se a força também mudar, ou quando passar de um nível a outro. Em suma, o corpo sem órgãos deve ser definido não propriamente pela ausência de órgãos, mas pela existência de órgãos indeterminados, que só temporária e provisoriamente se tornam órgãos determinados.

Esse corpo percorrido por ondas, por fluxos, é um corpo em que circulam intensidades. O corpo sem órgãos não tem propriamente órgãos, mas limiares ou níveis; é um corpo afetivo, intenso, e não extenso, atravessado por matérias não formadas, intensivas, e não por matérias formadas, extensas; é um corpo pleno, e não vazio, percorrido por fluxos de intensidades. Desfazer o organismo, desfazer a organização dos órgãos chamada organismo é abrir o corpo a conexões de intensidades, é libertar ou produzir intensidades. O corpo sem órgãos faz passarem intensidades, produz e distribui intensidades, movimentos intensivos que determinam a natureza e o lugar dos órgãos. É uma potente vitalidade não orgânica proveniente da relação do corpo com forças ou potências imperceptíveis que se apoderam dele e das quais ele se apodera. O corpo é atravessado por uma intensa vitalidade que desfaz a organização, produzindo uma vida não orgânica. Pois o organismo não é propriamente vida, mas sua prisão.

Assim, utilizando-se da expressão de Artaud, apropriação que havia feito sobretudo em *Mil platôs*, Deleuze considera a figura em Bacon como um corpo sem órgãos, como o que procura ter a vitalidade inorgânica do corpo sem órgãos. Bacon faz sentir a potente vida inorgânica que anima o corpo, capta as forças, a intensidade do corpo sem órgãos. Desfazendo o organismo em proveito do corpo, o rosto em proveito da cabeça, Bacon pinta corpos sem órgãos, o fato intensivo do corpo, a presença intensa das figuras, um corpo sem órgãos que é carne, intensidade, sensação.

A área redonda e a grande superfície plana

Além da figura — de longe o componente mais estudado —, a análise estrutural realizada por Deleuze detecta ainda dois elementos da pintura de Bacon: a grande superfície plana, ou estrutura, e a área redonda, o contorno, que funcionam como sua condição. A grande superfície plana é a estrutura material espacializante; é o suporte, o fundo, o plano de fundo que tem uma função estruturante, espacializante. Mas, embora Deleuze use a palavra algumas vezes, não se trata propriamente de um fundo sobre o qual se destacaria uma forma, pois ele jamais realiza suas análises em termos de forma e fundo. E no caso específico de Bacon isto significa que a grande superfície não está embaixo, atrás ou além da figura: está ao lado, ou melhor, em volta. Há proximidade absoluta da grande superfície plana que funciona como fundo e da figura que funciona como forma. Não há profundidade em Bacon. A relação da estrutura com a figura é a correlação de dois setores num mesmo plano. Ou, se há profundidade, trata-se de uma "profundidade rasa", superficial, que Deleuze considera herdada do pós-cubismo de Picasso e Braque que assinala uma diferença qualitativa que não é quantitativamente grande entre a figura e a grande superfície plana.*

* FB, p.120, 135. Referindo-se ao cinema do pós-guerra, Deleuze dirá que "a profundidade era denunciada como 'engodo' e a imagem assumia uma planeza de 'superfície sem profundidade', ou de *profundidade rasa* à maneira dos baixios oceânicos ..." ("Lettre à Serge Daney...", in P, p.99).

Essa diferença ou relação de coexistência, de proximidade, entre a figura e a grande superfície plana é dada ou modulada pela cor. Pois, enquanto os tons matizados, os filetes de tons matizados, formam o corpo da figura, a grande superfície plana tem cor viva, pura, uniforme e imóvel. O que leva Deleuze a situar essa diferença do ponto de vista do tempo: como tempo que passa, ou conteúdo do tempo, na variação cromática dos tons matizados da figura ou no cromatismo dos corpos; como eternidade do tempo, ou eternidade como forma do tempo, na monocromia da grande superfície plana.[14]

Não basta, no entanto, dizer que há diferença qualitativa entre a figura e a grande superfície plana, pois o que interessa a Deleuze é sempre estabelecer a relação — relação diferencial — entre dois termos ou séries. Ora, essa correlação, essa conexão da grande superfície plana e da figura é dada por um terceiro elemento que funciona como limite comum aos outros dois: a área redonda ou o contorno. "Contorno" talvez seja uma palavra melhor para designá-lo, pois a área redonda às vezes é mais oval do que propriamente redonda; além disso, a chamada área redonda é frequentemente aumentada, ou substituída pela área redonda da cadeira onde o personagem está sentado, pela área oval da cama onde ele está deitado [imagens 14, 17], pela caixa de vidro onde está encerrado [imagens 6, 10], e também aparece na forma de pias, guarda-chuvas e espelhos [imagens 26, 28, 30, 32]. Mas, apesar da variação de forma, o contorno — que pode ocupar mais ou menos espaço no quadro, ou até mesmo se multiplicar, um contorno maior envolvendo um menor — delimita sempre o lugar onde está a figura, aparecendo como sua pista, seu picadeiro. No entanto, o mais importante é que o contorno é o lugar de uma troca, nos dois sentidos, entre a estrutura material e a figura; é uma "membrana" percorrida por uma dupla troca, um duplo movimento.

O movimento da pintura

O que é esse duplo movimento? O primeiro movimento, que é um primeiro tipo de tensão, vai da estrutura material para a figura. A estrutura material — forçada pelo contorno — adquire um movimento que a faz tomar a forma de um cilindro e se enrolar no contorno, que por sua vez isola, envolve, enclausura, aprisiona a figura [imagens 6, 19]. Trata-se de um movimento centrípeto de isolamento cuja fonte não está na figura. Isso leva Deleuze a falar de um "atletismo" singular da figura, de uma "violência cômica", em que o contorno vira aparelho de ginástica para a figura. O importante, do ponto de vista da questão da identidade e da diferença na pintura, é que isolar é o modo mais simples, e necessário — embora não suficiente —, de romper com a representação, interromper a narração, impedir a ilustração e liberar a figura.

O outro movimento, um segundo tipo de tensão, é o da figura para a grande superfície plana. Agora a figura é a fonte de um movimento centrífugo para passar por um ponto de fuga no contorno — o volume oco da pia, do guarda-chuva, do espelho — e se dissipar na grande superfície plana. Um exemplo dessa interpretação, quanto à pia, é *Figura na pia* (1976) [imagem 26], sobre o qual Deleuze diz: "Agarrado ao oval da pia, seguro pelas mãos nas torneiras, o corpo-figura faz sobre si mesmo um esforço intenso, imóvel, para escapar inteiramente pelo ralo." Exemplos, quanto ao guarda-chuva, são as duas versões de *Pintura* (1946 e 1971) [imagens 30 e 28], onde "a figura está instalada na área redonda de uma balaustrada, mas ao mesmo tempo é tragada pelo guarda-chuva semiesférico, e parece estar à espera de escapar completamente pela ponta do instrumento: já nada mais se vê além de seu sorriso abjeto"; mas também os *Estudos do corpo humano* (1970) e o *Tríptico de maio-junho 1974* [imagens 22, centro; 50, esquerda e direita], onde "o guarda-chuva verde-garrafa é tratado muito mais na superfície, mas a figura agachada se serve dele ao mesmo tempo como balanço, paraquedas, aspirador, ventosa, pela qual todo o corpo contraído quer passar, e a cabeça já foi tragada...". Por sua vez, os espelhos não são superfícies que refletem, mas espessuras opacas, por vezes pretas, onde os corpos entram e se alojam. Deleuze observa inclusive que "o corpo parece se alongar, se achatar, se esticar no espelho como se ele se contraísse para passar pelo buraco [imagens 32, 47]. Se for preciso, a cabeça se racha numa grande fenda triangular, que vai se reproduzir dos dois lados e espalhar a cabeça por todo o espelho, como um bloco de gordura numa sopa"[15] [imagem 35].

Contraindo-se ou distendendo-se, o corpo tenta escapar de sua forma, de sua organização, por um de seus órgãos, para se dissipar na grande superfície plana, e é apresentado pelo pintor no estado intermediário entre corpo organizado e dissipado, como um corpo em devir. A esse esforço intenso Deleuze chama espasmo, um movimento no próprio lugar. Assim, o movimento é menos um deslocamento, ou uma translação, do que um espasmo. A sombra, nos três painéis do tríptico *Três estudos do dorso masculino* [imagem 47], é vista como o corpo que escapou por um ponto localizado no contorno, assim como o grito é a operação pela qual o corpo inteiro escapa pela boca, como em *Cabeça VI* (1949) [imagem 6]. A figura não está apenas isolada; está deformada. O que dá ao contorno uma diversidade de funções, pois além de isolar, ele deforma. Mas, apesar dessa diversidade, dessa pluralidade de funções, cabe-lhe sempre assegurar a comunicação nos dois sentidos entre figura e estrutura material.*

A sensação e as forças

A condição desse duplo movimento é a sensação. Um quadro de Bacon diz respeito à sensação. Mas a relação entre pintura e sensação leva Deleuze a privilegiar Cézanne como quem deu o nome de sensação — "lógica das sensações" é uma expressão de Cézanne — à figura sem figuração, ou ao caminho de ultrapassagem da figuração pela figura. A figura é a forma sensível referida à sensação. Por um lado, ela não se refere a um objeto, a algo que deveria representar; por outro, ela age imediatamente sobre o sistema nervoso, sem o intermédio do cérebro. Se para os impressionistas a sensação está no jogo de luz e cor, ou das impressões, para Cézanne a sensação está no corpo, não no sentido de representado como objeto, ou representando um objeto, mas de pintado como experimentando uma sensação.

Em seguida, Deleuze aproxima Bacon de Cézanne, estabelecendo uma equivalência entre pintar a sensação e registrar o fato, o fato pictural, o fato intensivo do corpo, o fato da figura — o que só é possível quando o corpo se encontra submetido aos diversos tipos de forças que agem sobre ele. É preciso que uma força se exerça sobre um corpo para que haja sensação. A sensação é o resultado de uma violência, é uma sensação violenta.

O aprofundamento da noção de sensação permite compreender a relação do movimento com a força e, assim, compreender em que consiste efetivamente o movimento que Deleuze detecta na pintura de Bacon. A sensação apresenta duas características importantes. A primeira é a diferença de nível. Cada sensação tem diversos níveis, diferentes ordens ou domínios. Não se trata de sensações de diferentes ordens, de diferentes níveis, mas de diferentes ordens ou níveis de uma mesma sensação. A segunda característica é

* O exemplo dado por Deleuze dessa pluralidade de funções é o contorno laranja-dourado que incide sobre a porta em *Pintura*, de 1978 [imagem 23].

que a sensação passa de um "nível" a outro, isto é, se cada sensação tem níveis diferentes, isso provém de que ela passa por variações. Usando os termos "afetos", "sensações" e "instintos", Deleuze pensa os afetos como um misto de sensações e instintos, chamando de sensação aquilo que determina os instintos em determinado momento e de instinto a passagem de uma sensação a outra. Ideia que, no fundo, é a retomada da distinção já feita por Deleuze nos livros sobre Espinosa com os termos afecção e afeto, as afecções sendo os estados dos corpos provenientes da ação de outros corpos sobre eles, os afetos, as variações contínuas desses estados em termos de aumento e diminuição.

O movimento não explica a sensação, os níveis de sensação; ele se explica pela elasticidade da sensação, sua *vis elastica*, sua força elástica. Neste sentido, sensação é vibração.* Mas, às vezes, duas sensações de níveis diferentes, isto é, níveis diferentes de sensações diferentes se confrontam e se acoplam, se reúnem produzindo uma figura acoplada.[16] Neste caso, não se trata mais de simples vibração, mas de ressonância, de ressonâncias provenientes das camadas de sensações superpostas, do entrelaçamento de duas sensações e da ressonância que elas produzem.

Há, portanto, uma relação importante entre a sensação e as forças. As artes têm como objetivo captar, capturar forças. A música deve tornar sonoras forças "insonoras". A literatura, tornar dizíveis forças indizíveis. A pintura, tornar visíveis forças invisíveis. Deleuze faz a lista das forças que Bacon detecta: de isolamento, de deformação, de dissipação, de acoplamento, uma força que só pode ser captada pelos trípticos, que é tanto força de reunião quanto força de separação, a força do tempo, que pode ser tanto a força do tempo mutante, o conteúdo do tempo, que aparece na figura, quanto a força do tempo eterno, a eternidade do tempo, a forma do tempo, que aparece na grande superfície plana. Os movimentos aparentes das figuras não só estão subordinados às forças invisíveis que se exercem sobre elas, mas também expressam a natureza intensiva do mundo que está sob as coisas. Bacon é um pintor das forças, que torna visíveis as forças encerradas nas formas, que apresenta as forças que se encontram em ação nos corpos e são as "causas mais profundas" de suas deformações. E assim como Cézanne teria dado um ritmo vital, um movimento vital, uma potência vital à sensação visual, Bacon teria feito o mesmo com a coexistência de movimentos.

* "O que se tem de conseguir é uma sensação de vida. Quando se pinta um retrato, o problema é encontrar uma técnica capaz de expressar todas as vibrações de uma pessoa" (David Sylvester, *Entrevistas com Francis Bacon*, op.cit., p.174).

Assim, nas séries de cabeças e autorretratos [imagens 71, 72, 74, 75], a agitação dessas cabeças vem de forças de pressão, dilatação, contração, achatamento, estiramento que se exercem sobre cabeças imóveis. O exemplo do grito [imagens 54, 55] é bom porque mostra que Bacon põe o grito visível, a visibilidade do grito, em relação com forças invisíveis. Dito de outro modo, as pinturas de Bacon em que uma figura grita põem a força sensível do grito em relação com forças insensíveis que fazem gritar, as quais, pensando em Kafka, Deleuze chama de forças do futuro. "Quando ele pinta o papa que grita, não há nada que cause horror, e a cortina diante do papa não é apenas uma maneira de isolá-lo, de subtraí-lo aos olhares, é muito mais a maneira pela qual ele mesmo nada vê e grita diante do invisível: neutralizado, o horror é multiplicado, pois é consequência do grito, e não o contrário."[17] Assim, quando Bacon escolhe "pintar o grito mais do que o horror", está privilegiando a violência da sensação mais que a do espetáculo, ou a violência das posturas mais que a das situações.* E é importante acrescentar que Deleuze vê na distinção de duas violências — a do espetáculo ou do sensacional, da figuração primária, e a da sensação — uma declaração de fé na vida, um ato de fé vital. Isso porque, segundo ele, quando o corpo visível enfrenta as potências do invisível, e lhes dá sua visibilidade, afirma uma possibilidade de triunfar que não possuía enquanto essas forças permaneciam invisíveis.

A análise genética

Além do aspecto estrutural da análise, há também um aspecto genético, que diz respeito ao ato de pintar. Para fazer essa análise do processo pictórico, Deleuze parte da ideia de que o pintor não está diante do quadro como diante de uma superfície em branco, de uma superfície vazia que teria de preencher; para pintar, ele tem de esvaziar a tela de uma série de dados figurativos: clichês físicos, que estão em torno dele, no ateliê, nos jornais, nas fotografias, no cinema, na televisão, ou psíquicos, como percepções e lembranças, que são projetados na tela antes que ele comece a pintar.

Lawrence observou com muita pertinência a luta contra o clichê nas pinturas de Cézanne. Eis esse belo texto: "Após uma obstinada luta de 40

* Cf. "La peinture enflame l'écriture", in DRF, p.168, 171. Para Bacon, os melhores gritos humanos foram feitos, no cinema, por Eisenstein em *O encouraçado Potemkin* e, na pintura, por Poussin com *O massacre dos inocentes* (cf. E, p.34-5, 48).

anos, ele conseguiu, no entanto, conhecer plenamente uma maçã, um vaso ou dois. Foi tudo o que conseguiu fazer. Isso pode parecer pouco, e ele morreu amargurado. Mas é o primeiro passo que conta, e a maçã de Cézanne é muito importante, mais importante que a ideia de Platão ... Se Cézanne tivesse consentido em aceitar seu próprio clichê barroco, seu desenho seria ótimo segundo as normas clássicas, e nenhum crítico teria encontrado nada de negativo a dizer. Mas quando seu desenho era bom segundo as normas clássicas, ele parecia a Cézanne muito ruim. Era um clichê. Então, Cézanne se atirava em cima dele, extirpava-lhe a forma e o conteúdo, e depois de ele se tornar ruim de tanto ser maltratado, Cézanne, esgotado, o deixava assim, tristemente, pois ainda não era o que queria ... Onde Cézanne por vezes escapa por completo do clichê e dá uma interpretação inteiramente intuitiva de objetos reais é em suas naturezas-mortas."*

Como vencer os clichês? Para responder a essa questão, Deleuze começa distinguindo o acaso da probabilidade. Ele pensa que, quando se considera uma tela antes do trabalho do pintor, todos os lugares se equivalem, são igualmente "prováveis". Mas quando o pintor começa a ter uma ideia do que deseja fazer, embora ainda não saiba como, alguns lugares da tela começam a ter mais relevância que outros. Começa a haver na tela uma ordem de probabilidades iguais e desiguais, e é quando a probabilidade desigual se torna quase uma certeza que se pode começar a pintar. Assim, a probabilidade faz parte do pré-pictural.

Mas, quando o trabalho começa, para não pintar um clichê, o pintor precisa fazer "marcas livres", traçar linhas, limpar, varrer, jogar tinta na imagem pintada, numa zona do corpo — de preferência na cabeça — para que possa nascer uma figura, que é um improvável. Ora, esses procedimentos dependem do acaso, mas nada têm a ver com probabilidade; são um tipo de escolha ou de ação sem probabilidade.

O acaso tem uma importância muito grande no processo de criação de Bacon. Nas *Entrevistas*, ele fala várias vezes do assunto. Eis algumas: "No meu caso, toda a pintura é fruto do acaso"; "Minha maneira de trabalhar é totalmente acidental ..."; "Acho que a sorte, que chamaria de acaso, é um

* Citado por Deleuze, FB, p.92-3. Deleuze e Guattari escrevem em *O que é a filosofia?*: "O pintor não pinta sobre uma tela virgem, nem o escritor escreve sobre uma página em branco; a página ou a tela já estão de tal modo cobertas de clichês preexistentes, preestabelecidos, que é preciso antes de tudo apagar, limpar, laminar, até mesmo retalhar, para fazer passar uma corrente de ar saída do caos que nos dá a visão" (QPh, p.192).

dos aspectos mais importantes e ricos de meu trabalho, porque se alguma coisa sai bem, sinto que não concorri de nenhuma maneira para isso, foi simplesmente porque o acaso quis assim."[18] E dá como exemplo de acaso *Pintura 1946* [imagem 30]: "Um dos quadros que pintei em 1946, aquele que parece um açougue, surgiu diante de mim por acaso. Eu estava tentando fazer um pássaro pousando num campo ... de repente as linhas que eu tinha desenhado sugeriram uma coisa muito diferente, e desta sugestão brotou o quadro. Não tinha intenção de pintá-lo; nunca pensei nele daquela maneira. Foi como se uma coisa, aparecida acidentalmente, tivesse ficado debaixo da outra que também por acaso veio logo depois ... De repente, o pássaro sugeriu a abertura para uma área de sentimentos totalmente diferentes. E então fiz essas coisas, aos poucos elas foram saindo. Por isso, acho que o pássaro não sugeriu o guarda-chuva; subitamente ele passou a sugerir a imagem inteira, que foi executada em muito pouco tempo, mais ou menos em três ou quatro dias."[19]

Mas, além do acaso, o processo pictural também tem outro componente, chamado de manipulação, controle, autocrítica, senso crítico — o que aparece nas *Entrevistas* quando ele diz, por exemplo: "É realmente uma luta contínua entre acaso e crítica. Porque o que chamo acaso pode dar a você alguma mancha que pareça mais real, mais verdadeira para a imagem do que outra, mas só o seu senso crítico poderá selecioná-la."[20] Um quadro de Bacon é uma manipulação do acaso.

O diagrama

Deleuze chama de diagrama o conjunto operatório de manchas e traços irracionais, involuntários, acidentais, automáticos, livres, ao acaso, que são não representativos, não ilustrativos, não narrativos. São traços de sensação, mas de sensações confusas. Contrapondo manual a visual, ele explica o diagrama como uma potência manual desenfreada, em que a mão se insubordina e deixa de ser guiada pelo olho. Isso significa que as manchas e traços manuais que constituem o diagrama desfazem o mundo ótico, arrancam o conjunto visual pré-pictural de seu estado figurativo, distribuindo na tela forças informais, para criar a figura, finalmente pictural. Se a figura não surgir desse trabalho manual, insubordinado em relação ao olho, é porque o diagrama fracassou em sua função.

A função do diagrama é introduzir, por uma atividade manual direta, "possibilidades de fato". Mas, para se converterem em fato, essas possibilidades devem ser injetadas no conjunto visual. O ato de pintar é a introdução desses traços manuais livres no conjunto visual, induzindo uma função háptica do olho, que é quando a visão adquire a função de tocar. Pois, com a palavra "háptico", que vem de "tocar", Deleuze está indicando — depois de Riegl, Worringer e Maldiney — que se trata de um tipo de olhar que toca, tem uma proximidade imediata, elimina a distância, fazendo com que o artista pinte "com os olhos, mas apenas na medida em que toca com os olhos".* Então, passando pelas manchas e traços manuais, a figuração recriada não se assemelha à figuração inicial: é uma "semelhança profunda",[21] não figurativa. O diagrama é um caos, uma catástrofe, mas também um germe de ordem. A pintura integra uma catástrofe que é a matriz do quadro, ou o quadro sai de uma catástrofe ótica que permanece presente no próprio quadro. O que faz, mesmo se ele aqui não emprega o termo, da pintura de Bacon um "caosmo".**

Eis o processo pictural de Bacon: ele parte de uma forma figurativa, de uma figuração nascente, de um clichê, faz um diagrama intervir localmente para borrar ou varrer essa figuração, e dele deve surgir uma forma, de natureza inteiramente diferente, a forma deformada, a figura desfigurada. O diagrama cria uma zona de indiscernibilidade entre duas formas, uma mudança de forma que é uma deformação. E se o processo pictórico de Bacon vai da forma à deformação — pois o pintor começa debatendo-se com a figuração, utilizando-se do caos como germe da figura — é porque distribui por todo o quadro as forças informais com as quais as partes deformadas estão em relação como seu de-fora.

É tomando como parâmetro o diagrama que Deleuze situa Bacon com relação ao abstracionismo de Mondrian e Kandinski e ao expressionismo abstrato de Pollock. O abstracionismo reduz ao mínimo o caos e o manual. É uma pintura que substitui o diagrama involuntário por um espaço pura-

* FB, p.156. Em *Mil platôs*, um ano anterior a *Lógica da sensação*, Deleuze e Guattari subordinam a diferença entre o háptico e o ótico, proveniente de Riegl, Worringer e Maldiney, à "dualidade primordial" do liso e do estriado, formulada por eles. Cf. "Le lisse et le strié", in MP, p.614-25.

** O pensamento da arte como caosmo aparece explicitamente na conclusão de *O que é a filosofia?*, que estuda a relação da filosofia, da ciência e da arte com o caos: "A arte não é o caos, mas uma composição do caos que dá a visão ou a sensação, de modo que ela constitui um caosmo, como diz Joyce, um caos composto — não previsto nem preconcebido" (QPh, p.192).

mente ótico, por um código visual espiritual, cerebral, ao qual falta a sensação, a ação direta sobre o sistema nervoso. Ao contrário, o expressionismo abstrato subordina o olho à mão, construindo um espaço exclusivamente manual em que o caos se desenvolve ao máximo, como se o diagrama se confundisse com a totalidade do quadro. Desta vez a sensação é atingida, mas permanece em estado confuso. Ora, para Deleuze, há um uso temperado do diagrama, em que ele não é reduzido a código e não ocupa todo o quadro. Cézanne e Bacon têm a experiência da catástrofe, mas lutando para controlá-la. Trata-se de uma terceira via, nem exclusivamente ótica, como a pintura abstrata, nem exclusivamente manual, como o expressionismo, a *action painting*.

A cor

Esse uso temperado ou controlado do diagrama leva Deleuze a pensar na pintura como a arte analógica por excelência, no sentido de que a linguagem estética analógica procede por semelhança.* Não se trata, porém, de uma semelhança produtora, primeira, figurativa, mas de uma semelhança produzida por meios não semelhantes, uma semelhança sensível "mais profunda" produzida "sensualmente", pela sensação. Assim, Deleuze enaltece em Bacon o pensamento de que a pintura deve tornar semelhante por meios não semelhantes.**

Essa concepção da pintura como arte analógica leva Deleuze a estudar a cor. Sua ideia quanto a isso é que a lei mais importante da analogia diz respeito ao tratamento das cores ou ao colorismo como linguagem analógica da pintura, que é quando a cor passa a comandar a forma, em vez de se subordinar a ela. E ele explicita essa ideia pela contraposição entre relações de valor e relações de tonalidade. As relações de valor, constitutivas da profundidade cromática, são as relações de claro-escuro, de luz e sombra, fundadas no contraste do preto e branco, na modulação da luz, que requerem uma função puramente ótica de visão afastada. As relações de tonalidade são fundadas no espectro, na modulação da cor, que recria uma função

* Deleuze também vê o cinema como uma arte analógica ou de modulação. Cf. "Sur l'image-mouvement", in P, p.76.

** Bacon refere-se várias vezes a essa semelhança produzida. Cf. David Sylvester, *Entrevistas com Francis Bacon*, op.cit., p.26, 40, 126, 144, 175.

propriamente háptica da visão. Pois bem, chamam-se coloristas os pintores que tendem a substituir as relações de valor por relações de tonalidade. Colorismo significa que a cor é a relação variável, a relação diferencial, de que depende todo o resto. O colorismo se aproxima de um "fato" pictural, que é a constituição de uma função háptica da visão, de uma potência háptica da visão. E são o diagrama e sua intrusão manual que tornam possível o sentido háptico da cor.

Para Deleuze, Bacon é um dos maiores coloristas desde Van Gogh e Gauguin. Pois do mesmo modo que há em sua pintura preeminência da força sobre a forma, também há subordinação da linha à cor. O que o leva a terminar o livro mostrando como os três elementos estruturais da pintura de Bacon convergem para a cor, na cor. Assim, o corpo da figura é constituído por filetes de cor, de tons matizados, ou policromáticos, com a predominância de azul e vermelho [imagens 14: centro, 17, 33, 58, 68, 69]. A grande superfície plana é constituída por tons vivos ou puros que consistem em variações de intensidade ou de saturação, efeito obtido pela justaposição de cores diferentes [imagens 30, 33, 34, 37, 45] ou pela modulação de uma só cor. Nos trípticos, por exemplo, as grandes superfícies planas são alaranjadas, vermelhas, ocres, douradas, verdes, roxas, rosa [imagens 14, 17, 19, 27, 56, 58]. Finalmente, no contorno, é a cor que faz a linha. Como no caso dos tapetes, que funcionam como um regime decorativo da cor [imagens 25, 31, 79]. O mais importante, porém, a respeito da cor do contorno é que ela assegura a transição entre os regimes de cor dos outros dois elementos estruturais do quadro, o que confirma, segundo Deleuze, o papel de intermediário que a área redonda desempenha no pensamento pictural de Bacon como diferenciador da diferença.

Vemos assim que, se Deleuze se interessa por Bacon, é porque sua pintura é a expressão artística de um pensamento que pretende escapar da representação. É essa neutralização da representação que o leva a considerá-lo um aliado no seu próprio projeto de constituir uma filosofia da diferença, e a extrair conceitos filosóficos dos agregados sensíveis, das sensações criadas pictoricamente por Bacon.

PARTE 8 Deleuze e o cinema

1 A IMAGEM-MOVIMENTO

Cinema e pensamento

Sabemos que, como as outras formas de pensamento — ciências, artes, literatura —, a filosofia, para Deleuze, é criação; mas um tipo específico de criação, pois, enquanto a ciência produz funções e a arte e a literatura produzem sensações — afetos e perceptos —, a filosofia produz conceitos. Sabemos também que Deleuze cria sua filosofia através de conceitos oriundos de outros filósofos que ele escolhe por privilegiarem a diferença em detrimento da identidade, principalmente Nietzsche e os conceitos de vontade de potência e eterno retorno, Bergson e os conceitos de multiplicidade, atual e virtual, gênese, atualização, duração e Espinosa e os conceitos de intensidade, expressão, imanência; mas ele também faz sua filosofia através de conceitos suscitados por outros tipos de pensamento, isto é, pelo exercício de pensamento não conceitual das ciências, das artes, da literatura. É isso o que acontece em seus dois livros sobre o cinema, quando ele cria conceitos sugeridos pela sétima arte, levando em conta não simplesmente um criador, como fez nos livros sobre a literatura (Proust, Kafka) ou a pintura (Bacon), mas o cinema em seu conjunto.

O cinema é uma forma de pensamento. Os grandes cineastas são pensadores, embora não pensem conceitualmente, mas por imagens. Daí a primeira grande tese de Deleuze ao elaborar uma classificação das imagens cinematográficas: o cinema pensa com imagens-movimento e imagens-tempo, as primeiras caracterizando o cinema clássico, as segundas, o cinema moderno.

Estudarei esses conceitos de imagem-movimento e imagem-tempo, que estão na base dos dois livros sobre o cinema: *Imagem-movimento* e *Imagem-tempo*. Primeiramente para examinar a relação entre filosofia e cinema que encontramos neles. Pois a maneira como Deleuze pensa filosoficamente o cinema mostra, como sugeri na introdução deste livro, que há em seu procedimento filosófico um privilégio dos conceitos oriundos da filosofia em relação aos conceitos suscitados pelas outras formas de pensamento. Isso porque na base desses conceitos de imagem-movimento e imagem-tempo criados por Deleuze para pensar o cinema estão os conceitos filosóficos de imagem, tempo e movimento oriundos da filosofia e, mais especificamente, da filosofia de Bergson.*

Mas pretendo principalmente analisar como esses dois tipos de imagem — imagem-movimento e imagem-tempo — remetem ao modo como Deleuze pensa o tempo e a diferença. Pois os dois tipos de imagem têm relação com o tempo, embora uma relação diferente. Se o cinema é constituído primeiro por imagens-movimento que subordinam o tempo, depois, quando faz sua "revolução kantiana" — quando deixa de subordinar o tempo ao movimento, tornando o movimento dependente do tempo —, a imagem cinematográfica torna-se imagem-tempo, uma temporalização da imagem. O que distingue, portanto, fundamentalmente os dois tipos de imagem é sua relação com o tempo: enquanto a imagem-movimento dá uma representação indireta do tempo, isto é, mostra o tempo através do movimento, representa o curso empírico do tempo, a imagem-tempo apresenta o tempo diretamente, dá uma apresentação direta do tempo, uma apresentação do tempo puro, livre do movimento. Assim, Deleuze será levado, finalmente, não só a distinguir situações sensório-motoras e situações óticas e sonoras puras, como também a propor o conceito de imagem-cristal como âmago da imagem-tempo, pensando o cinema moderno como criação de diferença.

As teses de Bergson sobre o movimento

Deleuze distingue em Bergson três teses sobre o movimento.

A primeira, que segundo ele serve de introdução às outras, diz o seguinte: embora haja uma tendência a reconstituir o movimento a partir do espaço, eles são irredutíveis, apresentam uma diferença de natureza. Não se deve confundir, portanto, o movimento com o espaço percorrido pelo móvel.

* Deleuze se refere a essa relação como sendo uma aplicação, mostrando por que isso seria natural. Cf. "Les intercesseurs", in P, p.166.

Quais são as diferenças entre o movimento e o espaço percorrido? Primeiro, o espaço percorrido, a trajetória que o móvel seguiu, é passado; o movimento é presente. O movimento é o ato de percorrer, é o que se faz, o que está se fazendo. Uma coisa é o movimento efetuado, outra, o movimento efetuando-se. Segundo, o espaço percorrido é divisível, enquanto o movimento, o ato de percorrer, é indivisível ou só se divide tornando-se outro movimento: "Um movimento único, por hipótese, é por inteiro movimento entre duas paradas: se há paradas intermediárias, não é mais um único movimento." No caso da corrida de Aquiles e a tartaruga, estudado por Zenão de Eleia, se cada um dos passos de Aquiles for tratado como indivisível e os da tartaruga também, após determinado número de passos Aquiles ultrapassará a tartaruga. Isso só não aconteceria se o movimento fosse identificado com o espaço percorrido, que pode ser decomposto e recomposto.[1] Os diversos espaços percorridos pertencem a um mesmo espaço homogêneo; os movimentos são heterogêneos, irredutíveis. Todo movimento, tomado individualmente, se divide, mas não por uma unidade abstrata, homogênea. Cada movimento tem divisões próprias. Assim, o espaço percorrido é divisível e homogêneo, mas o movimento é indivisível e heterogêneo.

Há outra maneira, ainda mais importante para Deleuze, de apresentar essa tese: não se pode reconstituir o movimento — ato de percorrer indivisível — com uma sucessão de posições no espaço ou uma sucessão de momentos, de instantes, no tempo; não se pode reconstituir o movimento com "cortes" imóveis. Mesmo multiplicando os cortes imóveis não se reconstitui o movimento. Fazer isso seria decalcar o tempo sobre o espaço, espacializar o tempo. Assim, o movimento da flecha que voa, em outro exemplo de Zenão, é simples, indecomponível, indivisível. Há oposição entre, por um lado, corte imóvel e sucessão como tempo abstrato — universal, homogêneo, uniforme a diversos movimentos — e, por outro, movimento real e duração concreta.

Essa posição leva Bergson a criticar o cinema em *A evolução criadora*, livro de 1907. Para Deleuze, essa crítica significa que o cinema leva ao extremo a ilusão da falsa reconstituição do movimento, pois o que apresenta como imagens são cortes instantâneos submetidos à sucessão de um tempo uniforme e abstrato: o tempo do movimento da câmera. Reconstituindo o movimento com cortes imóveis, fotografias imóveis, vistas imóveis, o cinema deixa escapar o movimento real com sua duração concreta.

Como Deleuze vai lidar com isso, se ele pretende justamente utilizar Bergson para estudar o cinema? Pensando que Bergson não foi tão longe em sua análise quanto poderia, ele vai além, para explicitar o que está subentendido no que Bergson disse. "A descoberta bergsoniana de uma imagem-movimento e, mais profundamente, de uma imagem-tempo guarda ainda hoje uma riqueza da qual não é certo que se tenha tirado todas as consequências. Apesar da crítica sumária demais que, um pouco mais tarde, Bergson fará ao cinema, nada pode impedir a conjunção da imagem-movimento, tal como ele a considera, e da imagem cinematográfica."[2] Vemos que Deleuze realiza nesse momento uma de suas torções interpretativas — como faz quando se apropria dos pensadores que quer usar como intercessores —, ao criar um duplo do pensamento de Bergson, com a modificação própria do duplo, para estabelecer uma aliança entre este e o cinema.* Aqui, isso é feito de dois modos. Primeiro, postulando, a partir de Nietzsche, que a essência de uma coisa não aparece no início, mas no meio, Deleuze situa a crítica de Bergson em relação apenas ao início do cinema, a um cinema "primitivo" em que ainda não havia propriamente imagem-movimento por não haver separação da câmera e do projetor, mobilidade da câmera e montagem. Como se o cinema clássico só tivesse conquistado sua essência ou atingido sua maturidade com *O nascimento de uma nação*, de Griffith, em 1915. Segundo, e mais fundamentalmente, esse uso de Bergson como intercessor é feito pela retomada do conceito de percepção tal como é encontrado em *Matéria e memória*, de 1896, praticamente contemporâneo do cinematógrafo de Louis Lumière, que é de 1895.

Sua ideia é que efetivamente o movimento é reproduzido pelo cinema de modo artificial, através de uma decomposição e de uma recomposição artificial, mas o movimento apresentado, o movimento tal como aparece ao espectador, tal como é percebido pelo espectador, não é artificial. Os meios de reprodução são artificiais, mas não o resultado. O cinema inventa a percepção de um movimento puro. Do ponto de vista da percepção cinematográfica, o movimento não é acrescentado à imagem, ele se encontra em cada imagem. Uma síntese perceptiva imediata apreende a imagem como

* "Mesmo através de sua crítica ao cinema, Bergson estaria no mesmo plano que ele, e muito mais do que pensa" (I-M, p.85). Guy Fihman analisa as torções da leitura de Deleuze dos conceitos bergsonianos de imagem, movimento e tempo (cf. "Deleuze, Bergson, Zénon d'Élée et le cinéma", in *Le cinéma selon Deleuze*, Paris, Presses de la Sorbonne Nouvelle, 1997).

movimento, uma imagem-movimento. As condições artificiais de produção da imagem cinematográfica não implicam artifício ou ilusão: produzem uma imagem-movimento. A grande descoberta ou, como Deleuze também diz, "a prodigiosa invenção" do primeiro capítulo de *Matéria e memória* é a imagem-movimento: um corte móvel, um plano temporal, e não um corte imóvel mais um movimento abstrato, isto é, adição de cortes imóveis instantâneos e tempo abstrato.[3]

A segunda tese distingue duas maneiras históricas de pensar o movimento. Uma é a da filosofia antiga, principalmente a de Aristóteles, para quem o movimento remete a formas imóveis, sendo pensado como passagem de uma forma a outra, isto é, como uma ordem de poses ou de instantes privilegiados, essenciais, como em uma dança. No caso de um corpo que cai, diz Bergson, anota-se o termo final ou o ponto culminante, erige-se esse momento em momento essencial. "Na física de Aristóteles, é pelos conceitos de alto e baixo, deslocamento espontâneo e deslocamento forçado, lugar próprio e lugar alheio que se define o movimento de um corpo lançado do espaço ou em queda livre."[4]

A outra maneira é a da ciência moderna — astronomia, física, geometria —, que remete o movimento não mais a instantes privilegiados ou a formas imóveis, mas ao instante qualquer, a qualquer momento de sua trajetória, introduzindo o tempo como variável independente. "Galileu estimou que não havia momento essencial, que não havia instante privilegiado: estudar o corpo que cai é considerá-lo em qualquer momento de sua trajetória. A verdadeira ciência da gravidade será aquela que determinar, para qualquer instante do tempo, a posição do corpo no espaço."[5] O movimento é a sucessão mecânica de instantes quaisquer. A questão de Kepler — como calcular as posições respectivas dos planetas, sendo conhecidas suas posições num dado momento — torna-se para Bergson o ideal de toda ciência. A questão da ciência moderna é conhecer as posições relativas dos elementos de um sistema em função do tempo considerado como variável independente;[6] é recompor o movimento não mais a partir de "elementos formais transcendentes", transcendentes ao movimento — as poses —, mas a partir de "elementos materiais imanentes, imanentes ao movimento, os cortes".[7]

Sendo essa uma diferença de grau, e não de natureza, a ciência moderna, tanto quanto a filosofia antiga, embora se ocupe de qualquer momento, considera esses momentos imobilidades. Ora, o que faz Deleuze diante dessa crítica de Bergson? Valoriza a ideia de que, diferentemente da filosofia antiga, que privilegia essências imóveis, a ciência moderna privilegia o tempo, embora o reduza a um modelo espacial. Isso lhe permite enaltecer o fato de que o cinema descende dessa linhagem moderna estabelecida por Bergson, definindo-o como o sistema que reproduz o movimento em função de um momento qualquer, isto é, em função de instantes quaisquer equidistantes escolhidos de modo a dar a impressão de continuidade.[8] Além disso, assim como Bergson defende que a ciência moderna tem necessidade de uma nova filosofia capaz de pensar o tempo como duração, como invenção, como produção do novo, Deleuze sugere que ela tem necessidade de uma nova arte que também realize o que Bergson espera da filosofia. Por isso ele valoriza uma terceira tese de Bergson sobre o movimento, que diz respeito ao todo e à mudança.

Essa terceira tese enuncia que o movimento é um corte móvel da duração, isto é, do todo, ou de um todo. O que implica que, sendo a duração mudança, o movimento exprime a mudança na duração ou no todo. O movimento é uma translação, mudança de posição no espaço, mas sempre que há translação de partes no espaço também há mudança qualitativa num todo, ou na duração. O movimento remete a uma mudança, a uma vibração, a uma irradiação, mudança que se dá ao mesmo tempo que os elementos se movem. Assim, a terceira tese bergsoniana diz que o movimento considerado como corte móvel implica uma mudança qualitativa, exprime uma duração como realidade mental, espiritual. O todo, diferentemente do conjunto, não é fechado, é aberto: muda incessantemente e faz surgir alguma coisa de novo, isto é, dura. O todo aberto existe na duração, dura e muda; é a duração que não cessa de mudar.[9]

Isso leva Deleuze a distinguir dois aspectos no movimento. Por um lado, ele é o que se passa entre objetos ou partes: é o movimento como translação; por outro, é o que exprime a duração ou o todo: é o movimento como mutação. Pelo movimento, o todo se divide nos objetos e os objetos se reúnem no todo. Os objetos ou partes de um conjunto são cortes imóveis; mas o movimento se estabelece entre esses cortes e remete os objetos ou partes à duração de um todo que muda, exprime a mudança do todo com relação aos objetos: é um corte móvel da duração. Essa distinção entre objetos, movimento e todo concebido como duração é importante para a análise das imagens cinematográficas porque possibilita a Deleuze definir o quadro, o plano e a montagem — as três operações básicas da realização de um filme. O enquadramento como determinação de um sistema fechado de elementos; o plano como determinação do movimento que se estabelece no sistema fechado entre os elementos ou partes; a montagem como determinação do todo que dá uma imagem indireta do tempo.[10]

Bergson e a imagem-movimento

Além dessas teses sobre o movimento, Deleuze também analisa a teoria bergsoniana das imagens, com a finalidade de "deduzir" os diferentes tipos de imagem-movimento, ou de apresentar a gênese das três linhas de diferenciação da imagem-movimento.[11]

Para isso, ele privilegia o primeiro capítulo de *Matéria e memória*, partindo da identidade, estabelecida por Bergson, entre imagem e movimento. As imagens — o conjunto do que aparece — estão em movimento, no sentido em que, em vez de serem um suporte de ações e reações, identificam-se inteiramente com essas ações e reações, constituindo um mundo de variação universal. O que há no universo são imagens-movimento em perpétua variação umas em relação às outras, em estado gasoso: sem corpos sólidos e rígidos, sem eixos, centros, direita e esquerda, alto e baixo. Como diz Deleuze, retomando Bergson: "*cada imagem age sobre outras e reage a outras em 'todas as suas faces' e 'por todas as suas partes elementares'*".[12] Tudo é imagem-movimento, mesmo se a imagem-movimento se distingue pelos tipos de movimento que realiza e pelas leis que regem a relação das ações e reações.

Essa identidade da imagem e do movimento significa a identidade da imagem-movimento e da matéria. Visto que a imagem é igual ao movimento, também a matéria é igual à imagem-movimento. As imagens-movimento constituem o universo. O conjunto das imagens movimento, conjunto ilimitado formado de blocos de espaço-tempo, é o universo material. A matéria é o universo das imagens-movimento em ação e reação entre si, antes mesmo da distinção entre corpos, qualidades e ações.

Finalmente, o universo material, a matéria, é luz. O conjunto dos movimentos, das ações e reações, é luz. "A identidade da imagem e do movimento tem como razão a identidade da matéria e da luz. A imagem é movimento como a matéria é luz."[13] Os blocos de espaço-tempo são figuras de luz. Na imagem-movimento ainda não há corpo; há figuras luminosas. Essa assimilação da imagem, isto é, do movimento, da matéria, à luz é importante porque, enquanto a tradição filosófica, inclusive a fenomenologia, pensava o espírito como luz, vendo na consciência um feixe luminoso, um raio de luz que ilumina as coisas, para Bergson as próprias coisas são luminosas, luminosas em si, imagens de luz, sem precisar de nada para clareá-las. É isso que, retomando às vezes uma fórmula de Bergson — "a fotografia, se há fotografia, já foi obtida, já foi tirada no próprio interior das coisas e de todos os pontos do espaço" —, Deleuze está querendo dizer quando repete que "o olho está nas coisas, nas próprias imagens luminosas", ou que "toda consciência é alguma coisa".[14]

Mas atenção. Só é possível compreender essas afirmações enigmáticas levando em consideração a diferença entre o que é de direito e o que é de fato. Pois a consciência que é coisa é uma consciência de direito, difusa, que não se revela, é uma foto translúcida, como diz Bergson, sendo necessário que se constituam de fato, no universo, consciências consideradas como imagens especiais que reflitam a luz, como uma tela preta. "Falta", diz Bergson, "atrás da chapa uma tela escura (*écran noir*) sobre a qual se destacaria a imagem."[15] Como diz Deleuze, concluindo esse ponto: "Em suma, não é a consciência que é luz, é o conjunto das imagens, ou a luz, que é consciência, imanente à matéria. Quanto à *nossa* consciência de fato, ela será apenas a opacidade sem a qual a luz, 'propagando-se sempre, nunca se teria revelado'."[16] De direito, a consciência é o conjunto das imagens, é matéria, é luz; de fato, a consciência surge quando imagens vivas formam uma tela preta capaz de refletir a luz.

Deste modo, só se pode entender a ideia da consciência como opacidade levando em consideração o segundo aspecto importante da teoria bergsoniana da imagem. Pois, se o universo material acentrado é o conjunto infinito das imagens-movimento que agem e reagem imediatamente umas sobre as outras em todas as suas faces e em todas as suas partes, como vimos, esse universo acentrado de imagens em ação e reação é apenas um aspecto de um duplo sistema, de um duplo polo ou regime de imagens. A teoria bergsoniana das imagens se completa com a proposta de um outro sistema de imagens, de um sistema bastante particular de imagens que surgem nesse universo material: as imagens ou matérias vivas, imagens especiais que se definem por um intervalo, uma separação, um hiato, entre ação e reação, isto é, entre movimentos.

Assim, as imagens vivas diferem das outras imagens, em primeiro lugar, por só receberem ações em uma ou algumas de suas partes, isolando algumas dessas ações, e por terem reações por outras partes. Em determinados pontos do conjunto infinito de imagens, surge um intervalo de tempo entre o movimento que uma imagem recebe em uma ou algumas de suas faces e o movimento que ela realiza em outras, o que não era possível no caso das outras imagens. Por causa do intervalo, essas imagens especiais especializam suas faces: recebem o movimento por uma de suas faces e reagem a ele por outra.

Em segundo lugar, o intervalo também diferencia as imagens vivas das outras imagens por estas reagirem através de ações que não se encadeiam imediatamente com a ação recebida, como uma simples retransmissão, uma propagação, um prolongamento; elas são reações retardadas, respostas que selecionam, organizam ou integram seus elementos em um novo movimento, isto é, ações novas com relação às ações sofridas, recebidas. Como diz Deleuze: "Devendo esse privilégio apenas ao fenômeno da separação ou do intervalo entre um movimento recebido e um movimento executado, as imagens vivas serão 'centros de indeterminação' que se formam no universo acentrado das imagens-movimento."[17] A impossibilidade de prever a ação permite criar o novo.

Finalmente, se privilegiarmos na imagem o aspecto luminoso, as imagens vivas, especiais, também diferem das primeiras por funcionarem como uma tela opaca que torna possível a revelação das imagens luminosas, ao se refletirem nela. A luz — que se identifica com a imagem, com o movimento, com a matéria, que é uma imagem-movimento que se propaga em todas as direções — só se revela quando é isolada e interceptada por uma imagem especial que funciona como um obstáculo, um anteparo, uma opacidade capaz de refleti-la. A característica da imagem viva é isolar e refletir a luz. A foto está nas coisas, mas ela é translúcida, transparente; falta a tela preta da imagem especial para revelar a luz. Em suma, o intervalo de movimento está para o movimento assim como a reflexão da luz está para a luz. O intervalo, do ponto de vista do movimento, e a tela preta, do ponto de vista da luz, correspondem totalmente.

Os tipos de imagem-movimento

A partir daí, Deleuze distingue três divisões, variedades ou espécies da imagem-movimento.*

* Na verdade Deleuze fala de uma classificação das imagens e dos signos, propondo uma semiótica e um conceito de signo a partir de Peirce. Mas sua teoria e sua classificação dos

A primeira é a imagem-percepção. A coisa e a percepção da coisa são uma mesma imagem, só que pertencentes a um dos dois sistemas de referência. Assim, enquanto a coisa sofre integralmente a ação das outras imagens, e reage a elas imediatamente, a percepção da coisa é a mesma imagem remetida a uma imagem especial, uma imagem viva que age parcialmente e reage mediatamente sobre a outra. Isso implica que há menos na percepção do que na coisa, ou que a percepção é subtrativa. Bergson diz: "Entre a percepção da matéria e a própria matéria só há diferença de grau, e não de natureza; a percepção pura está para a matéria assim como a parte está para o todo."[18] Além disso, Deleuze gosta de repetir a ideia bergsoniana: "Percebemos a coisa, menos o que não nos interessa em função de nossas necessidades."* Mas isso também implica que a própria coisa já é percepção. Sendo imagem, a coisa se percebe e percebe as outras coisas. Só que ela é percepção completa, imediata, difusa, percepção total, objetiva, enquanto a percepção das coisas é parcial, subjetiva. É essa imagem refletida por uma imagem viva, é essa percepção subjetiva, centrada, mais elaborada, que Deleuze, seguindo Bergson, chama de percepção propriamente dita. Portanto, quando se relaciona a imagem-movimento com uma imagem especial, viva, um centro de indeterminação, ou mais precisamente, com uma face especializada na recepção — face que, com a evolução do ser vivo, receberá os órgãos dos sentidos —, a imagem-movimento se torna imagem-percepção. Graças a essa face especializada na recepção, a imagem viva percebe. Uma imagem-percepção é uma imagem-movimento especial, uma imagem viva, que percebe isoladamente ou por subtração, por um enquadramento, o que lhe interessa numa coisa. Do mesmo modo, se pensarmos em termos de luz, quando a tela preta, escura, intercepta a luz por uma das faces da imagem viva e a reflete, essa operação constitui a percepção.

---

signos têm pouco a ver com as de Peirce, pois apesar dos mesmos termos, o conteúdo é bem diferente, como ele próprio reconhece várias vezes. Além disso, como ele define o signo como um tipo de imagem ("uma imagem particular que representa um tipo de imagem seja do ponto de vista de sua composição, seja do ponto de vista de sua gênese ou de sua formação (ou até mesmo de sua extinção)" [I-M, p.102]) — o que o leva a identificar, por exemplo, "imagem ótica pura" a "opsigno", "imagem sonora pura" a "sonsigno", "imagem-lembrança" a "mnemosigno", "imagem-sonho" a "onirosigno" —, acredito que seja possível apresentar o livro sem fazer referência aos signos e não prejudicar a compreensão da tese.

* Essa ideia já aparece em *Bergsonismo*. Cf. B, p.46-7.

Mas a relação entre os dois tipos de imagens — a imagem-movimento e a imagem viva — não se dá apenas em termos de percepção. "Quando o universo das imagens-movimento se relaciona com uma dessas imagens especiais que nele formam um centro, o universo se encurva, e se organiza contornando-o." Com a percepção já se está na ação.* Pois a percepção não é apenas um enquadramento. Ela não se contenta apenas em isolar algumas ações. Também se define por um encurvamento do mundo organizado como um meio ou um horizonte com relação ao centro de indeterminação. "Pelo encurvamento, as coisas percebidas me estendem sua face utilizável, ao mesmo tempo que minha reação retardada, tornada ação, aprende a utilizá-las." A ação é a reação retardada do centro de indeterminação, que é capaz de uma resposta imprevista porque percebe a coisa, a imagem-movimento, por uma de suas faces. Do encurvamento do universo "resultam tanto a ação virtual das coisas sobre nós quanto nossa ação possível sobre as coisas". O mesmo fenômeno de separação que se expressa em termos de espaço ou de distância em minha percepção se expressa em termos de tempo em minha ação. Há uma proporção entre os dois. Quanto maior for o espaço entre o objeto percebido e quem percebe, maior é o tempo que ele tem para uma resposta, para uma reação.[19] Esse é o segundo aspecto material da subjetividade.

Em terceiro lugar, essas imagens vivas são caracterizadas pela afecção. No primeiro capítulo de *Matéria e memória*, Bergson diz que afecções vêm sempre se intercalar entre estímulos que recebo e movimentos que executo. Deleuze parece retomar essa ideia ao dizer que a imagem viva não se define apenas pela especialização das duas faces (perceptiva e ativa), mas também pelo intervalo entre elas. A afecção, o modo como o sujeito se percebe, ou se sente, é o que ocupa, no centro de indeterminação, o intervalo entre a percepção e a ação, sem preenchê-lo: "Há, portanto, uma relação entre a afecção e o movimento em geral que se poderia enunciar assim: o movimento de translação não apenas é interrompido em sua propagação direta por um intervalo que distribui, de um lado, o movimento recebido, de outro, o movimento realizado, e que os tornaria de certo modo incomensuráveis. Entre os dois há a afecção, que restabelece a relação; mas, na afecção, o movimento deixa de ser de translação para tornar-se movimento de expressão, isto é, qualidade, simples tendência que agita um elemento imóvel."[20] Esse é o terceiro aspecto material da subjetividade.

* Para Bergson, a percepção é toda orientada para a ação. Cf. *Matéria e memória*, p.27, 29.

Assim, quando são relacionadas a um centro de indeterminação considerado como imagem especial, as imagens-movimento se dividem em três tipos: imagens-percepção, imagens-ação, imagens-afecção. A imagem-percepção recebe o movimento em uma face, a imagem-ação executa o movimento na outra, a imagem-afecção ocupa o intervalo. O intervalo do movimento é aquilo com relação a que a imagem-movimento se especifica em imagem-percepção, numa extremidade do intervalo, em imagem-ação, na outra, e em imagem afecção, entre as duas, de modo a constituir um conjunto sensório-motor.

O estudo deleuziano das três variedades de imagem em Bergson tem como objetivo definir a imagem-movimento no cinema, mostrando como ela apresenta uma imagem indireta do tempo, a partir da composição, da conexão, do agenciamento de imagens-percepção, ação e afecção.

A esses tipos de imagem, Deleuze faz corresponder três tipos de plano. À imagem-percepção corresponde o plano geral. Como no filme de Lubitsch, *Não matarás* (1932), onde se vê um desfile militar através do espaço deixado pela perna que falta de um mutilado de guerra. À imagem-ação corresponde o plano médio. Como na primeira sequência, modelo do gênero, de *Dr. Mabuse, o jogador* (1922), de Fritz Lang, onde se encadeiam de maneira cronometrada um roubo de documentos num trem, sua recepção num carro em movimento, o telefonema do comparsa de um poste de linha telefônica e Mabuse, que recebe o telefonema dizendo que tudo deu certo. À imagem-afecção corresponde o *close*, o primeiro plano. Como os vários *closes* do rosto da heroína no filme de Dreyer *O martírio de Joana d'Arc* (1928). Mas, como veremos, um *close* pode ter vários rostos ou partes de diferentes rostos, ou não ter rosto nenhum. Além do mais, Deleuze não distingue propriamente o primeiro plano (a partir do busto) do primeiríssimo plano (só o rosto), nem do plano americano (a partir do joelho).

Como um filme não é feito com um único tipo de imagem, a composição, o agenciamento, a conexão dos diversos tipos de imagem-movimento é essencial. Neste sentido, o cinema clássico, da imagem-movimento, define-se pela montagem, que dá uma imagem indireta do tempo ao encadear os diversos tipos de imagem em função da ação. Além disso, um filme apresenta sempre a predominância de um tipo de imagem. O que permite falar de montagem ativa, perceptiva ou afetiva e relacioná-las ao estilo de alguns cineastas: Griffith e a montagem de ação, Dreyer e a afetiva, Dziga Vertov e a perceptiva.[21]

A imagem-percepção

Para definir a imagem-percepção, Deleuze distingue percepção objetiva e subjetiva, estabelecendo a relação entre elas. Depois de descartar outras definições, por considerá-las nominais, negativas e provisórias, ele se volta para Bergson, retomando a distinção dos dois sistemas de imagens que apresentamos. Assim, a percepção objetiva é aquela em que todas as imagens variam umas com relação às outras em todas as suas faces e em todas as suas partes; a percepção subjetiva é aquela em que as imagens variam com relação a uma imagem central e privilegiada. Essas definições permitem, segundo ele, não só diferenciar os dois polos, mas também passar de um polo a outro da percepção. "Pois, quanto mais o centro privilegiado for posto em movimento, tanto mais ele tenderá para um sistema acentrado onde as imagens variam umas em relação às outras e tendem a juntar-se às ações recíprocas e às vibrações de uma matéria pura."[22] Deleuze analisa, sobretudo, o cinema francês anterior à Segunda Guerra e o cinema de Dziga Vertov, comparando os dois a partir da diferença entre estados sólidos, líquidos e gasosos da percepção.

Ele ressalta na escola francesa a importância da água, seu "lirismo aquático".[23] Referindo-se a Renoir, L'Herbier, Epstein, Grémillon, Abel Gance, Jean Vigo, ele mostra como há dois sistemas perceptivos que se opõem. Um é formado por percepções terrestres, com centros fixos, dos homens em terra, o outro, por percepções aquáticas, onde a água, o elemento líquido como variação universal, é o meio concreto de um tipo de homem, meio de onde se pode extrair o movimento da coisa movida, a mobilidade do movimento.

A esse respeito, seu exemplo principal é *O atalante* (1934), de Jean Vigo — o Rimbaud do cinema, como o chamou Georges Sadoul —, que levaria essa oposição entre os dois sistemas perceptivos ao limite. Analisando esse filme, Deleuze vê dois regimes de movimento: um movimento terrestre, em constante desequilíbrio porque a força motriz está sempre fora do centro de gravidade, como a bicicleta do vendedor, um movimento que se encontra entre dois pontos; e um movimento aquático, em que o centro de gravidade se desloca por uma lei objetiva, em que o ponto está entre dois movimentos. Assim, a imagem-percepção cinde-se em dois estados, molecular e molar, ou líquido e sólido, um acarretando e suprimindo o outro. Com o privilégio da água, ou da imagem líquida, o cinema de Vigo faz a percepção humana ultrapassar seus limites, ou ir na direção de uma percepção "mais do que humana" que tem uma "função de vidência", com um alcance, uma interação, uma verdade que, por exemplo, revela a amada que havia desaparecido. O que faz Deleuze concluir que a escola francesa do pré-guerra privilegia a imagem líquida, uma percepção líquida, uma imagem subjetiva levada ao limite do universo, que eleva o movimento das partes ao todo, ao pôr em movimento o centro de referência.

Por outro lado, tomando ainda mais de perto o primeiro capítulo de *Matéria e memória* como base de sua interpretação, Deleuze considera que Dziga Vertov cria um agenciamento maquínico de imagens-movimento, um sistema de variação universal, um sistema em que todas as imagens variam umas em função das outras em todas as suas partes e em todas as suas faces. Todos os procedimentos utilizados por ele estão a serviço de uma variação e uma interação universais. O "cine-olho" de Vertov é, para Deleuze, a visão de um olho não humano, um olho que estaria nas próprias coisas, um olho da matéria, porque capaz de superar a imobilidade relativa do olho que faz todas as imagens variarem em torno de uma imagem viva: uma percepção objetiva. A limitação do olho, que é também a da câmera, é, no cinema de Vertov, superada pela montagem. "O que a montagem faz, segundo Vertov, é trazer a percepção para as coisas, colocar a percepção na matéria, de tal modo que qualquer ponto do espaço perceba todos os pontos sobre os quais ele age ou que agem sobre ele, tão longe quanto se estendem suas ações e reações."[24] Assim, cabe à montagem correlacionar, agenciar duas imagens longínquas em termos de ação e reação.

Mas Deleuze também detecta em Vertov um agenciamento coletivo de enunciação. Esse tipo de enunciação cinematográfica, correlato da máquina de imagens, é a consciência revolucionária, o "deciframento comunista da realidade", a defesa da sociedade comunista. Como em *A sexta parte do mundo* (1926), que apresenta a interação de povos distantes, de rebanhos, de indústrias da União Soviética, a união entre comunidade material e comunismo formal, a união de diversas regiões europeias e asiáticas da URSS, contrastando o mundo socialista e o universo capitalista. Além disso, Deleuze assinala uma evolução de Vertov, que o faz ultrapassar a imagem-movimento, quando a montagem é introduzida na própria imagem e o fotograma aparece como elemento genético da imagem, ou elemento diferencial do movimento. Posição importante porque permitiria ao cinema atingir o elemento genético de toda percepção possível, o ponto que muda e faz mudar a percepção, o diferencial da própria percepção, como acontece em *Um homem com uma câmera* (1929).

Deleuze conclui a análise da imagem-percepção considerada como uma variedade de imagem-movimento marcando as diferenças entre Vertov e a escola francesa. A primeira diferença é que, enquanto os franceses evidenciam uma potência espiritual do cinema ou ultrapassam pelo espírito os limites da percepção, Dziga Vertov se interessa por pontos materiais distantes e pelo diferencial do movimento físico. A segunda e principal diferença é que, enquanto os franceses privilegiam o elemento líquido para ultrapassar os limites da percepção humana e fazer o movimento descobrir a totalidade espiritual que ele expressa, em Vertov a imagem líquida não atinge a matéria em direção à qual o movimento deve se ultrapassar: é necessária uma percepção gasosa que dê conta do elemento material energético do movimento. Pois se no estado sólido, de uma percepção molar ou humana, as moléculas não são livres para se deslocar e, no estado líquido, as moléculas se deslocam e deslizam umas sobre as outras, no estado gasoso o percurso de cada molécula é livre.*

A imagem-afecção

Deleuze inicia o estudo da imagem-afecção com uma fórmula lapidar que enuncia o mais elementar de sua concepção: "A imagem-afecção é o *close*, e o *close* é o rosto ..."[25] Em seguida, explicita as duas identidades contidas na fórmula. Comecemos pela segunda. Dizer que o *close* é o rosto significa que há *close* não unicamente de rosto, mas de muitas outras coisas. Como o *close* de relógio em filmes de horror — penso no *Nosferatu* (1922) de Murnau —, ou o *close* de faca em *A caixa de Pandora* (1928), de Pabst.

Como entender essa ideia? Levando em consideração que, para Deleuze, o rosto tem dois aspectos, dois polos: é reflexivo ou qualitativo e intensivo ou potente. Às vezes, ele pensa alguma coisa, isto é, fixo em alguma coisa, apresenta uma unidade reflexiva; às vezes, ele sente alguma coisa, isto é, aparece como uma série intensiva. Como distinguir os dois aspectos? Há rosto intensivo quando os traços de rostidade escapam do contorno, for-

* Em 1985, Deleuze diz a respeito da literatura: "É preciso escrever líquido ou gasoso, porque a percepção e a opinião comuns são sólidas, geométricas" ("Intercesseurs", in P, p.183).

mando uma série autônoma que exprime uma potência pura que passa de uma qualidade a outra numa escala de intensidade, como o rosto do papa de *A linha geral* (1929), de Eisenstein, que de santo passa a explorador dos camponeses. Por outro lado, há rosto reflexivo quando os traços permanecem agrupados sob o domínio de um pensamento fixo e sem devir, exprimindo, em última análise, uma qualidade pura comum a coisas diferentes, como o rosto das jovens, em *Órfãs da tempestade* (1922), de Griffith, que expressa "o branco de um floco de neve retido por um cílio, o branco espiritual de uma inocência interior, o branco dissolvido de uma degradação moral, o branco hostil e cortante da banquisa onde a heroína irá vagar".[26] Griffith privilegia o polo reflexivo, Eisenstein, o intensivo, mas cada um se serve do outro polo. Além disso, pode-se ir de um polo a outro, como na sequência de Lulu com Jack o estripador no final de *A caixa de Pandora*, de Pabst, na qual, ao *close* descontraído, sonhador de Jack, segue-se o *close* intensivo da faca que prepara o espectador para o *close* que expressa seu pensamento terrível. Portanto, um rosto pode expressar duas coisas: uma qualidade comum a várias coisas ou uma potência que passa de uma qualidade a outra.

Basta voltar, depois dessa análise, à primeira parte da fórmula — a imagem-afecção é o *close* — para compreender a definição da imagem-afecção, pois o afeto é constituído por dois componentes: uma unidade ou superfície reflexiva imóvel e movimentos ou micromovimentos intensos expressivos. Essa ideia evidencia, mais uma vez, a importância de Bergson para a concepção deleuziana do cinema, pois em sua base também se encontra a definição bergsoniana segundo a qual uma afecção é uma tendência motora sobre um nervo sensível, ou uma série de micromovimentos sobre uma placa nervosa imobilizada. Mas é interessante observar que uma distinção semelhante a essa já aparecia nos livros de Deleuze sobre Espinosa com os termos afecção e afeto, as afecções sendo os estados dos corpos provenientes da ação de outros corpos sobre eles, enquanto os afetos são as variações contínuas desses estados em termos de aumento e diminuição da potência de ser e de agir. Essa distinção, inclusive, é retomada no livro sobre Bacon, quando, usando os termos "afetos", "sensações" e "instintos", Deleuze pensa os afetos como um misto de sensações e instintos, chamando de sensação aquilo que determina os instintos em dado momento e de instinto a passagem de uma sensação a outra.

A partir desses dois polos do rosto ou do afeto, Deleuze diferencia o expressionismo e a abstração lírica. O que caracteriza o expressionismo é o jogo intensivo de luz e trevas. O rosto expressionista diz respeito à série intensiva. Já a abstração lírica ou o antiexpressionismo de Sternberg é a relação da luz com o transparente, o translúcido ou o branco, que circunscreve um espaço onde se inscreve um *close* que reflete a luz. Como em *A imperatriz galante* (1934). O que não significa que Sternberg ignore o outro polo, o rosto intensivo com suas sombras e séries. O que acontece é que ele parte da reflexão, e a sombra é uma criação, um resultado, uma consequência do espaço transparente, como em *O expresso de Xangai* (1932) e *Tensão em Xangai* (1941). O espaço transparente, além de refletir a luz, a refrata, desviando os raios que o atravessam, tornando-se intensivo, além de reflexivo.

Depois de distinguir esses dois polos do *close*, Deleuze investiga sua característica comum: ele abstrai seu objeto das coordenadas espaçotemporais, torna-o independente de um espaço-tempo determinado, transforma seu objeto em "entidade", isto é, em potência ou qualidade.[27] A função do *close* é expressar o afeto como entidade. Exemplo: o *close* de um covarde é a própria covardia como entidade. Um *close* de Joana D'Arc, no filme de Dreyer, é a vítima e o martírio como entidades. Ora, isso é possível porque o *close* produz uma mutação do movimento, que deixa de ser translação e se torna expressão. O *close* abstrai o objeto das coordenadas espaçotemporais, desterritorializando a imagem, para fazer surgir o afeto puro — qualidade ou potência — como o que é expresso por um rosto ou seu equivalente. Isso significa que "a imagem-afecção é a potência ou a qualidade considerada por si mesma como expressa".[28] O que faz do afeto algo impessoal, singular, indivisível. Ou, para usar os termos mais importantes — que, diferentemente do que em geral ocorre em Deleuze, aparecem várias vezes nessa análise como sinônimos —, o afeto é virtual, possível, algo diferente, portanto, do individual ou atual, de sua atualização em um estado de coisas, característica da imagem-ação.

Mas, além de abstrair o rosto das coordenadas espaçotemporais, de um espaço determinado, o afeto pode ter um espaço-tempo próprio que Deleuze chama de espaço qualquer, e na verdade já aponta na direção da imagem-tempo. O espaço qualquer pode ser definido por duas características: por um lado, é um espaço tátil, singular, não homogêneo, desconectado, que perdeu suas coordenadas como relações métricas; por outro lado, é um espaço de conjunção virtual, puro lugar do possível, que abole as distinções espaciais, permitindo que qualquer plano possa adquirir o estatuto de primeiro plano.

A partir dessa definição, Deleuze apresenta três modos ou procedimentos de construção de um espaço qualquer como potência espiritual do luminoso. O primeiro é o expressionismo, através da luta, do conflito, da oposição entre luz e trevas na profundidade, oposição que cria um espaço de sombras que se prolonga indefinidamente: a sombra como ameaça, em *Nosferatu o vampiro* (1921) ou em *Tabu* (1931), ambos de Murnau. O segundo procedimento é a abstração lírica, que apresenta não uma luta, mas uma alternativa: estética ou passional, no caso de Sternberg, ética, no caso de Dreyer, religiosa, no caso de Bresson. Trata-se sempre de uma alternância entre o branco e o preto, a que corresponde uma alternância espiritual entre o bem, o mal, a incerteza ou a indiferença, sem que se deva necessariamente escolher o branco, pois ele também pode ter um caráter aterrorizador, monstruoso. O terceiro procedimento é a cor, o espaço-cor do colorismo. Deleuze salienta no colorismo seu caráter absorvente, o fato de absorver tudo o que pode, se amparar de tudo o que está a seu alcance. "A cor é o próprio afeto, isto é, a conjunção virtual de todos os objetos que capta." Seu principal exemplo é Minnelli, "que faz da absorção a potência propriamente cinematográfica dessa nova dimensão da imagem". E Deleuze observa o papel que o sonho desempenha em seus filmes como forma absorvente da cor, capaz de criar um espaço de sonho ou de pesadelo. Entre os filmes de Minnelli, Deleuze destaca *Os quatro cavaleiros do Apocalipse* (1962), filme onde os personagens são tragados pelo pesadelo da guerra, e *Sede de viver* (1956), sobre o qual salienta "a hesitação, o medo e o respeito com que Van Gogh se aproxima da cor, sua descoberta e o esplendor da sua criação, e sua própria absorção no que ele cria, a absorção de seu ser e de sua razão no amarelo".[29]

Assim, a natureza do espaço qualquer é não ter coordenadas, ser um puro potencial, apresentar apenas potências e qualidades puras, a partir de sombras, brancos e cores. O que o leva, inclusive, a concluir que o espaço qualquer, construído com uma pluralidade de planos, constitui um sistema de emoções mais sutil e diferenciado que o *close*, sendo capaz de induzir afetos não humanos. Penso na resistência guerreira da Joana d'Arc de Bresson, de 1963.

Deleuze defende, portanto, a existência de duas subespécies de imagem-afecção: "*por um lado, a qualidade-potência expressa por um rosto ou um equivalente; por outro, a qualidade-potência exposta por um espaço qualquer.*"[30] A expressão de uma qualidade-potência por um rosto; a apresentação de uma qualidade-potência por um espaço qualquer.

A imagem-ação

Em seguida, Deleuze volta-se para a imagem-ação.* E a primeira ideia já é fundamental: a imagem-ação tem dois polos: meios e comportamentos. Nas imagens-ação, as qualidades e as potências se atualizam ou se efetuam em um meio, isto é, em estados de coisas, em espaços-tempos determinados, geográficos, históricos, sociais, e os afetos se encarnam em comportamentos, isto é, em ações que fazem passar de uma situação a outra, que respondem a uma situação para tentar modificá-la. É o realismo no cinema, como relação de meios e comportamentos: meios que atualizam, comportamentos que encarnam. A imagem-ação é a relação variável entre os dois.

O meio atualiza várias qualidades e potências, fazendo com que elas se tornem forças. Essas forças se encurvam, agem sobre o personagem criando uma situação na qual ele é tomado, então o personagem reage, respondendo com uma ação a essa situação, e o resultado é uma nova situação, uma situação modificada. É para essa representação orgânica, para esse liame, esse encadeamento sensório-motor, que Deleuze propõe a fórmula SAS', querendo com ela indicar a passagem de uma situação global a uma situação transformada por intermédio de uma ação concebida como duelo.[31] A situação impregna o personagem, e o personagem explode em ação ou detona uma ação. Essa é a "grande forma" da imagem-ação, que encadeia impregnação e explosão — situação impregnante e ação explosiva —, que vai da situação à ação que modifica a situação. Mas também acontece de a situação não se modificar no final do filme, o que dá a fórmula SAS. Como no caso de *Nanouk o esquimó* (1921), de Flaherty, que começa mostrando o meio hostil onde o esquimó conquista sua sobrevivência, apresenta seu duelo com o gelo para construir seu iglu, e o célebre duelo com a foca, sendo o resultado mais a continuidade da situação do que sua transformação. E há ainda a situação que pode levar à degradação final do personagem, o que dá a fórmula SAS", como em *Scarface, a vergonha de uma nação* (1932), de Howard Hawks, e *O segredo das joias* (1950), de John Huston.

Esse tipo de imagem-ação existe em alguns gêneros cinematográficos: o documentário, como o próprio *Nanouk o esquimó* e *Moana* (1926), também

* Na verdade, antes de estudar a imagem-ação, Deleuze introduz, no capítulo VIII, outro tipo de imagem-movimento: a imagem-pulsão — que situa entre a afecção e a ação —, característica do naturalismo, cujos principais representantes são Stroheim, Buñuel e Losey. Não a estudarei porque ela não tem incidência na argumentação geral dos livros.

de Flaherty; o filme psicossocial, como *A turba* (1928), *No turbilhão da metrópole* (1931) e *America* (1944), de Vidor, *Farrapo humano* (1945), de Wilder, e *Scarface* e *O segredo das joias*; o western, como *No tempo das diligências* (1939), *Caravana de bravos* (1950), *Rastros de ódio* (1956), *Terra bruta* (1961), *O homem que matou o facínora* (1962), todos de John Ford, e *O rio da aventura (Big Sky)* (1952), de Hawks.

Deleuze estabelece cinco leis da imagem-ação nesses gêneros. A primeira diz respeito à imagem-ação como representação orgânica. Ela organiza a maneira como o meio atualiza, efetua várias potências, a maneira como o todo se encurva em torno dos personagens, realizando a passagem da situação inicial à situação final. A segunda rege a passagem da situação inicial à ação decisiva, ao duelo, pela apresentação de linhas de ação concorrentes que tornarão possível o último confronto individual. Isso é objeto da montagem alternada convergente, montagem que atinge a perfeição em *M, o vampiro de Düsseldorf* (1931), de Fritz Lang, que apresenta as linhas de ação da polícia e dos ladrões que permitem passar da situação global à ação decisiva, quando os ladrões prendem M e o julgam. A terceira é uma lei sobre a ação, ou sobre alguma coisa na ação ser rebelde à montagem, e, por isso, é chamada por Deleuze lei de Bazin ou da montagem proibida. Ela significa que, num efeito produzido por duas ações concorrentes, há um momento em que os dois termos devem ser mostrados juntos sem que se possa recorrer à montagem. O exemplo de Bazin é *O circo* (1928), de Chaplin, onde em algum momento Carlitos tem que entrar na jaula do leão e aparecer com ele num plano comum. A quarta lei diz que o duelo não é um momento único: há um encaixe de duelos. Em *M*, por exemplo, o duelo é tanto entre M e a polícia quanto entre M e os ladrões. Finalmente, a quinta lei estabelece que, entre a situação englobante e o herói, o meio e o comportamento que o modificará, a situação e a ação, há uma distância que só pode ser preenchida progressivamente. É preciso que a grandeza e a potência do herói se atualizem depois de momentos internos e externos de impotência; é preciso um caminho espaçotemporal, um processo de atualização, através do qual o herói se torna capaz de agir.

Mas a imagem-ação tem outro aspecto, a "pequena forma", que vai da ação à situação e daí a uma nova ação. A ação, que avança às cegas, desvela parcialmente uma situação, e esta leva a uma nova ação. Sua fórmula é: ASA'. Se a grande forma é "o grande organismo unívoco que engloba os órgãos e as funções", a pequena forma caracteriza-se pelas "ações e órgãos que se compõem pouco a pouco numa organização equívoca".[32] É, diz Deleuze, um esquema sensório-motor invertido.[33] Esse tipo de imagem tem dois polos ou índices. O primeiro é o caso em que uma ação desvela uma situação que não é dada. Como em *Sócios no amor* (1933), de Lubitsch, um dos principais cineastas da pequena forma dos filmes de ação: um dos dois amantes de uma jovem vê o outro vestido de smoking de manhãzinha na casa dela e conclui que ele passou a noite com ela. O outro tipo de índice é o da equivocidade ou da distância, em que uma diferença muito pequena na ação ou entre duas ações induz uma distância muito grande entre duas situaões. Um ótimo exemplo encontra-se no filme de Lubitsch *To be or not to be* (1942): quando os atores de teatro representam alemães perante espectadores numa peça e diante dos próprios alemães na vida real, há uma pequena diferença nos gestos e uma grande diferença entre as duas situações.

Como gêneros da pequena forma, temos a comédia de costumes, como nos exemplos anteriores, mas também o "filme de época", um tipo de documentário que parte dos comportamentos ou das ações para induzir a situação social, o filme policial — que Deleuze diferencia do criminal, pois nele se vai de ações cegas a situações obscuras —,* o neowestern (diferente do western da grande forma), onde ele agrupa *Hombre* (1967), de Martin Ritt, *O homem do Oeste* (1958) e *O preço de um homem* (1953), de Anthony Mann, *Seminole* (1953), de Boetticher, *Juramento de vingança* (1965) e *Meu ódio será tua herança* (1969), de Sam Peckinpah, e *O pequeno grande homem* (1970), de Arthur Penn.

Mas há um gênero quase exclusivamente marcado pela pequena forma: o burlesco, a comédia. Deleuze analisa um exemplo célebre: Charles Chaplin. Para que se veja em que ela consiste, nesse caso, basta lembrar uma cena muito conhecida: abandonado pela mulher, Carlitos, de costas, parece chorar convulsivamente; quando se vira, vê-se que estava preparando um coquetel. O burlesco é isso: a ação é filmada do ângulo da menor diferença com uma outra ação, mas revela a imensa distância entre as duas situações. A originalidade de Chaplin foi ter escolhido gestos próximos e situações afastadas para criar, a partir deles, uma emoção intensa e aumentar o riso

* O exemplo de policial perfeito para ele é *Suplício de uma alma* (1956), de Fritz Lang: numa campanha contra o erro judicial, o herói fabrica falsos indícios que o inculpam. As provas da fabricação desaparecem, e ele é preso e condenado. Perto de ser libertado, durante uma visita de sua noiva ele deixa escapar uma informação que a faz compreender que ele é o culpado. A fabricação de falsos indícios foi uma maneira de ocultar os verdadeiros.

com essa emoção. E Deleuze termina sua análise comparando o cômico de Chaplin ao de Buster Keaton, defendendo que a originalidade deste foi inscrever o cômico na grande forma, preencher a grande forma com um conteúdo burlesco que ela parecia recusar. Para Keaton, o herói é um ponto minúsculo num meio imenso e catastrófico. Em *Boxe por amor* (1926), há três combates: uma luta que parece verdadeira, violenta; um treino tratado do modo burlesco tradicional; e o enfrentamento terrível, hediondo, entre Keaton e o campeão, uma situação não cômica que Deleuze considera uma das maiores críticas do boxe. Uma grande distância entre a situação dada e a ação cômica esperada, característica da grande forma.*

A imagem mental

Depois do estudo desses três tipos de imagens (percepção, afecção e ação), Deleuze introduz o conceito de imagem mental, ou considera o mental uma imagem específica: "Uma imagem que toma como objeto *de* pensamento objetos que têm uma existência própria fora do pensamento, como os objetos da percepção têm uma existência fora da percepção. *É uma imagem que toma como objeto relações*, atos simbólicos, sentimentos intelectuais."[34] A introdução da imagem mental no cinema, fazendo dela a realização ou o acabamento de todas as imagens, ao enquadrá-las e transformá-las, ao penetrar nelas, deve-se a Hitchcock. Nele, percepções, afecções, ações são interpretação, raciocínio, no sentido de que o importante, para ele, são as relações. Um filme de Hitchcock é um grande raciocínio, uma demonstração matemática, apesar da inverossimilhança de certas ações e situações. Como na cena do avião que persegue o herói, em *Intriga internacional* (1959), e que estaria lá para pulverizar um campo deserto onde não há o que pulverizar. Aliás, a respeito dessa cena, de que gosta muito, Truffaut diz que Hitchcock tem "a religião da gratuidade, o gosto da fantasia fundada no absurdo".[35] Percepção, afecção e ação são cercadas, enquadradas por um conjunto de relações. Imagem mental é imagem-relação, cadeia de relações, mais do que trama de ações. Se Hitchcock retoma uma ação do filme policial, ela tem apenas

* Deleuze conclui a análise de Buster Keaton descrevendo os dois procedimentos que ele emprega, que são duas formas de *gag*: a *gag*-trajetória, baseada numa montagem ultrarrápida ou em trajetórias contínuas sem montagem; a *gag*-máquina, em que as máquinas são suas aliadas.

a aparência de um duelo que rege a ação. As ações são tomadas num tecido de relações, que as eleva ao estado de imagem mental. A relação penetra a ação e a transforma em ato simbólico.* Cada plano, cada imagem apresenta uma relação mental, levando a imagem-movimento a um limite. E Deleuze chama atenção para um aspecto de grande importância: a descoberta das relações remete a uma situação de *voyance*, de vidência, que substitui uma simples visão. Como em *Janela indiscreta* (1954), em que o herói chega à imagem mental não porque é fotógrafo, mas porque está imobilizado, reduzido a uma situação ótica pura, como se fosse um espectador. Deste modo, tomando explicitamente a relação como objeto, o cinema de Hitchcock é a realização das imagens-percepção, afecção, ação, completando o circuito da imagem-movimento ou levando à perfeição lógica o cinema clássico, ao mesmo tempo que aponta para o questionamento, para a ruptura dos liames sensório-motores: "Se o cinema de Hitchcock nos pareceu a realização (*achèvement*) da imagem-movimento é porque ele ultrapassa a imagem-ação rumo a 'relações mentais', que enquadram e constituem sua cadeia, mas ao mesmo tempo retorna à imagem segundo 'relações naturais' que compõem a trama."[36]

A crise da imagem-ação

A partir daí Deleuze situa e caracteriza a crise da imagem-ação que dá nascimento a um cinema que exige cada vez mais pensamento. A nova imagem, a imagem mental, que resulta dessa crise, explica-se em termos de pensamento, no sentido de que nela a percepção não se prolonga mais em ação, mas se relaciona diretamente com o pensamento. "A alma do cinema exige cada vez mais pensamento, mesmo se o pensamento começa por desfazer o sistema das ações, percepções e afecções que tinham alimentado o cinema até então. Não acreditamos mais que uma situação global possa dar lugar a uma ação capaz de modificá-la. Também não acreditamos mais que uma ação possa forçar uma situação a se revelar mesmo parcialmente. Desmoronam as ilusões mais 'sãs'. Em toda parte, o que fica logo comprometido são os encadeamentos situação-ação, ação-reação, excitação-resposta, em

* Por símbolo, Deleuze entende "um objeto concreto portador de diversas relações ou das variações de uma mesma relação, de um personagem com outros ou consigo mesmo", como a aliança em *Janela indiscreta* (1954), de Hitchcock (I-M, p.275).

suma, os liames sensório-motores que constituíam a imagem-ação."[37] Várias razões — econômicas, sociais, políticas, morais, artísticas — levam a que não se acredite mais que uma situação dê lugar a uma ação capaz de modificá-la, resultando isso no questionamento dos liames sensório-motores constitutivos da imagem-ação.

Deleuze apresenta cinco características dessa nova imagem responsável pelo questionamento do esquema sensório-motor. Primeiro, contrariamente à grande forma, com sua situação globalizante, agora as situações são dispersivas, lacunares, com múltiplos personagens, que às vezes aparecem como principais, às vezes tornam-se secundários, personagens entre os quais as interferências são pequenas. Segundo, diferentemente da pequena forma, agora se interrompe a linha que ligava os acontecimentos uns aos outros; as ligações ou os encadeamentos entre as imagens tornam-se fracos, ao acaso. Terceiro, personagens que erram sem reagir ao que lhes acontece substituem a ação ou a situação sensório-motora. O passeio, a perambulação, a errância fazem com que os personagens estejam em um contínuo ir e vir destacado da estrutura ativa ou afetiva que estava na sua base. Não há mais propriamente uma ação que se desenvolve em um espaço determinado, e sim um espaço qualquer, como espaço desconectado ou espaço vazio. Quarto, a tomada de consciência dos clichês físicos e psíquicos, imagens sensório-motoras das coisas. Essa nova imagem mostra que, para as pessoas se suportarem, é preciso que a miséria externa insuportável atinja suas consciências. Quinto, a denúncia de um complô organizado por um poder difuso que faz circular os clichês. Trata-se do complô de um poder que se exerce sobretudo pela vigilância, para a qual a informação ou os meios de comunicação desempenham um grande papel.

Essa análise é feita inicialmente tomando como exemplo o cinema americano do pós-guerra, de Altman, Cassavetes, Lumet, Scorsese. Deleuze encontra muitas dessas características em *Taxi Driver* (1976), de Scorsese, em que o motorista hesita entre se matar e cometer um assassinato político, e ao optar pela matança final chega a se surpreender, como se aquilo tudo não lhe dissesse respeito; mas em que também não há conexão sensório-motora entre o motorista e o que ele vê na calçada; ou então em que é feito o inventário dos clichês psíquicos do motorista e dos clichês óticos e sonoros da cidade. No entanto, se Deleuze salienta a dimensão crítica desse cinema, com seu projeto estético-político de extrair uma imagem dos clichês e usá-la contra eles, é em última análise para apontar seus limites e sugerir que, de fato, ele é pouco crítico. Pois se limita a denunciar um mau uso das instituições, esforçando-se por salvar os restos do sonho americano, como em Sidney Lumet, ou a parodiar o clichê em vez de realmente criar uma nova imagem. No fundo, o que Deleuze quer mostrar tomando exemplos de filmes bem posteriores ao nascimento de um tipo radicalmente novo de imagem é que a força da tradição do cinema americano, como cinema de ação, impedia que ele fosse transformado de dentro, pondo em questão a imagem-movimento.

Essa libertação da imagem-movimento ou a criação de um novo tipo de imagem deve-se ao neorrealismo italiano, que foi, na verdade, segundo ele, o responsável pela elaboração das cinco características que estão na base da nova imagem: a situação dispersiva, as ligações fracas, a errância, a tomada de consciência dos clichês, a denúncia do complô. Pois, se era difícil para o cinema americano escapar da imagem-ação por causa da tradição que havia criado, a Europa tinha mais liberdade para isso. Principalmente a Itália, país que, ao contrário da França, foi derrotado na guerra, mas, ao contrário da Alemanha, dispunha de uma indústria cinematográfica que havia relativamente escapado do fascismo e, além disso, podia invocar a resistência. Assim, foi primeiro na Itália que se produziu a grande crise da imagem-ação, com Rossellini, De Sica, Fellini, Francesco Rosi. Rossellini, questionando, a grande forma da imagem-ação, com *Roma, cidade aberta* (1945) e *Paisà* (1946); De Sica, com *Ladrão de bicicleta* (1948) e *Umberto D* (1952), interrompendo a forma da pequena ação; Fellini, com *Os boas-vidas* (1953), dando vez ao passeio, à perambulação; Rossellini e Fellini, com *Viagem à Itália* (1954), *De crápula a herói* (1959) e *O xeique branco* (1952), denunciando a fabricação dos clichês; Rosi, com *O bandido Giuliano* (1961), apresentando a imposição de papéis pelo poder. E se os italianos tinham uma "consciência intuitiva" da nova imagem que nascia, a *nouvelle vague* retomou depois essa mutação com uma "consciência intelectual e reflexiva". "A periodicidade é mais ou menos: 1948, a Itália; 1958, a França; 1968, a Alemanha", diz Deleuze.[38]

Mas, ao aprofundar a natureza dessa nova imagem, Deleuze não a explica propriamente pelas cinco características apresentadas no último capítulo de *Imagem-movimento*. Já nas últimas linhas desse primeiro tomo, ele as considera condições externas necessárias, isto é, mais o que tornam possível a nova imagem do que ela própria. No entanto, sua posição só aparece claramente no início de *Imagem-tempo*: se a crise da imagem-ação era a condição negativa para o surgimento da nova imagem pensante, a imagem-tempo só se dá com o surgimento de situações óticas e sonoras puras. "Da crise da imagem-ação à pura imagem ótico-sonora há, portanto, uma passagem necessária. Ora é uma evolução que permite passar de um aspecto ao outro: começamos por filmes de balada/perambulação (*bal(l)ade*), com ligações sensório-motoras enfraquecidas, e chegamos em seguida às situações puramente óticas e sonoras. Ora é em um mesmo filme que os dois aspectos coexistem, como dois níveis, o primeiro servindo apenas de linha melódica ao outro."[39]

2 | A IMAGEM-TEMPO

Situações ótico-sonoras puras

Foi com o neorrealismo que surgiram no cinema situações óticas e sonoras puras distintas das situações sensório-motoras da imagem-ação. Afastando-se das análises que caracterizam o neorrealismo por seu conteúdo social ou por uma nova forma da realidade, dispersiva, Deleuze privilegia no cinema italiano do pós-guerra o pensamento. Esse privilégio do pensamento se dá pela ruptura com o esquema sensório-motor, no sentido de que situações óticas e sonoras puras impedem a percepção de se prolongar em ação para relacioná-la diretamente com o pensamento e com o tempo.

Ao criar situações óticas e sonoras puras que não se prolongam mais diretamente em ação, o neorrealismo marca a substituição do cinema de ação por um cinema de *voyance*, de vidência. Trata-se de um cinema visionário, que substitui a visão, ou dá uma visão pura ou superior, um uso superior da faculdade de ver, um exercício transcendental da faculdade de sentir que suspende o reconhecimento sensório-motor da coisa, ou a percepção de clichês, como é a percepção comum, proporcionando um conhecimento e uma ação revolucionários. Eis um texto fundamental de Deleuze a esse respeito: "Vemos, sofremos mais ou menos uma poderosa organização da miséria e da opressão. E não nos faltam esquemas sensório-motores para reconhecer tais coisas, suportá-las ou aprová-las, comportando-nos como se deve, levando em conta nossa situação, nossas capacidades, nossos gostos. Temos esquemas para nos desviar quando é desagradável demais, para nos inspirar resignação quando é horrível, para assimilar quando é belo demais ... Como diz Bergson, não percebemos a coisa ou a imagem inteira, percebemos sempre menos, só percebemos o que estamos interessados em perceber, ou melhor, o que temos interesse em perceber devido a nossos interesses econômicos, nossas crenças ideológicas, nossas exigências psicológicas. Portanto, geralmente percebemos apenas clichês. Mas, se nossos esquemas sensório-motores se bloqueiam ou se interrompem, um outro tipo de imagem pode aparecer: uma imagem ótico-sonora pura, a imagem inteira e sem metáfora, que faz surgir a coisa em si mesma, literalmente, em seu excesso de horror ou de beleza, em seu caráter radical ou injustificável, pois não tem mais de ser 'justificada', como bem ou como mal ... Esse foi o problema sobre o qual nosso estudo precedente se encerrou: extrair dos clichês uma verdadeira imagem."[40]

O neorrealismo é um cinema em que o personagem registra mais do que age e tem a revelação ou a iluminação de alguma coisa de intolerável, de insuportável, de uma situação impossível de ser vivida; um cinema em que se apreende alguma coisa forte demais, poderosa demais, injusta demais, uma brutalidade visual e sonora insuportável que excede nossa capacidade sensório-motora. Ao se desvincular do esquema sensório-motor, que existe em função da ação, a percepção do personagem — e do espectador — atinge seu limite, sendo capaz de ir além dos clichês que nos impedem de ver o que o real tem de insuportável, inaceitável, que nos impedem de ter uma relação direta com o real. A imagem ótico-sonora pura revela o que não se vê, o imperceptível. Como em *Stromboli* (1951), de Rossellini, onde uma estrangeira tem uma revelação profunda da vida porque é incapaz de reagir para atenuar ou compensar a violência do que vê na ilha italiana, como na pesca do atum, na erupção do vulcão, e em *Europa 51* (1952), também de Rossellini, onde uma burguesa, depois da morte do filho, aprende a ver o que se passa em torno dela, quando seu olhar abandona a função prática de dona de casa ocupada com a vida mundana, e ela descobre, por exemplo, o que é o mundo do trabalho numa fábrica.*

A substituição das situações sensório-motoras por situações óticas e sonoras puras capazes de produzir novos modos de compreensão e de re-

* Deleuze cita esta cena nove vezes em *Imagem-tempo* (cf. I-T, p.8, 29, 30, 32, 33, 63, 65, 75 e 222). Na época em que estudava o cinema moderno, Deleuze elogiou duas vezes Foucault como um vidente que via o intolerável, alguém para quem pensar era reagir ao intolerável (cf. DRF, p.256; P, p.140). Nas cartas de 13 e 15 de maio de 1871, conhecidas como "cartas do vidente", Rimbaud diz que é preciso se tornar vidente e está trabalhando para isso. De todo modo, parece-me haver uma torção evidente quando Deleuze subtrai o que há de cristão e transcendente nessas sequências desses filmes de Rossellini para ilustrar sua tese da vidência do cinema moderno. O tema de uma percepção artística — liberta da percepção pragmática, interessada, seletiva — capaz de revelar com intensidade o real é bergsoniano.

sistência pode ser observada em Visconti, Antonioni, Fellini. Em Visconti, os meios conquistam uma autonomia que os fazem valer por si mesmos, exigindo serem investidos pelo olhar para que a ação nasça. Como na chegada do herói, em *Obsessão* (1942) — talvez a primeira obra neorrealista —, que toma uma espécie de posse visual do albergue, ou na chegada da família, em *Rocco e seus irmãos* (1960), que tenta assimilar a imensidão da estação de trem da cidade grande. Em Antonioni, o fundamental é a apresentação dos tempos mortos de situações banais cotidianas, mas também de circunstâncias excepcionais, situações-limite, que levam a espaços vazios que parecem absorver os personagens e as ações, como em *O eclipse* (1962); o cinema de Antonioni poderia ser definido pela reunião de tempos mortos e espaços vazios. Já em Fellini, a vida cotidiana se organiza como um espetáculo ambulante com uma sucessão de variedades que fundem ou confundem realidade e espetáculo, um espetáculo universal que não para de crescer, e do qual *Oito e meio* (1963) seria um grande exemplo.

A *nouvelle vague* francesa, com Godard e Rivette por exemplo, retoma o caminho do neorrealismo e, também como ele, vai do afrouxamento dos liames sensório-motores às situações óticas e sonoras puras.

Mas, apesar de valorizar o neorrealismo na criação do novo tipo de imagem, Deleuze chama a atenção para Ozu como aquele que primeiro viu a importância das situações óticas e sonoras puras, quando a imagem-ação desaparece em prol de ligações sensório-motoras fracas ou de uma imagem puramente visual. Em Ozu, tudo é banal, comum, cotidiano, sem enredo, ou melhor, com enredo muito simples, ou esvaziado, sobre a vida de família: a vinda dos pais para visitar os filhos na cidade grande e as situações cotidianas que eles vivem, em *Era uma vez em Tóquio* (1953); a filha que não quer casar para continuar vivendo com o pai viúvo, em *Pai e filha* (1949); um casal que não quer comprar uma TV para a casa, e por isso seus filhos fazem greve de fome e de silêncio, em *Bom dia* (1959). Para Ozu a vida é simples. E o seu estilo sóbrio reflete essa simplicidade.* A câmera sempre baixa e em geral fixa, sempre com uma lente de 50mm; *travellings* raros e lentos; falsos *raccords*, isto é, falsas correspondências, falsos encadeamentos entre planos;

* No livro *Para o observador distante*, Noël Burch diz que os filmes de Ozu sempre evocam a cerimônia tradicional do chá, sua "geometria moral", e cita, a esse respeito, o poema didático escrito pelo mestre do chá Rikyu, no século XVI: "Tenham sempre em mente/ Que a cerimônia do chá, em essência,/ Nada mais é/ Que ferver água,/ Fazer o chá e beber" (trad. fr., Gallimard, 1982, p.191).

planos intermediários sem personagens, mais ou menos autônomos: as naturezas mortas ou *pillow-shots*, planos-travesseiros, e os espaços quaisquer, que são espaços desconectados ou vazios. E, embora não seja fácil distingui-las dos espaços, Deleuze insiste que as naturezas-mortas — como uma bicicleta parada ou um vaso —, não mais imagens vazias, mas plenas, são imagens puras e diretas do tempo. As "naturezas-mortas" detectam o tempo como forma imutável num mundo sem relações sensório-motoras. "Na banalidade cotidiana, a imagem-ação e até mesmo a imagem-movimento tendem a desaparecer em prol de situações óticas puras, mas estas descobrem ligações de um novo tipo, que não são mais sensório-motoras, e que colocam os sentidos libertos em relação direta com o tempo, com o pensamento."[41] Pois, enquanto a imagem-movimento, presa aos liames sensório-motores, dava apenas uma imagem indireta do tempo, a imagem ótica e sonora pura dá uma imagem-tempo que subordina o movimento, uma imagem-tempo direta que faz o olho adquirir uma função de *voyance*, de vidência.

Bergson e a imagem-cristal

Deleuze aprofunda o conceito de imagem-tempo pelo conceito de imagem-cristal. Falar de imagem-cristal* significa falar de uma imagem que tem duas faces: atual e virtual; significa que, por oposição à imagem-movimento, a imagem-tempo é também virtual, ou, mais precisamente, é uma relação coalescente entre virtual e atual.** Quando a imagem não mais se prolonga em movimento, como no cinema clássico, ela se torna uma unidade indivisível entre uma imagem atual e sua imagem virtual. Na imagem cristal, atual e virtual — termos de origem bergsoniana — são distintos, diferem por natureza, mas, em última análise, tornam-se indiscerníveis, inassinaláveis.

A imagem-cristal é a imagem atual que tem uma imagem virtual que lhe corresponde como um duplo ou um reflexo; a imagem-cristal é uma imagem atual — visível e límpida — que cristaliza com sua imagem virtual — invisível e opaca. Deleuze valoriza, nessa imagem, a ideia de circuito. A imagem-cristal é um circuito entre uma imagem atual e uma imagem virtual distintas, mas indiscerníveis. No caso do espelho isso é bem claro. Como em

---

* "Cristal de tempo" é uma expressão de Guattari (cf. I-T, p.110, 122).

** Ao estudar a teoria deleuziana das faculdades, explicitei o sentido dos termos "virtual" e "atual".

A dama de Xangai (1948), de Orson Welles, onde o princípio de indiscernibilidade atinge o ápice com uma imagem-cristal perfeita em que os espelhos multiplicados tomaram, absorveram a atualidade dos dois personagens, que só poderão reconquistá-la quebrando todos os espelhos, encontrando-se assim lado a lado e matando-se um ao outro. Outro exemplo encontra-se em *Cidadão Kane* (1941), do mesmo diretor: quando, perto do final do filme, depois de ser abandonado pela segunda esposa, Kane passa diante de dois espelhos, um em frente ao outro, e sua imagem se multiplica. "Quando as imagens virtuais proliferam assim, seu conjunto absorve toda a atualidade do personagem, ao mesmo tempo que o personagem torna-se apenas uma virtualidade entre outras."[42]

Se virtual e atual são conceitos fundamentais da filosofia de Deleuze, a ponto de estarem presentes em todos os seus livros, em sua reflexão sobre o cinema ele os explicita pela relação com o tempo, ou pelo conceito de tempo tal como o formula servindo-se mais uma vez de Bergson.

As grandes teses de Bergson sobre o tempo, ou os paradoxos do tempo, apresentadas em *Matéria e memória* são: 1) Passado e presente não são dois momentos sucessivos do tempo, mas dois elementos coexistentes ou contemporâneos. O passado não sucede ao presente que ele não é mais, que ele deixou de ser. O passado, como passado puro, passado em si, ou em si do passado — a lembrança pura, e não a lembrança empírica, a imagem-lembrança — não é um antigo presente; ele coexiste com o presente que ele foi. O passado está entre dois presentes: o presente que ele foi e o atual presente em relação ao qual ele agora é passado. Mas ele se constitui não antes, e sim ao mesmo tempo que o presente que ele foi e o novo presente em relação ao qual ele é agora passado, o presente atual. "Um presente nunca passaria se não fosse 'ao mesmo tempo' passado e presente; um passado nunca se constituiria se não tivesse sido antes constituído 'ao mesmo tempo' que foi presente."[43] O passado não se constitui depois de ter sido presente, ele coexiste consigo como presente. A duração é essa coexistência, essa coexistência consigo mesmo. Se o passado não fosse passado ao mesmo tempo que presente, ele jamais poderia se constituir, nem ser reconstituído a partir de um presente ulterior.

2) Há diferença de natureza entre passado e presente. Enquanto o presente não é, ou é puro devir, isto é, muda, passa, não para de passar, o passado não deixa de ser, não para de ser, conserva-se em si, conserva-se no tempo indefinidamente, como passado não cronológico, passado em geral,

diferente do passado particular de determinado presente. Enquanto uma imagem-lembrança, uma lembrança empírica, conserva-se em nós, é psicológica, a lembrança pura conserva-se no tempo, é ontológica. O passado não existe mais, mas não deixa de ser: ele insiste, consiste, é. Ele é a condição, o fundamento da passagem do tempo ou dos presentes; é o elemento puro do tempo que explica que o presente passe.

3) O tempo desdobra-se, divide-se, diferencia-se a cada instante em presente e passado: presente que passa e passado que se conserva. Deleuze aprofunda essa relação entre o presente e o passado apropriando-se da teoria bergsoniana do cone invertido. Segundo ele, o cone tem na sua extremidade, como menor circuito, o atual presente e o passado desse presente, o virtual que duplica o atual, o que Bergson chama de ponto S. Por outro lado, o cone tem secções paralelas, AB, A'B', A"B" etc., que são circuitos virtuais que contêm todo o nosso passado, as lembranças puras, passado que coexiste consigo e com o presente atual: uma coexistência de círculos mais ou menos dilatados, mais ou menos contraídos, cujo presente é o menor círculo, o mais contraído. Em cada nível do cone, há todo o nosso passado, mas em graus diferentes. Em cada grau há tudo, mas coexistindo com tudo, isto é, com os outros graus. O tempo é a coexistência de todos esses lençóis, essas regiões, essas camadas de passado que não devem ser confundidas com as imagens-lembrança, pois são virtuais, não têm existência psicológica, são lembranças puras. O passado é a coexistência de círculos, mais ou menos dilatados, mais ou menos contraídos, regiões, jazidas, lençóis estirados ou retraídos, enquanto o presente é o menor circuito que contém todo o passado. Mas, embora esses circuitos virtuais não devam ser confundidos com as imagens-lembrança, eles as tornam possíveis. Se o passado não fosse de imediato "passado em geral", jamais seria um determinado passado.

Como se tem uma imagem-lembrança? Saltando de S, o menor circuito, formado de atual e virtual, para essas secções, para esses circuitos puramente virtuais, e atualizando alguma virtualidade que se tornará um novo presente, não aquele que a imagem-lembrança foi, mas um novo presente posterior ao antigo. A memória não consiste em uma regressão do presente ao passado empírico. Para nos lembrarmos, é preciso nos colocarmos de imediato no passado puro. Assim, os "circuitos relativos" ou "graus" coexistentes fazem da duração algo de virtual e, ao mesmo tempo, fazem com que a duração se atualize a cada instante em imagens-lembrança. É a partir dos lençóis de passado que as imagens-lembrança nascem. Eis, para concluir esse ponto, um texto de Bergson: "Trata-se de recuperar uma lembrança, de evocar um período de nossa história? Temos consciência de um ato *sui generis* pelo qual nos afastamos do presente para nos recolocar, primeiro, no passado em geral e, depois, numa certa região do passado, trabalho de tenteios, análogo ao ajuste do foco de um aparelho fotográfico. Mas nossa lembrança permanece em estado virtual; dispomo-nos assim apenas a recebê-la, adotando a atitude apropriada. Pouco a pouco, ela aparece como uma névoa que se condensasse; de virtual, passa ao estado atual ..."[44]

Em *Proust e os signos*, Deleuze defende uma semelhança entre Proust e Bergson com relação a essas teses de *Matéria e memória* sobre o tempo. Mas vê uma diferença entre os dois pensadores. A diferença é que Bergson se contenta em estabelecer que o passado se conserva em si sem procurar saber como ele poderia ser salvo para nós, enquanto o problema de Proust é como salvar para nós esse passado tal como ele se conserva em si, o tempo em estado puro, dando como solução desse problema a memória involuntária. Dois anos depois, em *Bergsonismo*, ele volta a relacionar Bergson e Proust, defendendo que apesar de uma concepção extremamente diferente do tempo, os dois admitem um passado puro, um ser em si do passado, mas enquanto, para Bergson, a lembrança ou o passado puros não são do domínio do vivido, em Proust ele pode ser vivido, sentido, pela coincidência de dois instantes do tempo.[45]

Retomando essa ideia, é possível dizer que o projeto proustiano de salvar o passado puro assemelha-se bastante ao do cinema moderno, que pretende apreender o futuro e o passado que coexistem com o presente, um passado que não é um antigo presente, um futuro que não é um presente por vir. Ao atingir um antes e um depois que coexistem com a imagem presente, em vez de ficar no presente, o cinema consegue dar uma apresentação direta do tempo em que o passado é a imagem virtual do presente, que é a imagem atual. Assim, parece-me que é à questão de Proust, "como dar conta do passado puro ou do tempo em estado puro?", que a imagem-cristal — uma imagem dupla ou de duas faces, uma imagem em que atual e virtual cristalizam — dá uma resposta, no caso do cinema. Pois, para Deleuze, na imagem-cristal vê-se a fundação do tempo, o tempo não cronológico, crônico, simultâneo, ontológico, o tempo em pessoa, o tempo como forma pura, em estado puro, como forma imutável do que muda, diferente do tempo cronológico, do curso do tempo, que é sucessivo, empírico, subordinado ao movimento. Assim, em vez de revelar uma imagem indireta do tempo, que decorreria do movimento, o cristal subverte a subordinação do tempo ao movimento e revela uma imagem-tempo direta.* O que o visionário, o vidente vê no cristal, com seus sentidos libertados, é o tempo, é o jorro do tempo como desdobramento, como cisão em presente e passado, presente que passa e passado que se conserva: o tempo em sua diferenciação.[46]

Evidenciando o quanto sua análise do cinema moderno também parte de Bergson, Deleuze dá como exemplos de temporalização da imagem, ou de formação de uma imagem-tempo direta como imagem cristal, os cinemas de Orson Welles e de Alain Resnais. Segundo ele, a primeira vez que uma imagem-tempo direta aparece no cinema, na forma dos lençóis de passado, é em *Cidadão Kane*, quando as testemunhas entrevistadas pelo jornalista para saber o que é Rosebud apresentam um corte da vida de Kane, um círculo ou um lençol de passado virtual, coexistente. "Cada testemunha salta no passado em geral, instala-se de saída nessa ou naquela região coexistente, antes de encarnar certos pontos da região numa imagem-lembrança."[47] Há basicamente dois tipos de imagens no filme. Umas reconstituem séries motoras de antigos presentes. São os campos e contracampos que apresentam os hábitos conjugais de Kane. Mas há também os planos em profundidade de campo, que exploram um lençol de passado. Deleuze caracteriza a profundidade de campo pensada como plano-sequência nos seguintes termos: "uma diagonal ou uma abertura que atravessa todos os planos põe os elementos de cada plano em interação com os outros e, sobretudo, faz comunicar diretamente o plano de fundo com o primeiro plano".[48] Como na cena da tentativa de suicídio da segunda esposa de Kane. E, para salientar a relação entre tempo puro e profundidade de campo, ele indica que, quando Kane vai encontrar seu amigo jornalista para a ruptura, move-se no tempo, ocupa um lugar no tempo mais do que no espaço; ou como, em *M. Arkadin* (1955), também de Welles, quando o investigador aparece no pátio, no início do filme, ele surge do tempo, mais do que chega de outro lugar. Em suma, as imagens em profundidade expressam regiões virtuais do passado, camadas de passado coexistentes, que tornam possíveis as imagens-lembrança; sua função principal é exibir o tempo por ele mesmo: uma função de rememoração, de temporalização, uma temporalização que se dá pela memória.

---

* Deleuze distingue quatro tipos de imagens-cristal: o cristal perfeito, como em Max Ophüls, o cristal rachado, como em Renoir, o cristal em formação, como em Fellini, o cristal em decomposição, como em Visconti. Mas todas elas consistem na unidade indivisível de uma imagem atual e sua imagem virtual (I-T, p.111-28).

Deleuze defende também que, em seus filmes, Resnais radicaliza a apresentação do tempo puro. Pois em Orson Welles subsiste um ponto fixo ou um centro, um presente visual ou sonoro, em relação ao qual todos os estratos ou lençóis de passado coexistem e se confrontam, mesmo se o centro deixa de ser sensório-motor e torna-se ótico, determinando um novo regime da descrição, e, ao mesmo tempo, torna-se luminoso, determinando uma nova progressão da narração.[49] Já em Resnais eles desaparecem. Deixando de ser centro ou ponto fixo, o presente põe-se a flutuar, torna-se incerto, relativo; a coexistência ou a confrontação dos lençóis de passado se faz diretamente, cada um podendo servir de presente relativo para o outro. A obra de Resnais é fundada na coexistência de lençóis de passado, sem que o presente intervenha como centro de evocação. Ele constrói "alternativas indecidíveis entre lençóis de passado".[50]

Um exemplo disso é *O ano passado em Marienbad* (1961), filme em que as andanças, as imobilizações, as petrificações evidenciam a dissolução da imagem-ação. Deleuze explica o que acontece nesse filme difícil, usando a temática bergsoniana do tempo puro, que talvez esteja mais presente no cinema de Resnais do que em qualquer outro. Segundo ele, o que se vê em *Marienbad* é um homem que se situa em um circuito de passado que compreende uma mulher como ponto brilhante, como aspecto, enquanto a mulher se situa em regiões das quais o homem não faz parte ou só faz parte de maneira nebulosa. A questão é saber se a mulher — ora desconfiada, ora obstinada, ora quase convencida, saltando de um bloco a outro de memória — se deixará atrair para o lençol de passado do homem, ou se esse lençol será desfeito pelas resistências da mulher, que se envolve em seus próprios lençóis. Ora, é evidente que essa ideia só é possível se pensarmos, com Bergson, a lembrança pura em relação a lençóis de passado que se conservam no tempo e, quando alguém se instala em determinado lençol, duas coisas podem acontecer: ou descobre o ponto que procura e será atualizado numa imagem-lembrança, ou não o descobre porque está em outro lençol do passado.

Descrição, narração, narrativa

Depois de apresentar a imagem-cristal como uma imagem-tempo que diz respeito à "ordem do tempo", isto é, à coexistência ou à simultaneidade dos elementos do tempo, Deleuze distingue, no capítulo "As potências do falso", o regime orgânico e o regime cristalino da imagem a partir da descrição, da narração e da narrativa (*récit*), considerando que, em vez de terem primazia, esses pontos de vista dependem dos tipos de imagem, isto é, de se tratar de imagem-movimento ou de imagem-tempo.*

O primeiro ponto diz respeito às descrições. Se a descrição tem relação com o mundo, o meio, os objetos, a realidade, uma descrição "orgânica" pressupõe uma situação, uma realidade. Supõe a independência do objeto; supõe que o meio preexiste à descrição que a câmera faz. E assim ela define situações sensório-motoras. Uma descrição cristalina, ao contrário, vale por seu objeto, o substitui, ou até mesmo o constitui, dando sempre lugar a outras descrições, que podem modificar as anteriores. É uma descrição pura que remete a situações óticas e sonoras puras desligadas de seu prolongamento motor.

Deleuze aprofunda esse ponto pela relação do real e do imaginário nos dois tipos de descrição. O regime orgânico da descrição, regime sensório-motor, compreende esses dois modos de existência — o real e o imaginário — como dois polos em oposição: os encadeamentos atuais do ponto de vista do real, as atualizações na consciência do ponto de vista do imaginário. No regime cristalino da descrição esses dois modos de existência se reúnem em um circuito em que o real e o imaginário, o real atual e o virtual, formam duas imagens distintas, mas indiscerníveis, coalescentes, intimamente unidas.

O segundo ponto diz respeito à narração. Se a narração é a maneira de contar uma história, a narração orgânica consiste no desenvolvimento dos esquemas sensório-motores. Deleuze estuda essa ideia pela distinção entre movimentos normais e anormais. Um movimento sem centro — centro de revolução, de equilíbrio, de gravidade — é anormal, aberrante. Segundo ele, as anomalias de movimento, os movimentos aberrantes — aceleração, desaceleração, inversão, falso *raccord* etc. — apareceram bem cedo (basta pensar

* Essa análise leva Deleuze a introduzir uma outra imagem-tempo, que diz respeito não mais à ordem, mas à "série do tempo". Esse tipo de imagem-tempo, que existiria em Jean Rouch, Pierre Perrault, Shirley Clarke, Cassavetes, Godard, também rompe com a representação indireta e com o curso empírico do tempo, mas porque "reúne o antes e o depois em um devir, em vez de separá-los: seu paradoxo é introduzir um intervalo que dura no próprio momento" (cf. I-T, p.54-5, 197-202). Nas "Conclusões", Deleuze volta a essa distinção, vendo na ordem do tempo "uma ordem de coexistências ou de simultaneidades" e na série do tempo "um devir como potencialização, como série de potências" (cf. I-T, p.359-61).

em Jean Epstein), mas foram normalizadas pela imagem-movimento, porque para subordinar o tempo, medir o tempo, o movimento precisa ser normal, centrado.

A narração cristalina implica um desmoronamento dos esquemas sensório-motores, que dão lugar a situações óticas e sonoras puras, em que o personagem torna-se vidente. As anomalias de movimento, os movimentos anormais, falsos, produzidos por um tempo crônico, não cronológico, ganham independência, tornando-se essenciais em vez de serem acidentais ou eventuais, como na narração orgânica. A mutação que dá origem à imagem-tempo se produz quando as aberrações de movimento, os movimentos descentrados, ganham independência. É o reino do falso *raccord*, como em Dreyer e Resnais. Um movimento anormal, aberrante, que foi conjurado pela imagem-movimento, põe em questão o tempo como representação indireta ou número do movimento, porque escapa do centro, das relações de número, dando ao tempo a possibilidade de surgir diretamente, livre do encadeamento motor. "Se o movimento normal subordina o tempo, do qual ele nos dá uma representação indireta, o movimento aberrante testemunha uma anterioridade do tempo, que ele nos apresenta diretamente, do fundo da desproporção das escalas, da dissipação dos centros, do falso *raccord* das próprias imagens."[51]

Dessa anterioridade do tempo em relação ao movimento resulta que a narração deixa de ser verídica, de visar à verdade, de pretender ser verdadeira até mesmo na ficção, para se tornar falsificadora. Assim como a descrição cristalina não pressupõe mais uma realidade, a narração também não remete mais à verdade. A descrições puras correspondem narrativas falsificadoras. Todo esse ponto é inspirado em Nietzsche e sua crítica da verdade. Deleuze diz explicitamente que foi Nietzsche quem, com sua teoria da vontade de potência, substituiu a forma do verdadeiro pela potência do falso. E aponta os principais pontos da crítica nietzschiana da verdade.

Primeiro, a crítica da crença em um mundo verdadeiro. Com isso Deleuze está aludindo principalmente ao célebre texto de *Crepúsculo dos ídolos*, "Como o 'mundo verdadeiro' acabou convertendo-se numa fábula", onde Nietzsche apresenta como etapas da "história de um erro" as concepções platônica, cristã, kantiana e positivista de "mundo verdadeiro", para defender que ele eliminou o mundo verdadeiro e, por conseguinte, também o aparente, isto é, a oposição entre mundo verdadeiro e mundo aparente. Esse texto é, a meu ver, a formulação mais radical de Nietzsche sobre a questão da verdade, por defender a necessidade de substituir a oposição metafísica de valores — nascida com o platonismo, considerado como a doutrina dos dois mundos: um mundo sensível e o mundo suprassensível — por uma perspectiva "para além", neste caso, para além de verdade e aparência: "Eliminamos o mundo verdadeiro: que mundo restou? Acaso o aparente? Não! Ao eliminar o mundo verdadeiro também eliminamos o aparente", diz Nietzsche concluindo o capítulo.

Segundo, a crítica na existência de um homem verídico, daquele que tem uma vontade de verdade. A vontade de verdade é a crença de que nada é mais necessário que o verdadeiro, a crença de que o verdadeiro é superior ao falso. A oposição verdade/aparência criada pela metafísica tem como consequência uma vontade exacerbada de verdade, uma vontade de verdade a todo custo, que traduz uma impotência da vontade de potência. Quer dizer, a crítica nietzschiana da verdade é feita a partir da vontade de potência, que no caso do homem verídico seria uma vontade negativa de potência.

Terceiro, a crítica na relação intrínseca entre verdade e moral ou da origem moral da verdade no sentido de que, em última instância, o homem verídico é aquele que julga a vida a partir de um fundamento moral. A vontade de verdade que atua no conhecimento é uma vontade moral. Deleuze diz isso claramente nesse capítulo sobre "as potências do falso": "O homem verídico só quer finalmente julgar a vida, ele exige um valor superior, o bem, em nome do qual poderá julgar; tem sede de julgar, vê na vida um mal, um erro a ser expiado: origem moral da noção de verdade."[52] O que leva Nietzsche a distinguir essa vontade moral de verdade da vontade afirmativa de potência, que às vezes, numa estratégia de inversão tão característica de sua filosofia, ele chama de vontade de falso. Assim, reivindicar a positividade do falso ou uma potência do falso é se insurgir contra a vontade de verdade como uma vontade moral.

Finalmente, a crítica da verdade tem como contrapartida uma apologia da arte considerada como força vital. O poder criador, transfigurador, da arte, com sua perspectiva para além de bem e mal e de verdade e aparência, é o grande estimulante da vida, a força capaz de se contrapor à negação da vida que se encontra na ideia de mundo verdadeiro. Daí por que, também utilizando sua estratégia de inversão, Nietzsche diz que a arte santifica a mentira ou que, na arte, a vontade de enganar tem a boa consciência de seu lado. O que significa, no fundo, que pensamento é criação e não vontade de verdade.

O que Deleuze faz, em *Imagem-tempo*, é aproximar a teoria nietzschiana da verdade da teoria bergsoniana do tempo para explicar a narração moderna no cinema, relacionando a formação do cristal, a força do tempo e a potência do falso. Isso aparece claramente quando ele sugere que uma potência do falso destrona a forma da verdade afirmando a coexistência de passados não necessariamente verdadeiros. Como em Robbe-Grillet, para quem as imagens devem ser produzidas de tal modo que o passado não seja necessariamente verdadeiro, ou que o possível leve ao impossível. Deleuze diz que esse é o reino do falsário. Cita: *L'homme qui ment* (1968) e *Trans-Europ-Express* (1966), de Robbe-Grillet, *Stavisky* (1974) e *Muriel* (1963), de Resnais, *Le grand escroc* (1963), curta de Godard, *O falsário* (1980), de Schlöndorf. Mas o que é o falsário para ele? Certamente algo muito singular: "Ele é o homem das descrições puras, e fabrica a imagem-cristal, a indiscernibilidade do real e do imaginário; ele passa para o cristal e faz ver a imagem-tempo direta; suscita alternativas indecidíveis, as diferenças inexplicáveis entre o verdadeiro e o falso, e com isso impõe uma potência do falso como adequada ao tempo, em oposição a qualquer forma do verdadeiro que discipline o tempo."[53] Deste modo, como para Nietzsche, também para Deleuze o "verdadeiro", o "autêntico" falsário é o artista. Pois, em última análise, ele identifica o falsário ao homem verídico, opondo os dois ao artista. Como se vê por essa passagem bastante esclarecedora: "O que podemos repreender nos falsários, tanto quanto no homem verídico, é o gosto exagerado pela *forma*: eles não têm o sentido nem a potência das metamorfoses, apontam um empobrecimento do instinto vital, uma vida já esgotada. A diferença entre o falsário, o perito e Vermeer é que os dois primeiros praticamente não sabem mudar. Só o artista criador leva a potência do falso a um grau que se efetua não mais na forma, mas na transformação. Já não há verdade nem aparência."[54]

Deleuze aprofunda essa questão da verdade no cinema quando retoma um tema muito caro à sua filosofia, e várias vezes abordado, ao dizer que a narração falsificadora escapa do sistema do julgamento, a que a narração orgânica ainda se refere. Ele diz que foi a *nouvelle vague* que rompeu com a forma da verdade para substituí-la por potências de vida, pois, de um modo geral, o próprio neorrealismo ainda mantinha a referência à verdade. Mas sugere, sobretudo, a existência de uma inspiração nietzschiana em Orson Welles, alguém que jamais teria cessado de lutar contra o sistema do julgamento. Para Deleuze, Welles foi, como Nietzsche, alguém capaz de substituir o julgamento pelo afeto. "O afeto como avaliação imanente em vez do julgamento como valor transcendente: 'gosto ou detesto' em vez de 'julgo'."[55] Dito de modo mais preciso: Welles foi o primeiro a dar à imagem cinematográfica a potência do falso. E potência do falso não se contrapõe a criação de verdade, ou a potência artística criadora, pois Deleuze diz claramente: "O artista é criador de verdade, pois a verdade não tem de ser alcançada, encontrada nem reproduzida, ela deve ser criada."[56]

Mas, além de partir das instâncias da descrição e da narração para definir o regime cristalino, Deleuze também parte da narrativa (*récit*). Enquanto a narração dizia respeito ao desenvolvimento do esquema sensório-motor, a narrativa diz respeito ao desenvolvimento da relação sujeito-objeto, das imagens subjetivas e objetivas. Em *Imagem-movimento*, ele começava o estudo da imagem-percepção investigando como a distinção entre as imagens objetivas e subjetivas se manifesta no cinema, dando duas definições nominais, provisórias. A imagem-percepção subjetiva seria aquela em que o conjunto é visto por alguém que faz parte dele, como, por exemplo, um personagem com os olhos feridos vê as coisas sem nitidez, ou uma dança é mostrada da perspectiva de quem está dançando. Por outro lado, a imagem-percepção seria objetiva quando a coisa ou o conjunto é visto do ponto de vista de alguém exterior ao conjunto. Agora, ele volta a considerar objetivo o que a câmera vê e subjetivo o que o personagem vê. E isso o leva a pensar a narrativa orgânica como desenvolvimento dos dois tipos de imagem, objetivas e subjetivas, e a narrativa cristalina como a que questiona a distinção do objetivo e do subjetivo, mas também sua identificação. Como em Orson Welles ou no "cinema-verdade" de Jean Rouch, cineasta que destrona a forma da narração veraz ou o modelo de verdade e se torna criador de verdade.

Mas ele também se apropria da noção de imagem "subjetiva indireta livre", que Pasolini formula a partir do discurso indireto livre, de Bakhtin, para ultrapassar o subjetivo e o objetivo da percepção por uma forma pura que se erige em visão autônoma do conteúdo, correlacionando uma imagem-subjetiva e uma imagem-objetiva, em que a última transforma a primeira no sentido de produzir uma reflexão da imagem numa consciência-câmera, numa câmera consciência de si. Uma imagem subjetiva seria um discurso direto: o espectador vê o que o personagem vê. Uma imagem objetiva, um discurso indireto: o espectador vê o personagem e sabe o que ele está vendo. O cinema de poesia de Pasolini é baseado num discurso indireto livre que consiste, diz Deleuze, "numa enunciação tomada em um enunciado que por sua vez depende de uma outra enunciação. Por exemplo, 'Ela reúne sua energia: *antes ser torturada do que perder a virgindade*'."* E Deleuze explicita essa ideia dizendo que para Bakhtin, de quem tirou o exemplo citado, o discurso indireto livre seria um agenciamento de enunciação operando ao mesmo tempo dois atos de subjetivação, constituindo dois sujeitos, um desdobramento ou diferenciação do sujeito.

Isso tem como consequência que, no caso do cinema de poesia, pensado por Pasolini como equivalente do discurso indireto livre, tem-se uma imagem subjetiva indireta livre: "Um personagem age na tela e supõe-se que veja o mundo de certa maneira. Mas, ao mesmo tempo, a câmera o vê e vê seu mundo de um outro ponto de vista que pensa, reflete e transforma o ponto de vista do personagem... a câmera não oferece apenas a visão do personagem e do seu mundo, ela impõe outra visão na qual a primeira se transforma."[57] Na teoria do "discurso indireto livre" ou da "subjetiva indireta livre" de Pasolini, o que Deleuze chama de narrativa cristalina seria uma "pseudonarrativa", uma simulação, uma narrativa simuladora, que destrona a narrativa veraz.[58]

Assim, no regime cristalino da imagem, as descrições tornam-se puras, as narrações, falsificadoras, as narrativas, simulações.

Ética e política no cinema moderno

O estudo do aparecimento da imagem cinematográfica moderna conduz Deleuze a uma reflexão sobre a ética. Pois, para ele, a ruptura dos liames sensório-motores da imagem-ação característicos da representação orgânica tem como condição uma ruptura do liame do homem com o mundo por não acreditar mais no mundo em que vive. Se a ruptura sensório-motora que leva a situações óticas e sonoras puras faz do homem um vidente que se depara com o intolerável no mundo, esse intolerável presente na banalidade cotidiana — que é objeto da vidência — torna impossível o pensamento pensar o mundo e a si próprio.

* I-M, p. 106. Deleuze repete essa definição em I-T, p.315, nota 32, e na "Carta a Uno sobre a linguagem" (DRF, p.185). Nos "Postulados da linguística", de *Mil platôs*, ele escreve: "Pasolini mostrava que o essencial no discurso indireto livre não estava em uma língua A, nem em uma B, mas em uma língua X que é a língua A em via de se tornar realmente uma B" (MP, p.44).

Partindo de Artaud, Deleuze valoriza em seus livros, principalmente em *Diferença e repetição*, a impotência que existiria no âmago do pensamento, e seria justamente o que força a pensar. Dando continuidade a essa ideia, ele defende aqui que a importância do cinema para Artaud, enquanto este acreditou nele, foi a capacidade de revelar essa impotência. Mas defende também que a saída se dá no nível da crença: acreditar no liame do homem com o mundo, tornar esse liame objeto de crença. O liame do homem com o mundo, perdido com a representação orgânica, só pode ser reestabelecido pela fé, não uma fé em alguma transcendência, mas por uma fé imanente, a fé neste mundo. Sendo o ceticismo mais ético do que cognitivo, ele deve ser ultrapassado por um ato de fé. O liame do homem e do mundo é o impossível, o impensável que só pode ser objeto de crença.* E se apenas a crença no mundo pode religar o homem que perdeu a capacidade de reação ao que ele vê e ouve, o poder do cinema moderno é dar novamente ao homem a crença no mundo.[59] Com o cinema moderno é possível acreditar nesse liame como no impensável que precisa ser pensado — crença que faz do impensado a potência própria do pensamento; é possível servir-se da impotência do pensamento para acreditar na vida e encontrar a identidade do pensamento e da vida.

A esse respeito, Deleuze vê uma afinidade entre Artaud e Dreyer, sugerindo que *Gertrud* (1964) desenvolve todas as implicações e a nova relação do cinema com o pensamento: situação psíquica, ruptura do liame com o mundo, apreensão do intolerável, encontro com o impensável, petrificação da heroína. Ele também observa a relação entre esse novo cinema e Rossellini, destacando que, para este, quanto menos o mundo é humano, mais cabe ao artista acreditar e fazer acreditar numa relação do homem com o mundo. Além disso, Deleuze pensa que, apesar de seu ideal socrático e seu cristianismo, Rossellini apresenta, em suas últimas obras, uma moral que daria novamente uma crença capaz de perpetuar a vida. Mas, a esse respeito, ele enaltece sobretudo Godard, em quem o ideal de saber desmorona e a crença no mundo se torna crença no corpo. Godard restitui o discurso ao corpo, atinge o corpo, germe da vida, antes dos discursos.

---

* Cf. I-T, p.221. Deleuze nomeia, em pares, os filósofos que, segundo ele, substituíram o saber pela crença, observando que, apesar das diferenças entre eles, em todos, a crença não se volta para um outro mundo, mas para este mundo, tal como ele é: Pascal–Hume, Kant–Fichte, Kierkegaard–Nietzsche, Lequier–Renouvier (I-T, p.224). Cf. DRF, p.190; P, p.239; CC, p.112.

Deleuze também faz — como sempre inspirado em Kafka — uma reflexão sobre a política, a partir da distinção entre o cinema clássico e o moderno. Ela diz respeito, primeiro, à relação entre o cinema e o povo. Sua ideia é que, no cinema clássico, o povo está presente, mesmo que como oprimido, enganado, submetido, cego, inconsciente, como nos filmes soviéticos de Eisenstein, Pudovkin, Dziga Vertov e Dovjenko e nos filmes americanos de King Vidor, Frank Capra e John Ford. Daí a ideia de que o cinema como arte de massa pode ser por excelência a arte revolucionária, ou democrática, que faz das massas um verdadeiro sujeito. Mas, com o nazismo, o stalinismo, a decomposição do povo americano, o cinema político moderno passa a ter como base que o povo não existe, que falta o povo. Isso, para Deleuze, aparece com clareza no "terceiro mundo", onde as nações oprimidas, exploradas, permaneciam como minorias, em crise de identidade coletiva. Essa constatação de que falta um povo não é uma renúncia ao cinema político, mas a base na qual ele se funda no terceiro mundo e com as minorias. Sua tarefa é justamente contribuir para a invenção, a criação de um povo. "No momento em que o senhor, o colonizador, proclama 'nunca houve povo aqui', o povo que falta é um devir, ele se inventa, nas favelas e nos campos, ou nos guetos, com novas condições de luta, para as quais uma arte necessariamente política tem de contribuir."[60]

Segundo, essa reflexão sobre a política diz respeito à relação do cinema com o político e o privado. A esse respeito, sua ideia é que o cinema clássico mantém a fronteira entre as duas instâncias, o que permite passar, pela tomada de consciência, de uma força social a outra, de uma posição política a outra. Assim, a mãe, no filme de Pudovkin de mesmo nome (1926), ao tomar consciência da luta política do filho, toma o seu lugar, ou, em *As vinhas da ira* (1940), de John Ford, em que é o filho que continua a luta da mãe. Já no cinema moderno, o privado se confunde com o social ou o político. Não há mais revolução considerada como um salto do antigo ao novo. Há coexistência de etapas sociais muito diferentes. Como em *Deus e o diabo na terra do sol* (1964), de Glauber Rocha, em que os mitos do povo, o profetismo e o banditismo, são o avesso arcaico da violência capitalista, como se o povo voltasse contra si próprio a violência que sofre. Trata-se de um cinema de agitação que "consiste em tudo *colocar em transe*, o povo, seus senhores e a própria câmera, em levar tudo à aberração, tanto para comunicar as violências quanto para introduzir o privado no político e o político no privado (*Terra em transe*, 1967)".[61] Ou, como em *Le règne du jour* (1966), *Un pays sans bon sens* (1971),

C'était un québécois en Bretagne, madame! (1977), todos do canadense Pierre Perrault, em que se trata menos de transe do que de crise, menos de pulsões brutais do que de pesquisa obstinada e aberrante dos ancestrais franceses, que evidencia a ausência de fronteiras entre o político e o privado e a impossibilidade de viver como colonizado. Em suma, nos dois casos, trata-se menos da possibilidade de evolução ou revolução do que de impossibilidade: do intolerável. Mesmo se ainda há, por exemplo, um guevarismo de Glauber Rocha, como se ele e outros cineastas do terceiro mundo ainda tivessem em parte uma concepção clássica, nesse novo cinema político a subversão torna-se impossível, não há tomada de poder pelo povo.

Isso introduz uma terceira diferença entre o cinema clássico e o moderno. Pois, se não há povo, há povos, que é preciso unir sem unificar, e é isso que faz do cinema do terceiro mundo um cinema de minorias. Se o povo é o que falta, é porque ele existe em estado de minoria. E nas minorias o privado torna-se político. O exemplo de Deleuze é o cinema negro americano depois dos anos 70, com Charles Burnett, Robert Gardner, Haile Gerima, Charles Lane, em que a volta aos guetos, em vez de substituir uma imagem negativa do negro por uma imagem positiva, multiplica os tipos e caracteres, cria imagens que correspondem a estados emocionais ou pulsionais destruídos.

Finalmente, a quarta diferença é que nesse cinema político das minorias o autor não produz enunciados individuais, mas coletivos, que são o germe do povo por vir; exprime forças potenciais, é um agente coletivo, um fermento coletivo, um catalisador. O autor, frente a um povo colonizado, destrói os mitos de dentro, como Glauber, ou denuncia toda ficção que um autor possa criar, como Pierre Perrault. Essa fabulação é um ato de fala* pelo qual o personagem ultrapassa a fronteira entre o privado e o político e produz enunciados coletivos capazes de elevar a miséria a uma estranha positividade: a invenção de um povo. Em Glauber, o transe torna o ato de fala possível através da ideologia do colonizador, dos mitos do colonizado, dos discursos do intelectual, para contribuir para a invenção do povo. Em Perrault, que se dirige a personagens para evitar a ficção, mas também para

* "O cinema nos convidava a distinguir atos de fala interativos, mais propriamente no som *in* e no som *off* relativo; atos de fala reflexivos, principalmente no som *off* absoluto; atos de fala mais misteriosos, atos de fabulação, 'flagrantes delitos de criar lendas', que seriam puros na medida em que fossem autônomos e não pertencessem mais à imagem visual" (I-T, p.329).

realizar a crítica do mito, a crise permite extrair o ato de fala fabulador. Não mais um mito de um povo passado, mas a fabulação do povo por vir. Em suma, "através do transe ou da crise, constituir um agenciamento que reúna partes reais, para fazê-las produzirem enunciados coletivos, como a prefiguração do povo que falta".[62]

Os componentes da imagem

Deleuze finaliza *Imagem-tempo* estudando os componentes da imagem tanto no cinema clássico quanto no moderno. Em relação ao cinema clássico, ele começa comparando o cinema mudo e o falado. A imagem muda — mais silenciosa ou surda do que muda — é composta da imagem vista e do intertítulo, discurso em estilo indireto, que é lido. O cinema mudo entrelaça a imagem vista e a imagem lida. Com o cinema falado clássico, o ato de fala, que se torna direto, não é mais lido, mas ouvido. No entanto, não é audiovisual, pois, se o falado, o sonoro são ouvidos, é como dimensão da imagem visual, um novo componente da imagem visual. O cinema falado mostra na imagem visual alguma coisa que não aparecia no cinema mudo: as interações humanas correlatas ao ato de fala e só vistas através dele. Assim, em *O anjo azul* (1930), de Sternberg, o cocoricó do professor é um ato de fala que faz ver a interação de dois lugares: o liceu e o cabaré. Mas, além de o ato de fala fazer ver alguma coisa na imagem visual, ele também vê, é uma voz que vê, como no *Testamento do dr. Mabuse* (1933), de Fritz Lang. E não só vê como é visto, traça um caminho na imagem visual, procurando alcançar seu destinatário através de obstáculos e desvios. Como a canção da mãe, em *O homem que sabia demais* (1956), de Hitchcock, que sobe as escadas, atravessa salas até ser ouvida pelo filho refém. Daí a mudança que se processa com o cinema falado clássico: "em vez de uma imagem vista e uma fala lida, o ato de fala torna-se visível ao mesmo tempo que se faz ouvir, mas também a imagem visual torna-se legível, como imagem visual em que se insere o ato de fala como componente".[63] Assim, os elementos sonoros, como os ruídos, os sons, as falas, a música, formam um *continuum* que, mesmo podendo se diferenciar, faz parte da imagem visual. O cinema permanece, com o cinema falado clássico, uma arte profundamente visual.

A diferença entre o cinema clássico e o cinema moderno não coincide com a ruptura entre o mudo e o falado, que não é essencial. Por um lado, o cinema moderno implica um novo uso do falado, do sonoro, do musical. O ato de fala livra-se da dependência em relação à imagem visual, adquirindo um valor próprio, uma autonomia que torna o cinema audiovisual. Se o ato de fala tem, no cinema mudo, um estilo indireto e, no falado, um estilo direto, no cinema moderno tem um estilo indireto livre que ultrapassa a oposição do direto e do indireto, passando de um ao outro sem ser uma mistura.

Por outro lado, a imagem visual também muda, pois agora revela espaços quaisquer, espaços vazios ou desconectados característicos do cinema moderno. "A imagem visual torna-se arqueológica, estratigráfica, tectônica."* Apresenta as camadas desérticas de nosso tempo, como os desertos de Pasolini, de Antonioni, os espaços fragmentados de Bresson, as paisagens estratigráficas vazias e lacunares de Straub. O que caracteriza essa imagem arqueológica ou estratigráfica é que ela é, ao mesmo tempo, vista e lida, considerando-se a leitura como uma percepção de percepção, um reencadeamento em vez de um encadeamento. Ler é reencadear em vez de encadear. É porque a fala ouvida deixa de fazer ver e ser vista, adquirindo autonomia — Blanchot dizia: falar não é ver — que a imagem visual tem acesso à nova legibilidade das coisas e se torna um corte arqueológico, ou melhor, estratigráfico, que deve ser lido. Quando o ato de fala torna-se imagem sonora autônoma, a imagem visual adquire um novo sentido de legível. É porque o ato de fala adquire autonomia que a imagem visual torna-se arqueológica ou estratigráfica: uma leitura que só diz respeito a ela.

Assim, quanto ao tipo de relação entre esses elementos, esses componentes, nesse novo regime, "as imagens, as sequências não se encadeiam mais por cortes racionais que terminam a primeira ou começam a segunda, mas se reencadeiam sobre cortes irracionais, que não pertencem mais a nenhuma das duas e valem por si mesmas (interstícios). Os cortes irracionais têm, portanto, um valor disjuntivo, e não mais conjuntivo".[64] E esse procedimento se intensifica com Godard — um dos autores que mais refletiram sobre as relações entre o visual e o sonoro — quando os cortes se multiplicam e não se dão apenas entre o sonoro e o visual, mas no visual, no sonoro e em suas múltiplas conexões.

Uma das novidades dessa nova imagem é a não sincronia, pois, adquirindo autonomia em relação à imagem visual, a voz *off* (voz de um persona-

---

* I-T, p.317. Estratigrafia é um ramo da geologia que estuda a sucessão das camadas ou estratos que aparecem num corte geológico.

gem que, emitida fora da imagem, expressa sua subjetividade e, diferente da fala em *off*, não é ouvida pelos personagens na cena) perde o poder que tinha no primeiro estágio do cinema falado, tornando-se duvidosa, incerta, ambígua, como em *India Song* (1975), de Marguerite Duras. A outra novidade, ou desenvolvimento da primeira, é o desaparecimento do extracampo e da voz *off*. A imagem sonora e a imagem visual tornam-se autônomas, mas não são mais duas componentes autônomas de uma mesma imagem audiovisual: são duas imagens "heautônomas", diz Deleuze utilizando-se de um termo da terceira *Crítica* de Kant, uma imagem visual e uma sonora, com uma falha, um interstício, um corte irracional entre as duas.* Duras chega a dizer que há dois filmes em seu *La femme du Gange* (1973): o filme da imagem e o filme das vozes. Mas a heautonomia das duas imagens, em vez de suprimir, reforça a natureza audiovisual da imagem. Além disso, quando a imagem visual perde sua exterioridade, a imagem sonora torna-se autônoma, independente, conquistando seu próprio enquadramento. "A exterioridade da imagem visual como única enquadrada (extracampo) foi substituída pelo *interstício entre dois enquadramentos, o visual e o sonoro*, corte irracional entre duas imagens, a visual e a sonora."[65] Há um entrelaçamento, um reencadeamento, uma disjunção, uma dissociação, uma relação irracional das duas imagens heterogêneas, não correspondentes, díspares; uma disjunção entre a imagem sonora tornada puro ato de fala e a imagem visual tornada legível ou estratigráfica, como em Marguerite Duras e Straub. Portanto, no segundo estágio do cinema falado, o sonoro, o falado deixam de ser um componente da imagem visual: é o visual e o sonoro que se tornam dois componentes autônomos de uma imagem audiovisual, ou, mais ainda, duas imagens heautônomas.

E Deleuze encontra no cinema moderno toda a sua teoria do pensamento quando acrescenta que o sonoro só rompe com o visual se renunciar a seu exercício habitual ou empírico, se conseguir se voltar para um limite que é indizível e, no entanto, é o que só pode ser dito. Por outro lado, o visual só conquista uma heautonomia se se afastar de seu exercício empírico e atingir um limite que é invisível e, ao mesmo tempo, é o que só pode ser visto. Nenhuma das duas faculdades se eleva ao exercício superior sem

* I-T, p.327, 329. Para Kant, heautonomia é o poder que a faculdade de julgar tem de se prescrever uma lei para a reflexão sobre a natureza, diferentemente da autonomia, que é o fundamento da moralidade, no sentido de que o homem só é submetido a sua própria legislação, se bem que ela seja universal: o imperativo categórico.

atingir o limite que a separa da outra, mas a reporta à outra, separando-a. A nova correspondência nasce das formas determinadas de sua não correspondência. Imagem visual e imagem sonora estão numa relação indireta livre, numa relação incomensurável.

Assim, o que mudou de um cinema a outro foram sobretudo as relações entre as imagens, seja entre as imagens visuais, seja da imagem visual com a imagem sonora: as palavras, os sons, a música. O cinema clássico opera por encadeamento de imagens que subordinam os cortes, chamados por Deleuze de racionais porque determinam relações comensuráveis entre séries de imagens. No cinema moderno, as imagens não se encadeiam mais por cortes racionais; tornam-se objeto de encadeamentos originais e específicos, que Deleuze chama de reencadeamentos, reencadeamentos por fragmentação, sempre recomeçados, remanejados, em que um interstício, um intervalo substitui a continuidade entre as imagens, a associação das imagens, o encadeamento lógico das imagens. Em vez de cortes submetidos ao encadeamento, reencadeamentos submetidos ao corte, corte irracional porque determina relações não comensuráveis entre imagens, reencadeamentos de imagens independentes, autônomas. Enquanto o cinema clássico é constituído por uma convergência ou conexão de séries, o cinema moderno é constituído por séries divergentes, por uma divergência ou disjunção de séries. Enquanto o cinema clássico liga ou encadeia as imagens-movimento na montagem, o cinema moderno organiza a coexistência ou as relações não cronológicas das imagens-tempo através da montagem, uma montagem de sensações desconectadas que Deleuze chama "mostragem".[66]

Cinema e diferença

Haverá uma superioridade de um cinema sobre o outro? Se pensarmos na afirmação de Deleuze de que o cinema moderno "não é alguma coisa mais bela, mais profunda, nem mais verdadeira; é outra coisa", ou de que não há hierarquia em termos de melhor e pior entre o cinema moderno e o cinema clássico,[67] poderíamos supor que os cinemas da imagem-movimento e da imagem-tempo têm a mesma importância para ele. Mas isso não me parece verdade. Pois, quando se compara o que ele diz dos dois tipos de cinema, vê-se claramente uma continuidade entre sua filosofia da diferença e o cinema moderno — do qual ele é um contemporâneo que sempre acolheu com entusiasmo suas rupturas e inovações —, muito mais do que em relação ao cinema clássico. Considero inegável que a imagem-tempo corresponde muito mais do que a imagem-movimento às concepções deleuzianas do pensamento ou que ela é superior quanto à expressão de um pensamento da diferença.* Eis alguns exemplos disso:

Primeiro, seu elogio a Orson Welles por produzir uma mutação cinematográfica e metafísica em relação ao ideal de verdade a que a imagem-movimento está sujeita, ao valorizar as potências do falso, pois o movimento permanece conforme à verdade enquanto apresenta invariantes. Isso faz de Orson Welles o Nietzsche do cinema, elogio supremo. E se Eisenstein é um "Hegel cinematográfico",[68] isso não seria uma desvalorização? Haverá dúvidas a respeito de qual dos dois se situa no espaço em que Deleuze constrói seu pensamento?

Segundo, a importância que dá ao neorrealismo por substituir o cinema de ação por um cinema de *voyance*, de vidência. A ruptura com o esquema sensório-motor e a criação de situações óticas e sonoras puras, iniciadas com o neorrealismo, significa que a percepção não se prolonga mais em ação, relacionando-se diretamente com o pensamento. Nasce, assim, um cinema que dá uma visão pura ou superior, que eleva a faculdade de ver a um limite, ao suspender o reconhecimento sensório-motor da coisa, proporcionando um conhecimento e uma ação revolucionários, pela revelação do intolerável, do insuportável, no fundo o que Deleuze também deseja para sua filosofia.

Terceiro, o fato de Deleuze dizer explicitamente que um cinema que não cria imagens-tempo diretas não atingiu sua essência, chegando até mesmo a utilizar Nietzsche para justificar que não é no início que algo novo, uma arte nova pode revelar sua essência. Se a imagem-tempo é a essência do cinema é porque mostra o tempo diretamente, enquanto na imagem-movimento o tempo só aparece indiretamente, através do movimento. "O que se vê no cristal é sempre o jorro da vida, do tempo, em seu desdobramento ou sua diferenciação."[69]

Quarto, a maneira como relaciona o cinema clássico a um regime orgânico e o cinema moderno a um regime cristalino de descrição, narração,

* Em 1968, logo depois de ter concluído *Diferença e repetição*, Deleuze diz que Godard transformou o cinema, introduzindo nele o pensamento, fazendo o cinema pensar — "pela primeira vez, eu creio" ("Sur Nietzsche et l'image de la pensée", in ID, p.195). Não é difícil perceber nessa observação, feita tantos anos antes dos livros sobre o cinema, que Deleuze está se referindo a um pensamento da diferença.

narrativa. Pois isso indica uma correspondência entre a imagem-tempo e a recusa do orgânico tão cara à filosofia de Deleuze. Para dar um único exemplo, basta lembrar como o projeto de Bacon é pensado em *Lógica da sensação*: desfazer a figura humana do que tem de orgânico, recusando a representação, criando corpos sem órgãos, atingindo a vida não orgânica das coisas, em relação com o de-fora. Correspondência que é reforçada quando se pensa que Deleuze relaciona o cinema clássico com um todo aberto e o cinema moderno com o de-fora, explicitando sua preferência pelo último: "Já não acreditamos num todo como interioridade do pensamento, nem mesmo aberto; acreditamos numa força de fora que se aprofunda (*se creuse*), nos fisga e atrai o de dentro."[70]

Finalmente, a razão mais evidente é o fato de Deleuze relacionar o cinema clássico com a associação, e o cinema moderno com o interstício. Acabamos de ver isso quando analisei os componentes da imagem. Mas há uma passagem de *Imagem-tempo* que vale a pena citar a esse respeito: "É o interstício que é primeiro com relação à associação, ou é a diferença irredutível que permite escalonar as semelhanças ... É o método do ENTRE, 'entre duas imagens', que conjura todo o cinema do UM. É o método do E, 'isto e mais aquilo', que conjura todo cinema do Ser = é ... Quando o todo torna-se a potência do de-fora que passa no interstício, ele é a apresentação direta do tempo, ou a continuidade que se concilia com a sequência de pontos irracionais segundo relações de tempo não cronológicas."[71] Portanto, contrariamente ao cinema clássico, o cinema moderno é, para Deleuze, um pensamento da diferença em toda sua expressão.

O TEATRO FILOSÓFICO DELEUZIANO

Foucault e Kant

Quando analisei *Foucault*, explicitei as principais torções realizadas nesse livro, que ilustram muito bem o procedimento de colagem utilizado por Deleuze. Partirei daí para mostrar de maneira sistemática qual é a função desse procedimento na constituição de seu pensamento filosófico.

O objetivo dessas torções — que recriam o pensamento de Foucault através de inflexões de leitura que permitem definir o saber como ver e dizer e o poder como coadaptador das duas formas — é fazer de Foucault um filósofo "neokantiano". Essa ideia, que evidencia, antes de tudo, o "neokantismo" do próprio Deleuze, já aparece no artigo sobre *Vigiar e punir*, de modo mais explícito, quando Deleuze chama de "configurações sensíveis" e "formas categoriais" as duas formas constitutivas do saber e, de modo menos explícito, quando dá ao diagrama do poder o papel de "causa imanente comum não unificadora".[1] Mas ela se impõe com toda sua força em *Foucault*, a ponto de ser responsável por grande parte da organização do livro.

Esse procedimento é de grande valia para esclarecer o modo de funcionamento de sua filosofia, mostrando inclusive que Deleuze encontra em Foucault conceitos — como heterogeneidade, intensidade, primado, disjunção, diferenciador da diferença... — que de longa data já fazem parte de seu pensamento. A continuidade temática e metodológica que o livro sobre Foucault apresenta com relação a seus estudos anteriores não me permite, portanto, ver uma ruptura entre o Deleuze dos anos 60 e o Deleuze a partir de *O anti-Édipo*. Deleuze com certeza não pensaria a relação entre saber e poder na filosofia de Foucault privilegiando Kant e a relação das faculdades se essa não fosse uma das maneiras de formular a questão central de sua filosofia — "O que é pensar?" —, ainda que, por ter sido profundamente inspirada em Nietzsche, sua resposta seja muito diferente da que foi dada por Kant.

Estudei a posição singular de Kant no pensamento de Deleuze, mostrando como a filosofia kantiana constitui um dos principais instrumentos conceituais para a elaboração e estruturação de seu sistema. O que significa Kant para Deleuze? Antes de tudo, a descoberta da "diferença transcendental", ou o fato de o sujeito ser constituído por duas formas irredutíveis que fazem com que ele seja receptivo, afetado, e determinante, espontâneo. O que aproxima Deleuze de Kant é, deste modo, a novidade kantiana de considerar o conhecimento a partir de uma diferença de natureza, e não apenas de grau, entre a sensibilidade, faculdade de intuições, e o entendimento, faculdade de conceitos. O conhecimento é uma síntese do heterogêneo. Procurei inclusive aprofundar essa questão da diferença das faculdades privilegiando o "paradoxo do tempo", segundo o qual "eu penso" só determina minha existência, "eu sou", sob a forma de um eu passivo no tempo. Meu objetivo, então, foi mostrar como a valorização da diferença no interior do sujeito entre o eu transcendental e o eu fenomenal a partir de uma forma pura e vazia do tempo evidencia que Deleuze lê Kant na perspectiva da questão da diferença e de sua relação com o pensamento. Assim, quando ele interpreta o paradoxo kantiano do tempo a partir da questão central de sua filosofia, o que orienta a torção característica de seu procedimento de colagem é o interesse em conceber o tempo como a diferença transcendental que introduz uma fissura, uma rachadura no sujeito. Pois é esse procedimento que está presente na intenção deleuziana de definir o saber em Foucault como um composto de duas formas heterogêneas, disjuntivas, uma tendo primado sobre a outra.

Mas o acordo está longe de ser total. Pois, como vimos, a principal crítica deleuziana à filosofia de Kant diz justamente respeito ao fato de a relação entre as faculdades ser um acordo harmonioso ou uma colaboração sob a forma do mesmo. Considerando esse princípio do senso comum um dos postulados da representação, Deleuze vai, então, seguir dois caminhos que lhe permitem extrair da questão kantiana da relação das faculdades uma filosofia da diferença. O primeiro percorre as três Críticas para dar conta do deslocamento, com o sublime, na *Crítica da faculdade do juízo*, da questão da condição de possibilidade para a questão, mais fundamental segundo ele, da gênese: no caso do sublime, o desacordo entre a imaginação e a razão é o princípio genético do acordo das faculdades. Trata-se, portanto, de um acordo engendrado no desacordo.

O segundo caminho privilegia os pós-kantianos Salomon Maimon e Herman Cohen por haverem formulado um método de gênese interna no nível da própria *Crítica da razão pura*, isto é, no que diz respeito à teoria do conhecimento. Deleuze procura então, com os pós-kantianos, criticar as ideias de que a diferença entre conceito e intuição seja externa ou extrínseca e de que um termo se adapte ao outro por meio do esquema da imaginação, que criaria uma harmonia entre termos exteriores; mas também, e principalmente, exigir um princípio de diferença ou de determinação interna. Por isso, como vimos, ele acaba se afastando não apenas de Kant, mas até mesmo dos pós-kantianos, ao propor uma teoria da ideia, considerada como multiplicidade diferencial que percorre todas as faculdades, e do dinamismo espaçotemporal, ou esquema ideal, para mostrar que a intensidade, considerada como princípio da gênese ou do processo de atualização, é a potência da diferença de que a noção kantiana de esquema não dá conta.

Deleuze aproxima Foucault de Kant não só pela afirmação de uma diferença de natureza entre os termos ou elementos formais do saber — ver e dizer —, como também pelo tipo de relação existente entre esses termos. Neste último caso, ele argumenta que, enquanto a imaginação em Kant realiza a coadaptação das formas da sensibilidade e do entendimento, o poder, em Foucault, coadapta as duas formas heterogêneas do saber: o ver e o dizer. Mas se, para um, a imaginação é uma ponte ou uma mediação e, para o outro, o poder, considerado como relações intensivas de forças, é um elemento informe de diferenciação, um diferenciador da diferença, o mínimo que se pode dizer é que, entre os dois, as semelhanças são apenas superficiais, ou que a distância que os separa é grande.

Deleuze sabe muito bem disso, como se nota por sua interpretação de Kant. Pois, apesar de geralmente utilizar uma estratégia de leitura que, ao se apropriar do pensamento kantiano, evita se referir ao que possa acarretar a subordinação da diferença à identidade, ele não deixa de considerar que Kant concebe a crítica ao mesmo tempo que a trai. Ora, ao situar Kant, em última análise, no espaço da representação, o principal alvo de suas críticas é justamente o tipo da relação entre as faculdades. E esse privilégio da relação em detrimento dos termos, que se encontra no âmago de seu pensamento, é o que impede de considerar rigorosamente o Foucault de Deleuze e o próprio Deleuze de um modo geral como kantianos, pós-kantianos ou neokantianos. Pois, para Deleuze, a ontologia de Foucault é, antes de tudo, uma filosofia da diferença que se expressa pela disjunção das formas do saber que tem o poder como condição genética funcionando como diferenciador da diferença.

A relação diferencial

A busca do tipo de relação entre termos ou entre séries é sempre o que move Deleuze em suas análises dos pensadores, sejam filósofos ou não. A afirmação do privilégio da relação aparece desde seu primeiro livro, *Empirismo e subjetividade*, e se intensifica nos textos seguintes sobre Hume, que consideram o empirismo importante por fazer das relações o verdadeiro objeto da filosofia. Uma das originalidades do empirismo, para Deleuze, é a ideia de que as relações são autônomas, exteriores e heterogêneas aos termos. Essa ideia o leva, por exemplo, a dizer que, com Hume, "o verdadeiro mundo empirista desdobra-se pela primeira vez em toda a sua extensão: mundo de exterioridade, mundo em que o próprio pensamento está numa relação fundamental com o De-fora, mundo onde há termos que são verdadeiros átomos e relações que são verdadeiras passagens externas — mundo onde a conjunção 'e' destrona a interioridade do verbo 'é', mundo de Arlequim, mundo de cores variadas (*bigarrures*) e de fragmentos não totalizáveis onde nos comunicamos por meio de relações exteriores". No prefácio à edição americana de *Empirismo e subjetividade*, Deleuze volta à mesma ideia, ao dizer a respeito de Hume: "Ele fundou a primeira grande lógica das relações, mostrando que toda *relação* (não apenas os 'matters of facts', mas as relações de ideias) era exterior a seus termos. Assim, ele constitui um mundo da experiência extremamente diverso, segundo um princípio de exterioridade das relações: partes atômicas, mas com translações, passagens, 'tendências' que vão de umas às outras."* Atomismo e associacionismo.

O aspecto crítico da filosofia de Deleuze tem sempre como alvo a representação considerada como subordinação da diferença à identidade. Mas é preciso compreender que para não reduzir a relação a uma identificação não basta privilegiar a conjunção, pensar com *e* em vez de *é*. Pois há no procedimento filosófico deleuziano o projeto ainda mais importante de afir-

* "Hume", in ID, p.228; DRF, p.342. Cf. D, p.68-73. Nessa passagem de *Diálogos*, Deleuze contrapõe Sartre, "que ficou preso nas armadilhas do verbo ser", a Jean Wahl, "que levou o mais longe possível a arte do E, a gagueira da linguagem, o uso minoritário da língua".

mar a divergência ou a disjunção das séries — o *ou* como pura afirmação — para dar conta da identidade da diferença. Deste modo, se os "juízos de relação" devem substituir os juízos de existência (Deus é) e de atribuição (o céu é azul), Deleuze privilegia a disjunção — a disjunção como síntese, o valor sintético e afirmativo da disjunção, a "síntese disjuntiva", ou o "acordo discordante" —, quando se trata de responder à questão "O que significa pensar?". Assim, quando se refere, em *Diferença e repetição*, ao exercício superior ou transcendente das faculdades — que se opõe ao uso das faculdades sob a regra de um senso comum —, é a um exercício disjunto que ele apela. No exercício superior, ao comunicar a uma outra faculdade a violência que a leva a seu limite próprio — a seu máximo de potência ou limiar de intensidade — e a coloca em presença de sua diferença e de sua divergência com todas as outras, cada faculdade produz um acordo discordante, uma discordância acordante que exclui o privilégio da identidade. No exercício superior ou transcendente das faculdades, é a discórdia que implica um acordo, é a diferença que articula ou reúne.

É a questão da relação entre termos, ou entre séries, que permite esclarecer a leitura deleuziana dos filósofos da representação. Assim, sua crítica à filosofia de Platão diz respeito menos à existência de uma diferença entre o inteligível e o sensível — ideia que até poderia ser considerada uma forma de enunciar, em termos platônicos, um dos princípios importantes de sua filosofia — do que ao privilégio conferido à identidade e à semelhança na relação entre esses termos. E o breve estudo sobre Aristóteles, em *Diferença e repetição* — que tem como alvo o princípio segundo o qual dois termos diferem quando convêm em alguma coisa, explicitando como as diferenças de espécie convêm em gênero e as diferenças de gênero, em ser —, mostra como, radicalizando Platão, Aristóteles cria uma "lógica da representação" por uma mediatização da diferença que, de várias maneiras, sempre a submete à identidade.

No entanto, a crítica da representação só adquire todo o seu significado em função do projeto de uma filosofia da diferença. Em termos nietzschianos, é possível dizer que ela é o "não" decorrente de um "sim" ou de uma afirmação fundamental. E, a esse respeito, sua questão central — a do exercício do pensamento — tem insistentemente como resposta um pensamento que afirma a divergência e a disjunção.

Essas duas perspectivas, da representação e da diferença, são contrapostas em um texto bastante esclarecedor de *Lógica do sentido*: "Regra geral, duas coisas só são simultaneamente afirmadas na medida em que sua diferença é negada, suprimida de dentro, mesmo se o nível dessa supressão é supostamente incumbido de regulamentar a produção da diferença tanto quanto seu desvanecimento ... É geralmente *pela identidade* que os opostos são afirmados ao mesmo tempo ... Falamos, ao contrário, de uma operação a partir da qual duas coisas ou duas determinações são afirmadas *por* sua diferença, isto é, só são objetos de afirmação simultânea na medida em que sua diferença é ela própria afirmada, ela própria afirmativa."[2] Esse texto mostra muito bem por que o procedimento deleuziano de leitura dos filósofos e não filósofos (mais geográfico do que histórico) situa os pensadores em dois espaços antagônicos, explicita o modo de funcionamento de seus pensamentos, a partir da consideração das relações, propostas por eles, entre os termos ou as séries, sempre com o objetivo de se situar — ao lado de aliados, em maior ou menor grau, como os estoicos, Espinosa, Leibniz, Nietzsche, Bergson, Foucault... — no espaço da diferença.

Os filósofos aliados

Quase não falei da interpretação deleuziana dos estoicos. Estando, em suas grandes linhas, baseada nas leituras de Émile Bréhier e Victor Goldschmidt, ela não é importante pela originalidade; no entanto, é valiosa para esclarecer a questão que estamos estudando, porque evidencia como, ao pensar os estoicos e mostrar que eles realizaram a primeira grande subversão do platonismo, Deleuze privilegia justamente dois conceitos da filosofia estoica — o corpo e o incorpóreo — e a relação entre eles como sendo os operadores dessa subversão.[3]

Corpo e incorpóreo — em que *Mil platôs* vê a origem dos conceitos de forma de conteúdo e forma de expressão — constitui, segundo Deleuze, a divisão estoica fundamental proposta em oposição ao platonismo. É a partir dela, inclusive, que ele analisa a diferença de natureza de outros termos equivalentes: ser-extra-ser; existência-insistência, subsistência; atributo físico-atributo lógico e dialético; coisa e estado de coisa-acontecimento; substantivo e adjetivo-verbo; causa-efeito. Não vou refazer essa análise; para meu objetivo basta apresentar a ideia que a norteia.

Os estoicos viam os corpos, com suas qualidades e quantidades, como a única realidade, deslocando a noção de ser do inteligível para o corpóreo e considerando a ideia como um "extra-ser impassível". O incorpóreo, ou a ideia, não é a causa elevada, a causa transcendente, mas um efeito superficial. Aí está a subversão do platonismo. Mas a mudança com relação à problemática aristotélica do ser também é fundamental. Pois em Aristóteles as categorias se dizem em função do ser, e a diferença se encontra entre a substância, considerada como sentido primeiro, e as outras categorias, que são os atributos essenciais. Já para os estoicos a diferença entre a substância e os atributos deixa de ser fundamental, porque tanto a substância quanto os atributos físicos, considerados como ser, diferenciam-se agora do incorpóreo, considerado como extra-ser, entidade não existente ou atributos lógicos e dialéticos.

Além disso, esses níveis físico e lógico relacionam-se pela ética. A ideia central da análise é que entre uma lógica da superfície, que diz respeito ao incorpóreo, e uma física da profundidade, que diz respeito às misturas entre corpos, há uma ética que oscila, relacionando o acontecimento puro, ideal, incorpóreo, e a profundidade dos corpos, por um movimento ou um processo de encarnação, efetuação, incorporação. O sábio estoico é alguém que compreende o acontecimento puro em sua verdade e, ao mesmo tempo, quer sua efetuação em um estado de coisas e em seu próprio corpo.

Mas Deleuze não vai até o fim com os estoicos, ou melhor, considera que os estoicos não vão até o fim. Analisando como o incorpóreo, o acontecimento, o sentido, é submetido a uma "dupla causalidade" que remete aos corpos, que são suas causas, e a outros incorpóreos, que são sua "quase causa", Deleuze se afasta abruptamente dos estoicos por não terem sido capazes de pensar essa relação entre incorpóreos como uma pura relação de expressão. "No entanto, parece mesmo, a partir dos textos parciais e decepcionantes que nos restam, que os estoicos não puderam conjurar a dupla tentação de voltar à simples causalidade física ou à contradição lógica."[4]

Bergson é uma presença muito mais importante do que os estoicos na filosofia de Deleuze. Vimos isso algumas vezes no que diz respeito aos conceitos bergsonianos de multiplicidade, virtual, atual, gênese, atualização, que Deleuze valoriza e integra à sua filosofia. Mas isso pode ser visto também pelos conceitos de problema, ilusão, empirismo superior, vitalismo, criação do novo, crítica das categorias, crítica do negativo, diferença de natureza, transcendental como condição da experiência real. Por isso — além da análise que fiz quando relacionei filosofia e cinema —, expor de maneira sistemática, mesmo que rapidamente, como Deleuze lê Bergson é importante para que se veja como a referência a esse filósofo é essencial do ponto de vista da disposição estrutural e do modo de funcionamento de sua própria filosofia.

No âmago de sua interpretação de Bergson está, mais uma vez, a questão da divisão. A "intuição" bergsoniana é um método, "um dos métodos mais elaborados da filosofia".[5] É um método de divisão "de espírito platônico", mas que, ao mesmo tempo, se assemelha a uma análise transcendental: um método que tem por objetivo dividir o misto, tal como existe no nível empírico, em tendências ou puras presenças que só existem de direito; um método que se propõe a ultrapassar a experiência na direção das condições da experiência, não propriamente condições da experiência possível, como em Kant, mas condições da experiência real, concreta, singular. E por não se limitar ao sensível, mas estabelecer suas condições de produção, suas condições genéticas, esse método é chamado por Deleuze de "empirismo superior": "Não se deve, portanto, elevar-se às condições como às condições de toda experiência possível, mas como às condições de toda experiência real: Schelling já tinha esse objetivo e definia sua filosofia como um empirismo superior. A fórmula também convém ao bergsonismo. Se essas condições podem e devem ser apreendidas numa intuição é porque elas são as condições da experiência real, porque elas não são mais amplas do que o condicionado, porque o conceito que elas formam é idêntico a seu objeto."[6]

O método bergsoniano da intuição tem dois momentos fundamentais. O primeiro é a determinação das diferenças de natureza entre as coisas, a determinação das articulações do real, ou a divisão de um misto em duas tendências. Pois, enquanto as coisas são sempre mistos, uma mistura de tendências, o que difere, o que se distingue por natureza são tendências. Mas as tendências não se equivalem. Há sempre uma tendência dominante, e é ela que define a natureza do misto, é ela que é pura, a outra tendência é a impureza que vem comprometê-la. A diferença de natureza existe entre duas tendências e, mais profundamente, é uma das duas tendências.[7]

Neste sentido, Bergson produz o que Deleuze chama "dualismo reflexivo", isto é, decompõe um misto impuro, empírico, espaçotemporal em dois tipos de multiplicidades qualitativamente diferentes: fundamentalmente a duração e o espaço.* Há vários dualismos na filosofia de Bergson: qualidade-

---

* Deleuze vê uma "progressão" na filosofia bergsoniana a respeito do espaço: quando o espaço é concebido psicologicamente, como uma forma de exterioridade, ele é uma impu-

quantidade, heterogêneo-homogêneo, contínuo-descontínuo, memória-matéria, lembrança-percepção, passado-presente etc. No entanto, o dualismo básico, a divisão principal, de onde todos os outros derivam ou a que todos os outros chegam, é entre a duração e o espaço. A duração é uma multiplicidade interna, não numérica, simples, pura, contínua, heterogênea, que compreende todas as diferenças de natureza, todas as diferenças qualitativas, e para a qual a diferença é uma alteração com relação a si mesma. "Tudo o que Bergson diz acerca dela volta sempre a isso: a duração *é o que difere em relação a si mesma*."[8] Por outro lado, o espaço é uma multiplicidade de exterioridade, numérica, descontínua, homogênea, que apresenta exclusivamente diferenças de graus, diferenças quantitativas, e para o qual a diferença é apenas aumento ou diminuição.

Esta é a divisão, tão utilizada por Deleuze, entre o virtual e o atual. Em *Bergsonismo* e nos artigos sobre Bergson ele identifica esses termos ao subjetivo e ao objetivo, mas em *Diferença e repetição* e nos livros sobre o cinema ele prefere referir-se a eles como dois aspectos do objeto. Assim, a duração pura, o virtual, é uma multiplicidade qualitativa que muda de natureza ao se dividir: há outros sem que haja vários; por outro lado, o espaço, o atual é o que se divide por diferenças de grau: é o que não muda de natureza ao se dividir.

O outro momento do método de intuição é genético e diz respeito à relação dos dois termos fundamentais. Com ele, o método não parte mais de um misto empírico, como no primeiro momento, mas de uma unidade, simplicidade ou totalidade virtual, e a divisão ou o dualismo genético que produz é proveniente da diferençação (*différenciation*) dessa virtualidade pura e simples. Divisão agora significa a atualização dessa virtualidade segundo linhas divergentes que diferem por natureza. Não há, portanto, semelhança entre o virtual e o atual. Ao atualizar-se, o virtual se diferencia. A diferençação é a atualização de uma virtualidade que persiste através de suas linhas divergentes atuais. Ela explica, desenvolve por linhas divergentes o que estava envolvido. E, na filosofia bergsoniana, é o conceito de impulso vital (*élan vital*) que designa a diferençação da diferença, a atualização do virtual por linhas de diferençação tão importante para a concepção deleuziana da gênese como processo de atualização. O impulso vital é a duração enquanto

---

reza que desfigura a duração, que, esta sim, é pura; quando o espaço é concebido ontologicamente, como fundado nas coisas, nas relações entre as coisas e entre as durações, ele é puro (cf. B, p.30, 44).

ela se atualiza ou se diferencia. A diferençação ou a atualização provêm da força que a duração traz nela própria. E, a esse respeito, a memória tem um papel intermediário essencial no sentido de que a duração encontra na memória as condições de sua efetuação ou de sua atualização como impulso vital ao prolongar o passado, que é o virtual, no presente atual.

Mas a concordância de Deleuze com Bergson não é total, pois a ideia de gênese faz aparecer uma divergência — pouco alardeada pelas leituras deleuzianas, mas que nem por isso deixa de ser fundamental — a respeito da identificação bergsoniana entre as diferenças de grau e as diferenças de intensidade. Os artigos "Bergson" e "A concepção da diferença em Bergson" parecem concordar com a crítica de Bergson à metafísica por haver substituído as diferenças de natureza "por simples diferenças de intensidade". *Bergsonismo*, assinalando apenas uma ambiguidade na crítica que Bergson faz da intensidade, se pergunta se ela diz respeito à própria noção de intensidade ou à ideia de intensidade dos estados psíquicos, e ainda vê possibilidade de interpretar sua posição no sentido de que, se a intensidade nunca é dada em uma experiência pura, é porque constitui as qualidades. *Diferença e repetição* radicaliza a divergência e considera a crítica bergsoniana pouco convincente por conceder às qualidades o que pertence à intensidade, fazendo com que esta apareça como um misto impuro, arruinando assim a própria ideia de gênese: "Ela considera qualidades já estabelecidas e extensos já constituídos."[9]

A questão da gênese e da intensidade, ou da potência, na relação entre termos ou entre séries está, como vimos, no âmago das leituras deleuzianas de Espinosa e Nietzsche, os filósofos que mais inspiram a formulação de seu pensamento diferencial.

Ao estudar Espinosa, apresentando-o, pelo problema da expressão, como um dos pensadores mais radicais da ontologia, Deleuze privilegia a relação entre a substância e os modos através dos atributos ou, mais precisamente, a partir da teoria da univocidade dos atributos. Os atributos são formas de ser unívocas que não mudam de natureza ou de sentido quando são afirmados da substância e dos modos. A univocidade dos atributos não significa que a substância e os modos tenham o mesmo ser; a substância é em si, os modos são na substância como em outra coisa e, por isso, não se dizem no mesmo sentido; no entanto, o ser ou as formas unívocas de ser que são os atributos se dizem no mesmo sentido do que é em si e do que é em outra coisa. Assim, devido aos atributos, que constituem a essência da substância e contêm a essência dos modos, há ao mesmo tempo comunidade ou identidade de forma e diferença de essência entre a substância e os modos.

A partir daí, Deleuze aprofunda essa problemática explicitando uma dupla gênese característica da ontologia de Espinosa: primeiro, a gênese no sentido de constituição lógica da substância, que se elabora através de uma teoria da distinção formal, ou da distinção real não numérica, e explica a passagem das primeiras proposições da *Ética*, que demonstram a existência de uma substância por atributo, às proposições que afirmam haver apenas uma substância para todos os atributos; segundo, a gênese no sentido de produção física dos modos, através de distinções modais intrínsecas e extrínsecas que dizem respeito às quantidades intensivas e extensivas contidas no atributo e que são partes da essência ou potência da substância.

Por que a teoria da univocidade do ser é tão importante para a elaboração da filosofia de Deleuze? A essa questão só há uma resposta: pela possibilidade de afirmar uma síntese disjuntiva ou o caráter sintético, e não analítico, da disjunção, com a divergência e o descentramento que ela acarreta. Uma prova é essa afirmação de *Lógica do sentido*: "A filosofia se confunde com a ontologia, mas a ontologia se confunde com a univocidade do ser (a analogia sempre foi uma visão teológica, e não filosófica, adaptada às formas de Deus, do mundo e do eu). A univocidade do ser não quer dizer que haja um único ser: ao contrário, os entes são múltiplos e diferentes, sempre produzidos por uma síntese disjuntiva, eles próprios disjuntos e divergentes, *membra disjuncta*. A univocidade do ser significa que o ser é Voz, que ele se diz em um mesmo 'sentido' de tudo aquilo de que ele se diz. Aquilo de que ele se diz de modo algum é o mesmo. Mas ele é o mesmo para tudo aquilo de que se diz."[10] Pois é essa concepção da univocidade que, exigindo que a substância seja afirmada dos modos, e não o inverso, afasta Deleuze de Espinosa e o faz buscar em Nietzsche a "subversão categórica" pela qual o ser se diz do devir ou a identidade, do diferente.[11]

Mas, antes de situar a posição fundamental de Nietzsche no âmbito dessas leituras, é importante mostrar como Leibniz figura nelas. Pois, se ao longo de sua vida intelectual Deleuze conviveu com alguns filósofos, livros importantes como *Espinosa e o problema da expressão, Lógica do sentido, Diferença e repetição* evidenciam que Leibniz é um deles, e isso se manifesta ainda mais claramente com *A dobra: Leibniz e o barroco*, publicado em 1988.

O livro sobre Espinosa enaltece Leibniz como um dos renovadores do conceito de expressão, que permite a subversão do cartesianismo; mas considera limitada sua reação anticartesiana por utilizar a linguagem da analogia. A verdadeira alternativa ao cartesianismo se encontraria, assim, em Espinosa, que elabora uma teoria da expressão a serviço da univocidade do ser.

O livro sobre a diferença situa Leibniz, ao lado de Hegel, como um dos responsáveis pela superação da teoria aristotélica da representação finita, elaborada em termos de diferença genérica e específica. Observa, porém, que essa superação, ao postular uma representação infinita, que seleciona a diferença através de um infinito que a remete a um fundamento, é incapaz de tornar a diferença independente de uma identidade sintética (caso de Hegel) ou analítica (caso de Leibniz).

O livro sobre o sentido considera Leibniz o primeiro grande teórico do acontecimento por sua concepção das compossibilidades e incompossibilidades, convergências e divergências de séries formadas pelas singularidades de acontecimentos. Critica-o, no entanto, por fazer da divergência das séries, ou da disjunção dos acontecimentos, um uso negativo, ou excludente, que o impede de pensar a afirmação de suas diferenças como princípio dos puros acontecimentos.

Mas é em *A dobra* que a leitura deleuziana de Leibniz tem seu momento mais importante. Até então ela aparecia de modo incidental e limitado. Agora, como em todos os outros livros monográficos de Deleuze — sobre Hume, Nietzsche, Bergson, Espinosa, Foucault etc. —, ela propõe uma interpretação global e sistemática do filósofo alemão, com o objetivo de dar conta do modo como seu pensamento se exerce. Além disso, seu interesse ultrapassa os limites de um estudo monográfico sobre Leibniz. Como os outros livros de Deleuze, principalmente os temáticos ou problemáticos — *Diferença e repetição*, *Lógica do sentido*, *Mil platôs*, *O que é a filosofia?* —, *A dobra* vai além do projeto de uma história da filosofia. Mas também situa Leibniz em seu tempo, articulando sua filosofia com outros domínios de expressão do pensamento barroco, como a ciência, a pintura, a escultura, a literatura e a música. Alude, assim, à física de Huyghens, à geometria de Desargues, a pintores como El Greco, Tintoretto, Caravaggio, Zurbarán, escultores como Bernini, músicos como Rameau. Mas esse livro é ainda mais audacioso e sedutor. Mais geográfico do que propriamente histórico, não se limita a estabelecer relações entre saberes de um mesmo período. Interessando-se pelos novos caminhos, pelas novas aventuras que o barroco torna possível, traça uma linha barroca reunindo — como diferenças que se assemelham — arquitetos, pintores, músicos, poetas, literatos, cientistas, filósofos. Amplia, deste modo, o conceito de barroco e revela a atualidade de Leibniz. O resultado é o próprio Deleuze aparecer como pensador barroco, ao lado de Mallarmé, Proust, Michaux, Borges, Kleist, Wagner, Debussy, Cage, Boulez, Stockhausen, Berio, Klee, Dubuffet, Hantaï, Raymond Ruyer, Whitehead.

Como isso é possível? Por um critério aparentemente simples que orienta o livro: para o pensamento barroco, em todas as suas manifestações, quer tenha como elemento conceitos filosóficos, funções científicas ou sensações artísticas, pensar é dobrar. Ou mais precisamente, é barroco todo aquele que cria um mundo que se dobra, desdobra, redobra. No barroco tudo se dobra a seu modo: a cor, a luz, o som; o tecido, o mármore, o cobre, o papel; o corpo, a roupa; a água, a terra, o ar... Assim como os livros anteriores de Deleuze se organizaram a partir do privilégio de um conceito — expressão, diferença, sentido, desejo, multiplicidade... —, *Leibniz e o barroco* privilegia o conceito de dobra. É pela criação do sinuoso conceito de dobra que Leibniz participa do barroco e lhe dá a filosofia que lhe faltava. Leibniz, filósofo barroco por excelência.

O que é esse procedimento, essa operação, esse ato, esse método da dobra pelo qual Deleuze define o barroco? Antes de tudo, ele significa que não basta haver dobra para haver barroco. Com o barroco, a dobra liberta-se dos limites e coerções a que estava submetida nos estilos clássico, românico ou gótico. A potência criadora barroca exige que a dobra seja infinita, incomensurável, desmesurada, ilimitada; uma curvatura variável capaz de destronar o círculo. E Deleuze dá conta dessa exigência pela definição da operação barroca: dobra entre duas dobras, dobras conforme dobras, dobras nas dobras, dobras sobre dobras.

Para entender tal definição que estrutura esse livro difícil, é preciso levar em consideração os três sentidos diferentes da palavra "dobra", tais como se apresentam na filosofia de Leibniz: dobras do mundo, dobras da alma, dobras do corpo.

Em primeiro lugar, a filosofia de Leibniz é uma construção de dois andares compostos de dobras que operam segundo diferentes regimes de leis: o andar de cima fechado, sem porta nem janela; o andar de baixo cheio de portas e janelas. Entre os dois não há influência, ação ou interação; há independência, heterogeneidade, repartição, cisão, autonomia, distinção real.

Em cima estão as dobras da alma-câmara, as dobras internas animadas: são os sujeitos, os eus, os pontos de vista, as substâncias simples, os seres individuais, as forças primitivas, as unidades distributivas, as formas verdadeiras. Para usar a palavra que Leibniz tomou dos neoplatônicos e tornou célebre: as mônadas. Mônada é a autonomia de um interior sem exterior, a interioridade absoluta, fechada, como princípio metafísico da vida. Embaixo estão as dobras orgânicas e inorgânicas da matéria-fachada, as dobras materiais extrínsecas, com suas potências de diminuir indefinidamente e de estar sempre em fluxo: substâncias compostas, agregados materiais, fenômenos extensos; corpos coletivos que recebem a impressão ou o influxo uns dos outros. A exterioridade infinita de uma matéria formada de dobras cada vez menores é a lei física dos fenômenos.

Mas a explicitação das dobras existentes no labirinto da liberdade, entre as diversas espécies de mônadas, e no labirinto do contínuo, entre os corpos, é apenas uma das direções da análise. A segunda diz respeito à relação entre os níveis ou as séries, porque, mesmo sendo independentes, eles são inseparáveis e se comunicam, se correspondem, por um tipo de relação interna complexa que, em vez de reduzir a tensão existente entre eles, é responsável por sua distinção. A cisão do interior e do exterior e a distinção entre os dois planos remetem a uma dobra ideal infinita que passa entre os dois andares, isto é, remetem ao mundo-casa considerado como a série convergente de todas as séries, a série dos puros acontecimentos, a série de singularidades pré-individuais.

A ideia central do livro, a esse respeito, é que a relação entre mundo, alma e corpo é genética. O mundo é a série de inflexões que repercute nos dois níveis segundo regimes diferentes: é uma virtualidade, um predicado incorpóreo que se atualiza, é incluído, envolvido nas mônadas, nas almas, como um fundo, e uma possibilidade que se realiza, se efetua, se encarna na matéria, nos corpos. Relação genética que, em termos de uma teoria da expressão, considera que o mundo se expressa de modo diferente na alma e no corpo e não existe fora dessas expressões. Só existe atualmente na alma e realmente no corpo, dobrando, projetando o andar de cima sobre o de baixo, e operando um vaivém que individualiza os corpos e coletiviza as almas, sem deixar de os distinguir.

Conclusão de Deleuze: o elemento genético ideal da dobra, a inflexão do mundo, é a linha infinitamente móvel que diferencia e se diferencia, a diferença que não para de se desdobrar e redobrar de todos os lados, em todos os níveis. Para utilizar a fórmula sempre presente em seus livros e que reaparece em *A dobra*: o elemento genético é o diferenciador da diferença.

Leibniz, filósofo da diferença? Não totalmente, como poderia parecer. A partir dessa estrutura — a alma, o corpo e a relação entre eles através do mundo —, Deleuze analisa os principais conceitos da filosofia de Leibniz: razão suficiente, indiscerníveis, *vinculum*, harmonia preestabelecida, compossibilidade, incompossibilidade..., ressaltando, mais do que nos livros anteriores, sua importância para a constituição de uma filosofia da diferença. Mas, ainda dessa vez, não vai com ele até o fim.

Diferença e repetição e *Lógica do sentido* consideravam um erro de Leibniz submeter as séries a uma condição de convergência, sem ver que a própria divergência é um objeto de afirmação ou que as incompossibilidades pertencem a um mesmo mundo. E o livro sobre o cinema moderno, escrito pouco antes de *A dobra*, não diz coisa diferente.[12] Ora, é exatamente com a mesma crítica à ideia de convergência que Deleuze, mais uma vez, se distancia de Leibniz. Ao mostrar que o mundo é uma infinidade de séries convergentes em torno dos pontos singulares, *A dobra* deixa claro que, para Leibniz, se as séries divergem na vizinhança de suas singularidades, um outro mundo aparece, incompossível com o primeiro.

Pensar as divergências de séries como fronteiras entre mundos incompossíveis aparece mais uma vez a Deleuze como uma limitação da filosofia de Leibniz. Como sempre, ele prefere a ideia — exposta em *A dobra*, a partir de Whitehead, a quem um capítulo do livro é dedicado, e dos músicos que emanciparam a dissonância e abriram a música a uma politonalidade — de que as incompossibilidades, as bifurcações, os desacordos, as divergências pertencem ao mesmo mundo, mundo caótico, caosmo, mundo de capturas mais do que de clausuras, pura diversidade disjuntiva. Pensar um mundo sem princípios onde se dá a existência de todos os mundos incompossíveis: eis a tarefa perigosa que Deleuze assinala para a filosofia a partir da leitura de Leibniz.

Daí *A dobra* considerar o barroco do século XVII um esplêndido momento de crise, uma transição ou uma última tentativa de reconstruir uma razão clássica — a razão teológica — repartindo em mundos possíveis as divergências que a ameaçam e pretendendo resolver os desacordos por acordos, as dissonâncias por uma harmonia universal. Para Deleuze, em última análise, o barroco deu lugar a um neobarroco, o leibnizianismo a um neoleibnizianismo que dobra, desdobra, redobra séries divergentes no mesmo mundo. Ideia que — com outra terminologia — sempre constituiu o âmago de sua filosofia e volta, mais uma vez, nesse livro sobre Leibniz, como uma repetição da diferença. O que nos leva, em última análise, a Nietzsche.

A interpretação deleuziana de Nietzsche privilegia principalmente duas relações disjuntivas. A primeira diz respeito às forças e leva Deleuze a definir um corpo físico, biológico, social como uma multiplicidade de forças heterogêneas, irredutíveis, em luta, sendo umas dominantes, ativas, e outras dominadas, reativas. A partir daí, ele define a vontade de potência como princípio genético e diferencial das forças, princípio interno de produção ou determinação da qualidade da força e da quantidade da relação entre as forças. Assim, vontade e força estão em níveis diferentes: a força é empírica, isto é, quantitativa e qualitativa; a vontade, princípio transcendental ou genético das forças, é intensiva e diferencial, é seu devir ativo.

Mas a vontade de potência só pode exercer plenamente essa função de princípio diferencial, ou de diferenciador da diferença, por sua relação com o eterno retorno. Deleuze explicita essa nova problemática nos termos de uma relação entre sensibilidade e pensamento, considerando a vontade de potência como o devir sensível ou a sensibilidade diferencial das forças e o eterno retorno como o pensamento mais elevado ou mais abissal. Sua interpretação identifica a vontade afirmativa de potência à diferença em si mesma e o eterno retorno ao pensamento capaz de criar a vontade de potência como positividade, como forma superior, porque torna possível pensar diferencialmente a diferença em vez de subordiná-la à identidade. No eterno retorno, a identidade nada mais é do que a repetição da diferença. Que pensamento é esse? O da univocidade do ser. O que leva Deleuze a caracterizar a filosofia de Nietzsche como uma ontologia em que ser e devir são pensados pela relação entre eterno retorno e vontade de potência. Deste modo, o eterno retorno é o ser unívoco que se diz do devir ativo das forças ou da vontade de potência, o revir produzido pelo limiar de intensidade ou pelo estado de excesso da diferença.

A doutrina do pensamento

Mas isso não é tudo, pois essa teoria diferencial do pensamento existente na interpretação deleuziana dos filósofos também é exposta de um ponto de vista sistemático — independentemente da leitura de um filósofo ou não filósofo — sob a forma de uma doutrina das faculdades, em alguns de seus livros, sendo o principal deles *Diferença e repetição*. O que se nota, então, é uma espantosa correspondência entre as análises monográficas e esse novo tipo de abordagem da questão da diferença e da representação que chamo de doutrinária para salientar o quanto ela é central.

O que Deleuze critica na filosofia da representação? Seu principal pressuposto, o postulado segundo o qual o pensamento é um exercício natural de uma faculdade, é naturalmente bem-dotado para possuir a verdade, enquanto o erro, considerado como o negativo do pensamento, vem de fora, é produto de mecanismos externos. O objetivo de Deleuze, nesse caso, é demonstrar que essa concepção implica, subjetivamente, a unidade ou a identidade do sujeito pensante como fundamento da concordância ou da harmonia entre as faculdades e, objetivamente, a unidade ou a identidade do objeto como submetendo a diversidade dada.

E o que propõe Deleuze como alternativa à representação? Um "empirismo transcendental" que considera o pensamento como involuntário e inconsciente e se define como uma teoria do uso paradoxal das faculdades. São três os aspectos mais importantes dessa teoria. 1) Cada faculdade tem um objeto próprio, específico, singular; cada faculdade só apreende o que a concerne exclusivamente, diferencialmente, e não pode ser objeto de nenhuma outra. 2) A relação entre as faculdades é do tipo de um "esforço divergente", de um "acordo discordante", de um "desregramento" em que o encontro contingente e violento com o que força a pensar produz a necessidade de um ato de pensamento. 3) As ideias são uma multiplicidade, uma coexistência virtual das relações entre elementos diferenciais intensivos que referem o diferente ao diferente e se atualizam, se encarnam, se efetuam por um processo genético de diferençação qualitativa e quantitativa.

Nesta sistematização dos princípios da filosofia da diferença, através de uma doutrina das faculdades, que corresponde aos estudos monográficos, está, mais uma vez, o âmago da filosofia de Deleuze, que inclusive tem permanecido invariável no fundamental, apesar das modificações terminológicas e conceituais que tem sofrido.

Analisei detalhadamente essa teoria das faculdades que tem sua formulação mais brilhante em *Diferença e repetição*. Mas, para que não se pense que isso é apenas um momento de seu pensamento, depois abandonado, é importante mostrar que a relação disjuntiva entre elementos que Deleuze procurou não só na leitura dos filósofos, mas também em sua doutrina das faculdades, pode ser encontrada na relação entre os elementos constituintes do pensamento filosófico tal como é formulada em *O que é a filosofia?*, seu último grande livro.

Essa concepção do pensamento filosófico explica-se a partir de três elementos: o conceito, o plano de imanência e o personagem conceitual, que correspondem, no pensamento científico, à função, ao plano de referência e ao observador parcial e, no pensamento artístico, à sensação, ao plano de composição e à figura estética.[13]

Já apresentei na introdução a teoria do conceito formulada por Deleuze, em *O que é a filosofia?*, ao explicitar sua ideia de que a filosofia é a arte de criar conceitos singulares. Vimos então que o conceito é um todo fragmentado, uma multiplicidade de componentes, eles mesmos conceituais, heterogêneos, mas inseparáveis, intrinsecamente relacionados, agrupados em zonas de vizinhança ou de indiscernibilidade. Como, por exemplo, o conceito cartesiano de eu ou de *cogito* — "penso, logo sou" —, que tem três componentes: duvidar, pensar, ser. Além disso, cada conceito tem um devir, no sentido de que se conecta com outros conceitos em um mesmo sistema conceitual, numa mesma filosofia; e tem também uma história, isto é, foi preparado por conceitos anteriores ou alguns componentes desse conceito vêm de conceitos de outros filósofos, embora ele permaneça original.

Mas Deleuze não reduz a filosofia ao conceito, ou melhor, não considera o conceito o único elemento da filosofia. Em uma passagem da *Crítica da razão pura*, Kant distingue o conhecimento filosófico do matemático argumentando que o primeiro é um conhecimento racional por conceitos enquanto o segundo é um conhecimento racional por construção dos conceitos. Além disso, ele esclarece nessa ocasião que construir um conceito é apresentar a priori a intuição que lhe corresponde, isto é, que a construção de um conceito exige uma intuição não empírica.[14] Muito provavelmente pensando nessa passagem — e contrapondo-se a ela —, Deleuze dirá que não se deve opor conhecimento por conceitos e por construção de conceitos na experiência possível ou intuição. E acrescenta que "segundo o veredicto nietzschiano só se conhecerá por conceitos se antes eles forem criados, isto é, construídos em uma intuição que lhes é própria: um campo, um plano, um solo, que não se confunde com eles".[15] Portanto, se Deleuze em seus últimos escritos define sua filosofia como um construtivismo, é no sentido de que a criação de conceitos é uma construção sobre um plano, ou que filosofar, além de criar conceitos, é também traçar um plano.

O que é esse plano de consistência ou mais exatamente plano de imanência dos conceitos, segundo elemento da construção filosófica? Se o conceito é um todo fragmentado, uma multiplicidade de componentes heterogêneos, intrinsecamente relacionados, o plano é único: é um todo não fragmentado, aberto, informe, ilimitado, "o absoluto ilimitado", o "horizonte absoluto", o "solo absoluto", o "movimento infinito".[16] Pois esse meio indivisível, que se move por ele mesmo infinitamente, que é variação pura, é o suporte dos conceitos, suporte onde os conceitos, que o preenchem, se repartem, se distribuem. Os conceitos existem relativamente ao plano sobre os quais eles se delimitam, aos problemas que eles devem responder: "Um conceito tem sempre a verdade que lhe cabe em função das condições de sua criação."[17]

Assim, se Deleuze chega a dizer que o plano de imanência é pré-filosófico, não é no sentido de algo que preexiste, mas de algo que, não existindo fora da filosofia, é seu solo, sua fundação, sua suposição, sua pressuposição, sua condição interna. "Ele é o mais íntimo no pensamento e, no entanto, o de-fora absoluto."[18] O exemplo de Deleuze retoma uma ideia de *Diferença e repetição*: "em Descartes, tratava-se de uma compreensão subjetiva e implícita suposta pelo Eu penso como primeiro conceito", isto é, para Descartes, todo mundo sabe o que significa pensar, todo mundo tem a capacidade de pensar, todo mundo quer a verdade.[19] Assim, sem se confundir com o conceito — ele é pré-conceitual —, o plano é a própria imagem do pensamento, a imagem que a filosofia cria do que significa pensar.

Mas, se o plano é de imanência, isso não impede que haja ilusões que o cercam, funcionando como miragens do pensamento. A primeira dessas ilusões é a transcendência, pois a transcendência é uma característica mais da religião do que da filosofia; de direito, a filosofia é imanente. E, a esse respeito, o livro traz o grande elogio a Espinosa: "Quem sabia plenamente que a imanência só pertencia a si mesma, sendo assim um plano percorrido pelos movimentos do infinito, preenchido pelas ordenadas intensivas, é Espinosa. Assim, ele é o príncipe dos filósofos. Talvez o único a não ter aceitado nenhum compromisso com a transcendência, a tê-la expulsado de todos os lugares"; "Espinosa, o tornar-se filósofo infinito. Ele mostrou, erigiu, pensou o 'melhor' plano de imanência, isto é, o mais puro, aquele que não se dá ao transcendente nem propicia o transcendente, aquele que inspira menos ilusões, maus sentimentos e percepções errôneas".[20]

Vemos que, mesmo se o plano é único, isso não impede a existência de planos variados, distintos, que se sucedem na história. Ao pensar diferentemente dos outros, cada grande filósofo traça um novo plano, mudando o que significa pensar. O plano é único no âmbito de uma filosofia, mas eles são inúmeros no interior da filosofia, sucedendo-se ou rivalizando na história, ou talvez seja melhor dizer, coexistindo no tempo. São os filósofos pequenos que criam novos conceitos permanecendo no mesmo plano, ou melhor, prolongando o plano ou a imagem do pensamento de um grande filósofo que tomam como mestre. Pois é preciso sempre criar novos conceitos para problemas que mudam com o tempo. Se Deleuze não gosta da ideia de discussão, dizendo que numa discussão nunca se está falando da mesma coisa, é por essa valorização da ideia de que filosofar, pensar filosoficamente, é "criar indiscutíveis conceitos para o problema que nos atribuímos".[21]

Isso implica que os conceitos de um filósofo só podem ser avaliados em função dos problemas a que pretendem responder; e também que criticar um conceito de um filósofo exige a criação de um outro conceito tendo como condição um outro plano. "Quando um filósofo critica outro, é a partir de problemas e de um plano que não eram os do outro e que fazem fundir os antigos conceitos, como se pode fundir um canhão para fabricar a partir dele novas armas. Nunca se está sobre o mesmo plano. Criticar é apenas constatar que um conceito se esvaece, perde alguns de seus componentes ou adquire novos que o transformam quando é mergulhado em novo meio."[22]

Mas para haver filosofia é necessário que, além dos dois elementos — o conceito e o plano de imanência —, haja uma terceira instância, um terceiro elemento que ocupa uma posição intermediária entre os dois primeiros, indo de um a outro. Se os conceitos não podem ser deduzidos diretamente do plano, é preciso o personagem conceitual tanto para criar conceitos quanto para traçar o plano. Os exemplos mais óbvios são Sócrates, personagem dos diálogos de Platão, e Zaratustra, personagem de *Assim falou Zaratustra*, de Nietzsche. Mas Deleuze alerta para que não se confundam os personagens de diálogos e os personagens conceituais, porque seus papéis são diferentes: os personagens de diálogos simplesmente expõem conceitos, enquanto os personagens conceituais intervêm na própria criação dos conceitos, são potências de conceitos que operam sobre um plano de imanência, são as condições sob as quais cada plano é preenchido por conceitos. Pensando possivelmente no diálogo inacabado de Descartes, "A busca da verdade pela luz natural" — em que um dos personagens, Epistemon, o escolástico, o professor, aprendeu o que sabe na escola e permaneceu fiel à doutrina aristotélica, e o outro, Eudoxe, é aquele cujo pensamento não foi pervertido por nenhuma falsa crença, possuindo a razão natural —, ele considera esse pensador privado que pensa por si próprio pela luz natural (que ele chama de Idiota) um personagem conceitual do cartesianismo. Do mesmo modo que o personagem conceitual do kantismo é o juiz, o legislador, no sentido de que Kant faz do filósofo um juiz e da razão um tribunal onde se julga o que cabe de direito ao pensamento.*

Se os conceitos têm necessidade de personagens conceituais que contribuem para sua definição, trata-se não de personagens extrínsecos ou empíricos, mas de personagens intrínsecos ao pensamento, uma categoria transcendental que é a própria condição do exercício do pensamento. O amigo, o pretendente, o rival, que aparecem com outros nomes nos *Diálogos* de Platão, são determinações transcendentais. Platão está sempre avaliando quem, entre os rivais que se apresentam como pretendente, é o verdadeiro amigo: da beleza, da justiça, da política, da virtude... A filosofia de Platão é uma avaliação do bem-fundado das pretensões. Quem é, por exemplo, o verdadeiro amigo da sabedoria, o filósofo ou o sofista?

A filosofia nasceu no momento em que o amigo da sabedoria, o amigo do conceito, que procurava a sabedoria, mas não a possuía formalmente, isto é, a possuía em potência, mas não em ato, substituiu, na Grécia, o sábio proveniente do Oriente, que pensa por figuras. E mesmo se o personagem conceitual não aparece explicitamente, ele está presente em toda filosofia e deve ser reconstituído pelo leitor, pois é o verdadeiro sujeito de uma filosofia, o verdadeiro agente de enunciação. Ele é o intercessor do filósofo, seu heterônomo, diz Deleuze, utilizando o termo consagrado por Fernando Pessoa. "O personagem conceitual não é o representante do filósofo, é mesmo o inverso: o filósofo é apenas o invólucro de seu principal personagem conceitual e de todos os outros, que são os intercessores, os verdadeiros sujeitos de sua filosofia."[23] O que é a utilização de uma ideia de Blanchot segundo a qual o eu é sempre uma terceira pessoa.

Falar de construtivismo filosófico implica, portanto, a existência de três elementos ou três instâncias diferentes por natureza: os conceitos, o plano de imanência e o ou os personagens conceituais criados por um filósofo. E se esses elementos estão inter-relacionados, essa relação é do tipo de uma

---

* Deleuze classifica os personagens conceituais a partir de traços páticos, relacionais, dinâmicos, jurídicos, existenciais (cf. QPh?, p.68-71).

coadaptação. Deleuze chama de "gosto" a faculdade filosófica de coadaptação que regula a criação dos conceitos, ou é a regra de correspondência dos três elementos. Considerando o conceito a solução ou a resolução de um problema, o plano de imanência as condições do problema e o personagem conceitual a incógnita do problema, ele defende que as três atividades que compõem o construtivismo não cessam de se revezar, uma precedendo a outra, isto é, todas em pressuposição recíproca: uma consistindo em criar conceitos como casos de solução, a outra em traçar um movimento sobre o plano e uma terceira em inventar um personagem como incógnita do problema, como aquilo a ser determinado na solução de um problema.

Os aliados externos

Privilegiei, na interpretação do pensamento de Deleuze, sua leitura dos filósofos. Entre outras razões porque considero que a estrutura e o modo de funcionamento de sua filosofia, mais do que pelo extrafilosófico, explica-se pela retomada criadora, no pensamento de filósofos que escolheu como intercessores, dos conceitos que lhe possibilitaram constituir sua filosofia como um pensamento diferencial. Mas isso não significa ignorar seus importantes estudos sobre domínios exteriores à filosofia. A relação entre disciplinas sempre foi muito intensa no procedimento filosófico de Deleuze, pois, como tenho esclarecido, o objetivo principal de sua filosofia é investigar o que seja pensar, e o pensamento não é exclusividade da filosofia, mas uma propriedade de qualquer tipo de saber.

Por isso, ao considerar o discurso científico ou as expressões artísticas e literárias, ele está sempre criando conceitos a partir do que foi pensado, com elementos próprios, em outros domínios; está sempre transformando em conceitos o exercício não conceitual de pensamento existente nesses outros campos com o objetivo de realizar seu projeto filosófico de constituição de uma filosofia da diferença.

No caso da literatura, numa época em que ainda não distinguia com precisão arte e filosofia pela diferença entre sensação e conceito, Deleuze pensa a *Recherche* de Proust como "eminentemente filosófica". Com isso ele quer dizer que, sendo uma busca inconsciente e involuntária da verdade, além de um sistema de pensamento, ela é um sistema que se opõe à filosofia da identidade e da representação, ou que opõe a um uso lógico ou conjunto de todas as faculdades, um "uso dislógico e disjunto".[24] Daí ele a utilizar como um dos instrumentos da formulação de sua filosofia, interpretando-a como um pensamento diferencial criado pela relação entre signo e sentido.

A importância que Deleuze dá aos signos — e depois à intensidade — deve-se a que eles forçam o pensamento a pensar em seu exercício involuntário e inconsciente, isto é, superior ou transcendente. Pois é o encontro contingente com o que força a pensar, e não uma boa vontade prévia do pensador, que produz a necessidade de um ato de pensamento. Fazendo violência ao pensamento, os signos forçam a pensar ou a buscar o sentido, a essência. Assim, se a *Recherche* é o relato de um aprendizado temporal que converge para a arte, é porque aprender é interpretar, e interpretar é explicar ou explicitar o signo enunciando o sentido, ou a essência, que nele está oculto ou latente. O que Deleuze chama aqui de essência, utilizando uma palavra usada várias vezes por Proust, é muito importante. Pois é ela que constitui a unidade do signo imaterial e do sentido espiritual de um modo bem preciso: como aquilo que "dirige o movimento deles", que "põe um no outro"; além disso, e mais precisamente, essa essência, que relaciona signo e sentido, é a diferença última e absoluta, a diferença interna, qualitativa. Assim, a perfeita unidade ou adequação entre signo e sentido, que caracteriza a boa interpretação, só existe na obra de arte, que transforma o tempo perdido em tempo redescoberto e possibilita conferir a cada tipo de signo a verdade que lhe é própria. Esse ponto de vista superior, artístico, é a diferença.

Se, por outro lado, tomarmos em consideração, de um modo geral, a leitura que Deleuze faz dos literatos, é possível dizer que ele se utiliza da literatura para pensar conceitos importantes de sua filosofia, como o devir, a diferença, o limite, a intensidade, as forças... Mas o privilégio de duas características importantes de sua maneira bastante singular de pensar a literatura permite relacionar todos esses conceitos suscitados pela leitura de seus escritores favoritos.

A primeira característica diz respeito à linguagem literária. O que Deleuze valoriza na linguagem são os efeitos de sintaxe que possibilitam que os escritores criem uma nova língua — agramatical ou assintática —, produzam um devir-outro da língua, insurgindo-se contra a língua padrão. Por isso, quando analisa *Bartleby, o escrivão*, de Melville, pretende mostrar que, ao criar uma zona de indiscernibilidade entre o preferível e o não preferido, sua fórmula "Preferiria não" mina os pressupostos que permitem à linguagem designar as coisas a partir de um sistema de convenções gramaticais. Ou quando analisa a poesia de Gherasim Luca e seu projeto de fazer a própria linguagem gaguejar, o que lhe interessa é enaltecer uma linguagem marcada por disjunções inclusas, que afirma termos disjuntos através de sua distância.

Mas Deleuze não reduz a literatura a um exercício de linguagem, pois para ele a linguagem literária sempre tem uma relação com o de-fora. Ao devastar as designações e as significações, fazendo com que a linguagem deixe de ser representativa, os procedimentos utilizados para isso devem tornar possível a criação artística de visões e audições, que são o de-fora da linguagem. Isto é, quando a linguagem é levada a um limite — assintático, agramatical —, ela se articula a um de-fora que consiste em visões e audições capazes de revelar o que há de vida nas coisas ao capturar as forças ou a intensidade. O escritor é alguém que vê e ouve nos interstícios da linguagem, nos desvios da linguagem, e escreve para resistir, para libertar a vida de uma prisão, para traçar linhas de fuga; o escritor é alguém que viu e ouviu algo grande demais, forte demais, intolerável demais, que colocou nele a marca da morte, mas que também o faz viver através das doenças do vivido, tornando-o diferente. Isso porque, levando o pensamento ao limite ou ao máximo de intensidade — que abole a representação, possibilitando uma síntese disjuntiva de heterogêneos —, sua criação artística torna visível o invisível, audível o inaudível, dizível o indizível.

Mas o modo como Deleuze pensa a literatura, semelhante ao modo como pensa a filosofia — como uma crítica da representação e uma tentativa de libertar a diferença, fundamentalmente por uma relação disjuntiva entre termos —, também pode ser detectado em seus estudos sobre a pintura e o cinema.

Assim, seu interesse por Francis Bacon explica-se, antes de tudo, por ele encontrar no pintor irlandês um exercício do pensamento que pretende neutralizar a narração, a ilustração, a figuração. *Francis Bacon: lógica da sensação* mostra isso de dois modos. Primeiro, distinguindo três elementos fundamentais na pintura de Bacon, três elementos pictóricos constantes: a grande superfície plana, o contorno e a figura. A grande superfície plana é a estrutura material espacializante, a armadura, o plano de fundo. A figura é a forma deformada, desfigurada. Já o contorno redondo ou oval é o limite entre os dois outros elementos, limite que assegura a comunicação entre eles.

O que introduz o segundo aspecto importante da análise, pois essa comunicação se faz de tal modo que a figura, com suas deformações, torna visíveis forças invisíveis que povoam o mundo e das quais a grande superfície plana dá testemunho. Bacon é um pintor original em relação a duas tentativas contemporâneas importantes de ultrapassar a representação nas artes plásticas: a pintura abstrata de Mondrian e Kandinski, a qual rejeita a figuração clássica privilegiando as formas abstratas e reduzindo o caos ao mínimo, e o expressionismo abstrato, a *action painting* de Pollock, que dissolve todas as formas e possibilita que o caos se desenvolva ao máximo. Mas se isso acontece — levando Deleuze a privilegiá-lo como intercessor — é porque Bacon apresenta em seus quadros uma figura não figurativa, desfigurada, deformada por forças invisíveis que vêm de fora e a atingem através do contorno onde ela se localiza. Assim, ao explicar a natureza da violência na pintura de Bacon e mostrar, por exemplo, por que ele pinta o grito mais do que o horror, Deleuze está chamando a atenção para o fato de ele ser um pintor das forças, da intensidade, ou para a preeminência da força sobre a forma. Além disso, está defendendo que, por apresentar esse trabalho de deformação no próprio curso de sua realização, num entrelaçamento belicoso entre acaso e controle — uma composição do caos, um caosmo —, Bacon pinta não só forças, mas também o próprio tempo.

É possível dizer algo semelhante em relação ao cinema. Com a ressalva de que seu aliado é muito mais o cinema moderno, da imagem-tempo — interpretado, em continuidade com a ambição de sua filosofia, como um pensamento da diferença —, do que o cinema clássico, da imagem-movimento.

Isso pode ser visto pela maneira como o cinema iniciado com o neorrealismo é analisado como uma ruptura com o esquema sensório-motor ou uma criação de situações óticas e sonoras puras. Pois, com o início do cinema moderno, a percepção não se prolonga mais em ação, mas se relaciona diretamente com o pensamento, possibilitando a substituição do cinema de ação por um cinema de *voyance*, de vidência. O cinema moderno dá uma visão pura ou superior, eleva a faculdade de ver ao limite, possibilita um exercício transcendente da faculdade de sentir capaz de suspender o reconhecimento sensório-motor e proporcionar um conhecimento e uma ação revolucionários, pela revelação de alguma coisa de intolerável, de insuportável.

Mas essa revolução se aprofunda com a criação de uma imagem-tempo concebida como imagem-cristal, que permite mostrar o tempo diretamente, o tempo puro, em seu desdobramento ou sua diferenciação, enquanto na imagem-movimento do cinema clássico ele só é pensável indiretamente, através do movimento. A imagem-cristal — pela qual Deleuze explica fundamentalmente o cinema moderno — é uma imagem dupla, virtual e atual, onde a face atual e sua face virtual cristalizam. Assim, sua importância é exibir as camadas de tempo, o tempo que se desdobra a cada instante em presente e passado, um tempo, portanto, que não se reduz à sua dimensão cronológica — como na imagem-movimento onde os instantes se sucedem —, mas coexiste como presente e passado, em que presente e passado aparecem como contemporâneos, simultâneos.

Finalmente, o grande parentesco do cinema moderno com a filosofia de Deleuze também pode ser notado por duas mudanças que ele detecta quando o compara ao cinema clássico, privilegiando o tema das relações: primeiro, as relações entre as imagens não se encadeiam mais segundo a ordem de seus cortes e seus *raccords*, mas se tornam reencadeamentos sempre recomeçados, remanejados, em que um interstício, um intervalo substitui a continuidade, a associação, o encadeamento lógico das imagens próprios da imagem-movimento; segundo, as relações da imagem visual com as palavras, os sons, a música criam uma dessimetria do sonoro e do visual. Assim, enquanto o cinema clássico é constituído por convergência ou conexão de séries, o cinema moderno é constituído por séries divergentes, por divergência ou disjunção de séries. Daí por que o cinema moderno é, para Deleuze, um pensamento da diferença em toda sua expressão.

Invariante e variações

Ao apresentar sucintamente as grandes articulações das leituras que Deleuze realiza de filósofos e não filósofos, não estou querendo, evidentemente, sugerir que elas pretendem reduzi-los ao mesmo, no sentido de encontrar uma identidade que os assimile. Cada interpretação deleuziana é sistemática, sempre pretendendo dar conta de modo global dos princípios constitutivos de um pensamento. Vimos isso o tempo todo. No entanto, se as repetições do exercício do pensamento dos vários criadores agenciados pela colagem ou trazidos à cena de seu teatro filosófico constituem um sistema, é um sistema aberto, que não totaliza, no sentido em que é impossível estabelecer uma correspondência biunívoca entre os termos de proveniência diferente.

O desfile das leituras deleuzianas dos filósofos e artistas que acabo de promover mostra justamente que a diferença entre todos eles persiste, ou que cada um conserva sua singularidade. Além disso, Deleuze não se identifica com nenhum deles totalmente, nem mesmo com Nietzsche, sua inspiração fundamental, aquele que atingiu o ápice de uma filosofia da diferença. Pois sua leitura de Nietzsche é a criação de mais uma máscara e, neste sentido, não só a leitura dos outros filósofos incide sobre o seu Nietzsche (como é o caso de Bergson e Espinosa), mas até mesmo a de seus intérpretes (como é o caso de Klossowski e Blanchot). Por outro lado, a importância e a constância em seu pensamento de conceitos como síntese disjuntiva, diferenciador da diferença, gênese, intensidade, virtual, atual etc. evidenciam como o objetivo principal de sua filosofia é sempre o estabelecimento de relações diferenciais. É esse invariante nas variações dos autores, dos domínios e dos problemas estudados que constitui inclusive o diferencial de sua filosofia. Assim, ela se caracteriza por uma retomada criadora de pensamentos que relaciona e agencia por expressarem, em maior ou menor grau, a diferença. Ela incorpora conceitos de filósofos que considera aliados, transforma em conceitos elementos não conceituais de cientistas, literatos e artistas que podem servir de intercessores, mas, ao proceder à repetição de um pensamento como uma modificação e uma inflexão no sentido de sua própria maneira de responder à questão do exercício diferencial do pensamento, também está criando a diferença. A filosofia de Deleuze se parece, neste sentido, com a série amorosa de Proust, tal como a apresenta *Proust e os signos*, onde há um "tema", um "arquétipo", uma "ideia", uma "essência" que, mesmo diversificando-se, permanece invariante.[25] Meu objetivo mais ambicioso foi apresentar esse invariante, esse acordo, essa consonância, essa homologia estrutural para dar conta do que constitui a singularidade dessa filosofia instigante e sugestiva.

Notas

A geografia do pensamento (p.11-37)

1. "Portrait du philosophe en spectateur", in DRF, p.197, 202.
2. "Les intercessers", in P, p.166.
3. Cf. D, p.19-21; "Deleuze et Guattari s'expliquent", in ID, p.308; "Le philosophe menuisier", entrevista ao jornal *Libération*, de 3 out 1983, não incluída em *Deux régimes de fous;* PLB, p.103.
4. Cf. "Lettre à un critique sévère" e "La vie comme oeuvre d'art", in P, p.14-5 e 129.
5. I.-M., p.89. Sobre a interpretação deleuziana da relação entre ciência e metafísica em Bergson, cf., por exemplo, "La conception de la différence chez Bergson", in ID, p.29 e 44; "Postface pour l'édition américaine: un retour à Bergson", in DRF, p.313-5; I-M, p.88, nota 14.
6. I-M, p.17.
7. "Portrait du philosophe en spectateur", in DRF, p.196.
8. "Les intercessers", in P, p.168. O texto de Deleuze mais explícito sobre a relação entre ciência e filosofia é o capítulo "Functivos e conceitos", de *O que é a filosofia?*; sobre a sensação ou os agregados sensíveis, o capítulo "Percepto, afeto e conceito", do mesmo livro.
9. QPh?, p.12; cf. QPh?, p.80 e "Qu'est-ce qu'un dispositif?", in DRF, p.320.
10. Sobre a hecceidade, cf. D, p.51; MP, p.310, 318-24, 332.
11. Cf. QPh?, p.29; DR, p.116.
12. *Crítica da razão pura*, §24, B 152-3.
13. I-T, p.365.
14. "Préface pour l'édition italienne de *Mille plateaux*", in DRF, p.288.
15. D, p.21-2; cf. "Lettre à un critique sévère", in P, p.14.
16. Cf., por exemplo, MP, p.464; LS, 18ª série, p.173-4; D, p.8.
17. A-Œ, p.159.
18. MP, p.16. "Kleist e Kafka contra Goethe" (p.36).
19. Cf. A-Œ, p.444-6.
20. Cf. MP, "Traité de nomadologie: la machine de guerre", p.446-64.
21. Ibid, p.463.
22. MP, "Le lisse et le strié", p.619.
23. D, p.23.
24. MP, p.31.
25. Cf. Nietzsche, *Além do bem e do mal*, §§2 e 24.
26. MP, p.31.
27. D, p.23.

28. Nietzsche, final do prefácio da *Segunda consideração extemporânea*.
29. NPh, p.122-3; DR, p.3; MP, "Devenir-intense, devenir-animal, devenir-imperceptible", p.363.
30. DR, 4ª capa.
31. Cf. MP, "Traité de nomadologie: la machine de guerre", p.466.
32. MP, p.36, 470, 469, 467, respectivamente.
33. Cf., por exemplo, NPh, p.4, 121; LS, "Simulacre et philosophie antique", p.362.
34. Cf. QPh?, p.72; "La vie comme oeuvre d'art", in P, p.137, respectivamente. Sobre a distinção entre regras obrigatórias ou invariáveis e regras facultativas que variam com a própria variação, cf. MP, "Postulats de la linguistique", p.126.
35. QPh?, "Percept, affect et concept", p.182-3; cf. p.172-3.
36. Cf. QPh?, p.45-6, 85-90.
37. QPh?, "Prospects et concepts", p.141.
38. QPh?, "Le plan d'immanence", p.59; cf.46-50.
39. "Platon, les Grecs", in CC, p.170-1.
40. DR, p.4.
41. Cf. DR, p.3.
42. D, p.13, 16.
43. DR, p.258.
44. Cf. "Conclusions sur la volonté de puissance et l'éternel retour", in ID.
45. Cf., sobre essa análise, "À qui reconnaî-on le structuralisme?", in ID.
46. Nietzsche, *Crepúsculo dos ídolos*, "Como o mundo verdadeiro acabou convertendo-se numa fábula. História de um erro".
47. Nietzsche, Fragmentos póstumos, final de 1870-abr 1871, 7 [156], in *Sämtliche Werke, Kritische Studienausgabe* (KSA), org. por Colli e Montinari.
48. LS, 18ª série, p.173.
49. Cf. "Préface pour l'édition américaine de *Nietzsche et la philosophie*", in DRF, p.190.
50. Nietzsche, *Além do bem e do mal*, §289.
51. Cf. LS, 18ª série, p.175 e 2ª série, p.20, nota, respectivamente.
52. Cf. LS, 18ª série, p.175.
53. Cf. Heidegger, *Nietzsche*, I, trad. fr. Paris, Gallimard, 1971, p.183; cf. DR, p.385.
54. NPh, p.187.

PARTE 1 | O nascimento da representação (p.39-56)

1. LS, p.347. As principais referências a Platão estão em: LS, 1ª e 18ª séries e "Platão e o simulacro", p.347-61; DR, p.82-95, 165-88, 184-94, 340-1, 349-51; PS, p.193-5.
2. DR, p.253-4.
3. MP, p.457, nota.
4. LS, "Simulacre et philosophie antique", p.347.
5. Kant, *Prolegômenos*, §32.
6. DR, p.340.
7. Ibid, p.91.
8. Ibid, p.165-6, para as duas citações; cf. LS, "Simulacre et philosophie antique", p.353.
9. Cf. Aristóteles, *Primeiros analíticos*, I, 31.
10. DR, p.87.

11. Ibid, p.83. A explicação do método de divisão pelo exemplo da pesca com linha encontra-se no *Sofista*, 218e-221c. "Vê-se, por exemplo, no *Político*, 266b-d, a que ponto a determinação de espécies é apenas uma aparência irônica, e não o objetivo da divisão platônica" (DR, p.84, nota).
12. Cf. DR, p.82-3, 166.
13. Cf. LS, "Simulacre et philosophie antique", p.349; DR, p.87-8.
14. Foucault, "Teatrum Philosophicum", in *Dits et écrits* I, Paris, Gallimard, 1994, p.77.
15. DR, p.166.
16. LS, "Simulacre et philosophie antique", p.357; cf. DR, p.95.
17. "Lettre-préface à Jean-Clet Martin, in DRF, p.339.
18. DR, p.355.
19. Cf. LS, "Simulacre et philosophie antique", p.353-4; DR, p.44, 83, 166, 341.
20. Essa análise é feita em DR, p.45-57.
21. *Metafísica*, X, 8, 1058b e 1058a, respectivamente.
22. DR, p.47-8.
23. Ibid, p.48.
24. Ibid, p.51; cf. p.49.
25. Ibid, p.49.
26. Essa lista está em *Categorias*, 3, 4, 25.
27. *Metafísica*, 4, 2, 1003a, 33-4, e 1003b, 5-10, respectivamente; cf. 4, 2, 1005a 7; 7, 1, 1028a, 10-20; 7, 4, 1030b3.
28. LS, 2ª série, p.15.

PARTE 2 | O ápice da diferença (p.57-102)

1. Cf. Espinosa, *Ética*, I, definições 3, 4, 5.
2. Cf. "Spinoza et la méthode génerale de M. Gueroult", in ID, p.210; cf. SPE, p.69.
3. Cf., por exemplo, SPE, p.37, 38, 40, 149; SPP, p.73; "Spinoza et la méthode générale de M. Gueroult", op.cit., p.208.
4. SPE, p.50.
5. Ibid, p.37-8.
6. Ibid, p.53.
7. Espinosa, *Ética*, II, definição 2.
8. Sobre a teoria da distinção formal em Duns Scot, cf. SPE, p.54 e 55.
9. Ibid, p.56.
10. Cf. ibid, p.22, 25.
11. Cf. ibid, p.30, 68, 120-4.
12. "Spinoza et la méthode générale de M. Gueroult", op.cit., p.211.
13. SPE, p.64.
14. Cf. ibid, p.64 e 65.
15. Ibid, p.70.
16. Ibid, p.84; cf. p.78-9.
17. Cf. ibid, p.168.
18. Sobre a relação atributo-potência, cf. ibid, p.103-7; SPP, p.135.
19. SPE, p.198.
20. Ibid, p.147.

21. Ibid, p.156.
22. Ibid, p.282.
23. Cf., por exemplo, ibid, p.181-2, 283.
24. Cf., por exemplo, SPP, p.137; SPE, p.291. Esse conceito de intensidade leva Deleuze a situar mais uma vez Espinosa na tradição scotista; cf. SPE, p.173, nota 2, p.179, nota.
25. Cf. SPE, p.184-6.
26. Cf. ibid, p.190.
27. SPP, p.46-7.
28. Sobre o assunto, cf. SPE, p.247-51, 232-3.
29. Ibid, p.212.
30. Ibid, p.198. Sobre a noção espinosista de estrutura, cf. também p.257.
31. Sobre essas expressões e sua relação, cf. ibid, p.216-8, 282.
32. SPP, p.106.
33. SPE, p.136.
34. Ibid, p.217.
35. Espinosa, carta XIX a Blyenbergh, citada em SPP, p.45; cf. S, p.242.
36. Cf. SPP, p.75; SPE, p.226. Sobre a problemática do bem e do mal e do bom e do mau, cf. SPE, p.225-33 e SPP, cap.III.
37. SPE, p.200.
38. SPP, p.69.
39. Cf. ibid, p.68-70, 105, 108-9.
40. SPE, p.198.
41. Ibid, p.218-9.
42. Ibid, p.136.
43. Ibid, p.258; cf. p.276.
44. Ibid, p.216.
45. Espinosa, *Ética*, V, proposição 3.
46. SPE, p.275; cf. p.281.
47. Ibid, p.240.
48. Sobre o assunto, cf. ibid, cap. XVII, sobretudo p.259-67.
49. SPP, p.128.
50. SPE, p.261, 267, 286.
51. Ibid, p.241.
52. Cf. SPP, p.128; S, p.225, 240-1, 252-4, 259, 262, 266, 273-5.
53. Cf. SPE, p.264, 266, 278, 289, 298.
54. Ibid, p.267, 296, 298.
55. *Ética* II, prop. 40, escólio 2.
56. SPE, p.280; cf. SPP, p.80.
57. SPE, p.278-80, 287; SPP, p.81.
58. SPP, p.81.
59. Cf. SPE, p.289.
60. Cf. FB, p.17-9.
61. DR, p.59.
62. Ibid, p.58.
63. Cf. N, "Dicionário dos principais personagens de Nietzsche".
64. Sobre essa questão, cf. DR, p.380-1; N, p.34-6; "Conclusões sobre a vontade de potência e o eterno retorno", in ID, p.172-3.

65. LS, "Simulacre et philosophie antique", p.358-9.
66. NPh, p.54.
67. Nietzsche, Fragmentos póstumos, final de 1886-primavera de 1887, 7 [54], KSA; NPh, p.54.
68. Foucault, *Dits et écrits*, II, Paris, Gallimard, 1994, p.92
69. Cf. NPh, p.55.
70. N, p.22.
71. Sobre o assunto, cf. *Nietzsche e a filosofia*, cap.II, "Ativo e reativo".
72. NPh, p.50, 60, respectivamente.
73. Nietzsche, La *volonté de puissance*, Gallimard, 1947, vol.I, livro 2, §309; Fragmentos póstumos, jun-jul 1885, 36 [31], KSA.
74. Cf. Wolfgang Müller-Lauter, *A doutrina da vontade de poder em Nietzsche*, São Paulo, Annablume, 1997, nota 123, p.110-1.
75. Paulo D'Iorio, "O eterno retorno. Gênese e interpretação", *Cadernos Nietzsche* 20, p.101, nota 7.
76. NPh, p.57-8.
77. Cf. DR, p.60.
78. Trata-se, na verdade, de uma montagem, feita por Deleuze em seu *Nietzsche* (p.92-3), de partes de três fragmentos póstumos, que aparecem em sequência na tradução francesa da *Vontade de potência* de Geneviève Bianquis (vol.II, livro 4, §242, 243, 244). Na edição Colli e Montinari, trata-se dos fragmentos da primavera-outono de 1881, 11 [143], [163], [160].
79. Kant, *Crítica da razão prática*, §7.
80. NPh, p.77; DR, p.10.
81. Sobre a trilogia das forças reativas, cf. NPh, p.72-3, 76, 78.
82. Ibid, p.77.
83. Sobre tudo isso, cf. ibid, II, §14, p.77-80.
84. Ibid, p.194-5.
85. Ibid, p.200-1.
86. Ibid, p.80.
87. Idem.
88. Cf. ibid, p.81-2.
89. Ibid, p.213-4.
90. Ibid, p.225.
91. Cf., sobre a questão de univocidade do ser, DR, p.51-62.
92. DR, p.80.
93. LS, "Klossowski ou les corps-langage", p.401.
94. DR, p.313.

PARTE 3 | Kant, diferença e representação (p.103-27)

1. Kant, *Crítica da razão pura*, B 61-2.
2. DR, p.119.
3. "Sur quatre formules…", *Philosophie* 9, 1986, p.29. Como acontece inúmeras vezes em *Crítica e clínica*, Deleuze modificou um pouco, nessa coletânea de artigos, a passagem citada (cf. CC, p.40).
4. *Philosophie* 9, p.29; CC, p.41.
5. "Sur quatre formules…", op.cit., p.29-30; CC, p.42.

6. Kant, *Crítica da razão pura*, respectivamente §4, 5 e 7.
7. *Recherches philosophiques*, 1936; publicado em livro com introdução, notas e apêndices de Sylvie Le Bon pela Vrin em 1966. Cf. nota de Sylvie Le Bon, p.19.
8. Sartre, *La transcendance de l'ego*, Vrin, p.78.
9. Cf. nota de Sylvie Le Bon, p.26.
10. DR, p.116.
11. "Sur quatre formules...", op.cit., p.30. Essa passagem aparece bem modificada em CC, p.42.
12. Kant, *Crítica da razão pura*, §24, B 152-3.
13. "Sur quatre formules...", op.cit., p.30. Retomado, com modificações, em CC, p.43-4.
14. DR, p.82.
15. Ibid, p.178. Sobre o senso comum, cf. PhCK, p.29-37, 48-52, 66-9, e o artigo "L'idée de genèse dans l'esthétique de Kant", in ID.
16. PhCK, p.68, 83; cf. "L'idée de genèse...", op.cit., p.98, 99.
17. Cf. PhCK, p.69-70; "L'idée de genèse...", op.cit., p.87-8.
18. "L'idée de genèse...", op.cit., p.88.
19. NPh, p.58.
20. "L'idée de genèse...", op.cit., p.86.
21. Cf. DR, p.224. Sobre o método de gênese interna de Salomon Maimon, cf. também PLB, p.118-9.
22. Kant, *Crítica da razão pura*, B 176-7.
23. DR, p.224-5.
24. "Méthode de dramatisation", in ID, p.138. Cf. texto semelhante em DR, p.281-2.
25. Kant, *Crítica da razão pura*, "A disciplina da razão pura", 1ª seção, B 741.
26. Ibid, "Introdução", V, B 17.
27. PhCK, p.27.
28. Ibid, p.28.
29. DR, p.220-1.
30. "La méthode de dramatisation", op.cit., p.139.
31. DR, p.226.
32. Kant, *Crítica da razão pura*, B 202.
33. Ibid, B 203-4.
34. Ibid, B 207.
35. Ibid, B 210.
36. Ibid, B 211.
37. DR, p.298.
38. Ibid, p.298.
39. Cf. Jules Vuillemin, *L'Héritage kantien et la revolution copernicienne*, Paris, PUF, 1954, p.95, 202.
40. Cf. ibid, p.201.
41. "Méthode de dramatisation", op.cit., p.135.

PARTE 4 | A doutrina das faculdades (p.129-57)

1. Cf. Descartes, *Oeuvres et lettres*, Paris, Gallimard/Pléiade, p.275.
2. Ibid, p.892.

3. DR, p.170.
4. Ibid, p.174.
5. Idem.
6. Ibid, p.200-1.
7. PS, p.186-7.
8. NPh, p.118.
9. LS, 12ª série, p.103.
10. PhCK, p.27.
11. Citado em DR, p.174.
12. Ibid, p.291.
13. Sobre o assunto, cf. LS, 12ª série; DR, p.175, 287-93.
14. MP, "Traité de nomadologie: la machine de guerre", p.466.
15. DR, p.172.
16. Ibid, p.193, 185, 194, 175, respectivamente.
17. Ibid, p.172-3.
18. MP, "Traité de nomadologie: la machine de guerre", p.467.
19. DR, p.186, 187.
20. ES, p.123.
21. "Hume", in ID, p.227-8; cf. DRF, p.342; D, p.68-73.
22. "À quoi reconnait-on le structuralisme?", in ID, p.244.
23. Cf. ES, p.125-6, 5.
24. DR, p.186.
25. Cf. PS, p.23, 189, 192. Sobre a relação entre signo e pensamento, cf. sobretudo cap.I, II e a conclusão da 1ª parte.
26. DR, p.287.
27. Ibid, p.79-80.
28. Ibid, p.297.
29. Cf. Kant, *Crítica da razão pura*, A 11, B 25.
30. DR, p.186.
31. Ibid, p.307.
32. "A quoi reconnait-on le structuralisme?", op.cit., p.243.
33. DR, p.308.
34. Ibid, p.55.
35. Ibid, p.310-1, 313, respectivamente.
36. Ibid, p.183.
37. B, p.51-2.
38. Cf. PS, p.76; B, p.55; DR, p.184-5, respectivamente.
39. F, p.115.
40. DR, p.249.
41. Cf. ibid, p.184, 304.
42. NPh, p.124.
43. PS, p.144, 116.
44. Cf. PhCK, p.69-71; ID, p.86-9; CC, p.47-9; DR, p.187, nota; I-T, p.205.
45. Cf. DR, p.178; PhCK, p.29; DR, 187, nota.
46. DR, p.187.
47. Ibid, p.184, 190, 250.
48. Ibid, p.188.

49. Ibid, p.215.
50. I-T, p.339-40.
51. DR, p.190.
52. Sobre a noção de multiplicidade, cf. B, cap.II; DR, p.236-8; MP, p.14-6, 45-7, 292-7.
53. DR, p.191.
54. Ibid, p.247, nota; cf. também B, p.37. Sobre a problemática do virtual e da atualização, que analisarei a seguir, cf. B, p.96-105; DR, p.269-76.
55. DR, p.269-70.
56. Cf., por exemplo, PS, 72, 74; B, p.99; "A quoi reconnait-on le structuralisme?", op.cit., p.250; DR, p.269. A frase de Proust encontra-se em *Le temps retrouvé*, Pléiade, IV, p.451.
57. Cf. B, p.33-7; DR, p.269-71.
58. Cf., sobre tudo isso, "À quoi reconnait-on le structuralisme?", op.cit, p.246-9.
59. DR, p.237-8.
60. "A quoi reconnait-on le structuralisme?", op.cit., p.252.
61. DR, p.244.
62. Ibid, p.356.
63. Cf. ibid, p.315.
64. Ibid, p.285.
65. Ibid, p.358.
66. Sobre a relação entre intensidade, atualização e individuação, cf. sobretudo DR, p.314-27.
67. Ibid, p.317.

PARTE 5 | Deleuze e Foucault (p.159-90)

1. D, p.23-4.
2. NPh, p.61; PS, p.160. Sobre essa questão, cf. também "La pensée nomade", in ID, p.355-60; "Cinq propositions sur la psychanalyse", in ID, p.383-4; "Quatre propositions sur la psychanalyse", in DRF, p.77-8.
3. MP, p.58-60. Os outros estão nas p.82, 86-7, 109-11, 112, 137, 175, 177, 518, 627-8.
4. Cf. MP, p.87, nota, 175, nota, 86.
5. MP, "Sur quelques régimes de signes", p.181; cf., p.91, 180-2, 629-30, 636-41.
6. F, p.64; cf. p.60.
7. Ibid, p.66.
8. Sobre o assunto, cf. ibid, p. 26 e 60-4, 73.
9. Ibid, p.72.
10. Ibid, p.73, 74.
11. MP, "Postulats de la linguistique", p.110; cf. p.86, 175.
12. F, p.73.
13. Ibid, p.67.
14. Ibid, p.74.
15. Ibid, p.77; cf. p.35.
16. Cf. ibid, p.78.
17. Ibid, p.42 e 90, respectivamente.
18. Ibid, p.42; cf. p.41-51, 90-2.
19. Ibid, p.79.
20. Cf. ibid, p.79, 80.

21. MP, p.90; cf p.86, 91, 126, 176.
22. F, p.44.
23. Ibid, p.79.
24. Ibid, p.44, 46.
25. Cf. ibid, p.41, 44.
26. Cf. ibid, p.81, 88, 48, 13.
27. Ibid, p.82.
28. Cf. ibid, p.83-4.
29. Ibid, p.45-6.
30. Ibid, p.88.
31. Ibid, p.75; cf. p.88.
32. Cf. ibid, p.93-4, 131-41.
33. Ibid, p.92.
34. Idem.
35. Cf. MP, "Sur quelques régimes de signes", p.175-6, nota 36.
36. MP, "Rhizome", p.15-6.
37. F, p.51.
38. Ibid, p.95.
39. Ibid, p.96.
40. Ibid, p.98.
41. Ibid, p.101.
42. Cf. ibid, p.103; "Qu'est-ce qu'un dispositif?", in DRF, p.318.
43. F, p.104; cf. p.115, 121.
44. Cf. ibid, p.104, 126; *Histoire de la folie*, Paris, Gallimard, 2ª ed. 1972, p.22.
45. F, p.104; cf. p.126.
46. Sobre essas afirmações, ibid, p.113, 115.
47. Ibid, p.107.
48. Ibid, p.109.
49. Cf., a esse respeito, meu livro *Foucault, a ciência e o saber*, Rio de Janeiro, Zahar, 2006.
50. F, p.117.
51. Sobre o assunto, cf. ibid, p.119-22, 124-8.
52. Ibid, p.253.
53. *Un nouvel archiviste*, Montpellier, Fata Morgana, 1972, p.10 e 26.
54. Cf. "Écrivain non: un nouveau cartographe", *Critique* 343, p.1224, 1225.
55. Cf. ibid, p.1216, 1219, 1222.
56. Cf. *Naissance de la clinique*, Paris, PUF, 2ª ed. 1972, p.VII e VIII.
57. Cf. *L'Archeologie du savoir*, Paris, Gallimard, 1969, p.158.
58. F, p.79.
59. Ibid, p.41.
60. Cf. "Écrivain non: un nouveau cartographe", op.cit., p.1215, 1216, 1219, 1221, 1226.
61. *Surveiller et punir*, Paris, Gallimard, 1975, p.140, 207, respectivamente.
62. Ibid, p.173.
63. Ibid, p.187, 189, 252.
64. F, p.85.
65. Ibid, p.125.

PARTE 6 Deleuze e a literatura (p.191-221)

1. PS, p.114.
2. Ibid, p.99-100.
3. Ibid, p.12.
4. *Du côté de chez Swann*, Paris, Pléiade, I, 1987, p.44 [ed.bras.: *No caminho de Swann*, trad. Mario Quintana, Rio de Janeiro, Globo, 21ª ed. 2001, p.49].
5. PS, p.190.
6. Ibid, p.8.
7. Sobre essa questão, cf. ibid, cap. III.
8. *À l'ombre des jeunes filles en fleurs*, citado em PS, p.39-40.
9. PS, p.10-1.
10. *Le temps retrouvé*, citado em PS, p.98.
11. PS, p.14.
12. Sobre o assunto, cf. ibid, p.14-6, 95-7, 144-52.
13. Ibid, p.40; cf. p.90-2, 97-8.
14. *Du côté de chez Swann*, op.cit., p. 46 [Ed.bras.: *No caminho de Swann*, op.cit., p.50].
15. PS, p.128.
16. Cf. ibid, p.72-4.
17. Ibid, p.50; cf. p.74-8.
18. Ibid, p.48.
19. Ibid, p.75.
20. Ibid, p.51.
21. *Le temps retrouvé*, Paris, Pléiade, IV, 1989, p.474 [Ed.bras.: *O tempo redescoberto*, trad. Lúcia Miguel Pereira, Rio de Janeiro, Globo, 10ª ed. 1990, p.142].
22. Cf., sobre o assunto, PS, p.23-33, 55-8, 75-7, 104-6.
23. Ibid, p.57-8.
24. "Le cerveau, c'est l'écran", in DRF, p.269.
25. O posfácio de Deleuze à tradução do livro pela Flammarion encontra-se em *Crítica e clínica*.
26. O poema e sua declamação por Luca podem ser encontrados na internet. Outro bom exemplo é "Comment dire", poema de Beckett citado por Deleuze em "L'Epuisé" (in Samuel Beckett, *Quad et autres pièces pour la télévision*, Paris, Minuit, 1992, p.105-6).
27. Sobre essa análise, cf. "Bégaya-t-il…", in CC.
28. Cf. "La littérature et la vie", in CC, p.13; "Ce que les enfants disent", in CC, p.86; "La vie comme œuvre d'art", in P, p.133.
29. Cf. D, p.51; MP, p.310, 318-24, 332.
30. Sobre as concepções da linguagem em Foucault, cf. meu livro *Foucault, a filosofia e a literatura*, Rio de Janeiro, Zahar, 2006.
31. "Louis Wolfson, ou le procédé", in CC, p.32.
32. Sobre a relação entre limite e intensidade da língua, cf. K, p.41-3.
33. "La littérature et la vie", op.cit., p.12; cf. D, p.61.
34. "L'Immanence: une vie", in DRF, p.361.
35. "La littérature et la vie", op.cit., p.16.
36. Cf. "Avant-propos", in CC, p.9; "L'Epuisé", op.cit., p.103.
37. K, p.24.
38. D, p.8.
39. "Bartleby, ou la formule", in CC, p.100.

40. Sobre esses exemplos, cf. D, p.53-4, 88-9; MP, "Devenir-intense, devenir-animal, devenir-imperceptible", p.298.
41. Sobre língua maior e menor, cf. MP, "Postulats de la linguistique", p.127-35.
42. K, p.49.
43. Cf. MP, p.131; ID, p.354. Sobre por que Deleuze e Guattari teriam chegado à conclusão de que Kafka é o autor do texto sobre as literaturas menores e de que se trata de um texto "sem território", cf. "Deleuze et Kafka: l'invention de la littérature mineure", in *Deleuze et les écrivains*, org. por Bruno Gelas et Hervé Micolet, Paris, Cécile Default, 2007.
44. Cf. MP, p.127.
45. Cf. "Qu'est-ce que l'acte de création?", in DRF, p.302; QPh?, p.105; "Contrôle et devenir", in P, p.235.
46. "La littérature et la vie", op.cit., p.14.
47. Cf., a esse respeito, o capítulo de *Diálogos* "Sobre a superioridade da literatura anglo-americana".
48. Cf. K, p.29-33.
49. "Cinq propositions sur la psychanalyse", in ID, p.383.
50. Cf., por exemplo, A-Œ, p.11, 90.
51. Cf. "Louis Wolfson, ou le procédé", op.cit., p.22, 28, 33; "Re-présentation de Masoch", in CC, p.71.
52. "La littérature et la vie", op.cit., p.13-4.
53. Cf. "Louis Wolfson, ou le procédé", op.cit., p.32.
54. Essa análise é retomada em MP, "Trois nouvelles ou 'qu'est-ce qui s'est passé?'", p.242-5.
55. D, p.50.
56. LS, 20ª série, p.198.
57. Ibid, 22ª série, p.219.
58. D, p.67.
59. LS, 21ª série, p.205.

PARTE 7 | Deleuze e a pintura (p.223-44)

1. David Sylvester, *Entrevistas com Francis Bacon*, trad. bras. CosacNaify, 2007, p.119.
2. Cf., por exemplo, as imagens 17, 18, 25, 35, 36, 46, 47, 56, 82 da lista dos quadros de Bacon da tradução brasileira de *Francis Bacon, lógica da sensação*.
3. David Sylvester, *Entrevistas com Francis Bacon*, op.cit., p.12, 65.
4. FB, p.43.
5. David Sylvester, *Entrevistas com Francis Bacon*, op.cit., p.126, 128.
6. FB, p.45.
7. David Sylvester, *Entrevistas com Francis Bacon*, op.cit., p.18 e 56.
8. FB, p.31-2. Cf. David Sylvester, *Entrevistas com Francis Bacon*, op.cit., p.23 e 46.
9. David Sylvester, *Entrevistas com Francis Bacon*, op.cit., p.160-1, 166.
10. John Russell, *Francis Bacon*, trad. fr. Paris, Thames & Hudson, 1994, p.131.
11. Artaud, "Pour finir avec le jugement de Dieu, Conclusion", in *Oeuvres completes*, XIII, Paris, Gallimard, 1974, p.104. Deleuze se refere a esse poema em A-Œ, cap.I, p.15; FB, cap.VII, p.51-2; MP, 6, p.186, 196, 202; "Pour finir avec le jugement", in CC, p.160, 164.
12. Artaud, *84* 5-6, 1948.
13. "Rendre audibles des forces non-audibles", in DRF, p.145.

14. Sobre as referências de Deleuze ao tempo, cf. FB, p.54, 89, 142, 148, 150-1.
15. Essas citações a respeito do movimento centrífugo estão em FB, p.23, 24-5, 25, 26.
16. Cf., por exemplo, as imagens 5, 10, 14 central, 17 central, 18, 41, 53 central, 61 direita e esquerda, 70 central, 76 central.
17. FB, p.45.
18. David Sylvester, *Entrevistas com Francis Bacon*, op.cit., p.16, 17, 52.
19. Ibid, p.11.
20. Ibid, p. 121; cf. p.52, 99.
21. FB, p.119.

PARTE 8 Deleuze e o cinema (p.245-96)

1. Cf., sobre esses pontos, *A evolução criadora*, São Paulo, Martins Fontes, 2005, p.334-7.
2. I-M, p.7.
3. Cf. I-M, p.11
4. Bergson, *A evolução criadora*, op.cit., p.357.
5. Ibid, p.357-8.
6. Cf. ibid, p.363.
7. I-M, p.13.
8. Cf. Bergson, *A evolução criadora*, op.cit., p.355, 356, 363; I-M, p.14, 15.
9. Cf. I-M, p.18, 19; sobre o aberto, cf. I-T, p.233.
10. Cf. I-M, p.23, 46, 47.
11. I-M, p.85; I-T, p.47-48. Sobre essa dedução, cf. Dork Nabunyan, *Gilles Deleuze. Voir, parler, penser au risque du cinéma*, Paris, Presses Sorbonne Nouvelle, 2006, p.49, 52, 60-7.
12. I-M, p.86; Bergson, *Matéria e memória*, trad. br., São Paulo, Martins Fontes, 2006, p.11.
13. I-M, p.88.
14. Bergson, *Matéria e memória*, op.cit., p.36. Nos livros sobre o cinema essas afirmações estão em I-M, p.84, 89.
15. Bergson, *Matéria e memória*, op.cit., p.36.
16. I-M, p.90.
17. Ibid, p.91-2.
18. Bergson, *Matéria e memória*, op.cit., p.74.
19. Sobre a relação entre percepção e ação, cf. I-M, p.94-5.
20. Ibid, p.96 e p.96-7, respectivamente.
21. Sobre a montagem no cinema clássico, cf. principalmente I-M, capítulo III.
22. Ibid, p.111.
23. Ibid, p.122.
24. Ibid, p.117.
25. Ibid, p.125.
26. Ibid, p.129.
27. Cf. ibid, p.136-9.
28. Ibid, p.138; cf. p.139.
29. Ibid, p.167.
30. Ibid, p.155.
31. Cf. ibid, p.197.
32. Ibid, p.224.

33. Ibid, p. 220.
34. Ibid, p.268.
35. François Truffaut, *Le cinéma selon Hitchcock*, Paris, Seghers, 1974, p.286.
36. I-T, p.213; cf. p.50, 230.
37. I-M, p.278-9.
38. Ibid, p.284.
39. I-T, p.10.
40. Ibid, p.31-2.
41. Ibid, p.28.
42. Ibid, p.95.
43. DR, p.111.
44. Bergson, *Matéria e memória*, op.cit., p.148. A respeito das apresentações deleuzianas das teses de Bergson sobre o tempo, cf. I-T, p.108-10; DR, p.110-5; B, p.45-57; PS, p.70-2; NPH, p.54.
45. PS, p.70-2; B, p.55, nota 1.
46. Cf. I-T, p.121 e 129.
47. Ibid, p.130.
48. Ibid, p.141.
49. Cf. ibid, p.189.
50. Ibid, p.142.
51. Ibid, p.54.
52. Ibid, p.179-80.
53. Ibid, p.173.
54. Ibid, p.191.
55. Ibid, p.184-5.
56. Ibid, p.191.
57. I-M, p.108.
58. I-T, p.194.
59. Ibid, p.223.
60. Ibid, p.283.
61. Ibid, p.285.
62. Ibid, p.291.
63. Ibid, p.303.
64. Ibid, p.324.
65. Ibid, p.320.
66. Cf. ibid, p.59-60, 146, 136.
67. Ibid, p.58 e "Préface pour l'édition américaine de *L'image-mouvement*", in DRF, p.252.
68. I-T, p.273.
69. Ibid, p.121.
70. Ibid, p.276.
71. Ibid, p.234-7.

O teatro filosófico deleuziano (p.297-323)

1. Cf. "Écrivain non: un nouveau cartographe", *Critique* 343, 1975, p.1216, 1219.
2. LS, 24ª série, p.236-7.

3. Os textos de Deleuze sobre os estoicos se encontram em LS, séries 2, 10, 18, 19, 20, 23, 24.
4. LS, 24ª série, p.235.
5. B, p.1.
6. "La conception de la différence chez Bergson", in ID, p.49; cf. B, p.22.
7. "La conception de la différence chez Bergson", op.cit., 47, 48-9, 50, 51, 59, 65.
8. Ibid, p.51.
9. ID, p.46, 48; B, p.93, cf. também p.6, 8, 31 (nota); DR, p.308-9.
10. LS, 25ª série, p.247; cf. 24ª série, p.236-41.
11. Cf. DR, p.59.
12. Cf. I-T, p.170-1, onde Deleuze contrapõe Leibniz a Borges e a Nietzsche.
13. A formulação mais sintética dessas três grandes formas do pensamento está em QPh?, p.186.
14. *Crítica da razão pura*, II, "Doutrina transcendental do método", cap.I, "A disciplina da razão pura", B 741.
15. QPh?, p.12.
16. Sobre essas expressões, cf. ibid, p.38, 39, 44, 40.
17. Ibid, p.31-2.
18. Ibid, p.59.
19. Ibid, p.43, 60.
20. Ibid, p.49, 59.
21. Ibid, p.32.
22. Ibid, p.33.
23. Ibid, p.62.
24. PS, p.114.
25. Ibid, p.81-2.

Bibliografia de Gilles Deleuze

David Hume, sa vie, son oeuvre, avec un exposé de sa philosophie, com André Cresson, Paris, PUF, 1952.

Empirisme et subjectivité, Paris, PUF, 1953. [Ed.bras.: *Empirismo e subjetividade*, trad. Luiz B.L. Orlandi, São Paulo, Editora 34, 2001.]

Instincts et institutions. Textes et documents philosophiques. Org., prefácio e apresentações de Deleuze, Paris, Hachette, 1955.

Nietzsche et la philosophie, Paris, PUF, 1962. [Ed.bras.: *Nietzsche e a filosofia*, trad. Ruth Joffily Dias e Edmundo Fernandes Dias, Rio de Janeiro, Editora Rio, 1976.]

La philosophie critique de Kant, Paris, PUF, 1963. [Ed.bras.: *Para ler Kant*, trad. Sonia Pinto Guimarães, Rio de Janeiro, Francisco Alves, 1976.]

Proust et les signes, Paris, PUF, 2ª ed. aumentada, 1970. [Ed.bras.: *Proust e os signos*, trad. Antonio Piquet e Roberto Machado, Rio de Janeiro, Forense Universitária, 2003.]

Nietzsche, Paris, PUF, 1965.

Le bergsonisme, Paris, PUF, 1966. [Ed.bras.: *Bergsonismo*, trad. Luiz B.L. Orlandi, São Paulo, Editora 34, 1999.]

Présentation de Sacher-Masoch, Paris, Minuit (10/18), 1967. [Ed.bras.: *Sacher-Masoch*, trad. Jorge Bastos, Rio de Janeiro, Zahar, 2009.]

Différence et repetition, Paris, PUF, 1968. [Ed.bras.: *Diferença e repetição*, trad. Luiz B.L. Orlandi e Roberto Machado, Rio de Janeiro, Graal, 2ª ed. revista e atualizada, 2006.]

Spinoza et le problème de l'expression, Paris, Minuit, 1968.

Logique du sens, Paris, Minuit (10/18), 1969. [Ed.bras.: *Lógica do sentido*, trad. Luiz Roberto Salinas Fortes, São Paulo, Perspectiva, 2006.]

Spinoza, Paris, PUF, 1970.

L'Anti-Oedipe, com Félix Guattari, Paris, Minuit, nova ed. aumentada, 1972. [Ed.bras.: *O anti-Édipo*, trad. Luiz B.L. Orlandi, São Paulo, Editora 34, 2009.]

Kafka, pour une littérature mineure, com Félix Guattari, Paris, Minuit, 1975. [Ed.bras.: *Kafka, por uma literatura menor*, trad. Julio Castanon Guimarães, Rio de Janeiro, Imago, 1977.]

Rhizome, com Félix Guattari, Paris, Minuit, 1976; reeditado em *Mille plateaux*.

Dialogues, com Claire Parnet, Paris, Flammarion, 1977. [Ed.bras.: *Diálogos*, trad. Eloisa Araújo Ribeiro, São Paulo, Escuta, 1998.]

Superpositions, com Carmelo Bene, Paris, Minuit, 1979.

Mille plateaux, com Félix Guattari, Paris, Minuit, 1980. [Ed.bras.: *Mil platôs*, São Paulo, Editora 34, 5 vols., 1995, 1996, 1997.]

Spinoza, philosophie pratique, Paris, Minuit, 1981. [Ed.bras.: *Espinosa, filosofia prática*, trad. Daniel Lins e Fabien Pascal Lins, Escuta, 2002.]

Francis Bacon, logique de la sensation, Paris, Éd. de la Différence, 2 vols., 1981; Seuil, 2002. [Ed.bras.: *Francis Bacon, lógica da sensação*, trad. Roberto Machado et al., Rio de Janeiro, Zahar, 2007.]

Cinéma 1, l'image-mouvement, Paris, Minuit, 1983. [Ed.bras.: *Cinema 1, a imagem-movimento*, trad. Stella Senra, São Paulo, Brasiliense, 1985.]

Cinéma 2, l'image-temps, Paris, Minuit, 1985. [Ed.bras.: *Cinema 2, a imagem-tempo*, trad. Eloisa de Araujo Ribeiro, São Paulo, Brasiliense, 2007.]

Foucault, Paris, Minuit, 1986. [Ed.bras.: *Foucault*, trad. Claudia Sant'Anna Martins, São Paulo, Brasiliense, 1988.]

Le pli, Leibniz et le baroque, Paris, Minuit, 1988. [Ed.bras.: *A dobra, Leibniz e o barroco*, trad. Luiz B.L. Orlandi, Campinas, Papirus, 1991.]

Périclès et Verdi, Paris, Minuit, 1988.

Pourparlers. Paris, Minuit, 1990. [Ed.bras.: *Conversações*, trad. Peter Pál Pelbart. São Paulo, Editora 34, 1992.]

Qu'est-ce que la philosophie?, com Félix Guattari, Paris, Minuit, 1991. [Ed.bras.: *O que é a filosofia?*, trad. Bento Prado Jr. e Alberto Alonso Muñoz. São Paulo, Editora 34, 1992.]

"L'Epuisé", in Samuel Beckett, *Quad et autres pièces pour la television*, Paris, Minuit, 1992.

Critique et clinique. Paris, Minuit, 1993. [Ed.bras.: *Crítica e clínica*, trad. Peter Pál Pelbart. São Paulo, Editora 34, 1997.]

L'Île deserte et autres textes. Paris, Minuit, 2002. [Ed.bras.: *A ilha deserta e outros textos*, trad. Luiz B.L. Orlandi et al., São Paulo, Iluminuras, 2006.]

Deux régimes de fous, Paris, Minuit, 2003.

L'Abécédaire de Gilles Deleuze. DVD, produzido e realizado por Pierre-André Boutang, da entrevista concedida a Claire Parnet em 1988, Paris, Éditions Montparnasse, 2004.